O MITO DA MARGINALIDADE

Ficha catalográfica
(Preparada pelo Centro de Catalogação-na-fonte do
SINDICATO NACIONAL DOS EDITORES DE LIVROS, RJ)

Perlman, Janice E.
D749p O Mito da Marginalidade: favelas e política no Rio de Janeiro; tradução de Waldívia Marchiori Portinho / prefácio de Fernando Henrique Cardoso / Rio de Janeiro, Paz e Terra, 1977

377 p. ilustr. (Estudos brasileiros, v. 18)
Do original em inglês: The myth of marginality
Apêndice: Pesquisa e metodologia
Bibliografia

ISBN 85-219-0438-X

1. Favelas - Rio de Janeiro (Cidade) - Aspectos sociais 2. Marginalidade Social 3. Migração interna, - Brasil - Rio de Janeiro 4. Pobres - Habitação - Rio de Janeiro (Cidade) 5. Rio de Janeiro (Cidade) Condições Sociais I. Título . II. Título: Favelas e política no Rio de Janeiro III. Série

CDD — 309.1815
309.262
301.45
301.36109815
CDU — 333.326(815.41)
308(815.41)
323.398
77-0320 325.111(815.41)

EDITORA PAZ E TERRA S/A
Rua do Triunfo, 177
Santa Ifigênia, São Paulo, SP — CEP 01212-010
Tel.: (0XX11) 3337-8399
E-mail: vendas@pazeterra.com.br
Home Page: www.pazeterra.com.br

2002

Impresso no Brasil/*Printed in Brazil*

JANICE E. PERLMAN

O MITO DA MARGINALIDADE

Favelas e Política no Rio de Janeiro

3ª Edição

Tradução de
WALDIVIA MARCHIORI PORTINHO

PAZ E TERRA

Aos Meus Avós

Eles também foram migrantes. A sua coragem ao procurar um novo mundo, os sacrifícios que fizeram com amor para criar as suas famílias, e a nobre dignidade com que viveram as suas vidas, foram para nós exemplo e inspiração.

SUMÁRIO

Tabelas

Figuras

Prefácio

F. H. Cardoso

Até certo ponto este livro constitui todo um percurso na trilha do "desencantamento do mundo". A marginalidade, como todo mito, provoca um efeito de ímã, um enfeitiçamento que só pode dar-se porque o talismã é forte. Fosse a pura ilusão e a marginalidade não teria atraído tantas atenções e tanta energia, nem teria levado pessoas com a sensibilidade e o talento de Janice Perlman a lançar-se à aventura da pesquisa nas favelas. Se isto ocorreu foi porque a força de atração do mito da marginalidade esconde algo que é real. Enquanto não se desvenda a estrutura do mito fica-se irreversivelmente embaralhado na ideologia que o mito afirma como se fosse um valor absoluto. Quando, entretanto, depois de duras penas de análise, paciência e nova síntese, um autor consegue desencantar as sendas do mundo verbal que tece a corticalidade do mito, o resultado é mais do que compensador.

Este foi o caso de Janice Perlman. Ela se atormentou cotidianamente na procura de uma síntese para não rejeitar apenas a idéia da marginalidade sem deixar algo que a substituísse. Para encontrar este algo novo atuou primeiro com endopatia e se fez antropóloga *malgré elle-même*. Assim a conheci, no Rio. Recém terminara seus estágios existenciais nas favelas, e já estava mergulhada, com a determinação férrea que caracteriza sua vontade e sua ambição, numa montanha de questionários, angustiada por não saber ainda se com a técnica da história de vida computacional – além, naturalmente, da já mais tradiconal análise multivariada – poderia recriar interpretativamente o mundo dos favelados.

Àquela altura Janice não encontrara ainda as pistas para expressar ao nível da ciência os achados que havia feito no contacto direto com populações faveladas. Continuou sua busca criadora tentando fazer com que os computadores do M.I.T. respondessem para ela o desafio da esfinge: realidade ou mito? Existe mesmo uma cultura da pobreza? Qual o potencial político dos favelados para a negação de uma ordem social injusta? Serão mesmo apenas pobres errantes em busca de um apoio paternalista? Será que a imigração recente explica a apatia do favelado? Ou será que todas essas questões terminam por falsear o sentido principal da análise?

Foi quando esta dúvida maior a abalou que a vi em Yale e em Cambridge, anos depois de tê-la conhecido no Rio. Estava no momento da encruzilhada da criação que define a estatura do pesquisador: provavelmente as pistas teóricas que haviam levado Janice Perlman ao estudo de campo não tinham mais credibilidade para ela, nem em termos dos dados que recolhera, nem em termos de sua experiência direta com os favelados, nem, muito menos, em função das novas propostas de explicação teórica que começavam a fasciná-las. Mas Janice não teve dúvidas: rejeitou seus quadros de referência teóricas anteriores, refez suas análises e tratou de limitar o alcance de seus *insights* iniciais para redefini-los no contexto de uma explicação que lhe parecia mais consciente.

Esta é, em resumo, a história intelectual deste livro que não deve ser lido sem a advertência de que se trata de um tipo de experiência genuína pela qual passou toda uma coorte de cientistas sociais ao tentar entender o que era a "marginalidade". E o *achievement* importante deste livro é que ele não termina apenas com o travo acre do desencantamento de um mito: ele propõe o mapa para a reconstrução intelectual do sentido deste mito. Na proposição deste novo roteiro trata-se de mostrar que o favelado não é política e economicamente marginal, mas sim um ser socialmente reprimido e explorado.

Por certo, há percalços e não são poucas as vicissitudes para chegar à formulação de uma teoria da exploração social e da repressão a partir da análise de uma categoria social, como a do favelado, que se define concretamente mais no plano ecológico que no sistema de relações sociais. O *reappraisal* proposto por Janice Perlman requereria conceitos, técnicas de amostragem e unidades de análises distintos daqueles que orientaram a pesquisa. Mas não será justamente a tensão criadora que mostra as contradições entre, por um lado, uma problemática e uma metodologia "positivista" e, por outro, um estilo de pensamento "dialético", que caracteriza a crise da nova sociologia nos Estados Unidos? Eu penso que um dos pontos altos do trabalho e da atitude científica de Janice Perlman consiste justamente em não esconder com argumentos pseudocientíficos a problemática e as dificuldades inerentes ao confronto de duas concepções de ciência e da relação desta com a experiência e a ação.

Por certo, para alcançar os foros de uma verdadeira reviravolta copernicana no enfrentamento do tema da marginalidade não basta mostrar que empiricamente não existe tanta apatia, tanta desorganização social nem tanto subemprego ou desemprego como supõem os defensores da existência de uma situação de marginalização crescente que seria típica do capitalismo dependente. Este livro nos mostra os padrões de migração existentes, os problemas de adaptação ao meio urbano e os limites de credibilidade da hipótese de marginalidade cultural, econômica, social e política dos favelados de três áreas ecológicas do Rio. Os resultados da pesquisa são convincentes quanto a estes aspectos. Entretanto, apesar de que sob vários destes ângulos as populações faveladas não são "marginais" e portanto reagem segundo padrões que se distribuem de forma semelhante quando se toma por comparação grupos "não favelados", subsiste o fato de que a falta de recursos econômicos, culturais e políticos é real. Daí porque Janice Perlman passasse a preocupar-se não tanto com a situação de carência dos "marginais" em comparação com as populações supostamente "integradas", mas com a pobreza, a exploração e a repressão sistemática que, se bem incidam sobre toda a base da pirâmide social, se tornam mais diretamente visíveis e perceptíveis nas favelas e tugúrios. O passo seguinte, metodologicamente, seria o de reconstituir a história desta exploração e estabelecer os mecanismos pelos quais, de modo diferente mas persistente, são recriados os modos de exploração e de repressão pelas condições estruturais que caracterizam a formação e as etapas iniciais da acumulação capitalista (e, naturalmente, as formas de divisão social de trabalho que lhe são próprias, inclusive a divisão entre campo e cidade).

Neste livro não existe uma história deste tipo, mas existem indicações suficientes para que o leitor entenda como e porque se cristalizavam relações de exploração que aparecem à primeira vista como se fossem o resultado de processos sociais (como a imigração, o analfabetismo, a carência cultural) que pouco têm a ver com o desenvolvimento industrial, o "crescimento econômico", o progresso capitalista. É por isso que observadores e analistas às vezes mostram os grupos de favelados, numa primeira aproximação, como "marginais" e, nesta medida, como quase responsáveis por não ingressarem no mundo de abundância que a cidade representa. Ao descobrir que tal situação é mítica e que a favela é o resumo, talvez acentuado, de um mundo mais amplo de exploração social, no qual está integrada, dá-se o primeiro passo para quebrar a anterior visão estática e culposa da marginalidade. Em seguida, brota na análise a relação dialética entre este mundo dos deserdados e os pólos de dinamismo e de crescimento econômico do sistema. A própria favela só surgiu historicamente como um problema depois que o crescimento econômico e o desenvolvimento urbano trouxeram, em massa, os imigrantes para as cidades. De algum modo, a miséria dos campos – embora filtrada e paulatinamente adaptada à "civilização urbano-industrial" graças ao padrão migratório – invadiu a metrópole e forçou as autoridades governamentais e eclesiásticas, os políticos e os cientistas sociais a se darem conta de uma forma escandalosa de desenvolvimento econômico que, a despeito de seu dinamismo, mantém e intensifica o modelo de disparidade social que caracteriza as sociedades subdesenvolvidas.

Janice Perlman, ao revelar o mito da marginalidade, ressalta a parte dele que existe na realidade e que fornece o verdadeiro suporte social para o próprio mito. A autora nos oferece dados empíricos sólidos e compartilha conosco sua compreensão direta e empática dos seres humanos pesquisados. Seu livro é uma grande contribuição ao nosso conhecimento teórico da marginalidade e da pobreza urbana em países em via de desenvolvimento, não apenas na América Latina mas em todo o Terceiro Mundo.

Introdução

ESTE TRABALHO pretendia inicialmente abordar em profundidade o impacto da experiência urbana sobre os migrantes e os favelados do Rio de Janeiro. Muito já se tinha escrito a respeito das ondas de migrantes que explodiam nas cidades em toda a América Latina e em outras áreas do Terceiro Mundo, e pensei que teria relevância estudar o processo de adaptação, e tentar compreender como as pessoas mudam - ou não mudam - em resultado da exposição à vida urbana. Após viver nas favelas do Rio, todavia, e me familiarizar com as realidades da situação brasileira, resolvi que a questão fundamental não era a maneira como essas pessoas adotam estilos de vida da cidade ou se *modernizam* graças à exposição urbana, porém, como elas se integram nas estruturas sociais, econômicas e políticas nacionais. Constatei que o conjunto de estereótipos a que eu denomino os "mitos da marginalidade" são tão generalizados e arraigados que constituem uma ideologia - de fato, um instrumento político - para justificar as políticas das classes dominantes, das quais dependem as próprias vidas dos migrantes e favelados. Decidi, então, examinar a validade das crenças vigentes sobre esta questão, e analisar os termos da integração dos migrantes nas favelas ou cortiços do Rio de Janeiro.

Este livro lança suas raízes na história do meu interesse pessoal pelo Brasil, que se estende por um período de mais de dez anos. Meu primeiro contato com este país deu-se em 1962, quando viajei pela América Latina como membro de um grupo teatral da Universidade de Cornell. Passamos então seis semanas no Brasil, e visitamos todas as cidades mais importantes, e também muitas cidades menores.

O Brasil conhecia um período de grandes expectativas. A maioria dos brasileiros - quer a temessem, quer ansiassem por ela - acreditavam que uma revolução social era iminente. O Presidente, João Goulart, falava de reformas de base, e era empurrado cada vez mais para a esquerda em questões de reforma agrária e legislação tributária por seu cunhado comunista, Leonel Brizola, Governador do Rio Grande do Sul. Miguel Arraes, outra poderosa força de esquerda, era Governador de Pernambuco, e Francisco Julião organizava Ligas Camponesas em todo o Nordeste. Os estudantes faziam uma greve nacional pedindo representação de um terço em todas as decisões referentes à universidade, e líderes trabalhistas altamente politizados procuravam mobilizar os trabalhadores. O dinamismo desse momento histórico e o sentimento de que o empenho e a capacidade de cada um pesariam na criação de um "Brasil novo" tiveram grande importância no despertar do meu interesse continuado e profundo pelo país.

No verão seguinte eu voltei para fazer pesquisas antropológicas em várias vilas de pescadores e lavradores no litoral nordeste da Bahia. Deparei não com um povo disposto a seguir a bandeira da revolução, mas consciente dos novos horizontes que se abriam e pronto a abandonar os estilos de vida de seus antepassados para começar vida nova nas cidades. Poucos sabiam ler, ou tinham aptidões que pudessem ser transferidas para o competitivo mercado de trabalho urbano, ou sequer tinham vivido em outro lugar que não fosse o próprio povoado. Perguntei-me a mim mesmo o que aconteceria a eles e a milhares de outros como eles, quando chegassem às cidades para, inevitavelmente, levantar suas casas nas favelas dos morros e dos terrenos alagadiços ou baldios, ou nos subúrbios distantes.

A esperada *revolução* chegou em 1º de abril de 1964 - não da esquerda, como se antecipara, mas da direita, sob a forma de um golpe militar.

Os teóricos da esquerda tinham contado com os favelados, que então representavam de 15 a 45 por cento da população das cidades mais importantes, como suporte da planejada derrubada do governo. Mas, em parte porque tinham sido dos mais atingidos pelas condições caóticas e pela inflação galopante do governo de Goulart, e em parte por outras razões, um bom número de favelados desceu dos morros e participou, com negociantes e donas-de-casa, da marcha pela lei e ordem, tradição, família e propriedade. Alguns dos meus amigos brasileiros tinham-se envolvido pessoalmente de forma tão completa com a idéia de um resultado diferente que o duplo choque causado pelo golpe e pela sua acolhida popular levou-os ao colapso nervoso. Muitos outros foram presos, torturados, forçados ao exílio ou à clandestinidade.

Uma das razões pelas quais iniciei este estudo foi o desejo de compreender o erro flagrante nos cálculos dos estudantes, profissionais liberais e esquerdistas em geral. Compreendi claramente que a única maneira válida de jamais chegar a compreender a realidade dos favelados seria viver no meio deles e participar de suas vidas diárias.

Apesar do golpe – e em parte devido a ele – participei em 1965 da direção de um projeto de estudo em duas vilas de pescadores nas proximidades de Recife, de que tomaram parte cerca de 30 estudantes brasileiros e 15 americanos. Nossa experiência com os líderes da comunidade, a estrutura do poder local, e o arcebispo radical e carismático Dom Helder Câmara, aguçou minha percepção política e me mostrou uma outra face dos problemas dos desvalidos no Brasil. Comprovamos que as fábricas que tinham sido instaladas na área para desenvolver o Nordeste haviam destruído a economia tradicional das vilas ao poluírem os rios locais, sem que, por outro lado, tivessem proporcionado novos empregos, pois a produção era altamente automatizada. Adultos adoeciam depois de comer peixe e crustáceos contaminados, e crianças morriam. Quando finalmente forçados a negociar, os donos da indústria declararam que levaria pelo menos 15 anos para gerar os lucros necessários para a instalação de equipamentos que permitissem a eliminação dos resíduos de maneira menos prejudicial, e que, nesse ínterim, nada poderia ser feito. Evidentemente, as pessoas não podiam esperar, e muitas famílias seriam forçadas a abandonar a região e migrar para sobreviver.

Fui convidada em 1966 a dar aulas na Faculdade de Ciências Políticas da Universidade Federal de Minas Gerais. Os estudantes estavam interessados no levantamento da cultura política das classes sociais em sua cidade, e desejavam aprender teoria e métodos que lhes permitissem analisar os resultados. Antes de podermos trabalhar juntos, todavia, tivemos de superar as inevitáveis questões de credibilidade com que me defrontava cada vez que começava com um novo grupo no Brasil. O próprio levantamento como metodologia de pesquisa era considerado suspeito (por trazer o estigma de imperialismo intelectual), e também era posta em dúvida a motivação de uma americana tão interessada pelo Brasil. Durante os meses que se seguiram, porém, criei com os estudantes fortes laços de amizade e trabalho. Essa experiência foi de valor incalculável para ajudar-me a distinguir os problemas realmente merecedores de pesquisa e debate daqueles tópicos de discussão mais populares entre a esquerda festiva.

Em princípios de 1968 fui a Brasília para ensinar na universidade e estudar o impacto da vida da cidade sobre os migrantes lá estabelecidos. Pretendia comparar a experiência urbana de três grupos: os candangos que tinham vindo construir a capital, os burocratas de classe média que trabalhavam nos vários órgãos do governo, e os membros da elite política que governava o país.

Depois de seis meses de pesquisa, porém, convenci-me de que Brasília era tão atípica que não seria possível derivar generalizações frutíferas de sua experiência. Pareceu-me mais proveitoso estudar uma cidade mais antiga, que se tivesse desenvolvido organicamente, e não segundo os desígnios de um arquiteto. Considerei São Paulo, Recife, Salvador e Rio de Janeiro, pelo qual me decidi pois constituía um exemplo extraordinário do que eu buscava analisar. Havia ali mais favelas e favelados - mais de um milhão, em 300 favelas - do que em qualquer outra cidade brasileira. Além disso, recebi a oferta de uma base institucional para meus estudos, de parte do Instituto Brasileiro de Administração Municipal, IBAM, que recentemente abrira um Centro de Pesquisas Urbanas e necessitava de um consultor na área de prioridades de pesquisa, bem como uma pessoa para treinar sua equipe em metodologia de pesquisa.

Comecei a trabalhar seriamente em meu estudo sobre as favelas em setembro de 1968, e prossegui até novembro de 1969, quando se tornou politicamente inviável a minha permanência no Brasil. No último trimestre de 1969 o governo baixara um decreto proibindo a estrangeiros retirar do país material de pesquisa sem antes submetê-lo ao exame e possível confisco por parte de autoridades militares. Pouco depois fui informada de que o Ministério do Exército suspeitava que eu fosse uma "agente internacional da subversão" porque vivia nas favelas e tinha certos amigos, e de que estava iminente um mandado de prisão contra mim. Felizmente, eu completara a coleta e a codificação de todas as informações necessárias. Mandei perfurar todos os dados e transferi-los para uma pequena fita magnética, e deixei o país tão rápido quanto me foi possível.

Apesar desta ameaça de interferência por parte do regime militar brasileiro, o fato de ser estrangeira constituiu uma grande vantagem em minhas pesquisas nas favelas. Se um universitário brasileiro passasse o tempo que eu passei fazendo perguntas, participando das festas, reuniões sociais, religiosas e políticas, teria parecido suspeito. Qualquer brasileiro teria imediatamente traído sua classe social - pela vestimenta, maneira de ser e de falar - e provocado mal-estar pela alteração nos papéis sociais esperados. Na qualidade de estrangeira, eu era uma grandeza desconhecida. As pessoas ficavam agradavelmente surpreendidas pelo meu tom amistoso e meu interesse, e a curiosidade era considerada coisa natural em alguém proveniente de um lugar distante. Os favelados não demonstraram nem deferência nem condescendência para comigo. Algumas perguntas de natureza política, que teriam parecido absurdas ou suspeitas se fossem feitas por outros brasileiros, da parte de uma estrangeira pareciam nascidas apenas da ignorância ou da ingenuidade. Expliquei minha presença dizendo que procurava compreender como era a vida na cidade, e de que maneira ela diferia dos outros lugares onde eles tinham vivido antes. Este era um tema de interesse geral entre os favelados, e ninguém estranhou. Com o passar do tempo, transpareceu até certa inveja naqueles que *não* tinham sido entrevistados.

Constatei que era uma vantagem também ser uma mulher, para pesquisar a vida nas favelas. Como as mulheres no Brasil não se identificam com nenhum papel de especialista importuno – como político, funcionário público ou jornalista – foi relativamente fácil para mim fazer perguntas delicadas, e ser considerada inofensiva e mesmo inconseqüente. Também no mundo oficial dos órgãos governamentais ajudou ser mulher. Meu papel inócuo, somado ao machismo automático do burocrata brasileiro, permitiu que tivesse acesso a documentos, mapas e aerofotografias oficiais que tinham sido negados a outros pesquisadores.

É óbvio que não ser brasileira também tinha os seus perigos. Trabalhei desde o começo com estudantes brasileiros com o fito de evitar o etnocentrismo do estudioso estrangeiro que chega a um lugar e imagina que, tendo em vista que estudou o país, aprendeu a língua ou até mesmo já viveu ali, possui a mesma compreensão e a mesma sensibilidade das nuanças da cultura que os nativos. Os estudantes participaram das decisões importantes e da realização do estudo, desde a formulação do questionário de pré-teste até a análise final dos dados.

O trabalho foi feito em 1968 e 1969 a título de pesquisa para minha tese de doutorado. Conduzi-o em três tipos de favelas na área metropolitana do Grande Rio: 1) uma favela num morro de uma área residencial e comercial de classe alta; 2) outra favela na periferia da cidade, em zona industrial; e 3) num subúrbio – um conjunto de bairros numa cidade-dormitório, ou satélite. Vivi em cada uma das favelas ou bairros por um período de entre algumas semanas a vários meses, utilizando um misto de técnicas de pesquisa formais e informais.

Em cada uma dessas comunidades, 250 pessoas foram entrevistadas; 200 foram escolhidas aleatoriamente entre homens e mulheres de 16 a 65 anos de idade, enquanto 50 foram líderes da comunidade selecionados segundo técnicas de amostragem baseadas na posição e reputação. O questionário foi elaborado a partir da minha observação participante em cada uma dessas comunidades, de entrevistas informais profundas, e de um questionário aberto com caráter de pré-teste. O instrumento de pesquisa definitivo abrangeu quatro partes principais: dados básicos, experiência urbana, atitudes e valores e vida política. Além disso, foram compiladas as histórias cronológicas de cada um, ano por ano, com o registro de todas as alterações quanto a residência, ocupação, educação e vida familiar. (Ver o Apêndice referente aos métodos de pesquisa.) Os dados assim levantados constituem a espinha dorsal deste livro.

Em meados de 1973 retornei ao Rio a fim de atualizar minhas pesquisas, e acompanhar a vida daqueles favelados que tinham sido removidos de seus lares e realojados em conjuntos residenciais. Visitei também favelas e outros projetos habitacionais de baixo custo em outras áreas do Brasil, a fim de colocar minha experiência do Rio numa perspectiva mais ampla.

No decurso de mais de uma década de trabalho neste projeto, tornei-me credora de muitas pessoas cujo auxílio - passageiro ou prolongado, concreto, metodológico ou espiritual - foi decisivo. Torna-se impossível agradecer aqui aos incontáveis indivíduos que trouxeram alguma contribuição, mas desejaria registrar os nomes de alguns poucos cuja colaboração merece menção especial.

Em primeiro lugar, os migrantes e favelados que me contaram as histórias de suas vidas e me abriram seus corações e as portas de seus lares como amigos. Também sou grata a todos os membros da equipe de pesquisadores brasileiros, inclusive os co-diretores Cristina Silva e Tarcísio Dalsenter, e as arquitetas Gilda Porto e Eloísa Mello.

Muitos outros brasileiros me concederam o privilégio de compartilhar do fruto de sua visão e experiência. Foi inestimável a orientação prática oferecida pelos fundadores da CODESCO - Sílvio Ferraz, Carlos Nelson, Sylvia Wanderley e L. A. Machado; a orientação teórica que recebi do grupo do CEBRAP foi da maior ajuda, e cito especialmente Fernando Henrique Cardoso. Também expresso minha gratidão pelas sugestões e orientação recebidas de José Artur Rios, Hélio Jaguaribe, Manoel Berlinck e Diego Lordello de Mello, Diretor do IBAM.

Em vários estágios de meu trabalho recebi ajuda e inspiração dos Professores Frank Bonilla, Philippe Schmitter, Lisa Redfield Peattie, John Turner, Anthony Leeds, Joan Nelson, Frederick Frey, Gino Germani, Alex Inkeles, Jorge e Elizabeth Balan, e Manuel Castells.

Na elaboração do manuscrito foi enorme o auxílio recebido de Curt Lamb, Paulo Vieira da Cunha, José Fernando Pineda, Alexandra Marmot, Richard Conley, Timothy Smith, Thomas Brom, William Greenbaum, Norma Montgomery e Grant Barnes.

O suporte financeiro para meu estudo inicial foi concedido pelo National Institute of Mental Health, National Science Foundation e Latin American Teaching Fellowships.

Bolsas recebidas do MIT permitiram cobrir gastos com computação e assistência técnica para a análise de dados. O estudo de acompanhamento tornou-se possível através do Latin American Studies Center, da Universidade de Stanford, e a comparação entre as cidades foi facilitada pelo apoio recebido de Rubens Vaz da Costa, então presidente do Banco Nacional de Habitação. No ano que passou, recebi apoio para outras análises adicionais e a redação final do manuscrito, de parte do Institute for Urban and Regional Development, Center for Latin American Studies e Institute for International Studies, da Universidade da Califórnia, em Berkeley. Aprofundei minhas considerações sobre o conceito da marginalidade ao preparar um relatório para a Task Force on Urban Poverty, do Banco Mundial, no segundo semestre de 1974.

PARTE I

O CENÁRIO E SEUS OCUPANTES

Capítulo 1

CIDADES E FAVELAS

Favelas, como a que aparece na Foto 1, eram a morada de um terço da população do Rio de Janeiro em fins da década de 1960. Os dois favelados da Foto 2, muito à vontade em frente ao Juventude Atlético Clube, não diferem de milhões de outros favelados do restante da América Latina. Trabalham arduamente durante a semana – um, como vendedor de sapatos, o outro, como garçom – para sustentar mulher e filhos. Divertem-se no Juventude A. C., de que são sócios; nessa noite vai haver um grande baile; estão à espera da decoração, que vão ajudar a arrumar.

Os estranhos poderão dizer que a primeira fotografia é um perfeito exemplo de favela caótica, precária e superlotada, enquanto a segunda mostra dois vagabundos à-toa na rua, quando deviam estar trabalhando. Mas, o exame cuidadoso revelaria uma realidade mais complexa. Debaixo da miséria aparente existe uma comunidade que se caracteriza pelo cuidadoso planejamento no uso de um limitado espaço para fins de moradia, e pelas técnicas criativas de construção em encostas que os urbanistas consideram demasiado íngremes para edificação. Aqui e ali se vêem casas sólidas, de tijolos, que representam a poupança das famílias que as construíram aos pouquinhos, tijolo por tijolo. O letreiro do clube é recém-pintado, os dois homens em frente à sua porta estão decentemente vestidos de acordo com padrões de classe média aceitáveis em qualquer parte do mundo. Ambos calçam sapatos de couro e usam relógios de pulso, símbolos das vitórias alcançadas no ambiente urbano.

Estas diferentes maneiras de ver a favela e os favelados formam a trama deste livro. Ainda que sejam raros os pontos de vista comuns entre teóricos, elaboradores de políticas, esquerdistas, direitistas e liberais da classe média, todos sustentam estereótipos ex-

Foto 1.

traordinariamente similares no que respeita os migrantes que se dirigem para as cidades. A crença geral é que, nos anos de rápida urbanização que se seguiram à guerra, a cidade foi invadida por hordas provenientes das zonas rurais. Imagina-se que esses migrantes chegam do interior solitários e sem raízes, despreparados e incapazes de se adaptar perfeitamente à vida urbana, e perpetuamente ansiosos por regressar aos seus vilarejos. Em atitude de defesa, isolam-se em grupos fechados de características rurais, ao invés de tirar proveito do contexto mais vasto da cidade. Suas favelas "imundas e insalubres", imagina-se, exibem todos os sintomas da desorganização social – desde a desintegração da família, a anomia, a desconfiança mútua, até o crime, a violência e a promiscuidade. Os migrantes nascidos no interior são considerados prisioneiros de desajustados valores rurais ou de traços igualmente derrotistas da "cultura da pobreza". Qualquer destas opções resulta em altos

Foto 2.

níveis de fatalismo e pessimismo, e em uma incapacidade total para adiar a satisfação dos desejos ou planejar para o futuro. Essa gente é acusada de parasita ou sanguessuga da infra-estrutura urbana e seus limitados recursos. O que é ainda mais importante para muitos analistas, os favelados e migrantes representam ameaçadoras "massas agitadas e frustradas", prontas a cair como fáceis presas do apelo da retórica radical.

A essas crenças eu denomino os "mitos da marginalidade". As citadas características dos pobres das cidades derivam-se de inúmeros estudos populares, teorias acadêmicas e preconceitos locais. Este trabalho aborda a evolução de tais mitos da marginalidade, o quanto eles contêm de verdadeiro, e quais as suas conseqüências. Começarei por colocar a questão da marginalidade e das favelas no contexto mais amplo da urbanização e da migração.

O FENÔMENO DA URBANIZAÇÃO

A existência de cidades data de 5.500 anos, mas somente há pouco tempo a vida de grandes massas de população pode ser definida como urbana.[1] Sociedade alguma antes de 1850 poderia ser descrita como sendo mais urbana do que rural.[2]

Apenas 1,7 por cento dos 900 milhões de habitantes do mundo em 1800 viviam em cidades de 20.000 ou mais[3]. Nos últimos 150 anos esta situação modificou-se radicalmente. Entre 1800 e 1950, enquanto a população total do mundo aumentou duas vezes e meia, as populações urbanas aumentaram vinte. Por volta de 1950, pouco mais da quinta parte da população mundial vivia em cidades com mais de 20 mil habitantes, e cerca da oitava, em cidades com mais de 100 mil. As porcentagens têm continuado a subir.[4] Dentro dos próximos 30 anos, o número de moradores de cidades será o dobro do crescimento populacional do mundo inteiro nos últimos 6 mil anos. Os complexos urbanos mais populosos (com 100 mil ou mais) contarão com mais da quarta parte da população do mundo no ano 2000, e mais da metade em 2050.[5]

Urbanização no Terceiro Mundo. Este processo será ainda mais acentuado nas chamadas sociedades pré-industrializadas, que correspondem a três quartas partes do mundo. Até o começo do século, os índices de urbanização eram semelhantes em toda parte. No começo, os países "avançados" urbanizaram-se mais rapidamente, mas nas últimas décadas parece ter havido um constante declínio nos índices de urbanização em muitos desses países, acompanhado por um enorme aumento nos índices relativos às nações em desenvolvimento.[6]

Em toda a Ásia, África e América Latina, bandos de gente invadem as cidades em proporções nunca vistas. Nos últimos 10 anos, estimam-se em 200 milhões os que se mudaram do campo para a cidade nesses três continentes[7]. No Terceiro Mundo, muitas cidades estão crescendo a taxas tão altas (de 5 a 8 por cento ao ano) que dobram a população a cada 10 ou 15 anos.[8] É essa uma das mais importantes migrações da história humana. Pouco se compreende, todavia, das implicações sociais, culturais, econômicas e políticas para os migrantes, as cidades e a sociedade em geral.

Urbanização na América Latina. Quase a metade da população da América Latina vive em cidades, o que situa este continente bem acima da Ásia e da África quanto aos índices absolutos de urbanização, e logo abaixo da Europa, da Anglo-América e da Oceânia. Em termos de taxas de crescimento, a população urbana da região cresce agora ao *dobro* da população total e ao *quádruplo* da rural.[9] Supõe-se, implicitamente, que o processo de urbanização por que passam as cidades latino-americanas é semelhante ao das nações desenvolvidas durante o período da industrialização, e que, sendo mais altas as taxas de urbanização na América Latina, isso se deve a que a migração interna esteja ocorrendo em níveis também mais altos. Enquanto as taxas de crescimento populacional natural urbano e rural não se diferenciem muito na maior parte dos países latino-americanos, a taxa geral de crescimento para as áreas rurais é de 1,5 por cento ao ano, contra 5 a 7 por cento para as áreas urbanas.[10] Este é um ponto importante, pois o fenômeno da superpopulação urbana é considerado essencialmente um problema de supermigração. Estatísticas recentes, contudo, apontam para uma conclusão diferente. Kingsley Davis sustentou que nos países subdesenvolvidos o rápido crescimento das cidades se deve pelo menos em parte à rápida diminuição da mortalidade e a uma taxa de natalidade mais ou menos constantes.[11] Ao analisar os efeitos da migração no crescimento urbano, Arriaga constatou que "do crescimento total de cidades de 20 mil habitantes ou mais, 58 por cento no México, 66 por cento na Venezuela, e 70 por cento no Chile, devem-se ao crescimento natural".[12] O mesmo comprovou George Vernez para a Colômbia, onde menos de 50 por cento do crescimento urbano é devido à migração.[13]

Urbanização no Brasil. O Brasil oferece um contexto interessante e proveitoso para o estudo da urbanização. Conta com uma das mais altas taxas de crescimento urbano da América Latina e, possivelmente, de todo o Terceiro Mundo. O Brasil tem sido uma "nação predominantemente urbana" – isto é, com uma parcela maior da população vivendo na cidade que no campo – apenas na última década. O divisor de águas foi o ano de 1963, mas durante toda a década de 1960 ocorreu um enorme êxodo rural.[14] Nesse período um de cada cinco brasileiros tomou o rumo da cidade. Não há sinais, por enquanto, de um declínio na década de 1970, quer em termos absolutos quer nos índices de migração. As Tabelas 1 e 2 mostram as taxas comparativas de crescimento rural e urbano no Brasil de 1940 a 1980. De acordo com essas projeções, a proporção de população *rural versus urbana* estará completamente invertida no final do período – de um terço da população vivendo nas cidades em 1940, a dois terços, em 1980.[15]

O Rio de Janeiro encontra-se entre as cidades brasileiras de maior crescimento, e constitui uma demonstração viva do fosso que se alarga entre os índices de urbanização e a absorção da força de trabalho pelo setor industrial. À época em que o presente estudo foi feito, as favelas do Grande Rio eram em número de 300, aproximadamente, com uma população de cerca de um milhão, ou seja, a sétima parte do total da área metropolitana. Enquanto a cidade do

TABELA 1
Evolução da População Urbana e Rural do Brasil

Ano	Urbana	Porcentagem	Rural	Porcentagem	Total
1940	12 880	31,2	28 356	68,8	41 236
1950	18 783	36,1	33 162	63,9	51 945
1960	32 005	45,1	38 988	54,9	70 993
1970	52 905	55,8	41 604	44,2	94 509
1980	80 000	66,7	40 000	33,3	120 000

Fonte: Instituto Brasileiro de Geografia e Estatística, *Sinopse Estatística do Brasil*, Rio de Janeiro, 1972. p. 43.

TABELA 2
Crescimento Comparativo de População Urbana e Rural do Brasil

Década	População Urbana	População Rural
1940-1950	5 903 000	4 806 000
1950-1960	13 222 000	5 826 000
1960-1970	20 900 000	2 616 000
1970-1980	27 170 000	-1 604 000

Fonte: Instituto Brasileiro de Geografia e Estatística, *Anuários Estatísticos*, Rio de Janeiro, 1940, 1950, 1960, 1970.

Rio crescia *2,7* por cento ao ano, as suas favelas – e os seus subúrbios – expandiam-se a um ritmo anual de 7,5 por cento.[16]

CONTROVÉRSIAS SOBRE A URBANIZAÇÃO

Este rápido aumento das favelas torna-se ainda mais significativo à luz do insuficiente crescimento da capacidade de absorção, das respectivas áreas. Talvez nenhuma das grandes cidades, nos países em desenvolvimento, esteja conseguindo o necessário incremento em termos de oportunidades de trabalho, serviços urbanos, infra-estrutura, acomodações e capacidade administrativa, que permita absorver o atual crescimento populacional. Tal disparidade, que faz com que a urbanização se processe a uma velocidade maior do que a industrialização e a criação de instituições urbanas compatíveis, recebe o nome de "superurbanização" ou "hiperurbanização".[17] A título comparativo, o Brasil, a Venezuela e a Argentina encontram-se na mesma categoria que a Suécia, a França e o Canadá em termos de porcentagem de população vivendo em cidades de mais de 20 mil habitantes; mas, em termos de mão-de-obra industrial, esses países latino-americanos, com índices de 7 a 12 por cento, estão muito atrás dos 20 ou 30 por cento das nações desenvolvidas.[18]

No Brasil esta tendência é nítida, e se vincula ao processo de industrialização e desenvolvimento econômico que vem ocorrendo no país.[19] A força de trabalho urbana, por exemplo, cresceu de 9,2 milhões na década de 1950-1960, mas 62 por cento dessa força adicional permaneceu desempregada. Cerca de 600 mil empregaram-se na indústria e 2,9 em serviços, enquanto o restante, 5,7 milhões, encontravam-se, como se diz, "inativos".[20] O problema do desemprego ou "inatividade" agrava-se com o aumento relativo do setor "terciário" que muitas vezes significa "desemprego disfarçado" ou, no mínimo, produtividade muito baixa.[21]

O economista Celso Furtado, ao contrário, vê como principal problema a *supermecanização* mais do que a superurbanização, ainda que estes pontos de vista não se excluam mutuamente. Segundo ele, o processo é devido a uma tecnologia importada altamente capital-intensiva sem um emprego industrial aumentado. Na década de 1950, a população urbana do Brasil aumentou 6 por cento ao ano, e a produtividade industrial, 9 por cento, enquanto a força de trabalho ativa aumentou apenas 2,8 por cento. Na agricultura, onde o progresso tecnológico é menos marcante, a produtividade aumentou 4,5 por cento, no mesmo período, e a força de trabalho ativa, 3,5 por cento ao ano, ou seja, quase ao mesmo ritmo.[22]

Seja a migração, o crescimento natural ou a supermecanização a causa principal da hiperurbanização, o fato é que o fenômeno constitui um dos principais desafios dos nossos tempos para os planejadores.[23] Macrossoluções são necessárias a longo prazo, é óbvio, mas a curto prazo os próprios atingidos pelo problema improvisam soluções. Em termos de renda, muitas ocupações remuneradas sustentam famílias inteiras, ainda que não sejam reconhecidas formalmente como empregos.[24] Por outro lado, o desemprego, ainda que elevado, em geral não dura muito para os residentes em cidades, sendo em parte compensado com biscates, freqüentemente. Uma mesma família é muitas vezes sustentada por vários de seus membros, e uma mesma pessoa muitas vezes tem vários empregos.[a] No que se refere à habitação, favelas e cidades-satélites são, na verdade, soluções autógenas para a severa escassez de moradia e as falhas dos mecanismos de mercado.

A esses "problemas" ou "soluções" (conforme o ponto de vista) corresponde uma longa série de controvérsias. O debate erudito sobre as características das cidades, pró ou contra o favorecimento de sua expansão, tem uma história quase tão velha quanto a da própria cidade. Uma das mais antigas posições – ligada a Maine, Morgan, Toennies, Durkheim, Simmel e outros – contrasta o relacionamento nas vilas, que é direto e baseado na posição social, com o característico da cidade, formal e impessoal. Esta posição, cristalizada no trabalho de Louis Wirth, sustentava que a própria natureza dos papéis segmentados, das relações secundárias, e da complicada estrutura de classes das cidades implica que os contatos entre as pes soas se torne impessoal, transitório, conducente a uma "imunização do indivíduo contra os outros".[25] Assim se enfraquecem os laços de parentesco, a solidariedade dos vizinhos desaparece, e se instala o colapso mental, a delinqüência e o crime de toda sorte. Nesta linha, Robert Redfield definiu um *continuum* que começava numa vila rural pequena, isolada, homogênea, coletivista, e seguia até a cidade grande, centralizada, heterogênea e socialmente desorganizada.[26] Nos Estados Unidos tem havido uma longa tradição de antiurba-

[a] De modo geral, existem três problemas associados à avaliação do desemprego. Em primeiro lugar, existe a inatividade forçada de um amplo segmento da população trabalhadora apta pelas circunstâncias vigentes durante certas épocas de ano, mês ou dia. É o que se chama comumente de subemprego declarado. Há também o problema da produtividade muito baixa – de tal maneira que, se se fosse julgar pela contribuição líquida dos que estão nominalmente trabalhando, para a produção social, eles pareceriam inativos. É o que se chama de subemprego disfarçado. E, finalmente, há a inatividade contínua e declarada total da força de trabalho. As estatísticas oficiais referem-se apenas à inatividade declarada, o que resulta em índices muito baixos de desemprego da força de trabalho local. Os critérios adotados para definir força de trabalho suscitam ainda outros problemas de mensuração, como a definição de trabalho ou de atividade econômica, o período de tempo de referência, e o montante de tempo de trabalho acima do qual uma pessoa pode ser classificada como economicamente ativa, os limites de idade na mensuração da população economicamente ativa, e o tratamento de certos grupos populacionais como os trabalhadores familiares não-assalariados. MUIRA, Iuki "A comparative analysis of operational definitions of the economically active population in African and Asian statistics", *U. N. population conference*, vol. 4, Belgrade, 1965, p. 373-379; e ISLAM, Nurual, "Concepts and measurements of unemployment and underemployment in developing economies", *International labor review* 80, nº 3, March 1964, p. 204-256.

nismo; na Europa chega às vezes ao ponto do agrarismo, como em *A Decadência do Ocidente*, de Spengler.

A posição antiurbana com o que ela insinua sobre a desorganização pessoal, familiar e comunitária, foi vigorosamente refutada por Oscar Lewis. Ele estudou o vilarejo de Tepoztlan no México e depois acompanhou as histórias de uma centena de famílias que migraram para a cidade. No seu trabalho *Urbanization without breakdown* (Urbanização sem colapso), Lewis adverte que a cidade não é o mundo impessoal do desnorteamento social e psicológico postulado pelas teorias atuais[27]. Encontrou vida familiar estável, poucas mães e crianças abandonadas, saúde relativamente boa, pouca doença mental, relações razoavelmente boas entre as gerações, e persistência do respeito tradicional pelos pais e pela autoridade. Em muitos casos, as exigências e as ambigüidades da vida urbana fortaleceram tanto a estrutura familiar agora expandida (graças ao sistema do compadrio) como a religiosidade, vindo o catolicismo suplementar com freqüência as crenças índias[28]. Os dados levantados pelo presente estudo procuram comprovar qual desses modelos, no contexto do Rio de Janeiro, descreve o morador pobre da cidade com maior acuidade.

Tradições eruditas paralelas glorificaram a cidade na História como o pináculo da mais alta cultura, o melhor e o mais nobre que a civilização humana é capaz de produzir. Muitos teóricos, intelectuais e políticos latino-americanos tiveram a tendência de considerar as suas cidades o supra-sumo da herança cultural espanhola e portuguesa[29]. Apesar de pró-urbanos neste sentido, eles efetivamente se alinham com muitos elementos antiurbanos por considerarem a migração rural para as cidades como uma invasão de indesejáveis a santuários de civilização.

Urbanização Rápida: Bênção ou Praga? Há três escolas de pensamento no que diz respeito à sorte dos migrantes na cidade – uma negativa, uma positiva e a outra cinicamente condescendente[30]. A primeira vê a superurbanização como um desastre, que simplesmente transfere a pobreza rural para a cidade e cria no sistema social urbano um setor parasita, difícil de modernizar[31]. Nas palavras de Barbara Ward, "quando o migrante pobre e sem qualificação vem para a cidade em pós da industrialização, o resultado é a miséria, o desespero, a desordem e a violência"[32]. Muitos desses pessimistas ressaltam o que consideram as terríveis implicações políticas da superurbanização. A essência dos seus argumentos, estudados demoradamente no Capítulo 6, é que a frustração das esperanças do migrante conduz à desmoralização e à radicalização[33].

Os que pertencem à corrente positiva, por outro lado, consideram a urbanização acelerada como uma bênção, ainda que nem sempre evidente. Contestam a noção de que o alto índice de crescimento das cidades tenha sido economicamente indesejável. John Friedmann, por exemplo, vê a urbanização (inclusive a "hiperurbanização") como sendo "uma condição indispensável para a rápida expansão das economias nacionais".[34] Sustenta que, mesmo com oportunidades industriais limitadas, o influxo rural-urbano é um melhor sinal de progresso econômico do que a urbanização reduzida: "Esta implica imobilismo, enquanto aquele é índice de movimento e de ruptura de padrões antigos, o que conduz ao progresso econômico".[35] Além disso, pobreza não existe apenas na cidade, e no campo a situação é igualmente precária, senão pior. E. J. Hobsbawm ressalta a "óbvia superioridade" da vida urbana, mesmo na pior favela ou *barriada*, em comparação com a vida no campo,[36] e Sjoberg acrescenta que os moradores das cidades nos países em vias de modernização gozam de muito mais vantagens econômicas, educacionais e sociais do que os homens do campo, e que os cientistas sociais muitas vezes se deixam enganar pela "maior concentração e visibilidade da pobreza na cidade".[37]

Outro tema de debate é a idéia de que a urbanização rápida produz a "modernização" das atitudes.[38] Um relatório da CEPAL (Comissão Econômica para a América Latina), típico dos anos intermediários da década de 1960, concluía que a acelerada urbanização da América Latina "aparentemente era uma circunstância auspiciosa", acrescentando a indagação "a cidade grande não é exatamente...o veículo da modernização?"[39]

Historicamente, as cidades sempre foram associadas com modernização - no crescente fértil, no Sudoeste Asiático; Na Europa medieval, durante a Revolução Industrial, e agora, no desenvolvimento do Terceiro Mundo. No famoso modelo de Daniel Lerner, a urbanização e a industrialização propiciam níveis mais altos de alfabetização e de exposição aos meios de comunicação de massa, assim como maior "empatia" (ou mobilidade psíquica), o que, para ele, é a tônica do modernismo e um requisito para a participação política consciente.[40] Estudos empíricos baseados em indivíduos, ao invés de em dados globais, indicam, todavia, que a duração da experiência urbana tem em si mesma pouco efeito tanto sobre o modernismo quanto sobre a participação política do indivíduo. Segundo os estudos de Alex Inkeles, a educação e o trabalho em fábrica eram responsáveis pela maior parte das diferenças entre os indivíduos, no que diz respeito a esses fatores.[41] Talvez a urbanização facilite a modernização não através de alterações psicológicas individuais, mas, de mudanças na estrutura de classe, tais como, "substituição das antigas elites por grupos de classe média ou de operários".[42]

A terceira escola de pensamento na questão da urbanização acelerada inclina-se a ser mais condescendente do que a negativa, e mais resignada do que a positiva. Como a antiga Escola de Sociologia de Chicago, considera que os pobres e os grupos minoritários talvez sejam indesejáveis mas, de qualquer maneira, constituem parte natural e inevitável da paisagem urbana, e compara o processo desenvolvimentista à jardinagem, que tem de levar em conta também as ervas daninhas.

Hoje em dia, uma variação de todas essas posições é comum a muitos cientistas sociais radicais na América Latina. Contestam as premissas de que os pobres são o problema, de que a urbanização promove, ainda que lentamente, a melhoria de todos os setores, e de que a miséria é um subproduto do processo de modernização. Anibal Quijano e André Gunder Frank, por exemplo, sustentam que a urbanização intensifica o colonialismo interno e estimula o subdesenvolvimento, e que a orientação racional do processo de urbanização não trará resultados a menos que a dependência externa possa ser eliminada.[43] Esta posição será examinada no Capítulo 4.

Migrantes: Quem, Por Quê e Como? Se se quiser compreender os problemas da superurbanização, é necessário saber algo sobre as causas da migração e as características dos migrantes. A compreensão que delas se tiver não apenas afetará os juízos sobre a questão mas também contribuirá substancialmente para fixar as diretrizes referentes aos próprios migrantes. Três indagações principais se apresentam com respeito ao movimento migratório no sentido da cidade. Em primeiro lugar, quem emigra? São todos eles do nível social mais baixo, do campo, e das classes mais pobres? Em segundo, as pessoas emigram expulsas pelas más condições da vida rural, ou atraídas pela agitação e oportunidades da cidade? Finalmente, os migrantes chegam à cidade de-uma-vez-para-sempre, ou vêm escalando, desde as cidades pequenas para as maiores, ou seguem um padrão de ida-e-volta acompanhando as estações? E, concomitantemente, eles vêm sós, ou com outros, têm conhecidos na cidade, ou não? No Capítulo 3 apresentamos dados estatísticos colhidos no

Rio de Janeiro sobre estas questões, por isso agora apenas assinalaremos alguns parâmetros do debate.

Acredita-se em geral que os que abandonam o campo simplesmente não teriam condições de ali sobreviver, e são os mais miseráveis, doentes e desesperados elementos da sociedade rural.[b] Jorge Balan, num levantamento do que se escreveu sobre o assunto, constatou três suposições dominantes: que os migrantes de origem rural predominam nas correntes migratórias para as cidades grandes; que a maioria dos migrantes origina-se dos estratos inferiores da sociedade; e que existem grandes diferenças quanto à posição econômico-social entre os nativos e os migrantes. Curiosamente, nenhuma dessas hipóteses foi confirmada por seus estudos empíricos.[44] Ademais, outra pesquisa recente comprova que "no mundo inteiro os que se transferem para as cidades grandes estão acima das médias nacionais quanto a educação, aptidão, e adaptabilidade à vida urbana, e em algumas cidades não têm problemas em conseguir trabalho, competindo com os nativos".[45] Além disso, como "a migração é seletiva, os elementos mais dinâmicos da população rural são os que vão para as cidades".[46]

Quanto aos fatores de expulsão e de atração, presume-se em geral que as pessoas se deslocam movidas pelo esgotamento dos solos, por condições climáticas adversas (em particular secas ou inundações), divisões cada vez menores de lotes para a agricultura de subsistência, ou pelos latifúndios, ou pela mecanização da lavoura.[47] Entretanto, muitos países asiáticos sofreram intensa pressão nas zonas rurais antes de experimentarem qualquer crescimento urbano, e muitos países africanos e latino-americanos têm conhecido acelerado crescimento das cidades mesmo na ausência de pressões nos campos.[48] Algumas indagações foram levantadas por pesquisas recentes sobre a hipotética importância dos fatores de "expulsão" nos movimentos migratórios. Se as áreas rurais do Brasil forem divididas conforme os níveis de pobreza ou de fatores econômico-climáticos adversos, constata-se que os níveis de migração externa são mais ou menos constantes para todas. Não se verifica maior mi-

[b] O problema da seletividade na migração não está firmado empiricamente na literatura correspondente. A maioria dos enfoques comparam as características dos migrantes em seus lugares de destino com a população local, o que, obviamente, não constitui uma prova concludente. A comparação dos emigrantes com um grupo de referência em seus pontos de origem seria talvez mais proveitosa, mas suscita vários problemas de ordem metodológica e substantiva.

gração a partir de zonas onde os fatores de expulsão aparentemente seriam mais fortes.[49]

O argumento a favor dos fatores de atração tem-se baseado na metáfora do "apelo das luzes da cidade", assim como nas maiores oportunidades de trabalho e de atendimento social. Em países de desenvolvimento recente, forte atração tem sido exercida pelas novas indústrias à procura de mão-de-obra abundante e barata. Todavia, ainda que na América Latina os migrantes ainda venham atrás de trabalho, sua falta de qualificação lhes traz mais problemas que vantagens, em parte devido à tecnologia avançada que agora se utiliza nas indústrias. O verdadeiro ímã, portanto, é a imagem de uma porta aberta e de ilimitadas opções para o futuro, em contraste com o círculo fechado da vida no campo.

Finalmente, é preciso saber como se processa a migração. É direta ou por etapas? É feita individualmente, por famílias ou clãs inteiros? Os migrantes têm alguém a quem procurar, na cidade? O que existe de escrito sobre a matéria é cheio de contradições e provas conflitantes. A variabilidade de padrões de país para país é enorme.[50] A afirmativa de Lucian Pye de que os migrantes são "gente solitária" pode ser verdadeira em um contexto e não em outro.[51] Segundo Wayne Cornelius (a respeito da Cidade do México) e Anthony Leeds (quanto ao Rio e a Lima), em geral é falsa. Ambos constataram que a migração ocorre dentro de um contexto social definido. Não apenas muitos migrantes vêm com outros, mas freqüentemente conservam laços estreitos com os lugares de origem; além disso, a maior parte dos migrantes têm amigos ou parentes na cidade, que podem ajudar durante o período inicial de adaptação.[52]

O FENÔMENO DAS FAVELAS

Assentamentos subnormais no Terceiro Mundo – seja qual for o nome pelo qual são conhecidos: *bandas de miséria* na Argentina, *gececondu* na Turquia, *bidonvilles* na Argélia, favelas no Brasil – todos refletem o mesmo jogo de forças sociais. A moradia "padrão" é tão escassa em relação às necessidades, e mesmo as casas mais baratas custam tão mais caro do que as famílias de renda baixa podem pagar, que os terrenos baldios dentro e fora do perímetro urbano se enchem naturalmente de casebres para milhares de famílias migrantes. No final da década de 1960 as favelas ou assentamentos semelhantes representavam cerca de um terço da população do Rio, 45 por cento da Cidade do México e Âncara, 35 por cento de Caracas, 25 por cento de Lima e Santiago, 15 por cento de Cingapura, 12 por cento de Istambul, e até 65 por cento de Argel.[53] Estes coeficientes sobem constantemente pois, como Richard Morse afirma, "se as taxas de crescimento urbano são 2 ou 3 vezes maiores do que as do rural, devemos lembrar que as relativas ao crescimento *marginal* na cidade podem ser 2 ou 3 vezes maior do que as gerais".[54]

Na América Latina existem de 20 a 30 mil favelas, das quais cerca de 300 no Rio, onde se concentra o maior número de favelas do Brasil e, muito provavelmente, de toda a América Latina. O *Boletim oficial* da Secretaria de Serviços Sociais do Brasil descreve uma favela como um grupo de moradias com alta densidade de ocupação, construídas desordenadamente com materiais inadequados, sem zoneamento, sem serviços públicos e em terrenos usados ilegalmente sem o consentimento do proprietário.[55]

Na verdade, existem favelas de todo tipo; algumas são antes esparsa que densamente povoadas; outras têm ruas bem traçadas e espaços abertos (como as de Lima, que foram planejadas com a ajuda de estudantes de arquitetura); e muitas, com o correr do tempo, melhoraram enormemente em termos de materiais de construção e serviços urbanos. O que, afinal, distingue a favela de muitas outras comunidades pobres que lhes são semelhantes é a ocupação ilegal da terra.

De fora, a favela típica parece um formigueiro humano congestionado e imundo. Mulheres andam de um lado para outro carregando grandes latas de água na cabeça ou se aglomeram ao redor da bica de água que serve a comunidade, lavando roupa. Homens ficam pelos bares conversando ou jogando carta, aparentemente sem nada para fazer. Crianças nuas brincam na terra e na lama. As casas parecem, no mínimo, inseguras, feitas como são de pedaços desencontrados de refugo. Esgotos abertos exalam um cheiro nauseabundo, especialmente em dias quentes e sem vento. Terra e cisco odo lado, em dias de vento, e quando chove a lama escorre em cascata rua abaixo.

Por dentro, porém, as coisas parecem bem diferente. A construção das casas leva em conta o conforto e a eficiência, tendo em vista o clima e os materiais disponíveis. A arrumação dos móveis denota capricho, assim como a limpeza de cada quarto. As casas exibem com freqüência portas e venezianas pintadas em cores vivas, com flores e plantas nos parapeitos das janelas. Objetos de estimação são expostos com orgulho e afeto. A maioria de homens e mulheres levanta cedo e trabalha pesado o dia inteiro. As mulheres que se vêem lavando roupa muitas vezes ganham a vida dessa maneira, e muitos dos homens vistos nos bares estão esperando a hora de começar seu turno de trabalho. As crianças, ainda que nem sempre freqüentam escola, em geral parecem espertas, alertas e saudáveis. Seus pais, como se verá no Capítulo 5, dão grande importância a proporcionar-lhes o máximo de educação possível. O observador fortuito tampouco percebe o notável grau de coesão social e confiança mútua, e a complexa organização social interna, que se expressa em numerosos clubes e associações espontâneas.

O primeiro registro referente a uma favela no Rio deu-se no recenseamento de 1920, que documentou uma aglomeração de 839 casas no Morro da Providência organizado por veteranos da guerra dos Canudos.[56] A primeira leva importante de migrantes rurais no Brasil, nos primeiros anos da década de 1930, provocou o rápido crescimento da população favelada. Uma queda brusca nos preços de produtos agrícolas brasileiros nos mercados mundiais fez cair ainda mais o baixo padrão de vida em muitas áreas rurais. Ao mesmo tempo, o novo governo intensificava o desenvolvimento industrial para suprir o mercado interno. Do aumento de novas fábricas resultou uma demanda de mão-de-obra que lembrava o clássico modelo da "industrialização, primeiro". Estes fatos provavelmente contribuíram para o concomitante aumento acelerado nos custos de construção e nos preços da terra. A moradia se tornou escassa e cara. Os serviços urbanos, inclusive o transporte desde os subúrbios, eram precários. Aos novos migrantes à procura de casa vinham somar-se os moradores da cidade que não mais podiam pagar os aluguéis nem mesmo de cortiços, avenidas ou cabeças de porco. As favelas nas colinas ao redor do centro da cidade ofereciam a dupla vantagem de não cobrarem aluguel e de serem bem localizadas, e para muitos constituíram a melhor solução.[57] A partir de então as favelas aumentaram constantemente: em 1950 os favelados representavam cerca de 8,5 por cento da população carioca; em 1960, 16 por cento, e em 1970, cerca de 32 por cento. Cerca de um milhão de favelados moravam no Rio em 1968-69.[58]

Há poucos indícios de que as favelas sejam um fenômeno temporário, ainda que a maior parte dos governos fale em erradicá-las e substituí-las por conjuntos habitacionais. Em toda a América Latina, assevera Friedmann, "a moradia de baixo padrão – o cortiço, o *rancho*, a *barriada*, a favela, a *villa de miséria* – pode ser considerada uma característica semipermanente da paisagem urbana... Existirá enquanto houver pobreza maciça nas cidades e continuar a migração acelerada para as mesmas".[59]

CONTROVÉRSIAS SOBRE AS FAVELAS

A maneira de ver as favelas, especialmente por parte dos governantes, determina em larga escala as políticas que lhes são impostas. A fim de constatar as posições reinantes quanto à questão, promovi uma conferência informal de urbanistas, arquitetos e planejadores com experiência de favelas. Reunimo-nos em janeiro de 1969 no Rio, e procuramos simular um jogo em que se traçava o futuro das favelas nos próximos 10 anos. No desenrolar da reunião, três pontos de vista principais emergiram, sintetizando tanto a opinião erudita como as idéias populares. Respectivamente, as favelas eram consideradas ou aglomerações patológicas, comunidades em busca de superação, ou uma calamidade inevitável. Essas posições constituem a decorrência lógica das três atitudes principais que apresentamos acima, com referência à urbanização rápida.

Favelas como Aglomerações Patológicas. Segundo este ponto de vista, a favela é uma aglomeração desordenada de vagabundos desempregados, mulheres e crianças abandonadas, ladrões, bêbados e prostitutas. Esses "elementos marginais" vivem em condições "subumanas" sem água encanada, esgotos, coleta de lixo, e outros serviços urbanos básicos, num ambiente sujo e insalubre. As favelas, feias como são, prejudicam pitoresco panorama da cidade. Econômica e socialmente, constituem um dreno, um parasita, exigindo altos gastos em serviços públicos e dando pouca retribuição. Os favelados mantêm-se à-parte, não contribuem nem com aptidões nem ao menos com poder aquisitivo para o bem geral, e são uma ameaça pública. Ademais, as terras que ocupam são em geral muito valiosas, portanto, as favelas impedem que se lhes dê uso mais lucrativo, além de desvalorizarem as propriedades vizinhas.

Este ponto de vista implica a óbvia política de que tanto para a cidade quanto para os favelados o melhor seria que as favelas não existissem mais. Considerações referentes à saúde, à economia, à estética e à estabilidade política, todas apontam na mesma direção: erradiquemos a favela. Em primeiro lugar, é preciso desencorajar os migrantes a se mudarem para a cidade. Os que insistem em vir devem ser forçados a pagar sua cota das despesas de urbanização. A regulamentação sobre medida, condições sanitárias e zoneamento dever ser rigorosamente aplicada. Sempre que possível, os habitantes devem ser removidos para áreas mais remotas, onde a terra custa mais barato e onde poderão morar em conjuntos habitacionais que obedecem a "padrões mínimos".

Esta visão negativa é o mito dominante sobre o assunto.[60] É compartilhada não apenas por alguns estudiosos e teóricos, como também por amplos segmentos da população na América Latina e, o que é mais importante, por governantes e formuladores de políticas.

Favelas como Comunidades em Busca de Superação. O ponto de vista oposto considera a favela como uma comunidade habitada por gente dinâmica, honesta e capaz, que poderia melhorar sua vizinhança se lhe fossem dada a oportunidade. Os favelados contribuem para a economia na qualidade de trabalhadores e consumidores, e através das melhorias que introduzem nos seus terrenos e casas. Com o tempo, a favela evoluirá naturalmente até constituir uma vizinhança produtiva, totalmente integrada na cidade. A capacidade empresarial e o espírito de organização dos residentes se revela claramente no mutirão, nos serviços públicos da comunidade, e na complexa rede de organizações sociais políticas. Esses aparentes redutos de gente atrasada na verdade constituem importante componente da identidade cultural do Brasil. Muitas características que tornaram o Rio famoso – o samba, a gíria colorida, o espiritismo – emanaram diretamente das favelas, o que, aliás, condiz muito com o que se encontra na literatura sobre a natureza dessas aglomerações. John Seeley, Marc Fried e Peggy Gleicher, por exemplo, apontaram muitas fontes de satisfação da favela, tais como "variedade, aventura, conveniência, lealdade, um senso de comunidade, e auto-ajuda mútua".[61]

Um grupo de sociólogos brasileiros que trabalhou intensamente na favela concluiu que a favela é usada como bode-expiatório para muitos problemas sociais embaraçosos não resolvidos: baixo índice de crescimento do produto nacional bruto, altos índices de infiltração, etc. ... Essas definições de favela estão arraigadas tão profundamente ... que até muitos favelados, principalmente nas camadas mais pobres, estão convencidos da própria incapacidade. O fato crucial é que a estrutura urbana impediu o desenvolvimento do favelado e obstruiu suas vias de acesso à educação formal, eliminando, assim, a possibilidade de que ele possa resolver por si próprio os problemas urbanos relacionados com a favela.[62]

Devido a tal atitude, afirmam esses sociólogos, todos os planos relativos às favelas até agora se basearam em normas sociais de moral e decoro da classe média, que não têm o menor valor nas circunstâncias específicas da favela. Citam, por exemplo, a suposição de que morar num conjunto habitacional do governo é "melhor para o favelado", e o fato de que o Código de Obras proíbe expressamente que se faça qualquer melhoria nas casas, logradouros públicos e serviços na favela.

As diretrizes suscitadas por esta visão opõe-se diametralmente às anteriores. Ao invés da remoção das favelas, esta segunda posição implicaria uma política oficial de legalização e urbanização do local, [c] que concedesse aos favelados títulos de posse de suas terras, lhes proporcionasse acesso fácil a fontes de financiamento, empréstimos a longo prazo e assistência técnica, e lhes permitisse assim, tornarem-se agentes de sua própria melhoria.

Favelas como uma Calamidade Inevitável. O terceiro ponto de vista, intermediário, considera a favela uma conseqüência natural, ainda que infeliz, do rápido crescimento urbano. Reconhece que a cidade não pode crescer suficientemente depressa para proporcionar empregos para todos ou os necessários serviços urbanos. A existência de grandes níveis de desemprego, bem como de inadequada infra-estrutura na favela, é vista como a conseqüência normal da rápida migração rural. Os favelados são considerados úteis como mão-de-obra barata e votos fáceis de comprar, apesar de serem julgados economicamente pouco produtivos, politicamente despreparados, e socialmente indesejáveis.

Os que defendem esta posição adotam a visão paternalista de que os favelados são como crianças - precisam ser guiados, ensinados e educados pela boa vontade dos mais afortunados. As implicações políticas desta linha de raciocínio são de que os favelados devem ser auxiliados dentro dos limites do que é exeqüível, a fim de que possam ser recuperados, "os pobres coitados", sem que necessariamente se tenha de modificar a estrutura básica da situação. Os melhores programas são paliativos como distribuição de alimentos e roupas, organização de centros de saúde, clubes de mães, etc. Acredita-se que, com este tipo de política, os favelados mais merecedores superarão os inúmeros obstáculos e se integrarão à sociedade.

Cada uma dessas posições e as políticas delas decorrentes baseia-se numa série de hipóteses sobre a natureza dos habitantes das favelas. A análise destas hipóteses - suas raízes, sua validade e suas implicações - constitui a espinha dorsal deste estudo.

[c] A não ser quando explicitamente indicado de outra forma, empregaremos o termo *urbanizar* no sentido latino-americano, isto é, de prover serviços e infra-estrutura urbana - principalmente água, eletricidade, drenagem, esgotos e pavimentação, quando necessário.

Capítulo 2

DUAS FAVELAS E UM SUBÚRBIO

O BRASIL é um lugar ideal para o estudo das conseqüências da migração para as cidades, devido aos seus altos níveis e taxas de urbanização. Em contraste com a maioria dos países latino-americanos que têm apenas uma cidade grande, o Brasil possui nove centros importantes: São Paulo, Rio de Janeiro, Belo Horizonte, Recife, Porto Alegre, Salvador, Curitiba, Fortaleza e Belém. As duas cidades com as taxas de crescimento mais elevados e os problemas mais sérios de urbanização acelerada são o Rio e São Paulo. Os problemas acarretados pelos assentamentos irregulares são provavelmente mais sérios no Rio, onde o crescimento industrial tem sido menor, e que dispõe de muito menos espaço do que São Paulo. O Rio está apertado entre o mar e as montanhas e não tem, como São Paulo, áreas livres para onde se expandir facilmente. No centro de São Paulo existem, também, grande número de casas de cômodos que servem de alternativas para as favelas. Estes fatores, combinados com a fama e a beleza sensual do Rio, produziram cerca de 300 favelas - muito mais do que em qualquer outra cidade do país.

Arrebanhados em caminhões tipo pau-de-arara, amontoados em vagões e ônibus, arrastando-se a pé ou em lombo de burro, milhares de brasileiros pobres acorrem diariamente para as cidades. Uma das primeiras etapas deste estudo foi descobrir alguns dos lugares mais característicos onde vivessem migrantes recém-chegados, antigos ou de segunda geração. Procurei fazê-lo de várias maneiras. Pus-me à espera em paradas de caminhões, estações de estrada de ferro, e cruzamentos nas proximidades do Rio, e tracei as rotas seguidas pelos que chegavam à procura de acomodação, trabalho, companhia e distração. Esperei em pontos de desembarque junto com os poucos que tinham recebido notícia de que familiares ou amigos estavam por chegar, e acompanhei-os até suas "casas". Também segui aqueles a quem ninguém esperava, muitos dos quais passaram sua primeira noite na rua. A maior parte das famílias tinha realmente amigos ou parentes na cidade, que acabavam por localizar. Outros tinham conhecido alguém na viagem, que sabia de um emprego ou de um lugar para onde ir, ou em suas primeiras andanças tinham conseguido encontrar alguma obra ou favela onde pudessem se acomodar temporariamente. As moças que chegavam para ser empregadas domésticas iam diretamente para a casa dos patrões. Alguns rapazes com um pouco de dinheiro encontravam um quarto barato para alugar numa pensão ou casa de família.

Aqueles que não têm moradia nem emprego, nem têm parentes ou conterrâneos, são recolhidos pelo Albergue, uma instituição do Estado que presta alguns serviços para os migrantes enquanto estes procuram um meio de subsistência. Durante uma semana recebem casa e comida de graça, cuidados médicos e assistência infantil. Todos os dias às seis horas da manhã todos os adultos devem sair à procura de trabalho e não podem voltar antes da noitinha. Em alguns casos é permitido ficar uma segunda semana. Se nesse ínterim a família não encontra moradia ou trabalho, o Estado paga sua passagem de volta para o lugar de origem.

Em conversa com os migrantes ou com funcionários do Albergue, confirmei o que observara ao acompanhar famílias diretamente aos seus destinos na cidade. Apenas duas opções se abrem para os migrantes que chegam: as favelas, ou os subúrbios, as cidades-dormitórios que circulam o Rio. Esta conclusão se reforçou ainda mais ao longo de semanas de entrevistas com todas as organizações públicas ou privadas que têm a ver com migrantes, favelas ou moradia para os de baixa renda.

Ao contrário, a maioria da literatura existente sobre os padrões de assentamento nas cidades latino-americanas afirma que os migrantes geralmente se dirigem para os cortiços no centro das cidades, e não para as favelas ou subúrbios. Turner e Mangin, por exemplo, verificaram que essas moradias baratas e centrais constituem a primeira residência urbana em Lima (estágio "cabeça de ponte") para a grande maioria dos migrantes, que depois organizam invasões de terrenos baldios, e finalmente constroem bairros operários nos arredores da cidade (estágio de "consolidação"). Padrões semelhantes têm sido documentados com referência a outras cidades, inclusive Santiago e São Paulo.[1] Em decorrência, ao chegar ao Rio passei longo tempo nos cortiços, cabeças de porco, vilas, avenidas e lotes proletários. Verifiquei que os habitantes destes tipos de moradias coletivas não são migrantes, mas famílias de sangue português, espanhol ou judeu que já vivem na cidade há gerações mas não conseguiram "ir prá frente".[2] O cortiço simplesmente não é um lugar para onde os migrantes rurais vão – provavelmente porque tem pouco espaço, pouca rotatividade, excesso de gente e, com freqüência, não aceita crianças. Últimamente muitos desses cortiços foram derrubados – no primeiro esforço de renovação urbana do Rio – agravando a superlotação dos remanescentes. Por fim, ainda que os aluguéis sejam baratos, eles têm de ser pagos todos os meses, em contraste com as favelas, que são inteiramente de graça.

Procurando compreender o alcance da existência urbana, descobri três áreas bastante distintas para onde os migrantes podem se dirigir e onde os descendentes de favelados podem criar suas famílias, a saber:

1. favelas nos morros da Zona Sul, isto é, da zona comercial e residencial de classe alta;

2. favelas da Zona Norte, a periferia industrial e residencial da classe operária; e

3. subúrbios da Baixada Fluminense, grupo de cidades-satélite ou cidades-dormitório.

A Figura 1 mostra a área urbanizada do Grande Rio, que inclui os antigos estados da Guanabara e do Rio de Janeiro. A Baixada Fluminense abrange os municípios de Nova Iguaçu, Duque de Caxias, Nilópolis e São João de Meriti. Na Figura 2 estão indicadas a Zona Sul, a Zona Norte e o centro do Rio, e também a distribuição das favelas.

As três áreas – Zona Sul, Zona Norte e subúrbios – diferem em muitos aspectos. Proximidade a efeitos de demonstração, heterogeneidade de contatos com a cidade, relacionamento com instituições externas, modalidades de empregos, condições ambientais, posse de terra, valor dos terrenos, densidade de ocupação, por exemplo, variavam enormemente de uma para outra. Julguei importante, então, estudar a fundo pelo menos uma comunidade em cada uma dessas regiões.

Em cada uma eu me familiarizei com um número de comunidades entre 10 e 20; dentre elas, depois, escolhi três que me pareceram típicas e nas quais eu tinha travado conhecimento com alguns moradores. Foram elas Catacumba, na Zona Sul, Nova Brasília na Zona Norte, e Duque de Caxias na Baixada Fluminente (onde sele-

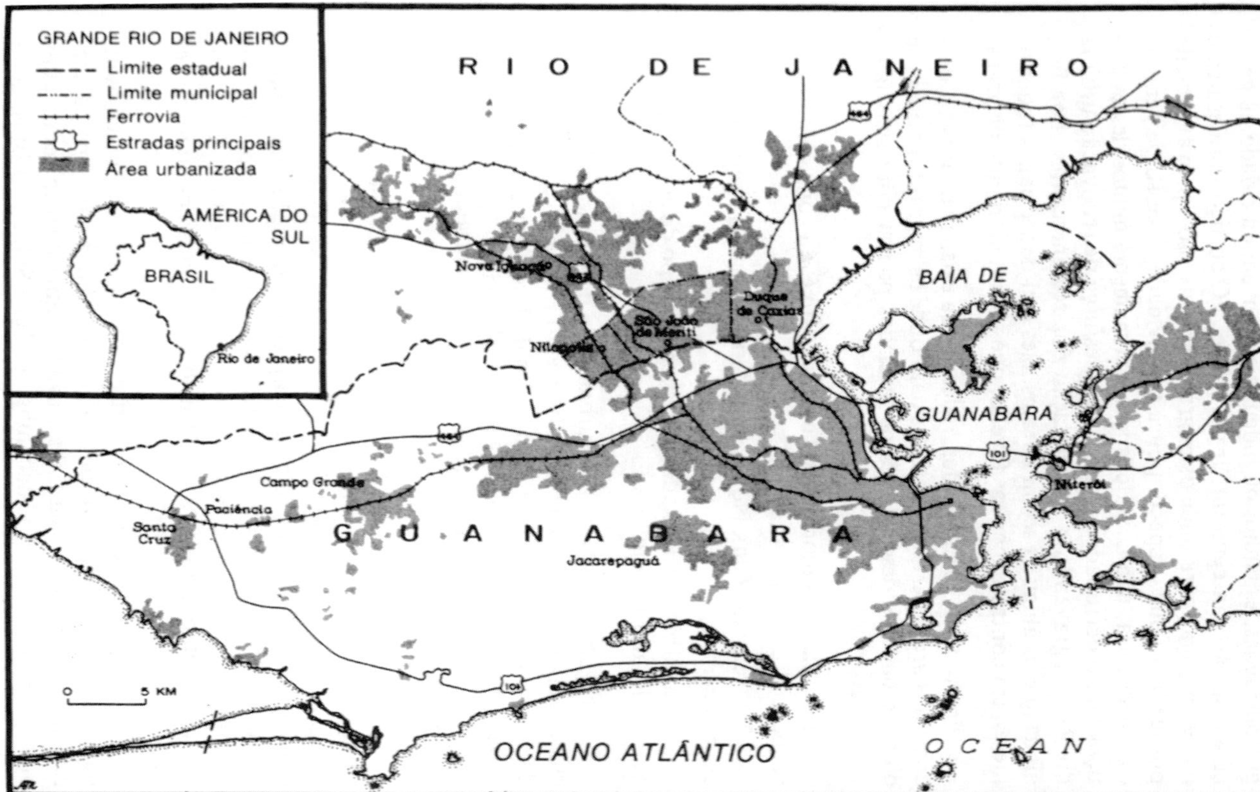

1. Área urbanizada do Grande Rio de Janeiro.

cionei cinco bairros de baixa renda e três favelas). Os locais exatos da pesquisa estão indicados no mapa da Figura 2.

Utilizei uma metodologia mista: observação participante, entrevistas abertas, análise de contexto, dados de levantamento e históricos vitais cronológicos, (com registros individuais das mudanças ocorridas, ano por ano, quanto a domicílio, ocupação, situação familiar e educação). Esta combinação de levantamentos quantitativos pareceu-me de grande utilidade para contrabalançar as ideologias e incompreensões prevalecentes. Era indispensável, também, entrevistar os líderes das favelas, os diretores das organizações internas, e as personalidades mais respeitadas, bem como a população em geral. A matéria deste livro baseia-se principalmente nos 600 homens e mulheres da amostra aleatória, porém, os 50 membros da "elite" escolhidas em cada comunidade são muitas vezes utilizados para efeito de comparação. (Para uma descrição minuciosa da metodologia, da elaboração do questionário, da amostragem, das entrevistas, e utilização da história vital, ver o Apêndice)[a]

Tendo em vista que as três comunidades possuem características próprias que influenciam a experiência urbana e a situação política de seus residentes, seria conveniente descrever com certa precisão sua localização, aspectos físicos, história, serviços urbanos, espírito comunitário e perspectivas quanto à remoção.

A ZONA SUL: CATACUMBA

Situada no coração da área comercial e residencial da classe alta e classe média-alta, a Zona Sul conta com os pontos turísticos mais famosos da América Latina – Copacabana, Ipanema e Leblon. Qualquer lugar da Zona Sul dista da praia menos de cinco minutos de caminhada. A área está cheia de lojas coloridas e *boutiques* elegantes, e tem feiras quase todos os dias da semana. Acima de tudo, é uma das mais densamente povoadas do mundo. Ali se encontra o que o brasileiro mais aprecia – "movimento".

[a] Maiores informações sobre o instrumento de pesquisa adotado, juntamente com as distribuições de freqüência para as amostras aleatória e de elite, e a descrição completa dos procedimentos de pesquisa podem ser encontradas em PERLMAN, Janice, *Methodological notes on complex survey research involving life history data*, Berkeley, University of California, Institute of Urban and Regional Development, Monograph nº 18.

2. Localização das favelas e dos conjuntos habitacionais do Grande Rio.

É desnecessário dizer que os terrenos na Zona Sul são valorizadíssimos. As favelas surgiram ali por acréscimo (e não por invasão, como em Lima), subindo pelas encostas íngremes e rochosas dos morros onde seria impossível construir normalmente, revertendo, dessa maneira, o padrão norte-americano de viverem os ricos no alto das colinas, e os pobres, nas regiões baixas. Estacas engenhosas suportam os casebres suspensos precariamente dos declives. Diante das constantes ameaças de remoção, era raro investir-se dinheiro na conversão de casas de barro ou de madeira em casas de tijolo ou cimento (com exceção das que ficam ao longo das ruas). Ao contrário, o dinheiro era gasto em artigos portáteis como aparelhos de televisão, refrigeradores e coisas semelhantes, e não em melhorias permanentes ou construção de casas. Algo se fazia, entretanto, no setor da infra-estrutura (principalmente, torneiras, eletricidade, esgotos e pavimentação).

A Zona Sul também se caracteriza por um mercado de trabalho especial. Em nenhum outro lugar do Rio existem tantas oportunidades de "biscates" ou "bicas de emprego" tanto para mulheres e crianças como para homens. Graças à sua localização bem no centro da sociedade abastada do Rio, há uma constante oferta de serviço para quem souber procurar. Uma família pode multiplicar facilmente os seus ganhos: a mulher pode lavar, passar ou costurar para fora, as filhas, vender doces, e os meninos, engraxar sapatos, cuidar carros ou vender ferro-velho. Com freqüência existe também trabalho em construção ou oficinas de reparos, para homens fisicamente aptos.

A encosta onde se localizava a favela da Catacumba dá para a linda Lagoa Rodrigo de Freitas. Em frente passa a Avenida Epitácio Pessoa, importante via de ligação entre a Zona Sul e o centro da cidade, e a favela podia ser vista – uma colmeia movimentada por sobre a baía – de qualquer ponto do passeio que contorna a lagoa (ver Foto 3), do outro lado da qual localizam-se modernos e vistosos edifícios de apartamentos, um elegante clube de regatas e um hipódromo.

História e Propriedade. [3] Ninguém na favela ou nos órgãos oficiais sabia com certeza quem era o dono da terra. Segundo uma das fontes, o nome Catacumba deriva-se do fato de que os índios enterravam ali os seus mortos.[4]

Uma pequena e anônima história sem data, nos arquivos da Biblioteca do Serviço Social do Rio, conta que o local, chamado

Chácara das Catacumbas no fim do século passado, foi arrendada pela Baronesa da Lagoa Rodrigo de Freitas. Ao falecer, deixou a terra para seus escravos, que se consideraram donos da mesma. Em 1925, o órgão federal, que anteriormente tinha a posse do terreno loteou-o e começou a vendê-lo. Trinta e duas pessoas compraram lotes. Os herdeiros da Baronesa levaram o caso à justiça. A esta mesma época, o proprietário de terras vizinhas decidiu reivindicar a posse de toda a área. Assim começou um demorado litígio que ainda se arrasta pelos tribunais da nação. Quando ninguém poderia ser oficialmente declarado dono das terras, os primeiros casebres de favelados apareceram. O crescimento foi lento na década de 1930, e a primeira invasão de vulto por parte de migrantes ocorreu em 1942. A justiça deu ganho de caso, mais tarde, aos compradores de 1925, mas o litígio e os recursos prosseguem ainda.

Há quem acredite que a Catacumba apenas em parte pertence aos seus vários pretendentes individuais, cabendo o restante por direito à Força Aérea Brasileira. Ao escrevermos este livro, a favela da Catacumba já tinha sido removida havia cinco anos. As incorporadoras e os exploradores mal podiam esperar para começar a construção de hotéis de luxo e altos prédios, mas não conseguiam fazêlo devido as batalhas legais ainda em curso.

População. Os dados referentes à população da Catacumba são, pelo menos, tão confusos quanto sua história. Como as favelas não são oficialmente reconhecidas, elas não constam dos mapas das autoridades, ou, de alguma forma coerente, dos resultados dos recenseamentos. As estimativas do número de habitantes em 1969 variavam de 1.410 unidades com 6.000 habitantes até ao elevado número de 7.000 casebres com 28.000 pessoas.[5] Nosso estudo levantou 1.457 casebres, muito deles habitados por várias famílias. Havia uma média de 5,9 pessoas por unidade, dando uma população total de cerca de 8.600.[b] O recente aumento da população na época poderia em sua maior parte ser atribuído unicamente ao crescimento natural; não havia o menor espaço para outros barracos, nem seria possível acomodar gente nova nos já existentes. Os recém-chegados que de-

[b] O número verdadeiro é provavelmente um pouco mais alto, pois alguns barracos estavam tão escondidos da vista de um caminhante fortuito ou dos nossos fotógrafos, que nunca foram incluídos em nossa amostra. É provável que o algarismo mais correto seja o de 9 000 citado no levantamento oficial, resultado do recenseamento a domicílio feito na favela como preparação à remoção e ao realojamento.

cidiam viver ali tinham de pagar preços exorbitantes pelo privilégio de ocupar um casebre e seu terreno.

Características Físicas. A Catacumba cobria uma área relativamente pequena - cerca de 105 mil metros quadrados.[6] Inteiramente coberta de barracos, parecia uma colorida colcha de retalhos estendida sobre o morro, fácil de ser vista, pois a encosta é muito íngreme. Dividia-se a favela em três áreas distintas, que correspondiam às três vertentes adjacentes em que se localizavam. O que parecia uma massa indistinta para o observador distante, para os residentes era separado em subunidades. A mais próxima a Copacabana e Ipanema chamava-se Passarinheiro, sendo considerada um lugar bom e calmo para se viver na favela. Junto à calçada da avenida, neste setor, encontravam-se o salão de reuniões da Assembléia de Deus e o Juventude Atlético Clube. Na encosta do meio ficava o Maranhão, assim chamado porque seus primeiros moradores vieram daquele Estado. A terceira encosta era o Café Globo, identificada pelo posto policial, em baixo, e o incinerador de lixo.

Além desta separação horizontal, existia ainda uma estratificação vertical fascinante, que de certa maneira correspondia à classe social e ao tempo de domicílio na favela. Em geral, junto da avenida ficavam as casas de concreto e tijolo pertencentes aos moradores mais antigos e prósperos. (Cerca de 10 por cento das casas na Catacumba eram daqueles materiais.)[7] As melhores casas de comércio da favela também se localizavam ao longo da Avenida Epitácio Pessoa, ao pé do morro. Mais acima as casas eram comumente de madeira (79 por cento de todas as casas), e no alto, de taipa ou materiais diversos apanhados aqui e ali. Corria a fama de que a vida era mais dura e perigosa lá em cima. Sem dúvida, era mais difícil - até o acesso era árduo, pois as vias, inicialmente de cimento e pedra, passavam a ser de terra e depois, de pedra escarpada.

Serviços Urbanos. A disponibilidade de serviços acompanhava, na Catacumba, a mesma estratificação horizontal. Quanto mais perto da avenida, mais fácil o acesso a água, esgotos, eletricidade e coleta de lixo. A água era servida através de 15 torneiras coletivas localizadas próximo à rua. A maioria dos moradores (89 por cento) servia-se delas, enquanto uns poucos tinham conseguido água encanada. Como a pressão era baixa, às vezes se formavam longas filas junto às bicas. A dificuldade era maior para os que moravam em pontos mais altos, pois tinham de descer até o nível da rua e depois

Foto 3. A Favela da Catacumba, atarefada colmeia na Avenida Epitácio Pessoa. A vegetação que aparece embaixo cresce nas margens da lagoa.

subir pelas trilhas íngremes e pedregosas carregando grandes latas na cabeça. Podia-se contratar meninos para cumprir a enervante espera e longa escalada, mas os poucos centavos cobrados por viagem pesavam no orçamento das famílias pobres.

Apenas 50 por cento dispunham de qualquer tipo de serviço sanitário ou dentro ou junto às suas casas. Mesmo assim, os detritos não eram recolhidos em esgotos subterrâneos, mas despejavam-se ladeira abaixo em valas abertas, até a sarjeta, ao nível da rua.

Uma moradia em cada cinco não dispunha de eletricidade. A metade dos moradores puxaram extensões de cerca de 300 casas que tiveram relógios instalados pela Light. Isto constitui uma das maiores fontes de queixas dos residentes. A cobrança era feita de acordo com o número de tomadas, cerca de US$ 1,25 mensais por tomada, sem levar em conta o consumo real. Muitos fios utilizavam a mesma tomada, e por isso não havia força suficiente para usar a máquina de costura, o aparelho de televisão, o rádio ou o ferro de passar roupa, de noite, quando as lâmpadas também estavam ligadas. O atendimento, portanto, era muito deficiente no que se referia à eletricidade, e as taxas eram muito mais altas do que as cobradas pela companhia em outras partes da cidade. Mesmo a eletricidade fornecida pela cabine central instalada havia alguns anos pela Comissão Estadual de Energia Elétrica custava caro demais, sendo que os diretores da Comissão de Luz local embolsavam parte do dinheiro.

Quatro grandes incineradores facilitavam a remoção do lixo da favela, mas ofereciam risco de incêndio; existiam também quatro amplos coletores na avenida, onde moradores podiam jogar o lixo, recolhido uma vez por semana pelos caminhões municipais. Ainda aqui, qualquer serviço fornecido pela municipalidade era esporádico e conseguido a um alto custo, em termos de barganha por outros benefícios.

Comércio. No território da Catacumba havia um comércio intenso e diversificado: dez grandes armazéns, cinco botequins, mais de 100 tendinhas e biroscas, duas sapatarias, duas lojas de roupas, seis barbeiros, um salão de beleza, uma banca de jornal, uma farmácia, uma venda de aves e ovos, uma loja de móveis, e várias oficinas de conserto. Infelizmente, os preços na favela muitas vezes eram mais altos, mas os comerciantes ofereciam certas vantagens aos fregueses: vendiam a prestação, quando necessário, permitindo que as famílias se defendessem quando o chefe estivesse desempregado; dividiam a mercadoria em lotes pequenos, permitindo comprar pouco de cada vez (um cigarro, umas poucas fatias de pão);[c] alguns estabelecimentos, especialmente os bares, serviam de pontos de reunião social e de difusão de notícias locais.

Associações. A associação mais importante da comunidade era a SOMAC (Sociedade dos Moradores e Amigos de Catacumba). Fundada em 1961, desde então tivera eleições para membros da diretoria a cada dois anos. Em 1960-1969 tinha 1600[6] sócios registrados. De acordo com seu presidente, Waldevino, cerca de 500 pessoas participavam ativamente, mas pelas minhas observações cerca de 50 tomavam parte constante nas atividades da organização. Houve apenas uma assembléia-geral durante o ano em que a pesquisei, e a freqüência foi reduzida. Os estatutos da organização dão uma idéia de suas prioridades. O seguinte regulamento encontrava-se emoldurado e pendurado na parede da sede: 1. Respeitar a associação e suas instalações. 2. Não beber no recinto da Sociedade. 3. É permitido jogar xadrez, dominó, etc., mas não a dinheiro. 4. Depois das 6 horas não é permitido aos sócios comparecer à sede em *shorts,* roupa de banho, descalço ou sem camisa. 5. Quem se meter em brigas será imediatamente suspenso da Sociedade. 6. Quem atrasar sua mensalidade um mês receberá a punição de não poder gozar dos benefícios da Sociedade por três meses. 7. Quem ficar dois meses sem pagar será suspenso por um período de seis meses, e se for três meses, será desligado da Sociedade. 8. Isto também se aplica aos membros da diretoria, com a exceção de que, após o segundo mês de débito, perdem seu cargo.

Entre os benefícios proporcionados pela Sociedade estavam uma clínica médica (metade do preço para os sócios) que funcionava três tardes por semana e, supostamente, os serviços de uma assistente social e de um dentista que, no entanto, aparentemente nunca se concretizaram. O principal objetivo declarado da organização era representar a favela em questões contra o mundo exterior, requerer serviços municipais, e lutar contra a remoção.

A segunda organização mais poderosa na Catacumba era a Comissão de Luz, que ao tempo deste estudo contava com pouco mais de um ano de existência. Fora fundada por uma contra-elite e apoiada pela C.E.E.E. porque alguns moradores não estavam satis-

[c] Saía mais caro para o favelado, no final, mas permitia-lhe de imediato adquirir o que podia com os recursos do momento.

feitos com a "exploração" no fornecimento de eletricidade e acreditavam que a Sociedade dos Moradores não estava fazendo um bom trabalho.

Havia também um número de associações de caráter social e recreativo na favela: seis clubes de futebol, uma escola de samba, um Clube Atlético Juventude que oferecia bailes e festas. Finalmente, diversos núcleos religiosos, inclusive a Assembléia de Deus, alguns terreiros de macumba, uma igreja católica com 10 anos de existência, visitada semanalmente por um sacerdote, e várias seitas e grupos menores.

Escolas. A Catacumba não dispunha de escolas oficiais. Pelo menos duas mulheres tomavam conta de crianças durante o dia, e ensinavam-lhes alguma coisa, mas não havia aulas regulares de nenhum grau, nem curso de alfabetização de adultos. As mulheres que trabalhavam como domésticas às vezes davam como seu o endereço dos patrões, a fim de que os filhos pudessem matricular-se na rede escolar. (Ver Foto 4).

Vida Econômica. A incidência de desemprego era consideravelmente menor na Catacumba que numa favela típica. Como foi dito antes, por sua localização, ela atendia aos moradores abastados de Copacabana, Ipanema e Leblon. O presente estudo revelou que, na Catacumba, mais do dobro de pessoas trabalhavam em construção civil ou serviços domésticos do que nos outros dois lugares, e que era menos da metade o número de homens que nunca trabalharam. É preciso ressaltar, todavia, que muitos dos empregos eram bastante instáveis, e que a taxa de rotatividade era alta; além disso, uma pessoa diria que estava "fazendo biscate", e não que estava desempregado, mesmo que estivesse apenas consertando um ou outro aparelho, ou lavando ou guardando carros de vez em quando.

Eis como um repórter descreve a atividade na área:

> Às cinco horas da manhã, a Catacumba começa a despejar seus moradores. Copeiras, cozinheiras e babás descem as escadarias, saindo para as "casas das madames". Trabalhadores – grande número de operários em construção – formam filas nos dois pontos de ônibus ou caminham a pé, em direção de Copacabana, Ipanema e Leblon. ... Um pouco mais tarde, o pessoal que desce o morro já tem outro aspecto: é a hora dos funcionários públicos, das crianças que vão para a escola e da grande

Foto 4. Uma mulher controla desde sua janela, na parte alta da favela, os filhos que estão brincando. Ela gostaria que houvesse escolas na Catacumba, que eles pudessem freqüentar.

movimentação das lavadeiras, que saem de casa cedo, para aproveitar o sol fraco da manhã, para a lavagem e, depois, o sol mais forte, para secar a roupa. A favela quase inteira já deu – antes das 8 horas da manhã – a prova de sua força de trabalho.[9]

Remoção. Tanto quanto os moradores podiam lembrar-se, viveram no constante temor de serem arrancados de seus lares e forçados a se instalarem em outro local. Oitenta e cinco por cento das pessoas da amostra aleatória que entrevistamos na Catacumba eram capazes de recordar uma ameaça específica de remoção, e contar as medidas tomadas para adiar ou evitar a expulsão. Comissões tinham sido organizadas para levar petições ao palácio do Governador, os meios de comunicação de massa tinham sido alertados no sentido de criar uma opinião pública favorável aos favelados, protestos e apelos tinham sido feitos, e utilizado o "prestígio" junto aos amigos ou políticos influentes. Todas estas atividades tiveram lugar depois de 1960, quando a Guanabara se transformou em Estado, com a transferência do Distrito Federal para Brasília, e antes dos militares tomarem o poder em 1964. Então, a opinião públıca tinha peso, o populismo prevalecia e os votos de um milhão de favelados não podiam ser ignorados. A maior parte dos serviços urbanos que hoje existem nas favelas do Rio foi obtida como resultado de seu poder de barganha naquele período.

A história da Catacumba teve um final repentino, decidido pela CHISAM, órgão federal criado em 1968 com o propósito de remover todas as favelas do Rio nos três anos seguintes. Em agosto de 1969, a Secretaria de Serviços Sociais iniciara um recenseamento de porta em porta para verificar os níveis salariais e decidir para onde cada família deveria ir. A Sociedade dos Moradores foi coagida a transformar-se num comitê de guardas uniformizados de 31 homens para impedir melhorias em qualquer das casas, a entrada ou saída da favela sem autorização e a mudança de novas famílias para lá, e para preservar a tranquilidade geral.[10] Ainda que as famílias lastimassem sua sorte, nenhuma oposição se levantou publicamente à medida.

Um artigo aparecido no *Jornal do Brasil* de 10 de maio de 1974 informava que até aquela data 41 das 300 favelas já tinham sido removidas, inclusive a Catacumba. As causas e conseqüências dessa política de remoção maciça são discutidas no Capítulo 7.

A ZONA NORTE: NOVA BRASÍLIA

A Zona Norte localiza-se na periferia da cidade, num distrito industrial, e tem uma população em que predominam a classe operária e a média-baixa. Não é tão densamente povoada como a Zona Sul, nem conta com uma vida social e recreativa tão intensa e variada. A terra é mais barata e o espaço um pouco mais abundante, por isso os barracos não precisam ficar tão juntos. Às vezes sobra lugar para uma pequena horta, um porco ou algumas galinhas. Como a Zona Norte fica mais longe, a ameaça de remoção é menos premente e as pessoas se sentem um pouco mais seguras em seus domínios. Em decorrência, as construções freqüentemente são de tijolo ou concreto, em particular nas áreas mais antigas das favelas. Os serviços básicos receberam bastante atenção. Os moradores têm menos contatos com a variada vida urbana da Zona Sul e, mais distantes dos bairros de gente rica, estão menos expostos aos "efeitos de demonstração". Contudo, uma viagem de ônibus até o centro do Rio leva apenas de 30 minutos a uma hora, portanto, os recursos da cidade são utilizados amplamente.

Em geral há menos serviços disponíveis; por outro lado, há maior oferta de trabalho em fábricas, mas nem sempre os favelados possuem qualificações para os mesmos. É mais difícil suplementar os ganhos da família com biscates, o trabalho das crianças, ou mesmo os serviços das mulheres como empregadas domésticas, pois não existe uma elite local que possa contratá-los; esse tipo de trabalho, aliás, muitas vezes é feito em horas vagas, em lugares que ficam perto da própria moradia. Outro efeito concomitante é que se oferecem menos oportunidades para o estabelecimento de relações subalternas com pessoas influentes; assim, muitas das necessidades que na Zona Sul são atendidas mediante contatos pessoais, na Zona Norte têm de ser resolvidas pela favela coletivamente. Por exemplo, onde não existe patrão para ajudar a colocar as crianças na escola, ou providenciar assistência médica numa emergência, a alternativa provavelmente será um abaixo-assinado pedindo uma escola local, ou a formação de um grupo para pressionar no sentido de se instalar uma clínica junto à Associação dos Moradores. É natural, portanto, que os órgãos de representação local sejam mais fortes e ativos na Zona Norte que na Zona Sul, e que ali também pareça existir maior orgulho e consciência de ser favelado, e menor tendência a imitar os padrões da classe média.[11]

Localização, População e Descrição Física. Nova Brasília encontra-se no coração da Zona Norte, sendo em grande parte cercada por fábricas. A Avenida Itaoca passa em frente da comunidade, que se limita, ao lado, pelo Caminho Itararé e atrás pela Travessa Campos da Paz. Como todas as favelas do Rio, aparece nos mapas oficiais como uma verde colina desabitada. Em 1967 a principal via de entrada, Rua Nova Brasília, foi legalizada após longa batalha conduzida pela Associação dos Moradores. Esta rua, que aparece na Foto 5, é o principal acesso de pedestres à favela; outra estrada na parte de trás do morro pode ser utilizada por jipes e automóveis resistentes, e permite o suprimento de casas comerciais nos pontos mais altos. As Figuras 3 e 4, baseadas em uma aerofoto, mostram as ruas principais, a distribuição e densidade das moradias, a amostra escolhida e o esquema de estratificação.

Como na Catacumba, a parte mais próxima da rua fronteira principal é a mais antiga, rica e desenvolvida. Conforme se sobe o morro as casas mudam para tijolo e madeira, e finalmente taipa, dando às regiões mais elevadas da favela um aspecto tipicamente rural. A Foto 7, tomada numa parte mais velha da Rua Nova Brasília, documenta a transição de casas de um para dois andares. A rua desce suavemente até a Praça do Terço, um largo espaço que circunda um depósito de lixo, uma caixa d'água e um alto-falante, e

Foto 5. A Avenida Nova Brasília, que os moradores lutaram por legalizar, é animada a qualquer hora do dia. A maioria das famílias que aqui moram transformaram o térreo em casas comerciais, construindo um segundo andar para viver.

por onde passeiam livremente porcos e galinhas. Desde a Praça do Terço o morro sobe abruptamente em três direções.

Apesar de Nova Brasília ser quatro vezes maior que a Catacumba em área, cobrindo cerca de 400.000 metros quadrados, sua população é apenas 50 por cento maior, o que faz que a densidade

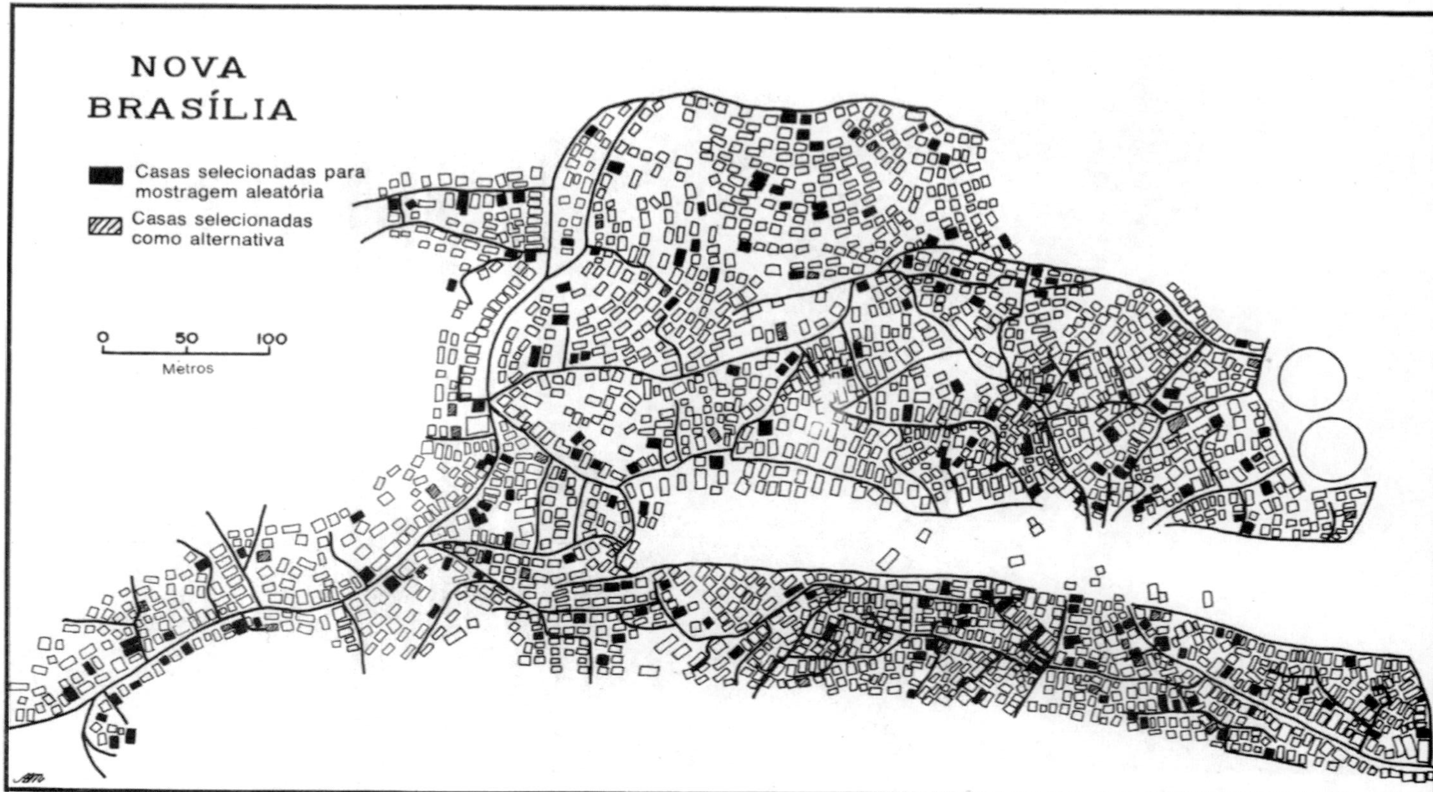

3. Mapa da amostragem de Nova Brasília.

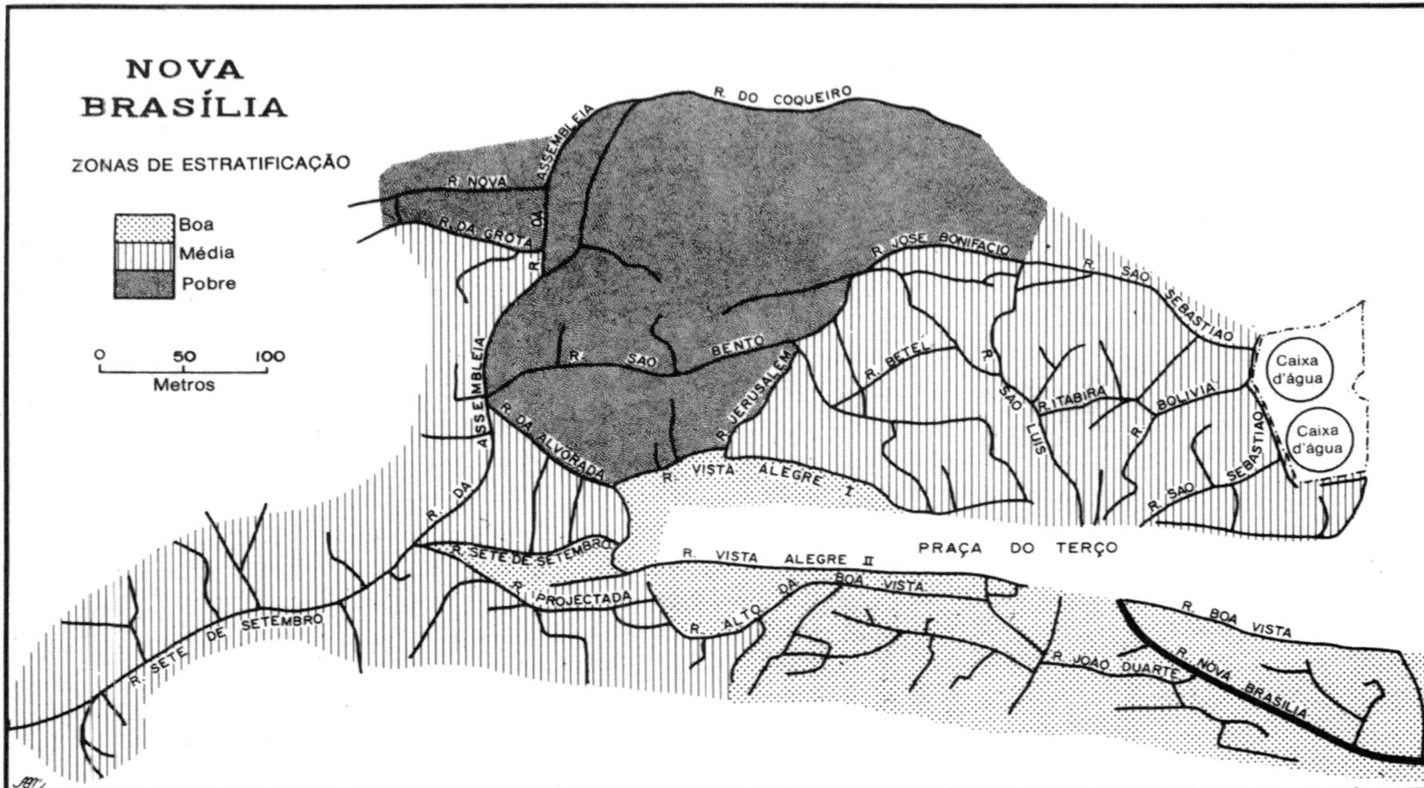

4. Zonas de estratificação de Nova Brasília.

de população seja bem menor. O Serviço Social e a Fundação Leão XIII estimam a população em cerca de 15 mil, distribuídas em 3 mil unidades habitacionais. Em meu estudo, identifiquei 2.112 unidades (671 na parte mais rica, 952 na média, e 489 na mais pobre), e cerca de 12.600 habitantes, no total.

História, Propriedade e Remoção. Nova Brasília é mais recente que Catacumba, datando de 1942, quando uns poucos favelados começaram a se instalar nas encostas desabitadas na área da Praça do Terço. A vizinhança cresceu vagarosamente e, ao que parece, sem nome, até perto de 1957, quando se ergueu a parte fronteira, ao longo da Estrada. Sr. José um dos primeiros moradores, recorda que então havia apenas cerca de 2 mil habitantes. Em 1958, decidiram chamá-la Nova Brasília, em homenagem à nova capital em construção. Depois dessa época o crescimento tem sido rápido e constante. Um estudo da Associação dos Moradores contou 8.899 habitantes em agosto de 1967, uma data que, de acordo com o Sr. Francisco, marca o ponto a partir do qual se verificou um tremendo surto de crescimento que duplicou a população da comunidade. Os aumentos recentes tiveram lugar principalmente nas elevações por trás da favela, que tinham permanecido quase desabitadas até 1966.

As terras pertencem em sua maioria ao Instituto Nacional de Previdência Social. Ao dar-se conta de que milhares de famílias estavam construindo suas casas nessas terras, o Instituto tentou expulsar os favelados restaurar seus direitos de posse em 1959. Sr. José organizou uma delegação de seis homens e dirigiu-se à cidade, à procura de um certo vereador que poderia intervir em favor de Nova Brasília. Quando ele não pôde ser encontrado, o grupo foi diretamente à sede do Instituto e convenceu seu Presidente a não prosseguir com a ação. O acordo vigorou até 1961, quando o Instituto montou sua segunda operação de remoção dos favelados. Sr. José conta como a história se passou:

> "Dessa vez organizei um grupo de uns doze para ir de ônibus até o Instituto, protestar. Tinham-nos dado um aviso prévio de oito dias para nos mudarmos. Quando se passaram 12 dias a polícia chegou para derrubar as casas. Eu disse "nada disso" e comecei a organizar o grupo para ir à cidade. Mas isso não bastou pois eles nos disseram que o diretor do Instituto não estava, e continuaram tentando expulsar os favelados da propriedade. Eu, porém, não estava disposto a deixar eles fazerem aquilo. Aluguei oito enormes ônibus, enchi dos homens, mulheres, crianças, porcos, galinhas e cachorros que eu encontrei

Foto 6. Um recém-chegado a Nova Brasília constrói sua casa de taipa, a maneira mais rápida e barata de fazer um barraco na favela. Este tipo de construção é o mais comum no interior do Brasil. Conforme o favelado melhora sua situação, ele muda para paredes de táboa e, oportunamente, de tijolos, se a posse da terra é bastante segura para justificar tal investimento. A casa de taipa consta de uma armação de madeira completada com uma mistura de barro e areia que, ao secar, endurece, podendo ser rebocada e pintada.

pela favela, e fui ao Palácio do Governador em Laranjeiras. Sabíamos que o Presidente do Instituto estaria lá, e saímos do ônibus segurando um abaixo-assinado, e sentamos em frente do palácio todos nós, para ver o que eles fariam. É claro que o Presidente do Instituto teve de sair e falar conosco. Até chamamos os jornais e as estações de rádio, e enviamos um telegrama para o Presidente da República. Negociamos com eles durante longo tempo.

Finalmente, concederam aos favelados uma prorrogação de cinco anos de permanência nas terras do Instituto. Depois desse prazo, eles teriam de arrumar as casas conforme as normas e regularizar o problema de posse dos terrenos, ou ser removidos. O acordo, todavia, não foi cumprido. As únicas pessoas expulsas foram cerca de doze famílias que construíram suas casas em propriedades da fábrica e foram despejadas em 1965-66.

Foto 7. Uma casa em transição, na Avenida Nova Brasília. O seu ciclo vital foi típico: inicialmente, era um barraco de taipa, depois passou por uma fase de paredes de madeira, enquanto os tijolos eram comprados um a um e empilhados no fundo do quintal. Quando em número suficiente, foram utilizados na cuidadosa reconstrução da moradia. (Observem-se os dois tipos de tijolos empregados de um lado e de outro das portas, e a decoração que encima a janela.) Um segundo andar está sendo construído – as paredes de madeira permanecerão até que elas também possam ser substituídas por tijolos.

A parte da favela que pertence a essa fábrica é um espaço irregular de campo desocupado em meio a densa construção e intensa atividade, claramente visível nos mapas e fotografias. Diz-se que é uma espécie de tabu construir nessa área, pois é importante manter boas relações com o dono, Sr. Tuffy, em cuja fábrica muitos moradores conseguem empregos. Obviamente, o incidente das famílias expulsas está na recordação de todos, também. O Estado iniciou uma ação para adquirir essa terra ao Sr. Tuffy. Se vencer, o que é muito provável, a terra reverterá para o domínio público e imediatamente será invadida por favelados. Esta é outra razão pela qual as famílias não arriscam seus bons entendimentos com Tuffy, pois acreditam que os dias dele estão contados.

Apesar de Nova Brasília preencher todas as condições para "urbanização" estabelecidas pelos órgãos estaduais de planejamento, e de estar localizada em área parcialmente plana onde seria fácil instalar serviços de infra-estrutura, além de estar em local de mediano valor imobiliário e de baixa visibilidade pública, a favela estava na lista para ser demolida até 1976.

Associações. A Associação dos Moradores do Bairro de Nova Brasília foi criada na casa do Sr. José em 8 de junho de 1961, por ocasião da segunda luta contra a remoção. É muito mais ativa e bem organizada que a SOMAC da Catacumba. Além de ter adiado a remoção e conseguido o reconhecimento oficial da Rua Nova Brasília, a Associação obteve a instalação de um posto policial na área superior do morro, chamada Alvorada, um consultório todo equipado na sede da Associação, um centro de vacinação, um laboratório de análises médicas, um amplo local para reuniões (com bar e salão de danças) e, mais recentemente, novas extensões das redes de água e energia para atender os pontos mais remotos. A Associação conseguiu os serviços de um médico, um dentista, um advogado, um assistente social em meio-expediente e uma recepcionista de tempo integral para resolver os problemas que surgirem.

Uma das primeiras conquistas da Associação foi a instalação de um sistema de alto-falantes ouvidos na favela inteira. Toda a noite José anunciava as novidades do dia, analisava os problemas dos moradores, e pedia a ajuda de voluntários para prosseguir com os entendimentos. O sistema é ilustrado na Fig. 5, e também aparece na Foto 7: um alto-falante pode ser visto à esquerda, por cima da casa mais baixa.

Os problemas mais graves parecem ter caído agora para segundo plano. José não é mais presidente, e o alto-falante é usado raramente, para anunciar um aniversário, informar da chegada de cartas ou telegramas, ajudar visitantes a localizar amigos e parentes na favela, ou simplesmente transmitir música. O próximo tema na agenda da Associação é conseguir que a municipalidade construa paradas de ônibus cobertas em frente à favela, na Avenida Itaoca. O atual diretor prometeu agir, dizendo: "Tudo é questão de saber mexer os pauzinhos".

Desde sua criação, a AMBNB teve mais ou menos 1.800 membros. Segundo o atual presidente, Sr. Francisco, 1.200 estão registrados e vivem na favela, ainda que apenas 500 contribuam com trabalho ou paguem as mensalidades. Outro membro da diretoria diz que são 400 os associados que pagam, e de 30 a 40 os que comparecem às reuniões. Esta estimativa corresponde mais de perto ao comparecimento da assembléia-geral que eu presenciei. No decorrer

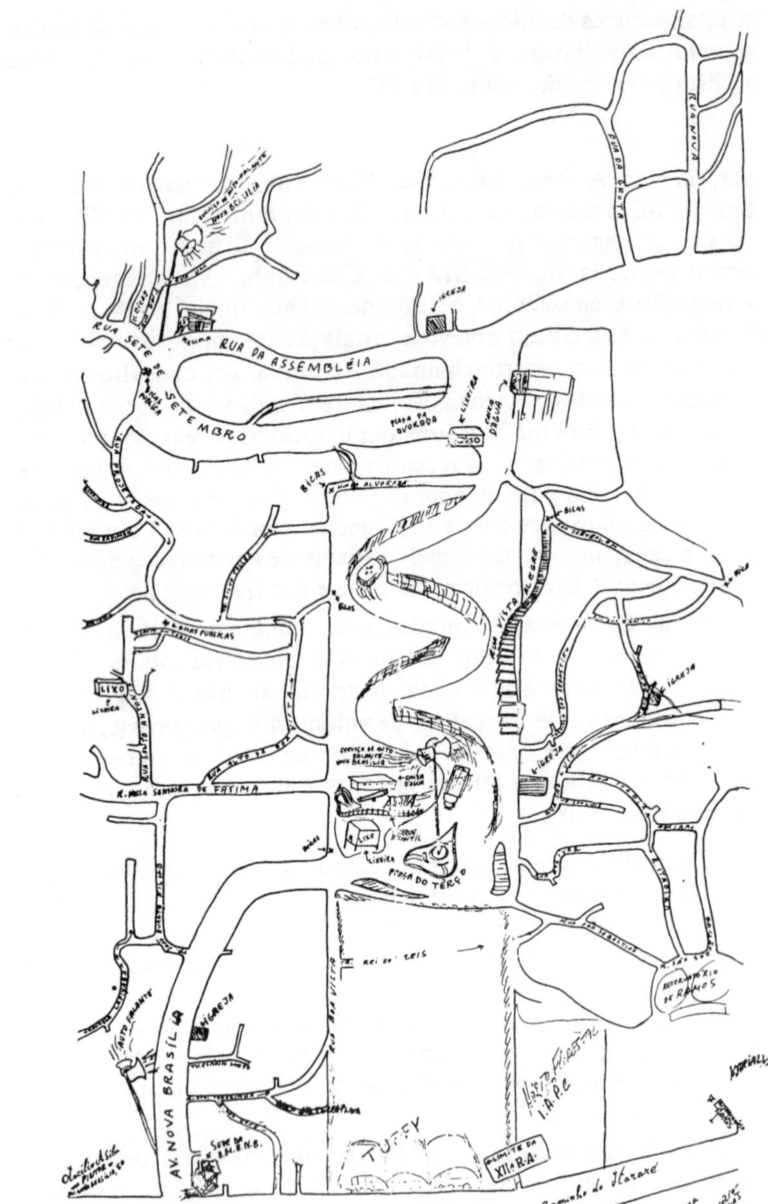

5. Mapa de Nova Brasília.

do estudo, a AMBNB teve 13 reuniões informais para tratar de assuntos específicos, 12 reuniões de diretoria, e 20 encontros externos com funcionários municipais de vários tipos.

De acordo com o Sr. Levi, que veio para Nova Brasília de Minas Gerais há muitos anos e é um dos líderes da AMBNB desde sua formação, a organização mantém uma luta constante contra a apatia popular. Para a maioria, a participação limita-se aos períodos de crise. Disse ele:

> Os que têm mais recursos estão pensando em se mudar de Nova Brasília, e portanto não querem empregar esforço algum para a melhoria da área. Os que estão aqui há mais tempo se tornaram conformados e cínicos, e não estão dispostos a se empenhar. Os melhores para tentar arregimentar são os recém-chegados... Mas eles, como o restante, têm uma atitude muito paternalista – acham que os líderes da associação têm de fazer tudo por eles. Ninguém quer se esforçar a não ser para proveito próprio e imediato. Eles transferem uma atitude paternalística em relação às autoridades e ao governo em geral, para a Associação.

Como exemplo, ele contou o seguinte:

> As pessoas que moravam em redor da Praça do Terço – com os porcos e cabritas e galinhas soltos em redor do depósito de lixo – estavam queixando-se do acúmulo de sujeira e do perigo para a sua saúde. Finalmente, depois de muita dificuldade, a própria Associação sozinha teve de retirar com pá toda aquela montanha de lixo. Depois disso, a Associação não prestou mais atenção a esse problema... A maioria dos favelados tem uma atitude muito passiva e paternalista, e espera que a Associação resolva todos os seus problemas, sem oferecer em troca o mínimo de cooperação ou participação... E quando suas necessidades não são atendidas, acusam a Associação de só beneficiar seus diretores ou de embolsar os recursos públicos."

A organização formal da Associação dos Moradores é das mais impressionantes que já vi em qualquer favela. Os estatutos são impressos num belo volume encadernado com 30 páginas, com o lema "Unidos Venceremos" na capa. Cada ano um relatório completo das realizações do período é mimeografado, distribuído e arquivado. São registrados cuidadosamente as reuniões e seus participantes, bem como os negócios concluídos. Uma espécie de recenseamento foi feito em agosto de 1967. Um dos membros, o artista local, desenhou um mapa "oficial" da área, que está arquivado na sede, e que foi utilizado para identificar as ruas por ocasião do recenseamento. Como se pode ver a Figura 5, alguns lugares e ruas da favela tiveram para ele uma importância evidentemente maior, e aparecem destacados de várias maneiras, tais como a largura dada à Avenida Nova Brasília e às Ruas Sete de Setembro e Assembléia; e a caracterização da Praça do Terço, do sistema de alto-falantes, dos vários depósitos de lixo, das caixas d'água e da fábrica Tuffy.

Existem ainda algumas poucas organizações menos importantes em Nova Brasília: uma comissão de luz, (desde 1967), três clubes esportivos, cinco templos evangélicos, dez centros espíritas, uma igreja católica e duas sociedades recreativas.

Serviços Urbanos. A pergunta sobre quais os principais problemas de Nova Brasília, os moradores responderam: água, eletricidade, coleta de lixo e escolas. O recenseamento feito pela Associação em 1967 indicou que 35 por cento das famílias tinham adequado suprimento de água, enquanto meu estudo, dois anos mais tarde, apontava 56 por cento. Compare-se este dado com os 10 por cento correspondentes à Catacumba (ver Fotos 8 e 9).

O fornecimento de energia constitui uma interessante questão em Nova Brasília. São muitos os que acreditam que desde sua instalação em 1967 a comissão de luz ganhou muito dinheiro e manobrou no sentido de que não se instalasse um sistema oficial de eletricidade. Nosso estudo revelou que 45 por cento dos residentes não tinham qualquer fornecimento de energia em 1969. Quanto à água, aquelas famílias que tinham se instalado mais recentemente, e nos pontos mais altos da favela, eram as que tinham menor acesso aos serviços públicos. O *jeito* de puxar fios elétricos de outras casas é menos freqüente do que na Catacumba, talvez devido às maiores distâncias entre os barracos. Mesmo nos pontos melhores muitos se queixam de que a iluminação não é suficiente para a leitura do jornal à noite.

Quanto ao esgoto, existe uma manilha na rua principal, à qual se ligam várias valas, sistema que representa uma certa melhora em relação ao da Catacumba. Um caminhão do Departamento de Limpeza Urbana deveria recolher o lixo três ou quatro vezes por semana, porém, como os moradores não os coletam de maneira a facilitar seu transporte, em geral é deixado sem tocar. Quando saí de lá, estava sendo construído um incinerador central ao ar livre, na Praça. Não havia gás encanado, utilizando-se de gás em bujões para cozinhar (ver Foto 10).

Fotos 8 e 9. A coleta e o transporte de água para uso doméstico em Nova Brasília. As bicas coletivas fornecem água para a maioria das famílias, e servem de ponto de encontro para as mulheres trocarem boatos e risadas. Na foto 8 vemos também as características rurais e os espaços livres da favela. Lembra alguns quadros de Portinari.

Escolas. Para a consternação dos moradores, não há instituições regulares de ensino em Nova Brasília. Da. Cecília, que veio do interior do Espírito Santo há uns 25 anos à procura de tratamento médico para seu filho de oito anos, tem sido a principal professora do local. Durante alguns anos, ela manteve uma escolinha numa remota seção da Alvorada, uma das mais altas da favela. A Fundação Leão XIII ajudava um pouco, mas a escola vivia principalmente da bondade de Da. Cecília. "As crianças não podem ser deixadas pelas ruas", dizia ela. Em 1967 ela tinha cerca de 40 estudantes de manhã o mesmo número de tarde. Parte da sua casa era cedida a outra senhora que dava aulas para os que sobravam. De noite havia aulas de alfabetização de adultos. Em 1969, porém, Da. Cecília ficou doente e a escola teve de ser fechada. Por ocasião da minha saída, uma nova escola estava sendo construída com fundos da Igreja Me-

Foto 10. O gás de cozinha é comprado em bujões que são transportados até os barracos. Após barganhas da Associação dos Moradores com candidatos a eleição, o que antes era uma subida íngreme e escorregadia transformou-se numa larga escada de cimento.

todista, que Da. Cecília ajudara a coletar. Ela partira para sua cidade natal no Espírito Santo a fim de se recuperar, e não se poderia dizer o que seria do empreendimento, sem a sua energia.

A escola mais próxima fica a cerca de 2,5 quilômetros de distância. É uma longa caminhada que inclui travessias perigosas em pontos de tráfego pesado sem calçadas nem sinalização. Receosos de deixar os filhos fazerem a viagem sozinhos, os favelados entraram num acordo e cada manhã as crianças são acompanhadas por uma das mães. A maior parte dos pequenos, todavia, jamais põe os pés numa escola.

Quando Carlos Lacerda era governador, de 1961 a 1963, os moradores pediram-lhe uma escola para a favela. Respondeu-lhes ele não acreditar em pôr escolas em favelas pois as crianças faveladas não deviam isolar-se, mas misturar-se com as da comunidade exterior, razão por que ele favorecia a construção de escolas na periferia de tais áreas. Sr. Levi nos disse compreender a lógica desse argumento, todavia, considerava vergonhoso justificar de tal maneira a inexistência de oportunidades educacionais para as crianças da favela.

Comércio. Os moradores de Nova Brasília podem comprar quase tudo de que necessitam na própria comunidade. Em 1969, a favela dispunha de 47 tendinhas e biroscas - às vezes localizadas na parte dianteira das residências - 33 bares e mercearias, 13 barbearias, seis lojas de roupa, dois açougues, duas vendas de galinhas e ovos, duas farmácias, quatro quitandas, duas carvoarias, um posto para revelação de fotografias, uma movelaria, um alfaiate, dois salões de beleza, seis armarinhos, duas casas de material de construção, um advogado e um telefone público. A atividade empresarial tem fortes raízes em Nova Brasília, e está toda na mão dos locais. Como dizemos no Capítulo 7, o desenvolvimento interno tinha alcançado níveis mais notáveis em 1973. (Ver Fotos 28-31, no Capítulo 7.)

UM SUBÚRBIO: DUQUE DE CAXIAS

A vida nos subúrbios oferece ainda outra alternativa de existência urbana para o migrante. Há 30 anos atrás a Baixada Fluminense era um pantanal improdutivo, atrasado e esparsamente povoado. Quando a necessidade de terras na periferia da cidade se tornou cada vez mais desesperadora, quatro municípios se desenvolveram nessas terras baixas: hoje, eles se encontram entre as regiões de mais rápido desenvolvimento do mundo. A de crescimento mais acelerado é Duque de Caxias, que se tornou município autônomo em 1943.

Caxias está dividida em quatro distritos, dos quais apenas um se inclui no chamado Grande Rio. Mesmo ali, apenas o centro da cidade, com os prédios do governo, a praça, o mercado central e alguns quarteirões adjacentes mais prósperos, podem considerar-se plenamente *urbanizados*. O valor imobiliário no restante dos outros 32 bairros é em geral tão baixo que pequenos lotes estão dentro do poder aquisitivo de muitos migrantes de primeira e segunda geração à procura de moradia própria.[12] É esta a principal opção, afora a favela. A fim de constatar se a propriedade legal (ou o aluguel regular) com a concomitante segurança constitui uma diferença significativa, extraímos amostras em seis bairros legais e três favelas em Caxias, conforme mostra a Fig. 6. As casas, em ambos os casos, em geral são de alvenaria revestidas ou não, pois mesmo nas favelas o perigo de remoção é tão pequeno que as pessoas se dispõe a aplicar seus recursos na melhoria da habitação. Comumente existe espaço para criar galinhas ou plantar uma horta.

O maior problema é que Caxias se encontra a cerca de hora e meia a duas horas de distância do Rio, de ônibus, e a maioria da sua força de trabalho trabalha no centro da cidade. Os moradores

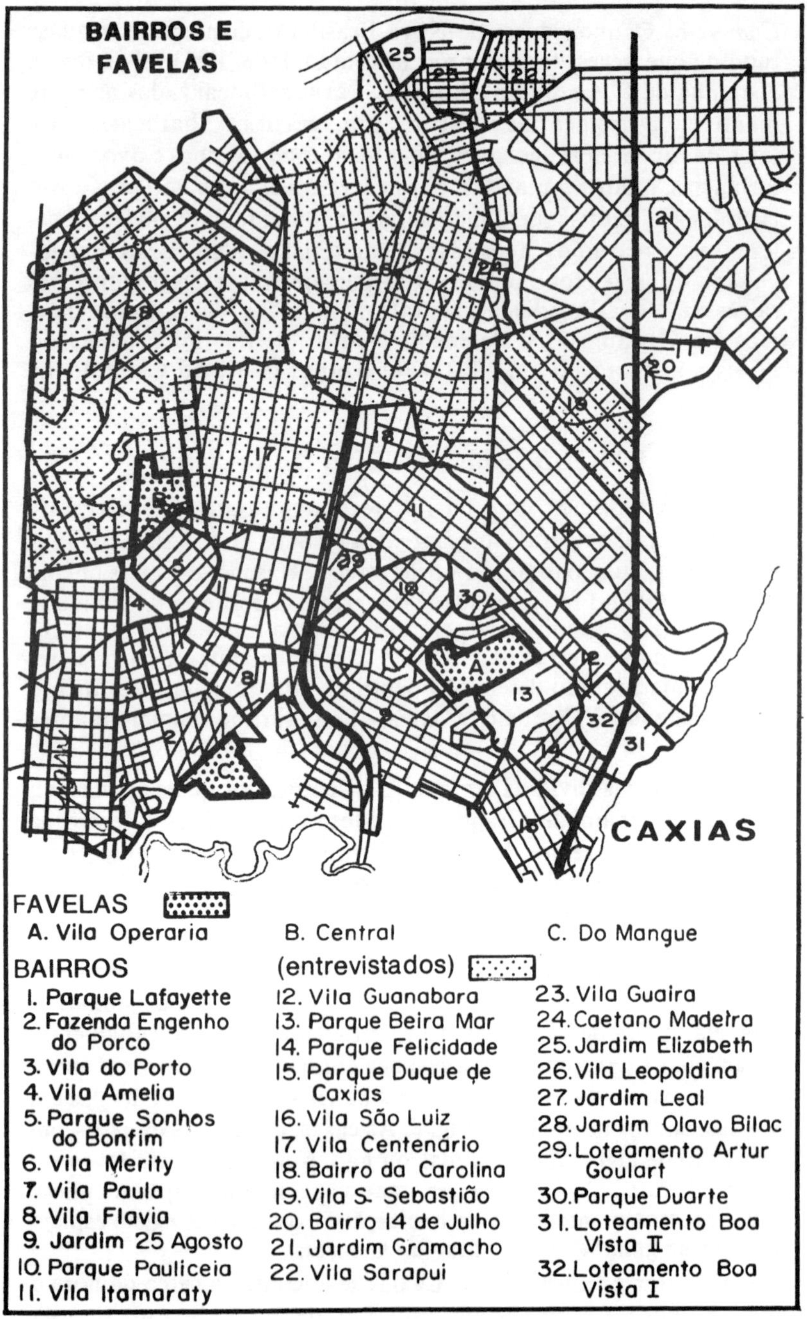

6. Bairros e Favelas de Duque de Caxias.

freqüentemente têm de esperar nas filas de ônibus ou trem desde as quatro da manhã para garantir a chegada à cidade às sete ou oito horas, quando o trabalho começa. Os serviços de transporte são muito precários e bastante caros, em relação aos salários (alcançando às vezes a quarta parte das rendas mensais).

Dos 600 mil habitantes de Caxias, quase todos são migrantes de primeira ou segunda geração. Existe uma elite reduzida mas crescente, em geral, porém, o ambiente não oferece muita heterogeneidade no que se refere a contatos pessoais, nem muita escolha quanto a estilo de vida ou recreação. Existem poucos serviços urbanos e órgãos governamentais, ainda que esta situação esteja começando a modificar-se.

Localização. Caxias, apesar de profundamente integrada à área metropolitana do Grande Rio, localizava-se no antigo Estado do Rio de Janeiro (capital Niterói), e não no Estado da Guanabara (cuja capital era a cidade do Rio de Janeiro). O conflito de dependência de Niterói ou da Guanabara suscitou graves problemas para Caxias, em particular no que se refere à construção de infra-estruturas urbanas. Logicamente, os serviços de Caxias deveriam ser planejados, coordenados e custeados como sendo da Guanabara, mas ao tempo deste estudo os dois estados eram completamente separados. O prefeito de Caxias, porém, encomendara à firma de arquitetura de Maurício Roberto um plano de desenvolvimento integrado bem como uma exposição de motivos para uma revisão jurídica que colocasse toda a área metropolitana sob a mesma administração. Ao ser escrito este livro, os dois estados estavam em vias de se tornarem um só.*

É ideal a posição de Caxias como um centro industrial para o Rio, sendo como é atravessada pela estrada de ferro Leopoldina, e por duas das mais importantes rodovias da região, Rio–São Paulo e Rio–Petrópolis. Conta com a maior refinaria de petróleo e a maior fábrica de borracha sintética do Brasil; a Fábrica Nacional de Motores; e várias outras indústrias: farmacêutica, química, metalúrgica e de motores elétricos. Mais de 22 por cento da produção industrial

(N. do T.) Em 1960, com a mudança da capital do País para Brasília, a cidade do Rio de Janeiro, que desde 1834 era o Distrito Federal, foi transformada em Estado da Guanabara. Em março de 1974 o Congresso Nacional aprovou a fusão da Guanabara com o Estado do Rio de Janeiro, o que se concretizou a partir de 15 de março de 1975.

do Rio provém dos 300 estabelecimentos industriais localizados no parque industrial de Caxias. O Governo federal possui a grande maioria (90 por cento) das indústrias locais, ao invés de sociedades ou empresários privados.[13] Já referimos que apenas uma pequena porção da força de trabalho se emprega no comércio ou na indústria em Caxias, mas aos poucos mais ocupações estão aparecendo para os moradores locais. O operários ou profissionais mais qualificados já conseguem bons empregos no mercado de trabalho local.

Caxias é conhecida em toda a região por sua enorme feira, que começa às três ou quatro horas da madrugada de domingo, e se estende até o meio da tarde. As barracas ocupam de 10 a 20 quarteirões ao longo da via férrea e invadem a principal rua interna. A parte coberta é um imenso e fervilhante labirinto onde se pode vagar por horas a fio. Vem gente de quilômetros de distância para comprar mais barato na feira de Caxias.

População. Caxias vem conhecendo um crescimento espetacular nos últimos dez anos. Sua taxa de crescimento anual tem sido de 8 a 10 por cento. Por exemplo, as estimativas de 1960 relacionavam 17.000 moradias no primeiro distrito; em 1968 o número se elevara para 82.000. Estimativas recentes dão uma população de 355.000 para o primeiro distrito, e de 600.000 para toda a cidade, que ocupa 442 quilômetros quadrados, o que dá uma densidade de 1.400 pessoas por quilômetro quadrado. Comparem-se estes dados com os 34.000 habitantes de Nova Brasília e os 110.000 da Catacumba.

História. Caxias está em sua maior parte abaixo do nível do mar. Até épocas muito recentes constituía um banhado intransponível. O desenvolvimento da região deu-se em três fases distintas. No período colonial, extensas plantações de cana-de-açúcar estabeleceram-se às margens da baía de Guanabara. A área de Caxias, como era alagadiça, não progrediu até a primeira metade do século XIX, quando a terra começou a prosperar, com a adoção de técnicas de drenagem. Na segunda metade do século, o declínio da cana-de-açúcar, a progressiva escassez de escravos e a melhoria das vias de transporte entre o Rio e outros pontos com terras mais férteis provocaram a decadência geral da região. Os rios da Baixada obstruíram-se totalmente e a zona toda reconverteu-se num pantanal. Quando a malária chegou, a maioria dos moradores foi embora.

Depois de muitos anos, o governo do presidente Nilo Peçanha lançou o programa de recuperação da área. Em 1933 o saneamento foi iniciado e conectaram-se encanamentos ao sistema de águas do então Distrito Federal, para servir a região. Com a extensão da estrada de ferro Leopoldina até lá, houve um surto repentino de povoamento. Abriu-se a rodovia Rio–Petrópolis e começou uma séria especulação imobiliária. Começava a fase urbana do município; acabara sua fase rural.

A partir de 1943, quando Caxias se separou de Nova Iguaçu, a cidade principiou a espelhar o crescimento do próprio Rio. Como o espaço urbano do Rio se tornara saturado, e novas linhas de ônibus passaram a servir o lugar, o Governo federal decidiu localizar alguns de seus empreendimentos industriais no Estado do Rio. A refinaria de petróleo da Petrobrás inaugurou-se em 1969, seguida do investimento privado. Em poucos anos o parque industrial do Primeiro Distrito assumia um ritmo próprio. Caxias está deixando de ser uma cidade-dormitório para o Rio, e transformando-se num pólo de crescimento autônomo.[14]

Antecedentes políticos. Caxias tem fama de ser uma cidade violenta e perigosa. É comum na classe média brasileira a crença de que todas as favelas não oferecem segurança – são poucos os que se arriscam a nelas penetrar – mas Caxias oferece terrores especiais. Em parte, esses terrores derivam do fato de que em muitos pontos de Caxias alguns homens ainda andam armados, hábito que trouxeram do interior e não perderam. Além disso, em 1962 houve em Caxias uma greve de abastecimento e uma revolta popular durante a qual os fornecedores foram assaltados e saqueados sob a mira de revólveres. Comerciantes foram queimados até a morte nos fornos que tinham utilizado para estocar feijão e arroz, a fim de forçar a subida de preços já inflacionados.[15]

O mito de Caxias também abrange uma figura teatral – Tenório Cavalcanti, líder carismático e pitoresco, originário do Estado de Alagoas. Tenório foi migrante pioneiro, e um dos primeiros deputados eleitos pela região. Seus comícios eram empolgantes, onde aparecia envolto numa capa negra; ele fazia todo tipo de manobras políticas para o benefício próprio e de seu eleitorado. Num *Forte* que construíra no centro da cidade, vivia cercado de um bando de capangas armados. Tenório Cavalcanti era o típico líder populista e paternalista. Por ocasião da enchente de 1958, quando milhares de famílias da favela do Mangue ficaram sem suas casas, ele promoveu a construção da Vila São José, bairro surgido de uma hora para outra, para os desabrigados. Segundo uma das versões menos favoráveis – das muitas que circulavam sobre ele – Tenório teria embolsado os fundos públicos para essa construção, e passado a cobrar aluguéis exorbitantes. Apesar das incontáveis acusações de corrupção, Tenório era tão popular que o regime militar o considerava uma ameaça, e ele teve seus direitos políticos cassados em 1965. Desde então ele tem vivido em sua bem-projetada fazenda em Caxias, com sua elegante varanda, piscina, jardim zoológico e apartamento para hóspedes.[d]

Existe apenas um aspecto gritantemente violento no sistema político de Caxias, o esquadrão da morte, composto de policiais que, fora das horas de serviço, decidiram praticar justiça de modo mais rápido e eficiente do que seria possível pelos canais competentes.

O regime militar declarou Caxias, área de segurança nacional, juntamente com muitos outros municípios no país todo. Não haverá mais eleições para prefeito, que é designado pelo Governador, com a aprovação do Presidente da República.[16]

Em âmbito local, o assessor do então prefeito declarou que a população estava se tornando mais ativa, politicamente. Cada vez com mais freqüência associações de moradores, grupos de bairros ou de ruas, e indivíduos (mulheres ainda mais do que homens) dirigem-se diretamente ao gabinete do prefeito para pedir melhorias nos serviços. "Eles já não se conformam com uma resposta negativa", disse ele. Fazem passar petições e continuam pressionando até ver satisfeitas suas reivindicações. Mencionou a popularidade da Umbanda e da Macumba (de que existem de 200 a 300 terreiros em Caxias), clubes de futebol (Caxias dispõe de um novo estádio), e dos vários clubes recreativos e escolas de samba, aos quais se referiu como "pão e circo" ou "válvulas de escape", como a dizer que distraem o povo de pensar e aplicar-se nos seus reais problemas.

Serviços Urbanos. Em geral, os serviços urbanos não me pareceram melhores do que os das favelas das Zonas Sul e Norte. Apenas 17 por cento dos moradores entrevistados dispunham de água encana-

[d] Eu o visitei em sua fazenda várias vezes, ele, porém, se mantinha em grande reserva e pouco revelou de seu passado político, afora recitar a longa lista de benefícios que ele concedera ao povo e a igualmente longa lista de mentiras que seus inimigos espalhavam contra ele. As pessoas, dizia ele, ou dão ordens, ou recebem; ele preferia dar.

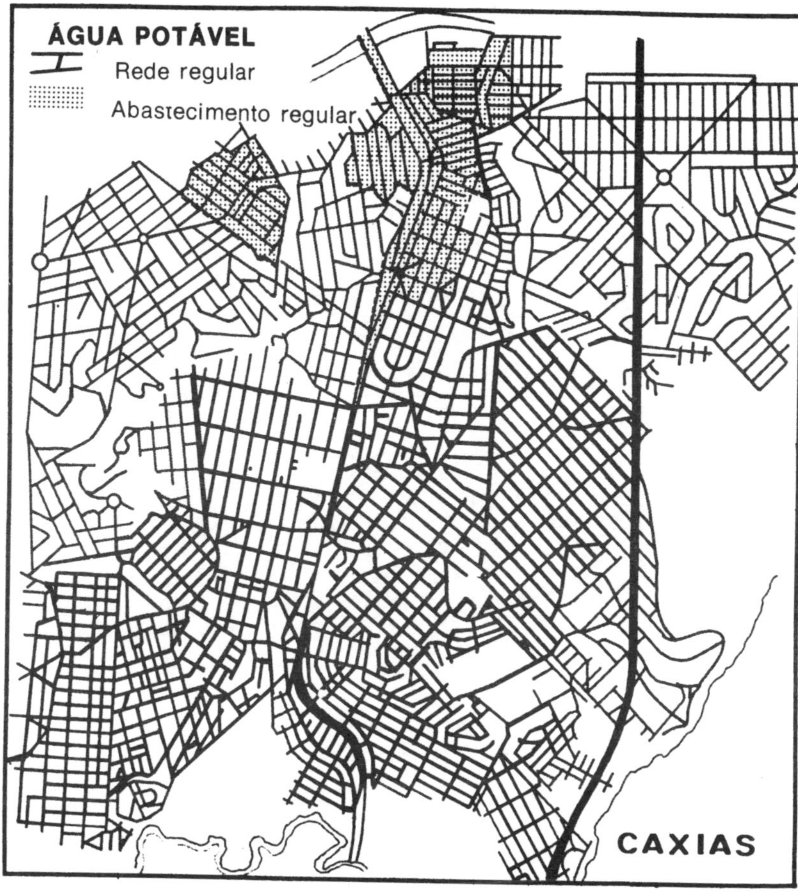

7. Rede de água potável de Duque de Caxias.

da – mais do que na Catacumba, onde a inclinação do terreno piorava a situação, porém menos que em Nova Brasília. Cerca da metade das moradias de Caxias – proporção aproximada a das duas outras áreas estudadas – não tinha banheiros dentro ou junto das casas; e apenas 45 por cento da área era servida de rede de esgotos. A quarta parte das casas não dispunha de eletricidade. Tão-somente a metade dos 23 bairros de Caxias, que tecnicamente não são favelas, tinham suprimento público de água. A Fig. 7 mostra a rede de água potável e a Fig. 8, as ruas calçadas. Estes mapas, como outros relativos aos serviços disponíveis, nos permitiram identificar os bairros mais parecidos com as favelas.

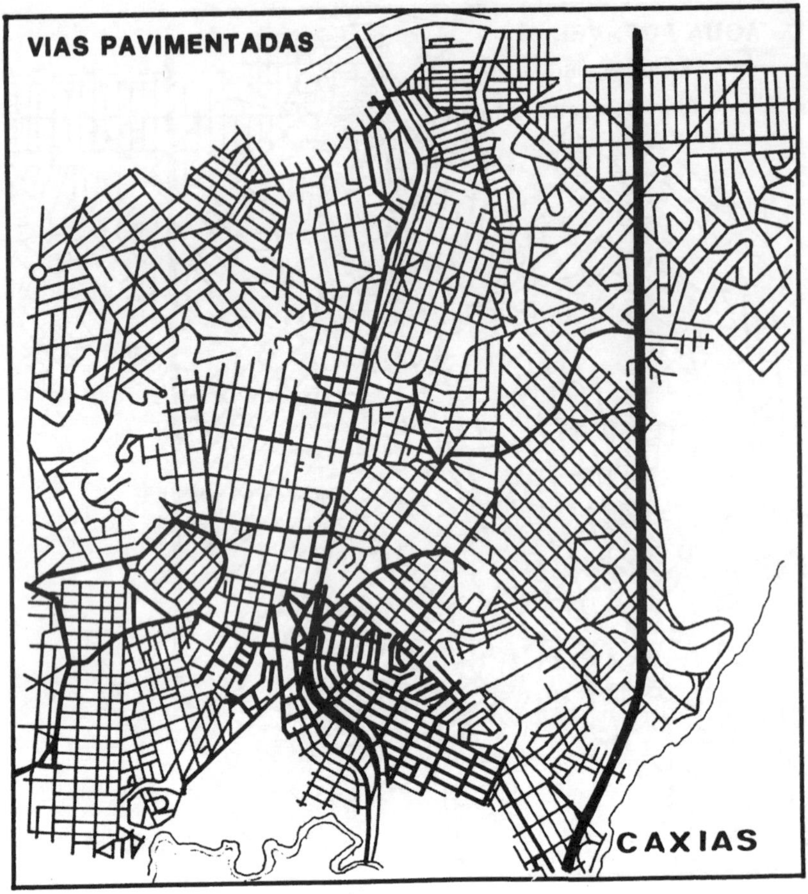

8. Rede de vias pavimentadas de Duque de Caxias.

Favelas. Caxias conta com favelas e propriedades privadas com idêntico padrão de vida, e habitadas por migrantes com antecedentes iguais, motivo pelo qual extraímos amostras de representantes de ambos os grupos. As três maiores favelas de Caxias – Vila Operária, Favela Central e Mangue – foram escolhidas para a amostragem, sendo que a Operária e a do Mangue, por suas interessantes peculiaridades, merecem atenção especial.

A Vila Operária, também chamada Beiramar ou Parque Duque, surgiu pela invasão de cerca de 2.000 famílias (10.000 pessoas) numa noite de 1962.[17] O organizador e imaginoso líder da invasão foi

Foto 11. A Favela Vila Operária, em Duque de Caxias, surgiu da invasão deste morro em 1962. A renda do parque de diversões que aparece na foto é aplicada no pagamento de professores. (Os dois rapazes faziam parte de nossa equipe de pesquisa.)

José Barbosa. Decidiu ele restringir a área apenas aos que fossem casados, tivessem filhos, estivessem regularmente empregados e não tivessem antecedentes policiais. Quando procuraram o prefeito com este plano em mãos, ele concordou em que permanecessem nas terras ocupadas. Imediatamente, 16 ou 17 partes apresentaram-se como proprietárias dos terrenos e reclamaram indenização do governo ou dos favelados. A posse da terra ainda está em questão.

José tentou, à sua própria maneira, prever e resolver antecipadamente os problemas da favela (ver Foto 11). Sua primeira iniciativa oficial foi utilizar os pagamentos das primeiras 250 pessoas na compra de uma ambulância e no início da construção de uma escola. Proibiu o aluguel de barracos a fim de impedir a especulação e exploração, comum em favelas cariocas. Para desencorajar a formação de grupos e evitar brigas e desentendimentos, José proibiu a amigos e parentes de morarem perto uns dos outros. Com a mesma finalidade, toda casa permanece sob a posse legal conjunta do homem e da mulher, "de modo que, se tiverem uma briga, as mulheres

Foto 12. A Favela Central, em Duque de Caxias, uma favela planejada.

tenham o mesmo direito e não possam ser mandadas embora". [e] Depois de se vangloriar de "ter nascido com o espírito de líder", José declarou, sem ilusões, para não dizer mais, que "essa gente tem de assumir uma posição de maior responsabilidade e ajudar o governo. Tem de deixar de ver o governo como um órgão assistencial, e

[e] José resolveu que, no caso de disputas familiares, ele falaria com a mulher primeiro. "Então chamo o marido e discuto o assunto com calma; se ele estiver realmente furioso e violento, então eu o levo até o posto policial, para acalmá-lo". Numa época de muita doença, quando de 15 a 20 crianças morriam cada mês, José ensinou um pequeno grupo de mulheres da comunidade a visitar casa por casa, ensinando princípios básicos de higiene, economia doméstica e saúde. Pelos altos-falantes eram irradiados boletins lembrando as mães a ferver a água antes de dá-la às crianças, lavar as mãos antes de preparar a comida, etc.

Foto 13. Crianças posam alegremente para a câmara no decorrer de um jogo de futebol num domingo da Favela Central. Note-se a mistura de sangue português, índio e africano.

parar de esperar paternalisticamente que as coisas sejam feitas por eles".

A Favela Central foi "planejada". A fim de maximizar o uso do espaço e minimizar os custos de construção e de instalação da infra-estrutura , os favelados decidiram construir fileiras de casas como as da Foto 12. Sob a sarjeta que corta pelo meio a calçada, encontram-se as redes de esgoto e de abastecimento de água. Cada família comprou e instalou os encanamentos em frente da própria moradia. O espaço extra que assim sobrou é utilizado como campo de futebol.

A favela do Mangue fica sobre um terreno alagadiço inundado regularmente. Na estação chuvosa a rua principal transforma-se num verdadeiro rio de lama; os terrenos atrás da favela são tão instáveis que não é possível levantar ali nem a mais leve das construções. Quando todas as moradias foram varridas pela enchente de 1958, um punhado de moradores decidiram não se mudar para o

Foto 14. Um garoto brinca sobre a passagem construída por cima de uma vala aberta, na Favela do Mangue em Duque de Caxias. É evidente o risco sanitário que isso representa. Durante meses os moradores pediram licença – em vão – para pavimentar a rua principal e fechar a vala.

projeto habitacional de Tenório Cavalcanti, mas permanecer e reconstituir a comunidade no mesmo lugar. Atualmente o Mangue conta com uma população de 5.000; a Associação de Moradores tem 250 sócios, dos quais 25 a 50 participam regularmente.

Todos os anos, em janeiro e fevereiro, que é a época das grandes chuvas, os moradores colocam sacos de cimento na frente das portas e fecham as janelas com tijolos. Ficam orgulhosos de serem fotografados com água pela cintura junto de suas casas, ou deslizando rua abaixo em canoas ou jangadas improvisadas.

Ao tempo da entrevista, os moradores esperavam havia três meses que a prefeitura aprovasse o calçamento da rua principal e o fechamento dos esgotos abertos (ver Foto 14). Uma comissão do Mangue apresentara uma petição ao governo solicitando o material e prontificando-se a entrar com a mão-de-obra. Tinham recebido a promessa de pronta solução, mas um líder local nos disse que provavelmente se tratava de mera propaganda, pois nem mesmo o vereador local poderia ajudar, "pois ele próprio tinha seus problemas". Depois de 1964, explicou ele, continuavam a ser eleitos vereadores, mas eles não tinham qualquer força. "Primeiro a pessoa tem de ser escolhida pelos que estão lá em cima, para depois ter oportunidade de ser eleita pelo povo... O pessoal aqui é resignado, pede alguma coisa e fica esperando passivamente, com medo da repressão".

À luz dessa repressão e do fato de que os favelados não podem defender seus interesses mesmo quando estes são gritantemente evidentes, é da maior relevância que se proclamem as realidades de sua existência. Na ausência da liberdade de expressão ou de pesquisas objetivas independentes, reforçam-se os estereótipos do paroquialismo e da passividade da favela. Ignoram-se mesmo os dados mais elementares – tais como, quem são os migrantes, de onde vêm, por quê e como vêm – o que permite a aceitação incontestada das percepções e suposições errôneas que ainda prevalecem.

Capítulo 3

RETRATO DO MIGRANTE

ESTE CAPÍTULO deixa de lado a comunidade a fim de voltar-se para o indivíduo do qual oferece uma fotografia composta; começando com favelados em geral, detém-se depois nos migrantes - de onde vêm, qual sua experiência urbana prévia, por quê e como vieram para o Rio, e de que maneira se processou sua adaptação à cidade. Concluirei pelo exame das diferenças entre nativos e migrantes, e entre os que possuem antecedentes urbanos ou não.

QUEM SÃO OS FAVELADOS?

O estereótipo do favelado como sendo um negro vadio, sem vida familiar regular, é enganador sob dois aspectos: ao caracterizar a população negra masculina, e ao simplificar a complexa textura da população geral da favela. A Tabela 3 contém os dados demográficos básicos. Há um pouco mais de mulheres do que de homens nas favelas, apesar de ser difícil precisar as proporções entre os sexos. Minhas melhores estimativas (55 por cento de mulheres na população) foram feitas na Catacumba, onde pude utilizar procedimentos mais rigorosos. Este pequeno desequilíbrio provavelmente decorre de que para os homens existem maiores opções - como viver no quartel, ou em obras, ou pensões - e porque as taxas de migração são um pouco mais elevadas para as mulheres.

Quanto aos tipos raciais, 21 por cento dos favelados são negros, 30 mulatos, e 49 brancos.[1] É típico das favelas cariocas este equilíbrio racial, mas isto não deve ser tomado como reflexo do equilíbrio racial na sociedade como um todo. O terço de negros representam praticamente *todos* os negros do Rio; ao contrário, os brancos favelados são apenas uma fração da população branca.

TABELA 3
Perfil dos Favelados

Característica	Porcentagem da Amostra Aleatória (N=600)	Porcentagem da Amostra de Elite (N=150)
Sexo		
Masculino	41	90
Feminino	59	10
Tipo Racial		
Preto	20	12
Mulato	30	24
Branco	50	69
Idade		
Mean	34	41
Modal	33	40
Mediana	33	40
Parentesco		
Cabeça de casal	37	85
Cônjuge	38	6
Filho	15	6
Outros	10	4
Estado civil		
Solteiro	24	13
Casado ou vivendo junto	66	79
Separado	5	6
Viúvo	5	3
Religião		
Nenhuma	6	11
Católica	72	66
Assembléia de Deus	10	3
Batista	5	3
Espírita	4	11
Outras	4	5
Instrução		
Analfabeto	31	13
Sem instrução, mas sabe ler	9	9
Primeiro ano	9	5
Segundo ano	11	9
Terceiro ano	10	14
Quarto ano	15	15
Quinto ano	7	13
Admissão ou mais	9	20
Ocupação		
Serviços	4	10
Segurança	1	8

Comércio	4	21
Qualificada	5	5
Construção	6	13
Semiqualificada	4	14
Doméstico	19	2
Não-qualificada	15	10
Desempregado	28	13
Subempregado	2	2
Nunca trabalhou	13	1
Origem		
Nascido no Rio	18	21
Migrante	82	79

Nota: Porcentagens em todas as Tabelas são arredondadas para o número inteiro mais próximo.

A idade média dos favelados é 34 anos. Quanto ao estado civil, 24 por cento são solteiros, 66 por cento casados ou amancebados (como se diz, "amigados" ou "casados atrás da igreja"); 5 por cento separados; e 5 por cento viúvos. Tal como é comum na cidade moderna, prevalece na favela a família nuclear, ao invés do grupo de parentesco mais amplo. Em nossa amostra, 90 por cento dos moradores constituíam famílias nucleares, deixando apenas 10 por cento para outros familiares ou amigos que moravam na mesma casa. Ainda que os favelados quase unanimemente tenham descrito como ideal uma família com dois filhos, um menino e uma menina, a família média em verdade contava com 4,6 filhos. O analfabetismo na favela é da ordem de 30 por cento, cerca da metade, apenas, da taxa do campo (60 a 70 por cento). Dos favelados entrevistados, 28 por cento estavam desempregados, e 13 por cento nunca tinham trabalhado.

A diferença desses indicadores entre as amostras aleatórias e as das elites aparece claramente na Tab. 3. Uma elite em que predominam os homens exerce a liderança tanto política quanto social; as mulheres estão excluídas mesmo nos grupos de influência de vizinhanças, cujos líderes são homens numa proporção de nove entre dez. O grupo de elite é também preponderantemente branco (65 por cento), com 7 anos em média a mais do que a idade geral (41 anos); numa proporção duas vezes maior do que a média geral, o líder é alfabetizado e empregado.

É certo que nem todos os favelados são migrantes. Nossos dados indicam que quase um terço dos moradores das favelas do Rio nasceram em cidades, sendo que 18 por cento são cariocas.[2] Os favelados nativos freqüentemente vivem no mesmo local onde nasceram. Em números absolutos, porém, numa amostra aleatória de

600 pessoas, 494 eram migrantes; numa amostra de elite, os números foram, respectivamente, 150 e 119.

Cerca de um quinto de nossa amostra são cariocas de segunda geração, e menos de 2 por cento, de terceira.[3] Estes índices deixam uma vasta maioria de favelados - 82 por cento - que migraram a certa altura das suas vidas. Descontando os que vieram de outra cidade grande, ainda restam 69 por cento provenientes de sedes de municípios, cidades, vilas ou do interior rural. A grande proporção de migrantes em nossa amostra constitui um reflexo correto da composição das favelas. É, portanto, indispensável considerar mais de perto suas características individuais e as causas principais da migração para a cidade.[4]

QUEM SÃO OS MIGRANTES?

O processo de migração para as favelas de uma área metropolitana não é absolutamente homogêneo ou idêntico para todos os migrantes. Apesar de que até certo ponto, eles compartilhem o mesmo destino e as mesmas condições de vida urbana, é óbvio que sua experiência migratória se diferencia de maneira significativa. Alguns dos migrantes, por exemplo, são homens casados que viveram da agricultura, enquanto outros são mulheres solteiras originárias de centros urbanos importantes. Alguns vieram em criança, ou na adolescência, enquanto outros, já adultos ou até avós.

Eu esperava encontrar um padrão de variáveis básicas que conjugasse a população migrante em diferentes subgrupos e explicasse a diferença de atributos pessoais e seus níveis de adaptação urbana.

Na tentativa de estabelecer tal tipologia, empregamos uma combinação de variáveis extraídas dos antecedentes pessoais e da experiência migratória. Não foi possível, porém, formar grupos segundo critérios de idade, sexo, estado civil, lugar de nascimento, motivo da migração, número de etapas intermediárias, tempo de trânsito, ou acompanhantes. Todas as distribuições foram quase uniformes: números iguais de homens e mulheres tinham migrado nas várias idades; proporções iguais de migrantes provenientes das várias regiões vieram em um ou diversos estágios. Era possível identificar alguns tipos, mas raramente em número suficiente para justificar estudos adicionais dos mesmos.[a]

[a] Enquanto escrevo este trabalho, todavia, comprova-se que é possível definir uma tipologia interessante mediante a utilização das duas variáveis da distância e da dé-

Dificuldade quase idêntica encontramos para determinar se os migrantes vinham das camadas inferiores ou superiores da população rural. Presumia-se que os migrantes constituíssem os membros mais desvalidos entre os pobres do interior. Entretanto, apesar de ter sido impossível comparar os migrantes do Rio com os que tinham permanecido no campo, os dados recolhidos tenderam a confirmar recente pesquisa empírica que evidencia que "universalmente, os migrantes para cidades grandes encontram-se acima das médias nacionais no que se refere a educação, habilitação e afinidade com os modos de vida urbanos, e em algumas cidades eles não sofrem *handicaps* no mercado do trabalho, frente aos nativos".[5] Minha experiência, somada aos dados de Morse, Beyer, Balan, Sjoberg e Germani, parece indicar que a migração é seletiva: apenas os mais dinâmicos membros da população rural emigram para as cidades.[6]

Esta migração seletiva tende a perpetuar uma força de trabalho submissa nas comunidades rurais. Como afirma o cientista social brasileiro Octavio Ianni: "A saída dos homens... alivia as tensões sociais, amenizando os conflitos relativos a trabalho e empregos... Comumente os migrantes são homens de ação ou que possuem qualidades potenciais de liderança e organização. Possuem horizontes culturais mais amplos do que a média; a migração dessas pessoas para os centros urbanos representa uma perda em termos de elementos de vanguarda".[7]

A migração seletiva pareceu-me evidente com base nos trabalhos de campo conduzidos na Bahia, em Pernambuco e em Minas Gerais. A impressão fortaleceu-se com uma viagem acompanhando uma família da favela até sua cidade natal, Santo Antonio de Pádua, no estado do Rio. Este vilarejo, distante apenas seis horas da cidade do Rio de Janeiro, vinha perdendo seus membros mais dinâmicos pela migração, por mais de 20 anos. Os resultados eram gritantes: apenas os deseducados, não-qualificados e desmotivados permanecem, arrastando uma existência precária que faz com que a vida dos favelados pareça faustosa, em comparação.

Deixando de lado, porém, a situação relativa, é preciso enfatizar a absoluta pobreza do migrante típico em seu lugar de origem (ver Tabela 4). Apenas 5 por cento poderiam ser considerados como vagamente pertencentes à classe média, com outros 14 por

cada em que se processou a migração, do que resulta uma discriminação significativa entre subsetores da corrente migratória.

TABELA 4
Perfil dos Migrantes

Variável	Porcentagem da Amostra (N=494)[a]	Porcentagem da Amostra de Elite. (N = 119)[b]
Lugar de Origem		
Cidade grande	19	19
Sede municipal	33	32
Vila ou povoado	25	26
Roça	23	23
Região de origem		
Região do Rio	32	29
Leste	32	32
Nordeste	32	34
Outra	4	5
Antecedentes de classe		
Instrução do pai		
Analfabeto	60	40
Primário incompleto	39	37
Primário completo ou mais	1	22
Ocupação do pai		
Qualificada ou serviços	8	10
Semiqualificada	16	16
Não-qualificada	6	7
Agricultura	66	59
Desempregado ou nunca trabalhou	4	9
Ocupação ao tempo da migração		
Nunca trabalhou	52	37
Serviços	1	3
Operário qualificado	6	12
Não-qualificado	11	13
Agricultura	27	33
Desempregado	3	1
Instrução ao tempo da migração		
Analfabeto	78	43
Alfabetizado	22	57
Antecedentes da migração (lugar de origem e antecedente de classe)		
Cidade, serviços	2	4
Cidade, operário qualificado	5	4
Cidade, lúmpen	11	11
Sede municipal, serviços	3	3
Sede municipal, operário qualif.	6	6
Sede municipal, lúmpen	24	23

Vila ou povoado, serviços	3	2
Vila ou povoado, operário qualif.	4	6
Vila ou povoado, lúmpen	40	40
Idade ao tempo da migração		
1-12 anos (menino/a)	31	30
13-20 anos (adolescente)	37	39
21 ou mais (adulto)	33	31
Tipo (Idade e sexo)		
Menina	16	2
Menino	9	18
Adolescente fem.	24	6
Adolescente masc.	19	43
Adulto fem.	18	2
Adulto masc.	14	29
Estado civil ao tempo da migração		
Solteiros sem filhos	74	77
Casado sem filhos	4	7
Casado com filhos	17	13
Solteiro com filhos	5	3
Motivo da migração		
Econômico, financeiro	46	62
Familiares	44	20
Saúde	2	1
Maior acesso a serviços urbanos	3	2
Atração da cidade	2	7
"Vontade de Deus"	2	0
Serviço militar	1	8

a) Da amostra aleatória, 494 entre 600, ou 82,3 por cento, são migrantes
b) Da amostra de elite, 119 entre 150, ou 79,3 por cento, são migrantes.

cento classificando-se como operários ou classe trabalhadora. Os restantes 81 por cento provém dos setores mais baixos – em geral, trabalhadores rurais ou alguns operários sem qualificação. Sessenta e seis por cento dos pais dos migrantes trabalhavam na agricultura; 60 por cento não sabiam ler. Mesmo entre os migrantes nascidos em cidades grandes, quase um terço dos seus pais trabalharam na enxada a maior parte da vida. Antes de se transladar, apenas 2 por cento dos migrantes eram empregados em escritório ou em serviços, 7 por cento eram operários qualificados. Trinta e sete por cento trabalhavam como lavradores ou operários não-qualificados, enquanto os restantes ainda não haviam começado a trabalhar. Desses, cerca de um terço eram menores de 12 anos, outro terço tinha de 13 a 20 anos, e o terço final, mais de 20. Setenta e oito por cento dos migrantes eram analfabetos ao tempo da migração. Três quartos eram solteiros quando se mudaram para a cidade; quase todos os outros eram casados e tinham filhos.

De onde Vêm os Migrantes? O mito vigente diz que os migrantes são lavradores oriundos diretamente da roça.[8] Os dados recolhidos divergem: Bonilla chegou à conclusão de que dois terços dos favelados do Rio que ele estudou eram de origem rural,[9] enquanto que Leeds, analisando a mesma cidade, declarou que "a nosso ver eles não constituem mais que 5 por cento da população".[10] Minhas pesquisas resultaram num número que se encontra entre esses dois extremos. Como se vê na Tabela 4, dos 494 que tinham migrado para o Rio, 23 por cento vinham da roça, 25 de uma vila ou povoado, 33 de uma sede municipal, e 19 de outras cidades grandes, em geral capitais.[11]

No Brasil, a idéia de que os migrantes sejam homens do campo está ligada a de um êxodo maciço motivado pelas secas do Nordeste.[12] Na realidade, dos favelados que entrevistamos, números quase iguais tinham vindo do Nordeste, do Estado do Rio e dos Estados de Minas Gerais e Espírito Santo.[13] De acordo com o recenseamento e com os nossos dados acumulados, a migração do Nordeste vem cedendo passo à de Minas e Espírito Santo. Recife e Bahia tornaram-se recentemente pólos de atração eles mesmos, sob o ímpeto de programas de industrialização e desenvolvimento, desviando parte da migração que de outra maneira se dirigiria para São Paulo e Rio. A idéia de um êxodo causado por catástrofes no Nordeste se enfraquece ainda mais se considerarmos a relação existente entre região e tamanho do lugar. Ao contrário do que se esperava, ainda que se dividissem mais ou menos equitativamente pelas várias regiões, 40 por cento dos migrantes provenientes de cidades grandes vieram do Nordeste, enquanto 35 e 23 por cento vieram das áreas adjacentes ao Rio, e do Leste. Acredita-se, todavia, que são os homens do campo, e não os da cidade, que foram levados a migrar pelas secas, enchentes, escassez de terra arável, e outros fatores de expulsão, mencionados com tanta freqüência.[14]

Prévia Experiência Urbana. O mito original de que os migrantes eram lavradores totalmente despreparados para a vida urbana foi substituído por outra teoria mais recente e contraditória, segundo a qual eles estavam praticamente pré-urbanizados ao chegar à cidade. Harris sustentou que um "*ethos* urbano" ou ideologia urbana permeia povoados de até 1.500 ou 2.000 habitantes no Brasil inteiro.[15] Os Leeds asseguram ainda mais que o latifúndio possui elementos fortemente urbanos quanto à organização, administração e orientação. Segundo eles, o migrante "camponês" típico trabalhou na roça, praticou vendas no mercado monetário, familiarizou-se com várias modalidades de transação, com o ambiente urbano, com instituições urbanas - polícia, burocratas, licenças, comércio, trocas, fluxo de tráfego, transportes, etc.[16]

Despendi bastante esforço a fim de comprovar tais afirmativas, e encontrei-as, quando, muito, apenas parcialmente verdadeiras. Perguntei a moradores de vilas, povoados e da roça com quanta freqüência eles tinham viajado até a cidade mais próxima, e com que finalidade. Um terço *jamais* ou poucas vezes tinham ido a alguma cidade em suas vidas, e portanto quase nada tinham de experiência humana citada pelos Leeds. Outros 34 por cento iam à cidade uma vez por mês ou umas poucas vezes por ano, enquanto os restantes 33 por cento, semanal ou diariamente. Das 244 pessoas provenientes de vilas, povoados ou roça, portanto, apenas 78 possuíam o tipo de experiência tida como padrão modal.

Ademais, os motivos dos que *iam* à cidade não confirmam a experiência institucional pré-urbanizadora que os Leeds enfatizam. Apenas 3 por cento dos que visitaram cidades disseram tê-lo feito para obter documentos, ver um advogado ou ir a um órgão burocrático ou banco. Outros 16 por cento foram procurar emprego, e a grande maioria foi fazer compras (47 por cento) ou divertir-se (34 por cento). Estas duas atividades, apesar de fornecer ao migrante, indubitavelmente, algum tipo de experiência com maneiras de ser urbanas, não o preparavam, é certo, para enfrentar as intrincadas burocracias e os diferentes papéis que ele depararia ao chegar a uma área cosmopolita como a do Rio. Note-se que o dobro dos líderes provenientes dessas localidades rurais visitaram cidades. Mesmo no interior os líderes tinham exibido maior mobilidade e motivação antes de virem para a cidade.

Por Quê as Pessoas Emigram? Estudos sobre migração freqüentemente se baseiam ou numa teoria de *expulsão* ou de *atração* para explicar o deslocamento dos habitantes pobres do interior. A mais importante teoria relacionada à expulsão diz que as pessoas são corridas de suas terras pela exaustão do solo, condições climáticas precárias (especialmente enchentes ou secas), divisões cada vez menores de terra para culturas de subsistência, e a pobreza opressiva das áreas rurais mais remotas. Sovani faz notar, todavia, que muitos países asiáticos sofreram pressões territoriais antes de experimentar qualquer crescimento urbano sem pressão territorial.[17]

Ianni descreve os fatos macroeconômicos e estruturais de expulsão que também afetam a migração: "O êxodo rural não é um fato decorrente da atração exercida pela cidade e suas indústrias. Relaciona-se também a alterações nas condições técnicas e sociais da produção em várias regiões agrícolas... Aos poucos a tecnologia capitalista expandiu-se nas áreas rurais, provocando o desemprego e a expulsão de uma parcela da força de trabalho".[18]

Recentes estudos empíricos, todavia, desmentem a importância dos fatores de expulsão. Germani, por exemplo, não viu correlação entre o grau de pobreza rural e a tendência para o deslocamento. Acredita, ao contrário, que "fatores objetivos são filtrados pelas atitudes e decisões dos indivíduos... A migração rural-urbana, portanto, não constitui um mero sintoma, um fato demográfico e uma reação a determinada pressão econômica, mas é expressão de uma mudança de mentalidade... Pode-se, então, dizer que a migração é um substituto para a revolução social".[19] Werner Baer dividiu as áreas rurais brasileiras em zonas conforme graus variáveis de pobreza e de depressão econômico-climática, e comprovou taxas de emigração constantes em todas elas. Não se evidenciou maior migração a partir de áreas onde os fatores de expulsão deveriam ser mais poderosos.[20]

Em micronível, os dados não são absolutamente definitivos no sentido de resolver a importante controvérsia quanto à predominância dos fatores de expulsão ou de atração na migração. Ambos os elementos estão presentes, indubitavelmente, e a questão é saber quais os que predominam em determinadas circunstâncias. É interessante observar, porém, que de acordo com os próprios migrantes as considerações econômicas não são as únicas a pesar em suas decisões. Menos da metade (46 por cento) mencionaram o lado econômico como razão para a mudança. Um número igual referiu-se a questões de família ou de saúde – ir viver com um parente ou cônjuge, fugir de uma situação familiar delicada, arranjar marido ou mulher, ou fazer tratamento médico.[b] Apenas 2 por cento mencionaram claramente fatores de expulsão como desastres naturais, problemas climáticos ou de solos, ou "a vontade de Deus", enquan-

[b] Um pouco mais de homens (52 por cento) mencionaram motivos econômicos, enquanto um pouco mais de mulheres (52 por cento), motivos familiares.

to 5 por cento se referiram à "atração da cidade" – o óbvio fator de atração. Os Leeds falam do serviço militar como importante força propulsora migratória para muitos; no entanto, apenas um por cento da ámostra geral e 4 por cento dos líderes fizeram menção disso.[21]

Verificamos que a maioria dos migrantes é incapaz de definir com precisão seus motivos para migrar. Claramente, as decisões específicas envolviam fatores complexos, muitos nem ao menos conscientes. Com freqüência, uma combinação de motivos, inclusive os de expulsão e de atração, tem efeitos diferentes para pessoas em circunstâncias diferentes, como o ilustram os quatro casos que passaremos a narrar.

Homens adultos com família e antecedentes rurais em geral emigram apenas quando não parece possível permanecer. Por exemplo, Sebastião deixou um povoado do interior pernambucano com a idade de 54 anos. Veio para o Rio com a mulher e três dos 16 filhos, muitos dos quais já viviam na cidade, porque, como explicou, "já não dava para ficar lá... Não havia mais empregos, e a terra não podia mais nos sustentar". Para pagar a viagem, vendeu o único bem que possuía, uma vaca, e andou dois dias até chegar a Recife, onde comprou uma passagem para o Rio pelo equivalente a 50 dólares.

O caso de Amaro é diferente. Trata-se de um homem mais moço que saiu de Minas Gerais para o Rio quando tinha 19 anos, à procura de "melhores oportunidades". Aos 17 anos já deixara seu lugar de nascimento, uma fazenda, e se mudara para a sede municipal mais próxima, porque "a situação estava horrível e eu queria uma vida melhor". Tinha um irmão no Rio que veio visitá-lo e lhe descreveu "todas as vantagens do Rio, inclusive melhores salários e mais movimento". Logo depois Amaro tomou dinheiro emprestado da mãe para a viagem, e persuadiu um primo a acompanhá-lo. Amaro viveu em três outras favelas antes de instalar-se definitivamente na Catacumba. O fator decisivo para a sua mudança, como no caso de muitos como ele, foi o desejo de estar num lugar com mais "vida". Para ele, o interior era um beco sem saída onde os anos escorriam monotonamente iguais, enquanto a cidade representava o futuro desconhecido, excitante e imprevisível.[22]

Um terceiro exemplo é o de Dona Juliana, que veio para o Rio de Paraíba do Norte aos 20 anos. Era solteira e tinha medo de "ficar prá titia". Os parentes arranjaram-lhe um emprego de doméstica na casa de uma família rica em Copacabana, para onde se dirigiu diretamente, o que constitui um padrão usual para 24 por cento dos migrantes nessa faixa etária. Pouco tempo depois arrumou um namorado e ficou grávida, sendo mandada embora pela família para a qual trabalhava. Passou a morar com o amigo na Catacumba. Três filhos mais tarde, ele a abandonou. Hoje Dona Juliana lava roupa para fora, o que lhe permite ganhar algum dinheiro sem ficar longe dos filhos por muito tempo; vive no pior lugar da favela – uma vala de dejetos passa em frente à sua porta – e ela sonha com a oportunidade de comprar um pedaço de terra e ter uma casa própria. (Outras como ela, porém, que também vieram como domésticas, trabalham ainda, com bons salários, estabilidade, e muitos benefícios adicionais, nas casas para onde foram enviadas inicialmente.)

Mulheres de mais idade costumam vir por razões de família, seguidamente para se encontrar com os maridos que vieram na frente procurar trabalho e casa para morar. Dona Cecília, a professora de Nova Brasília, veio para o Rio à procura de tratamento para um filho que tomara soda cáustica e precisava de urgente assistência médica. A viagem levou dois dias de caminhada e três dias de trem. Ao chegar, procurou o irmão do marido, que morava em Nova Brasília mas se recusou a recebê-la. Finalmente, encontrou um doutor que lhe operou o filho, salvando-lhe a vida. Desde então, Dona Cecília transformou-se numa das mais ativas líderes comunitárias de Nova Brasília, não apenas instalando a escola, mas também organizando diversas campanhas junto às autoridades no sentido de obter títulos de propriedade e serviços públicos. Ainda que ela própria mal saiba ler, ditou várias cartas em linguagem forte e sarcástica, endereçadas a órgãos e personalidades oficiais, mandando datilografá-las em nome da Associação dos Moradores e recolhendo assinaturas, como se se tratasse de uma petição.

Cada uma dessas quatro pessoas, em diferentes circunstâncias, vieram para a cidade por várias razões combinadas. Para alguns, as dificuldades pesaram mais, para outros, foi a atração da cidade que se mostrou mais forte.

Como Chegam os Migrantes? De que maneira se processa a migração? É direta ou por etapas? É feita sozinha, por grupos familiares, ou clãs inteiros? Os migrantes têm alguém na cidade a quem procurar, ou não? Como mencionamos no Capítulo 1, existe muita controvérsia sobre estes pontos.

Muitos estudiosos ultimamente chegaram à conclusão de que deviam refutar a noção simplista de que as pessoas deixam a roça ou os lugarejos do interior e vêm diretamente para a cidade, insistindo, ao contrário, que é mais comum o padrão de movimento por etapas que vai sucessivamente para cidades cada vez maiores.[23] Eu coligi histórias migratórias da vida de cada respondente, ano por ano, na tentativa de esclarecer esta controvérsia. Para minha surpresa, os resultados contradizem frontalmente a hipótese das etapas intermediárias. Para cada pessoa, construímos séries representando quatro tipos de lugares por onde o migrante teria passado em seu deslocamento, a saber, roça, vila, sede municipal e cidade. Compilamos posteriormente essas séries, para ver que tipo de padrão se apresentava. Não foram consideradas as mudanças entre lugares do mesmo tamanho, como de roça para roça. Apenas 8 por cento do total tinham ido para a cidade por etapas (ver Tabela 5). O resto nem sempre viera diretamente para o Rio, mas não tinham vivido em lugares maiores do que sua terra natal antes de mudar-se para o Rio. Vinte e seis por cento dos favelados vieram diretamente de outras cidades grandes. Outros 54 vieram também diretamente de lugares de tamanhos diversos, e 12 por cento seguiram trajetos distintos, regredindo às vezes para lugares menores.[c]

Mesmo em termos de número absoluto de deslocamentos antes da chegada ao Rio (sem considerar o tamanho ou adiantamento dos lugares para onde se processou a mudança), a migração direta é a norma, não a exceção. A Tabela 6 mostra que 67 por cento da população migrante não mudara de domicílio antes de vir para o Rio, o que confirma a experiência de Sebastião, Juliana e Cecília que descrevemos acima – todos vieram diretamente de seus diversos pontos de origem. Entre os que se deslocaram para outros lugares antes de mudar-se para o Rio, dois terços o fizeram apenas uma vez, como Amaro. Dos restantes, a maioria mudou-se duas vezes, enquanto uma pequena minoria, 6 por cento, mudou-se quatro ou mais vezes.

Com Quem Vêm os Migrantes? Num artigo escrito para as Nações Unidas, Lucien Pye traçou três padrões distintos de crescimento urbano que, segundo ele, são comuns às sociedades em desenvolvimento. O primeiro, que ele denominou *shuttle pattern* (padrão ida-e-volta), é o do movimento sazonal ou cíclico entre a cidade e o in-

[c] Padrões escalares seriam mais freqüentes se fossem considerados os históricos intergerações, pois a maioria dos pais dos migrantes tinham nascido na roça, mesmo quando o migrante nascera num povoado ou sede municipal. Os números referentes à elite são eqüivalentes aos do restante da amostra.

TABELA 5
Padrões de Migração para o Rio de Janeiro
(N=494)

Número de etapas desde o lugar de origem até a cidade grande	Porcentagem
Nenhuma etapa Nasceu numa cidade grande e nunca viveu em lugar que assim não fosse (152 pessoas)	26
Uma etapa Veio do lugar diretamente do lugar de origem para cidade grande 14% roça para cidade (82) 15% povoado para cidade (89) 25% sede municipal para cidade (147) Total 54% 318 pessoas	54
Duas etapas Veio do lugar de origem para cidade com uma etapa intermediária 1% roça para povoado para cidade (7) 3% roça para sede municipal para cidade (17) 2% povoado para sede mun. p/cidade (14) Total 6% 38 pessoas	6
Três etapas Veio do lugar de origem para cidade com dois estágios intermediários (i.é, roça para povoado, para sede munic., para cidade)	0
Desvios Qualquer outro padrão, inclusive retrocesso (i.é, de lugar maior para menor, ida e volta, até acabar na cidade) Nenhum desses padrões correspondeu a mais de 2%, ou 12 pessoas 2% cidade para sede munic. para cidade (12) 1% cidade para povoado para cidade, etc. (8)	12
O restante constou quase unicamente de roteiros individuais, que representam menos de 1%.	

TABELA 6
Mudanças de Residência antes da Vinda para o Rio
(N=494)

Número de Mudanças		Porcentagem
Nenhuma		67
Uma ou mais		33
	Total	100
Uma mudança prévia		60
Duas mudanças		27
Três mudanças		7
Quatro mudanças ou mais		6
	Total	100

terior – e que, evidentemente, não se aplica ao Brasil. O último é o deslocamento de migrantes em grupos comunitários, tribos, clãs ou grupos religiosos, que se juntam para ir à cidade. Também este não se aplica ao contexto brasileiro. O tipo intermediário, o mais similar ao caso latino-americano, é descrito por Pye como um "padrão de indivíduos isolados que se transferem mais ou menos permanentemente, para ambientes urbanos social e psicologicamente despreparados. Diz ainda:

> Quer as pessoas tenham sido expulsas de sua terra ou atraídas por promessas da cidade, o resultado é um sentimento de ausência de raízes que constitui uma sementeira para todo tipo de movimentos anônimos... Ou, em outras palavras, se indivíduos solitários vão para as cidades em busca de uma vida melhor e nem ao menos encontram a satisfação de um emprego, é muito provável que se voltem com o tempo, para atividades cada vez mais anti-sociais.[24]

Trataremos da anomia e das atividades anti-sociais em outra seção. No momento, o que nos ocupa são as noções da solidão e do isolamento que freqüentemente se associam à migração para a cidade.

Os dados por mim recolhidos não apóiam a descrição de Pye. Encontrei no processo migratório muitas forças que representam amparo e continuidade. Em primeiro lugar, a maioria dos migrantes não vêm para a cidade sozinha. Muitos estudiosos têm insinuado que os migrantes são viajantes solitários, mas o fato é que apenas 22 por cento de minha amostra vieram desacompanhados. Como mostra a Tab. 7, 64 por cento vieram com parentes, (como Sebastião, Amaro e Cecília); 8 por cento contavam com alguma ou-

TABELA 7
Contexto Social da Migração
(N=494)

Sistema de Apoio	*Porcentagem*
Quem acompanhou os migrantes à cidade?	
Ninguém	22
Amigos ou conhecidos	8
Apenas irmãos ou irmãs	6
Apenas o cônjuge	7
Cônjuge e filhos	15
Pais	24
Outros parentes	12
Patrão	4
Outros	3
A quem os migrantes conheciam na cidade?	
Amigos e parentes	23
Parentes	55
Amigos	5
Ninguém	16

tra pessoa (como Juliana). Além disso, os migrantes *não* chegam à cidade como completos estranhos, sem ninguém a quem procurar. Como também se vê na Tabela 7, 84 por cento tinham amigos ou parentes na cidade.

Poderíamos, então, perguntar se os 22 por cento que chegam sozinhos abrangem os 16 que não tinham nem amigos nem parentes na cidade. Este subgrupo, verdadeiramente, corresponderia à situação de ajustamento traumático que, segundo temem Pye e outros, poderia conduzir a um comportamento negativo. Apenas 3 por cento, contudo, caem nesta categoria intermediária (15 em 494).

Não se pretente insinuar que a migração é sempre simples e fácil. Quer se venha só ou com a família, a mudança pode ser muito penosa se não se puder contar com amigos ou parentes na cidade. Uma família descreve assim a experiência:

> Chegamos à cidade depois de muitos dias e noites amontoados nos fundos de um caminhão. Não tínhamos para onde ir. Nosso dinheiro tinha sido todo gasto na mudança. O dono do caminhão perguntara a cada família quanto tinha, e recolhera o total como preço da passagem. Assim, ninguém tinha mais na-

da. Não tínhamos escolha. Aqueles dentre nós que não tinham parentes na cidade encontraram um terreno desocupado e construíram pequenos abrigos para que as famílias pudessem dormir. Foi assim que nos tornamos favelados.

Quando Chegam os Migrantes? Ainda que a migração em geral venha se avolumando com o tempo, talvez tenha chegado a um ponto estacionário – fato esse que deveria ajudar a acalmar os temores dos alarmistas (ver Tab. 8). As parcelas referentes aos diversos períodos políticos mostram que as principais levas chegaram à cidade durante a era populista, quando a migração atingiu o ápice em todo o país e o poder de barganha do favelado alcançou seu ponto mais alto de todos os tempos.

A curva temporal indica que se tornam cada vez mais raros os migrantes que chegam ao Rio sem contatos na cidade, o que corresponde ao que se conhece a respeito da estrutura social dos padrões migratórios (ver Tab. 8). Entre os que vieram durante o Estado Novo (1930-1944), aproximadamente um em quatro não conhecia ninguém na cidade. A porcentagem baixou para 7 nos últimos anos, e provavelmente diminuirá ainda mais.

Para Onde Vão os Migrantes Quando Chegam, e Por Quê? Recolhi dados referentes a três aspectos da chegada à cidade: via de entrada, primeiro tipo de moradia, e razões da escolha do lugar. Certos padrões de inserção na cidade tinham começado a emergir de pesquisas conduzidas em outras cidades latino-americanas,[25] e eu desejava submetê-las à prova no contexto do Rio. Mais uma vez os resultados me surpreenderam. O padrão típico para Lima é a chegada ao que John Turner chama de "assentamento cabeça-de-ponte", zona próxima à cidade e, portanto, ao mercado de trabalho. A fase seguinte, de "consolidação", representa em geral a mudança para uma área mais perto – que às vezes é invadida – a qual apresenta a vantagem de ser mais espaçosa e não custar aluguel algum. Quando se consegue um emprego, então se pode pagar o preço da passagem desde um lugar mais distante.

Os Leeds ressaltam que a maior parte das favelas do Rio foram formadas por infiltração gradual, e não por invasão planejada, como em Lima. Acrescentam, porém:

> Em ambas as cidades, uma das principais vias de entrada do migrante sem recursos são as velhas casas ou conjuntos aparentemente construídos para proletários, como cortiços, cabe-

TABELA 8
Tendências da Migração para o Rio, Segundo a Época
(N=494)

Tendências Segundo a Época		*Porcentagem*
Data de Chegada		
Década		
Até 1919		0
1920-1929		2
1930-1939		6
1940-1949		17
1950-1959		37
1960-1969		38
	Total	100
Período Político		
1930-1944 Vargas e Estado Novo		14
1945-1954 Pós-Guerra: Dutra, Vargas, Café Filho		26
1955-1963 Período Populista (final): Kubitschek, Quadros, Goulart		36
1964-1969 Regime Militar: Castelo Branco, Costa e Silva, Medici		24
	Total	100
Sem parentes ou amigos na chegada ao Rio		
1930-1944		27
1945-1954		20
1955-1963		14
1964-1969		7

> ças de porco, ou as avenidas nos lotes proletários ou antigas residências do Rio... Nesta cidade parece haver constantes mudanças de um para outro desses tipos de moradia, por parte de grandes segmentos da população migrante, até que finalmente se instalam definitivamente, mudam-se ou se transferem para as favelas.[26]

Isto talvez se aplique a Lima, porém não ao Rio, como se comprova pela Tabela 9. Apenas um por cento dos migrantes dirigiram-se para o centro da cidade assim que chegaram; apenas 4 por cento viveram em moradias centrais como cortiços, cabeças de porco ou avenidas, e mais da metade nunca se mudaram de seu primeiro domicílio. Alertada pela importância do precedente de Lima, tive o cuidado de confirmar estes dados de várias maneiras. Elaboramos fichas de acompanhamento da história migracional indicando, para cada migrante, os lugares onde tinha morado na cidade. Todas as provas confirmaram os dados da tabela 9.[d] A relativa ausência de deslocamentos após a chegada à cidade confirmou-se de outras maneiras ainda. Dos migrantes que moravam na Catacumba, 81 por cento tinham se instalado inicialmenta na Zona Sul; 70 por cento dos migrantes de Nova Brasília desde o começo viviam na Zona Norte; e em Caxias, 52 por cento tinham vivido desde o início na Baixada Fluminense.[e] Esta última porcentagem é um pouco mais baixa do que as outras duas devido ao fato de que o desenvolvimento da Baixada é mais recente, além de suas cidades satélites se encontrarem muito mais longe do que as favelas mais antigas e mais acessíveis das Zonas Norte e Sul. Além disso, verifica-se uma migração secundária desde as favelas para as cidades satélites, tendo em vista principalmente a oportunidade de alugar ou comprar legalmente uma casa ou um terreno.

Com o caso de Lima em mente, imaginei que os migrantes decidiriam sobre onde morar no Rio, baseados em prioridades e compensações que variariam de acordo com o estágio de vida urbana em que se encontrasse o indivíduo ou a família. Os que precisassem estar perto de oportunidades de ocupação do tipo variado, não-qualificado, prefeririam a Zona Sul; os que quisessem trabalhar em fábricas, iriam para a Zona Norte; os desejosos de maximizar a posse segura da terra, para Caxias. Minhas expectativas não se confirmaram. Apenas 20 por cento afirmaram ter pensado nisso ao decidir onde morar (e todos estes afirmaram ter escolhido um lugar perto do trabalho). Para a maioria não houve oportunidade de "escolha". O padrão seguido pela maioria – 56 por cento dos migrantes – foi procurar a casa de um amigo ou parente para o período inicial. Outros 8 por cento dirigiram-se "para o único lugar que conhe-

[d] Existem outras diferenças marcantes em relação ao padrão de Lima. Não há clubes regionais para dar as boas-vindas ao recém-chegado, nem invasões planejadas (ou muito poucas), são muito mais reduzidas as probabilidades de que as favelas venham transformar-se em comunidades de classes trabalhadoras reconhecidas. Também estas discrepâncias com o trabalho dos Leeds devem-se, provavelmente, a diferenças na metodologia empregada. Eu conversei com algumas pessoas, de mais destaque na comunidade, que tinham obedecido ao padrão de Lima, porém a amostra aleatória revelou padrões gerais muito distintos.

[e] Outros 25 por cento de moradores de Caxias começaram pela Zona Norte; 13 por cento tinham começado nos subúrbios do Rio de Janeiro.

TABELA 9
Moradia Inicial dos Migrantes
(N=494)

Experiência Quanto à Moradia	*Porcentagem*
Localização da primeira moradia no Rio	
Centro	1
Zona Sul	32
Zona Norte	35
Baixada Fluminense	22
Subúrbios do Rio, Niterói e outros	10
Primeiro tipo de moradia no Rio	
Cortiço, cabeça de porco, ou avenida[a]	4
Rua	1
Pensão, quarto alugado, Albergue	7
Lugar de trabalho	12
Barraco numa favela	76
Número de mudanças de moradia depois da chegada no Rio	
Nenhuma	54
Uma	25
Duas	15
Três ou mais	5
Razões da escolha do local da primeira moradia no Rio	
Ser a casa de um parente	41
Ser o próximo à casa de um parente	9
Ser próximo à casa de um amigo	2
Ser próximo ao lugar de trabalho	20
Ser o lugar mais barato disponível	8
Ser o único lugar conhecido, ou o primeiro sugerido por alguém	8
Outras (mais liberdade, ambiente agradável, casualidade, etc.)	8

[a] De fato, em resposta a uma pergunta separada, apenas 10 por cento da amostra inteira (600) tinham *jamais* vivido em algum desses tipos de moradia, em toda a vida.

ciam", ou "o primeiro lugar mencionado por alguém", e número igual foram para o lugar mais barato que puderam encontrar.

É interessante observar que 38 por cento dos migrantes acabaram por construir seus próprios barracos. Outros 42 por cento ou compraram um barraco ou o direito de se estabelecer em determinado ponto de uma favela, pagando entre 25 e 800 dólares nos melhores lugares da Zona Sul (na época, a renda anual de um empregado que ganhasse salário mínimo era de cerca de 480 dólares). Outros 11 por cento pagavam aluguel (sendo que, em Caxias, estes constituíam o dobro de outros lugares); os restantes 9 por cento moravam "de favor".

Pode-se abordar de outro ângulo a questão da internacionalidade na migração urbana. Diferentes razões para morar em diferentes partes da cidade, se presentes, deveriam resultar em perfis diferentes para os moradores de uma vizinhança. Mas, encontrei poucas dessas diferenças. Nas três comunidades estudadas, era quase idêntica a distribuição de pessoas conforme as seguintes características: tamanho e região do lugar de nascimento; freqüência e finalidade dos contatos urbanos prévios à migração; classe social; ocupação e nível de instrução do pai; ocupação e nível de instrução pessoal, ao tempo da migração; motivo para a mudança para o Rio; contatos no Rio. A data da chegada diferia um pouco entre as três áreas (mostrando que a Catacumba era a mais antiga e Nova Brasília a mais nova), assim como o número de translados antes e depois de chegar ao Rio (um pouco maior para Caxias), e algumas variáveis relativas ao trabalho (10 por cento mais de pessoas na Catacumba vieram sozinhas para o Rio e deram como razão para a escolha da moradia o fato de "ficar perto do trabalho"). Em geral, porém, os perfis das três comunidades eram extraordinariamente parecidos.

Experiência Inicial de Trabalho. A teoria da hiperurbanização afirma que não há suficientes empregos para os migrantes urbanos. Isto é correto até certo ponto, todavia, verifiquei que, aqueles que procuram, encontram trabalho com relativa rapidez, ainda que não seja o melhor ou o mais bem pago. Alguns economistas consideram a maior parte deste trabalho como "desemprego disfarçado", mas a expressão não parece apropriada, pois mesmo os trabalhos urbanos menos produtivos e de mais baixo padrão em geral rendem o suficiente para que as famílias vivam melhor do que na roça. Um total de 81 por cento dos migrantes nos disseram que viviam melhor, do ponto de vista econômico, do que as pessoas iguais a eles que tinham ficado para trás".

Dos migrantes, 45 por cento não procuraram trabalho assim que chegaram, por várias razões. Muitos eram jovens demais, alguns tinham de ficar em casa cuidando de crianças, outros viveram algum tempo com amigos ou parentes antes de começar a ganhar a vida.

O estudo daqueles que não começaram logo a trabalhar revela coisas interessantes. Como se vê na tabela 10, as proporções variam largamente com a idade e o sexo: 77 por cento das moças não procuraram trabalho, contra apenas 17 por cento dos homens. Quanto aos homens em todos os níveis de idade, os que não procuraram trabalho imediatamente eram, com mais probabilidade, os que tinham amigos ou parentes na cidade, tinham vindo de outros centros urbanos e provinham de classes mais abastadas. Trinta e quatro por cento dos homens que tinham amigos e parentes não procuraram trabalho logo, contra 19 que não os tinha; 75 por cento de migrantes oriundos de centros urbanos, com experiência em trabalho especializado ou profissional, não procuraram trabalho imediatamente, contra 18 por cento dos nascidos na roça e sem experiência qualificada. É evidente que mudar-se para a cidade e não procurar um trabalho em seguida é um luxo que nem todos podem permitir-se.

Dentre os que logo procuraram trabalho, mais de dois terços (68 por cento) encontraram-no no primeiro mês, e um quinto (18 por cento), antes do terceiro mês. Apenas um em cada 7 levou mais de três meses para encontrar emprego.[27] Os homens se arranjaram melhor do que as mulheres, com exceção das mais jovens, que tinham a vantagem de poder empregar-se como domésticas. Os números correspondentes a Nova Brasília são cerca de 10 por cento inferiores aos das outras duas comunidades, numa demonstração do efeito da localização da moradia na facilidade de encontrar trabalho, ainda que não seja, talvez, o fator principal.

Nossos históricos individuais proporcionam uma visão interessante sobre a situação ocupacional em várias épocas da história brasileira. Com o período inicial do governo de Vargas e o Estado Novo (1930-1944), o período de após-guerra (1945-1954), o período populista (1955-1963) e o período que se seguiu à tomada do poder pelos militares (de 1964 em diante). A situação político-econômica nesses vários períodos realmente pareceu afetar as oportunidades de um migrante encontrar ocupação ao chegar ao Rio. O período mais favorável foi o de após-guerra, quando 72 por cento dos que procuraram conseguiram emprego no primeiro mês. Nessa época, o

TABELA 10
A Procura de Emprego entre os Migrantes do Rio
Segundo Idade e Sexo
(N=494)

Porcentagem que Não Procurou Trabalho Imediatamente

Idade	Homens	Mulheres
1-12	72	77
13-20	24	47
21 ou mais	17	60

setor industrial crescia rapidamente, uma política de substituição de importações criava novos empregos além de muitas outras ocupações indiretas; além disso, um temporário recrudescimento do mercado do café provocava uma alta na economia. Durante a Segunda Grande Guerra, Vargas se identificara intimamente com os interesses da burguesia industrial e dos trabalhadores. Criou sindicatos, instituiu um salário mínimo e estabeleceu o Partido Trabalhista Brasileiro como partido dos trabalhadores. Com Dutra, entre 1945 e 1951, houve certo retrocesso, mas os benefícios básicos dos trabalhadores foram mantidos, e Vargas foi eleito Presidente em 1951.[28]

O pior período para os migrantes foi o que se seguiu ao movimento de 1964. Dos migrantes que procuraram ou estavam procurando emprego à época deste estudo, apenas 63 por cento conseguiu-o no primeiro mês (comparado com os 72 por cento em 1945-54), assim mesmo, emprego insatisfatório e mal-pago.

Os dados recolhidos sobre o desemprego não evidenciam diferenças quanto à educação, capacitação ou motivação nos próprios migrantes durante este período, mas, ao contrário, refletem uma política econômica oficial clamorosamente indiferente à sorte dos setores mais humildes. A política pós-revolucionária de cortar as despesas públicas, congelar salários (enquanto os preços continuaram a elevar-se vertiginosamente) e cortejar o empresariado americano, piorou de maneira considerável a situação econômica do favelado.

Encontrar Ocupação. Moradia e trabalho são as duas metas básicas dos migrantes recém-chegados, em seu período de adaptação inicial. Num caso e noutro o papel dos amigos e parentes é da maior importância - padrão que se repete em muitas áreas da vida brasileira. Ainda que a sociedade no Brasil não se baseie em amplos grupos de parentesco ou clãs, os laços de parentesco são às vezes muito fortes. O sistema de compadrio, por sua vez, eleva o amigo à posição de quase parente. Quase dois terços dos migrantes conseguiu seu primeiro emprego através da ajuda de amigos ou parentes (ver Tab. 11). Outros 13 por cento (inclusive um pouco mais de mulheres do que de homens) já vieram com emprego arranjado. Apenas 23 por cento tiveram de se defender sozinhos ou procurar emprego por sua conta, batendo de porta em porta, ou através de anúncios de jornal, agências de emprego, etc. Como se vê na Tab. 11, ainda que nem sempre os empregos fossem de alto nível, com exceção de 8 por cento, todos conseguiram encontrar algo.

Cruzei as informações referentes ao tempo levado para conseguir trabalho e os tipos de ocupação encontrados, a fim de verificar se os melhores empregos couberam aos que procuraram primeiro, ou aos que podiam esperar e escolher melhor. Os dados confirmaram que a segunda hipótese é a correta. Dentre os que levaram três ou mais meses procurando o primeiro trabalho, 12 por cento conseguiram os desejados empregos na área da segurança pública ou privada (como policiais, vigias) contra nenhum, dentre os que se empregaram nos primeiros três meses. Que os migrantes mais "privilegiados" ficavam esperando por melhores oportunidades confirmou-se pelo fato de 85 por cento dos homens que tinham tido trabalhos urbanos *não-qualificados* os que trabalhavam na lavoura conseguiram emprego dentro de um mês, contra apenas 65 por cento dos que tinham tido empregos *qualificados.* Analogamente, enquanto 67 por cento dos que não conheciam ninguém acharam ocupação no primeiro mês, apenas 43 dos que tinham contatos o conseguiram. A ajuda dos amigos e parentes parece ter ajudado a esperar e, portanto, a encontrar coisa melhor.

DIFERENÇAS ENTRE NATIVOS E MIGRANTES

Procurei determinar se havia diferenças, na população total das favelas, entre os migrantes e os nativos em termos de classe, instrução, emprego, renda e outros indicadores de nível de vida (ver Tab. 12). Tanto em termos de classe como de nível de instrução, ter nascido no Rio confere certas vantagens evidentes. No interior.

TABELA 11
Primeira Experiência Ocupacional dos Migrantes
(N=494)

Experiência Ocupacional	*Porcentagem*
Como conseguiu o primeiro emprego na cidade	
Arranjado previamente	13
Através de parentes	27
Através de amigos	36
Sozinho	16
Pelos jornais	3
Através de uma agência de empregos	1
Através de assistente social ou órgão assistencial	3
Classificação do primeiro emprego na cidade	
Serviços (profissão liberal ou administrativa)	6
Segurança (pública ou particular, polícia, guarda)	2
Comerciário	1
Operário Qualificado	6
Construção	6
Operário Semiqualificado	8
Doméstico	31
Operário Não-qualificado	18
Primário (sítio ou granja)	2
Desempregado (não conseguiu emprego, mas fazia algum biscate)	8
Nunca trabalhou (nunca procurou trabalho e nunca teve emprego nem antes nem depois de vir para o Rio)	13

muitos lugares simplesmente não têm escolas, de maneira que a experiência da criança da cidade com relação a instituições educacionais – mesmo que ela não passe dos primeiros anos escolares – constitui um benefício de que a criança da roça não goza. As diferenças em confortos materiais disponíveis ressaltam um ponto que já apontamos várias vezes – os moradores mais antigos (e os nativos foram os primeiros) vivem nos melhores lugares, nas melhores casas, e têm maior acesso aos serviços públicos. São eles os primeiros beneficiados com a instalação de linhas elétricas, abastecimento de água ou rede de esgotos. Índices semelhantes de posse de bens, constantes da Tab. 12, provavelmente querem dizer que alguns migrantes ainda continuavam donos de lote de terras em seus pontos de origem, que relutavam em vender.

TABELA 12
Diferenças Sócio-Econômicas entre Nativos e Migrantes
Porcentagem

Indicadores Sócio-Econômicos	*Nativos (N=106)*	Migrantes (N=494)
Posição sócio-econômica: Porcentagem alta (no terço superior da medida cumulativa, que inclui instrução, ocupação e renda)	27	15
Antecedentes de classe: Porcentagem baixa (proveniência: agricultura ou urbana não-qualificada)	39	75
Nível de instrução: Porcentagem alta (terceiro ano, ou mais)	58	25
Posição ocupacional	8	4
Serviços	0	4
Comércio	12	18
Operário qualificado (inclusive fábrica)	24	18
Doméstico	9	8
Não-qualificado	29	30
Desempregado	34	32
Nível de renda: porcentagem alta (dois salários mínimos ou mais)		
Instalações domésticas: porcentagem alta (com pelo menos três destes quatro serviços: água corrente, eletricidade, esgotos e instalações sanitárias dentro de casa)	70	59
Objetos de uso doméstico: porcentagem de casa) (com pelo menos quatro destes cinco: refrigerador, ferro, rádio, máquina de costura, televisão)	38	26
Propriedade: porcentagem alta (com pelo menos dois destes sete: barraco, outra moradia, lote de terreno construído, terreno, casa de comércio, oficina, automóvel ou caminhão)	20	23
Mobilidade social: porcentagem alta (com pais de baixa PSE para a atual PSE média)	20	34

O aspecto mais inquietante em termos do futuro das camadas mais humildes revelado pela Tab. 12, é o de que, apesar de diferirem grandemente os níveis de instrução e de mobilidade social dos dois grupos, isto não acontece com os níveis de renda. Aparentemente, os migrantes urbanos parecem originar-se de classes inferiores e, com o tempo, adquirem mais educação como uma forma de mobilidade social. Mas, no conjunto, a educação em si se revela como uma variável relativamente sem importância, tanto em magnitude quanto em significação. Os migrantes, como os nativos, não contam com uma livre escolha de ocupações. Suas carreiras profissionais não parecem afetadas pelas novas oportunidades educacionais que se abrem para eles na cidade, ou mesmo em suas comunidades originais. Variáveis imutáveis como antecedentes sociais, idade ao trocar de emprego, e idade em que começou a trabalhar parecem determinar a posição profissional.

Todavia, parece certo que os migrantes rurais em geral alcançam níveis profissionais mais elevados do que os ocupados no interior. Ademais, os migrantes mais recentes experimentam taxas mais altas de mobilidade ascendente do que os migrantes mais velhos ou os cariocas nativos. Migrantes recentes provavelmente não se contentarão com trabalhos não qualificados. São eles também que ocupam a parcela maior da amostra; apenas 23 desse grupo são inativos, contra quase 33 por cento dentre os migrantes mais antigos ou os nativos (ver Tabelas 13 e 14).

Este grau de mobilidade relativa dos migrantes, contudo, indica apenas um salto desde a pobreza rural abjeta para as oportunidades estritamente limitadas de trabalho, que a favela oferece. Além disso, os migrantes representam um grupo selecionado quanto a idade, instrução, aptidão e ambição, se comparados aos que ficaram em sua comunidade de origem. Um salto profissional realmente positivo resultaria talvez em ir viver fora da favela, mesmo para os que ainda moravam em favela quando começaram a trabalhar no Rio.

Se os dados são corretos, a migração significa apenas sair do setor mais baixo da sociedade rural para ir ocupar o setor mais baixo da sociedade urbana, sem um aumento significativo na renda. Esta conclusão poderia ser rejeitada se houvesse oportunidade de escapar da favela para outros estratos mais bem situados da sociedade, mas a nossa impressão é que esse tipo de mobilidade é praticamente inexistente. Ainda que tenha havido meia dúzia de notáveis exceções, quase nenhum dos favelados que entrevistamos sabia de alguém que tivesse saído da favela, mesmo que fosse apenas para ir

TABELA 13
Mobilidade Ocupacional dos Homens Ativos da Amostra Aleatória: Primeiro Emprego Comparado ao Atual (1969)
(N=171)

Tempo de Residência no Rio	Ascendente	Horizontal	Descendente	Total	Ascendente (sem Contar da Roça para Não-Qualificado
1-4 anos	80% (47)	19% (11)	2% (1)	100% (59)	55,93% (33)
5 anos ou mais	59% (51)	22% (19)	19% (16)	100% (86)	45,34% (39)
Nativos do Rio	15% (4)	50% (13)	35% (9)	100% (26)	11,53% (3)
Total	60% (102)	25% (43)	15% (26)	100% (171)	43,85% (75)

Nota: *Mobilidade ascendente* inclui: a) da roça para atividade não-qualificada, semiqualificada ou qualificada; b) não-qualificada para semiqualificada ou qualificada; e c) semiqualificada para qualificada. *Mobilidade horizontal* significa que, apesar de haver mudança de emprego, não se alteraram as quatro categorias. *Mobilidade descendente* abrange de qualificada para semiqualificada, ou não-qualificada e semiqualificada para não-qualificada.

As ocupações distribuem-se da seguinte maneira – *Não-qualificadas:* mensageiros, estivadores, porteiros, lixeiros, empregados domésticos, serventes de pedreiro, varredores de rua, camelôs, lavadores de automóvel, etc. *Semiqualificadas:* motoristas, cobradores de ônibus, serventes em gráficas, pintores, estofadores, soldados, tecelões, padeiros, ajudantes de mecânico, artesãos, cozinheiros, doceiros, barbeiros, jardineiros, datilógrafos, operadores de máquinas de escritório, vendedores, etc;. *Qualificadas:* empregados em serviços de comunicação, bombeiros, mecânicos, ferreiros, eletricistas, tipógrafos e encadernadores, carpinteiros, pedreiros qualificados, etc.

TABELA 14
Distribuição Porcentual dos Homens da Amostra Aleatória Segundo Ocupação Atual (1969) e Tempo de Residência no Rio
(N=244)

Tempo de Residência no Rio	Não-Qualificados	Semiqualificados	Qualificados	Desempregados	Total (N)	Nunca Trabalhou	Número Total
1-4 anos	28,8	35,6	35,6	–	100 (59)	23,57 (18)	77
5 anos ou mais	31,5	20,9	41,9	5,7	100 (86)	32,81 (42)	128
Nativos do Rio	42,2	23,0	23,3	11,5	100 (26)	33,33 (13)	39
Total	32,2	26,4	36,9	4,8	100 (171)		244

viver num bairro operário comum. (Os aluguéis são proibidos, e a casa própria - com a possível exceção dos subúrbios - é algo virtualmente irrealizável.

DIFERENÇAS ENTRE ZONAS URBANAS E NÃO-URBANAS

Uma possível fonte de contaminação da análise que acabamos de fazer de nativos e migrantes é o fato de que 19 por cento dos migrantes nasceram em cidades grandes. Ainda que eles compartilhem com outros migrantes a experiência de abandonar seus lugares de origem e adaptar-se a um novo ambiente, eles - como os cariocas - são pelo menos, filhos de gente da cidade. Na Tab. 15 temos favelados de quatro tipos: os cariocas nativos, que nunca mudaram de cidade; os que vieram para o Rio saídos de outras cidades grandes; (a terceira coluna, constituída pela soma destes dois, reúne todos os nascidos em cidade;) um terceiro grupo, que consiste dos que vieram de alguma sede municipal; e finalmente os que vieram de vilas, povoados ou zonas rurais, combinados para esta parte do estudo.

As diferenças entre os cariocas e outros provenientes de cidades é basicamente a mesma que a existente entre nativos e migrantes. Os nascidos no Rio têm antecedentes sociais e níveis de instrução muito mais altos que os oriundos de outras cidades; vivem em casas mais confortáveis e possuem maior número de utensílios domésticos. No que se refere a ocupação, renda e situação sócio-econômica, todavia, os dois grupos estão mais ou menos no mesmo nível.

A comparação entre todos os favelados nascidos em cidades (o Rio e as outras) e os naturais de sedes de município ou zonas produz um quadro semelhante. A maior diferença é também quanto à classe e à instrução, que vai subindo sempre, desde os nascidos na roça, em sede municipal, em outra cidade, ou no Rio. As diferenças entre serviços ou equipamentos domésticos não são grandes, assim como no que se refere à ocupação. A renda parece melhorar levemente conforme aumenta o tamanho do lugar de nascimento. Também os estudos de Balan revelaram que "os migrantes oriundos de comunidades urbanas tendem sistematicamente a ter posição sócio-econômica mais elevada que os migrantes rurais".[29]

Devo acrescentar um adendo sombrio, no sentido de que as vantagens acumuladas para aqueles que incluem migrações na crônica familiar, ao invés de em seu passado imediato, não devem ser

TABELA 15
Distribuição Porcentual de Diferenças Sócio-Econômicas Entre Urbanos e não-urbanos
(N=600)

Indicadores Sócio-econômicos	Rio (N=106)	Outras Cidades (N=82)	Total Cidades (N=188)	Sede Munic. (N=167)	Roça [a] (N=245)
Posição Sócio-econômica					
Alta	27	24	26	19	9
Antecedentes de classe					
Baixos	39	61	49	74	81
Nível de instrução					
Alto	58	41	51	28	18
Posição ocupacional					
Operário qualific.	12	20	16	17	17
Empreg. doméstico	24	18	21	18	18
Não-qualificada	12	9	10	15	15
Nível de renda					
Alto	34	39	36	32	28
Instalações					
Alto	70	56	64	60	60
Objetos de uso doméstico					
Alto	38	25	32	33	21
Propriedade					
Alto	20	22	21	25	21
Mobilidade social					
(Porcentagem com país de baixa PSE que passou para média PSE)	19	30	24	35	35

a) Povoado (126) e roça (119) combinados

tomadas como garantia de um futuro esperançoso para as classes inferiores em geral. Como mostram as Tabs. 12 e 15, as taxas de *mobilidade* social não sobem com a experiência urbana. O fato de que algumas pessoas possam melhorar de situação emigrando para a cidade não significa que a sociedade urbana deva continuar a recompensar sua iniciativa.

A Tab. 16 trata diretamente de responder se os migrantes diminuem, com o tempo, a brecha que os separa dos cariocas. As colunas dividem os migrantes segundo o tempo passado no Rio, começando pelos recém-chegados e acabando pelos que vivem na cidade há 20 anos ou mais. Algum progresso pode ser observado quando a posição sócio-econômica, renda, utensílios domésticos e propriedades, ainda que isso possa dever-se tão só ao maior tempo de vida. Não se nota, porém, sinal de melhoria no nível de instrução – teoricamente, uma das maiores oportunidades oferecidas pela vida na cidade. Apenas 4 por cento da população informou ter seguido algum curso de treinamento, e somente 0,5 por cento freqüentou aulas de alfabetização de adultos. Entre os migrantes jovens, o nível educacional parecia apenas ligeiramente mais alto conforme crescia a experiência urbana. Também com referência à ocupação, a extensão da vida na cidade não melhorou as oportunidades para um emprego melhor, nem aumentou a mobilidade social.

Michelena encontrou padrão semelhante na Venezuela. "Poderia pensar-se", diz ele, "que a mobilidade horizontal e a vertical estão associadas ... mas no caso da Venezuela a experiência no interior e o subseqüente tempo de residência na cidade não produziram impacto significativo sobre a mobilidade social ascendente."[30]

O único grande salto sócio-econômico, verificado tanto no estudo venezuelano como no meu, ocorre por ocasião daquela primeira mudança desde a camada inferior rural para a camada inferior *urbana*. Esta é uma melhoria real, mas nenhum desses sistemas sociais parece suficientemente flexível para permitir a saída de uma ou outra das camadas inferiores.

Examinemos agora mais de perto a vida dos indivíduos nessa camada inferior – considerados *marginais* em relação à sociedade, ou seja, elementos à margem da corrente principal da vida urbana. No próximo capítulo expomos as raízes dos conceitos de marginalidade – mostrando como a noção evoluiu para uma pseudoteoria – e apresentamos uma série de proposições a fim de pôr à prova essa teoria.

TABELA 16
Distribuição Porcentual de Diferenças Sócio-Econômicas Entre Migrantes Conforme Tempo de Residência no Rio
N=494

Indicadores Sócio-econômicos	Um Ano (N=31)	2-4 Anos (N=56)	5-10 Anos (N=103)	10-20 Anos (N=187)	20,+ Anos (N=117)
Posição sócio-econômica					
Alta	6	16	14	20	18
Antecedentes de classe					
Baixos	77	67	78	69	61
Nível de instrução					
Alto	26	29	23	37	30
Posição ocupacional					
Operário qualific.	10	19	18	17	16
Empreg. doméstico	6	14	25	18	20
Não-qualificada	26	16	12	12	14
Nível de renda					
Alto	23	19	25	36	36
Instalações					
Alto	61	55	55	64	62
Objetos de uso doméstico					
Alto	6	17	13	34	36
Propriedade					
Alto	6	14	16	27	25
Mobilidade social					
(Porcentagem com pais de baixa PSE que passou para média PSE atual)	29	21	31	35	31

PARTE II

OS MITOS DA MARGINALIDADE

Capítulo 4

A TEORIA DA MARGINALIDADE E O IDEAL TIPO

EXISTEM POUCAS ÁREAS de concordância entre os cientistas sociais, os elaboradores de políticas e o público em geral, porém, todos têm idéias estereotipadas extraordinariamente semelhantes sobre as camadas pobres da sociedade, urbana, ou os *marginais*. O fenômeno da marginalidade transformou-se nos últimos anos na mais importante questão social na América Latina, emergindo em foros tão diversos quanto discursos políticos, programas habitacionais e propostas de pesquisas acadêmicas. Neste capítulo abordaremos os vários usos e sentidos comuns do termo, e as principais escolas de pensamento que contribuíram para a sua conceituação, tanto nos Estados Unidos como na América Latina. Mais do que tentar formular uma nova teoria particular, ou tentar resolver as contradições no emprego do termo, concentrar-me-ei nos temas principais que emergem ao longo da literatura sobre a marginalidade; com eles, construirei um ideal tipo e um conjunto de proposição que orientarão a análise dos dados por mim coletados nas favelas do Rio. Tentarei então avaliar até que ponto a realidade da favela corresponde ao que se pensa a respeito dela.

O estudo do conceito da marginalidade é de particular relevância porque as ideologias e estereótipos que a ele se associam afetam as vidas de milhões de pobres moradores de favelas ou cidades. Este conceito virtualmente criou asas, e se popularizou como uma teoria coerente apesar – ou, talvez, precisamente isso – de se basear num conjunto de hipóteses mal-concatenadas e bastante ambíguas. A marginalidade também tem sido usada em muitos debates como uma cortina de fumaça atrás da qual continuam a ser conduzidas velhas batalhas ideológicas – tais como as que se batem a respeito da natureza do sistema social, o processo de modernização ou as implicações do capitalismo e do imperialismo. Procurarei examinar brevemente os usos populares do termo e as suposições que fundamentam a teoria da marginalidade antes de me voltar para seus antecedentes teóricos.

USOS COMUNS DO TERMO

Em português e espanhol, a simples palavra *marginal* tem conotações profundamente negativas. Um *marginal*, ou *um elemento marginal* significa um vagabundo indolente e perigoso, em geral ligado ao submundo do crime, da violência, das drogas e da prostituição. Isto constitui um paralelo à antiga tradição de, na Europa e nos Estados Unidos, caracterizar os pobres como suspeitos, num ou noutro sentido – "as classes perigosas", ou "pessoas que vivem em zonas de miséria e dor".

Na América Latina, as conotações pejorativas dos pobres das cidades possuem profundas raízes históricas. A cidade, como ressaltaram Lisa Peattie, Alejandro Portes e outros, sempre foi uma fortaleza da cultura elevada, a cidadela das elites, com uma grande homogeneidade de classes.[1] Desde a primeira *invasão* de migrantes do interior, e o aparecimento das primeiras favelas no cenário urbano, a atitude da elite urbana foi tratar essas comunidades como uma praga. Tudo foi feito para impedir o nascimento de favelas, atrasar seu crescimento e apressar sua morte.

Ao mesmo tempo, contudo, o sistema produzia tanto os aglomerados subnormais de população como a concentração de desemprego nas cidades. A incapacidade da economia para absorver os *marginais* na força de trabalho reforçava a ameaça de colapso social e político. Esta contradição entre o temor das "crescentes massas bárbaras" nas cidades e a consciência de sua inevitável existência é subjacente à ideologia da marginalidade e à sua manipulação política.

Paradoxalmente, a maneira característica de enfrentar o temor dessas massas é expressar o desejo de "integrá-las" no próprio sistema que produz a situação social e econômica denominada "marginal".

Tanto os favelados quanto as favelas recebem, portanto, rótulos sociais de nítido cunho político, o que se transmite ao longo do processo socializante. Os interesses econômicos reforçam os preconceitos sociais conforme aumentam os serviços urbanos e o preço dos lotes. As populações migrantes e os favelados, contudo, crescem cada vez mais. O que era considerado *normal* ou *marginal* acabou por ser determinado menos pelo comportamento da maioria ou da minoria numérica, e mais pelo que é feito especificamente pelas classes média e alta. Se os critérios de normalidade fossem fixados pela prevalência e não pela classe, então o jogo do bicho no Brasil seria considerado normal, enquanto ir à ópera seria marginal,[2] o que, obviamente, não ocorre.

Infelizmente, as idéias sobre a marginalidade das classes urbanas pobres não se limitam a estereótipos anódinos na mente popular. Ao contrário, estes conceitos foram reforçados e perpetuados pelas próprias instituições oficiais responsáveis pela política das favelas. Um exemplo impressionante é fornecido pelo relatório oficial da Fundação Leão XIII, do Rio de Janeiro:

> As famílias chegam do interior puras e unidas – legalmente ou não – de maneira estável. A desintegração começa na favela em conseqüência da promiscuidade, dos maus exemplos e das dificuldades financeiras. As crianças presenciam o ato sexual. Meninas são seduzidas e abandonadas; engravidam mas não se sentem envergonhadas... A bebida e os tóxicos servem para anestesiar as desilusões, humilhações e deficiências alimentares da vida na favela. As noites pertencem aos criminosos... No silêncio da noite podem-se ouvir os gritos de socorro, mas ninguém ousa interferir com receio de ser a próxima vítima... Os policiais raramente entram na favela, a não ser em grupos.[3]

Entre as características gerais que o documento atribui à favela encontram-se: aglomeração irregular de subproletários sem capacitação profissional, baixos padrões de vida, analfabetismo, messianismo, promiscuidade, alcoolismo, o hábito de andar descalço, superstição e espiritismo, falta de recreação sadia, refúgio para elementos criminosos e marginais, foco de parasitas e doenças contagiosas.[4]

A fim de que estas noções não sejam interpretadas como uma espécie de resíduo religioso devido às origens católicas da Fundação, apresso-me a dizer que um conjunto de atitudes muito semelhantes reflete-se na publicação *Seminário interuniversitário* publicado em 1967 pelos seis reitores de universidades do Rio. Referem-se às favelas como "cancros sociais", espoliadores de "uma das mais belas paisagens do planeta", parte do "patrimônio nacional" que "mantemos em custódia para a humanidade", cheias de "contraventores e criminosos", etc.[5]

A Fundação Leão XIII e o *Seminário interuniversitário* identificam *marginais* pela mera residência em favelas, definindo-os *a priori* como ocupadores ilegais de terras, e como parcela de um subgrupo socialmente desarticulado. Mas o termo *marginalidade* tem sido usado de maneira vaga para denominar vários outros grupos que as vezes se confundem parcialmente, e que incluem *pobres* em geral, *desempregados, migrantes,* membros de outras *subculturas, minorias* raciais e éticas, e *transviados* de qualquer espécie. À luz das diversas implicações desses critérios, tanto para a identificação do pobre urbano como para a formulação de políticas, é importante fixar qual o fator de definição de cada um dos empregos mais comuns do termo.

1. Localização na favela. Entre os que se concentram na localização, ou nas favelas em si, encontram-se arquitetos, planejadores, autoridades habitacionais, que consideram as favelas como marginais devido às construções abaixo do padrão, alta densidade, falta de serviços municipais, ausência de condições higiênicas, colocação periférica em relação à área urbana, e ocupação ilegal da terra. Estes fatos, na realidade, não se confundem, mas se pretende que o fazem. Conseqüentemente, os estudiosos combinaram estas características físicas com o que supõem sejam os correspondentes estilos de vida e atributos sociais, alargando a definição de marginalidade a partir do *habitat* externo do pobre para incluir qualidades interiores pessoais. Esta posição tem sido chamada a escola ecológica da marginalidade, que isola o gueto ou a favela como um espaço fisicamente delimitado, dentro do qual todo mundo é marginal, e fora do qual todo mundo é mais ou menos *integrado.*

2. Situação inferior na escala econômico-ocupacional. O segundo emprego importante do termo associa marginalidade com as classes urbanas inferiores, os desempregados ou subempregados – aqueles que participam apenas precariamente do mercado de trabalho. Nesta acepção do termo, os limites físicos da favela e as atitudes dos outros em relação a ela seriam irrelevantes. A característica determinante é de ordem econômico-ocupacional relacionada com a falta de trabalho ou com empregos mal-pagos e instáveis, que não participam da economia geral nem contribuem para ela. De acordo com esta definição ocupacional de marginalidade, os que vivem em favela mas trabalham no dinâmico setor industrial da economia não seriam marginais; ao contrário, biscateiros vivendo em outro lugar qualquer o seriam.

3. Migrantes, recém-chegados ou membros de diferentes subculturas. Outro sentido importante do termo é associado aos migrantes e à experiência migratória. Neste caso, a chave da identificação é a situação de recém-chegado e a transição entre a vida rural tradicional e a urbana moderna. Tal situação transitória não precisa ser concomitante com a vida em gueto ou a pobreza, mas fre-

qüentemente o é. O fator crítico neste caso é associado com a idéia de diferentes subculturas, parte de um esquema conceptual mais amplo de mudança e transição cultural. Deste ponto de vista, qualquer subcultura diferente da principal seria descrita como marginal, ainda que outras condições também concorram comumente. Se, por exemplo, subculturas coexistem como tribos ou enclaves separados, com pouco conhecimento ou contato mútuo, ou sem sentimentos de superioridade de um sobre outro, seria mais correto descrever essa situação como pluralismo. Para que se possa aplicar a noção de marginalidade, os diversos grupos deveriam atribuir ao mesmo estado-nação ou unidade mais ampla certo grau de legalidade, e uma subcultura teria de gozar de mais prestígio, privilégios ou poder que as outras. Além disso, a barreira existente entre os grupos teria de ser pelo menos semi-permanente; para um sistema de castas totalmente fechado e determinista é realmente irrelevante o conceito de marginalidade.[6]

Além deste, há outros três pontos que são importantes. Primeiro, grupos como adolescentes, mulheres de carreira e novos-ricos também são presas de um conflito de *status* e de uma situação de confusa identidade social, em sua transição de uma subcultura para outra, e podem, portanto, serem também considerados marginais.[7] Ainda que a intensidade de seu relacionamento assimétrico com o ambiente em geral, e a transitoriedade ou permanência de seus respectivos dilemas possam variar, a distinção essencial entre estes grupos e as subculturas estudadas neste livro reside em que estas constituem uma classe inferior, com menos poder para definir a própria situação.

Segundo, o tipo marginal pode surgir dentre uma população que não emigrou mas ao contrário foi invadida do exterior.[8] Isto se aplica de modo particular à América Latina, onde o processo de colonização implicou não apenas conquista e invasão mas contato cultural e manipulação diária da população indígena. Rudolfo Stavenghagen e Pablo Gonzalves Casanova comprovam que, no caso da América Latina, o contexto histórico da invasão e colonização pelos espanhóis e portugueses, e sua utilização das populações nativas, jogaram *todas* as culturas existentes numa situação marginal.[9]

Finalmente, não pode haver conceito de marginalidade sem uma noção básica de igualdade. Em sistemas tribais ou feudais nunca surgiu o problema da marginalidade, pois o sistema tribal não implicava conceito de superioridade, e no sistema feudal havia a aceitação tácita da sua *posição* e da natureza hierárquica da sociedade. Como ressalta Gino Germani, somente no período que se seguiu ao Iluminismo, com a Revolução Francesa e o conceito dos Direitos do Homem é que emergiu a noção de que os indivíduos deviam ter privilégios e oportunidades iguais em certos pontos fundamentais.[10]

4. Minorias raciais e étnicas. A definição de marginalidade baseada numa situação minoritária quanto a raça ou etnia exige também um diferencial de posição superior-inferior. A principal diferença neste caso é o traço genético imputado, determinante da participação do grupo "de dentro" ou "de fora", ao invés de um traço cultural ou adquirido. A assimilação torna-se um problema muito mais sério, pois as fronteiras são intransponíveis. O estudo de Milton Gordon sobre a assimilação é muito esclarecedor sobre esta questão. Ele descreve a possibilidade da gradual formação de uma subsociedade composta precisamente de marginais raciais ou étnicos. Para os que desejam integrar-se no grupo principal, todavia, ele especifica cerca de sete estágios de assimilação (inclusive cultural, estrutural, mental, identificacional e cívico), ao preço da própria identidade racial e cultura étnica.[11]

5. Transviados. A situação final à qual se aplica o termo *marginalidade* abrange os transviados, quer se trate de tipos patológicos, ou talentosos e não-conformistas. No caso de um artista, um criminoso, um profeta ou um revolucionário, a marginalidade implica uma falta de participação na corrente ocupacional, religiosa ou política principal. O transviado pode ser ou um desistente passivo ou um crítico ativo da sociedade, ou poderá emergir de uma subcultura ela mesma marginal. O sentido sociológico primitivo de *marginal* referia-se especificamente a um indivíduo oriundo de uma subcultura subalterna que rejeitara seu próprio grupo mas não fora aceito pela cultura dominante. Ele poderá tornar-se um líder de seu grupo, ser parcialmente aceito ou rejeitado por ambos os grupos, ou tornar-se uma figura cosmopolita, verdadeiramente marginal a todos os grupos.

É claro que os marginais raramente representam uma ameaça séria para a corrente principal. Enquanto um indivíduo transviado é comumente tratado como um problema psicológico, quando um grupo marginal atinge proporções críticas passa a ser identificado como um problema social. Tais grupos podem ser identificados pela localização, como no caso dos favelados, pelo vestuário e dialeto, como os índios de Lima, La Paz ou da Cidade do México, ou por características físicas raciais. Em qualquer destas situações, a visibilidade e a aglomeração do grupo torna fácil para a classe dominante não apenas estigmatizá-lo como também definir-lhe a situação e manipulá-lo no sentido de preservar o *status quo*.

Os favelados e suburbanos do Rio de Janeiro correspondem em vários graus às cinco categorias de marginalidade que acabamos de descrever. Especificamente, é mais fácil distingui-los e identificá-los por viverem em agrupamentos periféricos de moradias de qualidade abaixo das normas; têm predominantemente antecedentes migratórios, e ocupam em geral os empregos mais instáveis e mal-remunerados. Quanto ao indicador distintivo de subcultura, pode-se dizer que se aplica à maioria dos favelados (ainda quando não tenham antepassados índios ou africanos), ou devido à experiência própria ou familiar de um mundo mais tradicional, ou devido à sua particular maneira de adaptar-se ao mundo moderno – vivendo como vivem dentro das restrições impostas pelas rendas limitadas. obviamente, nem todos os moradores de comunidades de baixa renda apresentam as mesmas atitudes ou se comportam da mesma maneira. Nem serão uniformes suas relações com a própria comunidade ou com a sociedade em geral. Da mesma maneira como algumas das elites dos países latino-americanos dão mais importância aos Estados Unidos ou à Europa como grupo de referência, alguns dos favelados (principalmente as elites locais) podem procurar nas classes média e alta do próprio país suas escalas de valor e interações de ordem econômico-política. Podem servir, na verdade, de *corretores* entre o gueto ou a favela e o mundo urbano exterior. Para outros o grupo de referência continuará sendo os seus congêneres rurais, considerando um privilégio viver na cidade, enquanto ainda outro grupo desenvolverá sem dúvida seu próprio sentido de identidade, vendo nos outros favelados um grupo relevante para comparação. Muitos encontrarão uma comunidade dentro do gueto, enquanto outros sentir-se-ão realmente isolados e alienados, incorporando várias atitudes e traços de personalidade considerados típicos de *marginais*.

O ponto crítico que desejamos focalizar neste capítulo é que, tendo em vista as condições de vida desta parcela da população nas favelas ou nos subúrbios, consolidou-se a crença de que seus moradores automaticamente assumiram uma série de características econômicas, sociais, culturais e políticas concomitantes. É a combinação e hipotética co-variação sistemática dessas dimensões que permite a manipulação da marginalidade como uma conceituação aplicável às classes inferiores em geral, e como uma explicação para a existência da pobreza. Cada dimensão refere-se a uma maneira específica de colocar-se *fora* do funcionamento padronizado da sociedade, mas são conectadas pelo fato espacial-ecológico da residência em uma favela.

TEORIA SOCIAL E ESTUDO DA MARGINALIDADE

Todas as diversas escolas de pensamento que levam ao constructo da marginalidade convergem devido ao fato de que, no nível sócio-cultural, todas lidam com o pobre urbano. Comumente elas se confundem, ou se baseiam umas nas outras, e não são discretas quer tanto à seqüência cronológica ou ao conteúdo. Têm ascendentes teóricos diversos e utilizam metodologias e técnicas analíticas muito diferentes. Muitas começaram com uma conclusão predeterminada, usando a pesquisa empírica apenas para apoiar uma posição ideológica específica. O ponto de referência ou o padrão com o qual a população marginal é comparada é, frequentemente, implícito. Assume-se que os atributos dos marginais são diametralmente opostos aos da classe média urbana moderna, quando, de fato, existe pouca evidência empírica de que todos os membros da classe média urbana moderna possuam tais atributos, ou de que outros grupos não os tenham.

Ademais, muitos estudos sobre a marginalidade produziram resultados contraditórios, sendo difícil discernir quais as discrepâncias devidas às diferenças entre os lugares estudados, aos métodos empregados ou às perspectivas teóricas e ideológicas adotadas. Comparar diferentes unidades de análise, diferentes períodos de tempo, diferentes indicadores do mesmo conceito, ou estudos qualitativos e quantitativos, é não apenas desconcertante como inútil.

Diante disso, é impossível qualquer classificação ou taxonomia segura das escolas de pensamento que estudaram a marginalidade. Qualquer método usado de divisão das correntes para fins de estudo seria até certo ponto arbitrário. Preferi, portanto, agrupar estas escolas de maneira um tanto imprecisa, conforme os antecedentes dos autores, os temas e perspectivas ideológicas comuns, as unidades de estudo utilizadas, e uma ordem cronológica geral. Analisarei sete tipos de abordagem: 1) a psicossociológica; 2) a arquitetônico-ecológica; 3) a etnográfica; 4) a tradicional-modernizante; 5) a da cultura da pobreza; 6) a da ideologia da participação, elaborada pelo DESAL no Chile; e 7) a *teoria* do radicalismo.

Entre todas, a abordagem psicossociológica foi a primeira a usar o termo *marginalidade;* implicitamente, condicionou todas as variações posteriores sobre o tema. A escola arquitetônico-ecológica é importante principalmente por sua persistência; apesar de sua simplicidade e do grande volume de evidência empírica contraditória, esta visão inicial da marginalidade tende a determinar grande parte das políticas pertinentes, nos países latino-americanos. A escola etnográfica contribui com estereótipos muito difudindos, graças à sua noção generalizante de "camponeses nas cidades". A escola da modernização, popular em muitas universidades norte-americanas, concentra-se nos requisitos atitudinais para a modernidade, e no paralelismo entre desenvolvimento nacional e progresso individual ou subgrupal. A escola da cultura da pobreza acrescentou à teoria da marginalidade o aspecto crítico de "pôr a culpa na vítima", enquanto o grupo DESAL tem sido o maior popularizador do conceito de marginalidade na América Latina. Finalmente, a literatura sobre o radicalismo nos setores marginais sintetiza os temores básicos das classes dominantes, que fornecem grande parte da motivação para os programas governamentais no continente latino-americano.

Sem tentar criticar detalhadamente cada escola de pensamento, tentarei apresentar os princípios fundamentais e a lógica interna das principais correntes, no que elas contribuíram para a teoria geral da marginalidade no nível sócio-cultural.

A ABORDAGEM PSICOSSOCIAL

O termo *marginalidade* foi empregado pela primeira vez em nível psicológico individual. No artigo "Human migration and the marginal man" (1928), Robert Park falava do marginal como de um "híbrido cultural": "um indivíduo que vive, delas compartilhando intimamente, a vida e as tradições culturais de dois povos distintos, sem jamais se decidir a romper, mesmo que lhe fosse permitido, com seu passado e suas tradições, e nunca aceito completamente, por causa do preconceito racial, na nova sociedade em que ele agora procura encontrar um lugar. É um indivíduo à margem de duas culturas e duas sociedades que nunca se interpenetraram e fundiram totalmente".[12]

Park chegou a este conceito graças ao seu amplo interesse em migrações humanas, contatos culturais e conflitos de culturas. Segundo ele, a causa da marginalidade é a guerra intestina entre dois mundos, um familiar e outro sedutor, porém nenhum deles completo no interior "híbrido cultural". A causa *não* é inteiramente individual, pois o contato de duas culturas, ou os fenômenos das migrações em massa, é o requisito para a ocorrência do fenômeno individual. Todavia, os sintomas são pesquisados ao nível psicológico interior.

Ao contrário dos estereótipos atuais, Park via neste marginal a esperança da civilização e do progresso. Acreditava ele que as inovações e os avanços importantes da cultura ocorrem precisamente em períodos de migração e movimento populacional, que liberam os indivíduos e dão margem tanto ao tumulto quanto à criatividade. Na última frase do seu artigo, declara ele: "É na mente do homem marginal - onde têm lugar as mudanças e as fusões da cultura - que melhor podemos estudar o processo da civilização e do progresso"[13]. Park refere-se ainda à conceituação de "o estranho" num trabalho anterior de Georg Simmel. O estranho penetra numa sociedade vindo do exterior, e permanece na periferia. Como transiente, encontra-se numa posição especial de "objetividade" e de "abertura", que lhe aguça as percepções e a criatividade.

O restante da literatura da escola por mim chamada de psicológico-individual, é basicamente uma elaboração da definição inicial de Parks. Alguns novos elementos e detalhes foram acrescentados, mas todos se enquadram no esquema básico. De maior importância talvez tenha sido o trabalho de Everett Stonequist, cujo artigo "The problems of the marginal man" foi publicado em 1935.

Stonequist descreveu o marginal como estando "colocado simultaneamente entre dois espelhos, cada um dos quais apresenta uma diferente imagem dele mesmo".[14] O que ele chama de "marginal", explica ele, "representa um processo de abstração, um núcleo de traços psicológicos que são os correspondentes internos do dúplice padrão de conflito e de identificação social".[15] O retrato falado que ele faz desse núcleo de traços psicológicos tornou-se a base de vários estudos empíricos conduzidos posteriormente.[16] De acordo com essa descrição, o marginal provavelmente exibirá uma "dupla personalidade" e possuirá uma "dupla consciência",

> Ele será ambivalente em atitude e sentimentos, sentirá lealdades divididas, será irracional, instável e temperamental. Provavelmente terá excessiva consciência de si mesmo e de sua raça, terá sentimentos de inferioridade, será hipersensível e hipercrítico, inclinado, portanto, à fuga. Será capaz de perceber as contradições e hipocrisias nos membros da cultura dominante, desprezando os que lhe são inferiores. Sua atividade mental aguçada poderá às vezes torná-lo criativo... mas freqüentemente ele será apenas imitador e conformista.[17]

Stonequist acredita que o marginal cumpre um ciclo vital de três estágios: introdução a duas culturas; crise; e ajustamento. No primeiro estágio, ocorre pelo menos uma assimilação parcial, de outra maneira não ocorreria o conflito de lealdades de que estamos tratando. A etapa da crise se caracteriza pela "confusão ou mesmo choque, inquietação, desilusão e alheiamento". No terceiro estágio, várias coisas podem acontecer, como, ele ser aceito pelo grupo dominante, tornar-se líder do grupo subordinado (como "revolucionário", nacionalista ferrenho, ou conciliador, reformador ou professor) ou um indivíduo totalmente alienado, sujeito à evasão e ao isolamento. A maneira como se resolve esta etapa final, e o número de pessoas que o estejam experimentando simultaneamente, determinam a maneira como o dilema em si será solucionado. Poderá surgir uma cultura poderosa e renovadora, ou se estabelecerá o processo de desorganização expresso em "delinqüência, crime, suicídio e instabilidade mental".[18]

Stonequist conclui dizendo que, tal como existe um ciclo vital para o indivíduo, assim existe uma história natural para ambiente social:

> A fase inicial interessa a um pequeno grupo de indivíduos marginais que estão muito à frente do grupo minoritário ou subordinado... Gradualmente, o grupo de marginais aumenta, e a raça minoritária começa a agitar-se com novos sentimentos e idéias, avançando em termos de progresso cultural e auto-respeito. Então, se a raça dominante continua intransigente em sua posição e atitudes de superioridade, alguns dos indivíduos marginais se destacam e identificam-se com o grupo em movimento, tornando mais definida a situação e acelerando o processo. É assim que os movimentos nativistas, nacionalistas ou raciais crescem até as dimensões de ondas avassaladoras, em prol de alguma forma de igualdade e independência.[19]

Quanto à questão da inclusão/exclusão, participação/não-participação, e da intransigência do grupo dominante, o assunto é tratado por Robert Merton em seu clássico *Social theory and social structure*. Para ele, o marginal é alguém que aspira a entrar para certo grupo, do qual não é aceito como membro. Merton utilizou os conceitos de grupo de referência e de socialização antecipatória, a fim de esclarecer a condição estrutural deste membro externo. O marginal, o aspirante barrado, experimenta o processo de socialização antecipatória, ao adotar os valores e normas do grupo em que ele deseja entrar, sendo depois incapaz de encontrar aceitação por parte deste grupo, ao mesmo tempo em que se sente rejeitado pelo próprio grupo, por ter repudiado seus valores. Torna-se então a "vítima das aspirações que não pode alcançar e das esperanças que não pode satisfazer".[20]

> A socialização antecipatória...só é proveitosa para o indivíduo dentro de uma estrutura social relativamente aberta que permita a mobilidade... Da mesma maneira, o padrão de socialização antecipatória seria contraproducente para o indivíduo numa estrutura social relativamente fechada, onde ele não encontrasse aceitação por parte do grupo a que ele aspira, e provavelmente perdesse a aceitação do grupo ao qual pertence, devido à sua orientação voltada para fora. Este último caso caracteriza o tipo do indivíduo marginal, que se equilibra à beira de vários grupos sem ser totalmente aceito por nenhum.[21]

Quando esta condição se difunde, pode surgir uma vida comunitária e até mesmo uma "cultura da marginalidade". Mas, como ressalta Goldberg, mesmo os grupos que optam pela manutenção da própria cultura *não* são comunidades no senso estrito da palavra, pois não possuem vida econômica autônoma e estão ligados à comunidade mais ampla de várias maneiras.[22]

Vários estudos maravilhosos foram feitos nas décadas de 1940 e 1950, nos quais se aplicava o conceito de indivíduo marginal a várias subculturas e grupos étnicos. Apesar de se apartarem bastante dos fundamentos lançados por Park e Stonequist, criticavam o enfoque por eles adotado por ressaltar demasiadamente os traços de personalidade, e muito pouco a exclusão do estatuto social. Milton Goldberg, J. S. Slotkin, David Golovensky e Aaron Autonovsky estudaram judeus americanos, concordando em que estes "*não* manifestavam as características dos marginais" pois tinham conseguido um "*modus vivendi* estável" dentro de uma cultura que, apesar de não ser a principal, era tão "real e completa quanto qualquer outra cultura".[23]

Seguindo o trabalho de I. L. Child sobre os ítalo-americanos, em que procurou distinguir entre a situação marginal em si e traços de personalidade marginais,[24] Alan Kerckhoff e Thomas McCormick elaboraram um estudo sobre escolares índio-americanos de sangue misto.[25] Inspirado neste trabalho, J. W. Mann baseou sua tese doutoral num projeto habitacional para moradores de várias raças, em Durban.[26] Estes dois últimos estudos operacionalizaram o retrato falado de Stonequist, ao criar uma escala de personalidade marginal, medida em relação ao estatuto do grupo, a reação individual em termos de identificação com o grupo, e o nível de rejeição ou barreira. Kerckhoff, McCormick e Mann constataram que os membros de grupos minoritários em geral não revelavam mais traços de personalidade marginais do que os outros, concluindo que situações marginais não dão margem automaticamente a personalidades marginais. O que eles verificaram (em bela concordância com a definição de Merton acima mencionada, foi que uma alta incidência de traços marginais existe apenas em indivíduos que se identificam fortemente com o grupo dominante mas são por ele rejeitados, devido a características físicas índias ou negras. Ainda assim, esta razão *não* era responsável nem pela metade da marginalidade psicológica constatada nos testes, comprovando que tais traços de personalidade não podem simplesmente ser explicados apenas em termos de relações grupais.[27]

Talvez a melhor síntese dos trabalhos sobre marginalidade individual seja o livro de H. F. Dickie-Clark, *The marginal situation*, que não apenas resume o que já fora feito nesse campo, mas ainda ressalta um fato altamente relevante para o estudo dos pobres das cidades latino-americanas. Dickie-Clark mostra que "o grupo dominante pode encorajar os subordinados a adotar algumas de suas atitudes (pontualidade, economia, etc.), *mas*, se pretende continuar dominante, não pode permitir às camadas inferiores que compartilhem seus poderes e oportunidades".[28] Este é o tema central deste estudo – o constante empenho dos que estão no poder em culpar os pobres por sua situação devido a atitudes que se afastam das normas, mascarando a falta de disposição dos poderosos para compartilhar seus privilégios.

A ESCOLA ARQUITETÔNICO-ECOLÓGICA

Os estudiosos da urbanização na América Latina inicialmente utilizaram o termo *marginal* para designar os assentamentos recentes, improvisados e abaixo dos padrões mínimos, construídos pelos migrantes recém-chegados, nos arredores das áreas urbanas. Foram as características físicas desses assentamentos – sua localização *marginal* em relação à cidade, bem como sua infra-estrutura claramente precária, construções desprovidas de condições de segurança e de higiene, e o excessivo aglomeramento – que chamaram a atenção dos observadores. Uma situação marginal era definida indiretamente como a condição dos que moravam em vizinhanças marginais – isto é, favelas.

As diretrizes traçadas para o ataque ao problema da marginalidade baseavam-se em escassa evidência empírica. Reportagens jornalísticas e estereótipos herdados forneciam a justificativa para a ação imediata que se acreditava necessária, diante do rápido crescimento das favelas. Os aglomeramentos marginais eram classificados uniformemente como favelas, perigosos sintomas de doença social. A habitação cedo se tornaria *a* questão social mais premente nos países em desenvolvimento da América. O problema era exposto em termos contundentes:

> Em conseqüência do movimento migratório para as áreas urbanas, e do crescimento demográfico que produziu um aumento anormal da população, desacompanhado de um aumento proporcional no número de moradias, registrou-se um fato que pode ser generalizado, apesar de diferenças ocasionais: a emergência dos cortiços. Cortiços são casas que, devido a suas condições, representam uma ameaça contra o código moral, a segurança e a saúde das famílias que as ocupam, e da coletividade em que se desenvolvem.[29]

As favelas eram vistas como zonas de desintegração social total:

> A promiscuidade, a doença, a falta de higiene, a dissolução da família, a delinqüência, etc., reinam nas favelas. É um encadeamento crescente de problemas sociais que tendem a alcançar proporções incalculáveis, quase incontroláveis... Esta ausência de um mínimo de conforto material para a existência converte o favelado num analfabeto doente, sem emprego fixo – num indivíduo sem ambições e rebelde... Seu modo de vida é em geral primitivo, anti-higiênico, anti-social, amoral – tudo conspira para fazer dele um elemento negativo dentro do sistema social.[30]

Os responsáveis pela elaboração de políticas na América Latina equiparavam o problema da marginalidade ao da moradia abaixo dos padrões. O evidente déficit habitacional, produto da migração interna cujo ritmo se acelerava rapidamente, era considerado a causa principal dos assentamentos marginais. A marginalidade era compreendida como algo a ser erradicado *materialmente*, um sintoma que teria uma cura simples: remoção das favelas e construção financiada pelo governo de moradias *adequadas* de baixo custo.

A solução, ainda que de fácil conceituação, era politicamente impraticável. As necessidades de melhores serviços urbanos e transporte para as classes média e alta tinham prioridade sobre a aplicação dos escassos recursos públicos em programas de subsídio direto para as classes pobres.

Apesar de constatarem a crescente pressão que a população migrante exercia sobre a estrutura urbana, e do receio da invasão das "hordas rurais", as elites sócio-políticas existentes não acharam solução – e portanto não deram resposta – para essas exigências. A solução foi dada pela própria população migratória, sob a forma de invasões de terras. Na expressão de Ramiro Cardona, foi o duplo fracasso do sistema vigente em atender às necessidades de moradia dos migrantes e em conter o processo migratório, que conduziu ao fenômeno das invasões de terra.[31]

As invasões de propriedade ocorreram em terrenos baldios que estavam sendo reservados para fins de especulação imobiliária. Com a ocupação *de facto* dos lotes, surgiu um florescente mercado para moradias em favelas (mesmo com ocupação clandestina). Acumulou-se eqüidade, com respeito a estruturas e melhorias; e as transações entre os invasores originais e os proprietários subseqüentes acabou por conferir à propriedade todos os direitos legais que pudessem ter sido denegados aos primeiros ocupantes ilegais. A magnitude que assumiu o fenômeno, além disso, emprestou-lhe uma diversificação interna. Havia tanto os invasores recentes quanto os invasores já instalados que tentavam invadir outros lugares em busca de melhor acomodação. Em muitos lugares já não obedeciam a um padrão individual e aleatório, mas eram o produto de ampla organização e opções cuidadosamente selecionadas. Migrantes recém-chegados, às vezes acompanhados de amigos e parentes, de posse de um mínimo de capital necessário para anexar-se a um movimento de ocupação, ficavam à espera da organização da próxima invasão de terra. Nas *barriadas* de Lima, Peru, os invasores foram capazes de completar um loteamento em 24 horas, com previsão para ruas, instalação de serviços públicos e rede de esgoto. Apesar de que em poucas cidades se tenham desenvolvido padrões tão complexos e completos de assentamento, a persistência dos fenômenos ameaçava a própria instituição da propriedade privada, e, com isso, a operação do mais importante mercado de capital para a grande maioria das famílias de classe média alta da América Latina.

Diversas cidades latino-americanas elaboraram maciços programas de remoção de favelas e de construção de moradias baratas para enfrentar a ameaça das levas de migrantes em contínua expansão; o mais famoso exemplo foram os *superbloques* de Pérez Jiménez, na Venezuela.[32] A indústria privada de construção civil, porém, reagiu lentamente às perspectivas dessas moradias de baixo custo. Eram necessários subsídios governamentais, nem que fosse apenas para comprar, de seus proprietários originais, a terra ocupada, agora aos novos preços *de mercado*. A maioria dos países revelou uma evidente incapacidade estrutural para construir moradias em número suficiente, inclinando-se ao preconceito de adotar soluções arquitetônicamente *bonitas* bascadas em padrões e códigos de construção da classe média. As poucas unidades produzidas acabaram por parecer boas demais para serem entregues aos favelados removidos. Com grande rapidez a área dos conjuntos habitacionais financiados pelo governo passou a ser dominada pelos burocratas e outros membros da classe média baixa. A solução do problema, portanto, tornou-se ela mesma a fonte de novos e mais profundos problemas. A habitação popular surgiu como um mecanismo de exploração dos favelados por parte dos setores intermediários. Desprovidos de renda suficiente e de boa situação ocupacional, a população *marginal* viu negado o acesso à solução proposta para sua marginalidade. Na realidade, os pobres invadiram os *superbloques* de Caracas, recusando-se a sair ou a pagar aluguel.

O aspecto mais extraordinário desta fase da marginalidade não é sua ingenuidade, mas sua perseverança. Dentre todas as maneiras de considerar a marginalidade, este enfoque primitivo foi o que mais facilmente recebeu a adesão dos governantes das nações latino-americanas. Os erros do passado, todavia, não passaram despercebidos. O apoio ou justificativa que esta posição continua a receber têm sido suscitados ultimamente por outro conjunto de atributos *marginais* levantados pela escola que poderia ser denominada etnográfica.

Como resultado, em parte, dos contatos mais constantes entre favelados e autoridades governamentais, e motivada ainda mais pelo renovado interesse pela favela, em vista do fracasso de sua contenção, uma nova perspectiva da marginalidade surgiu em fins da década de 1950, a qual advoga a erradicação das favelas como focos de desordem e anomia social. O termo *marginal* começou a ser aplicado não a características da favela, mas do próprio favelado.

Ainda que tardios, os primeiros estudos empíricos das favelas começaram a ser feitos. Os arquitetos foram substituídos pelos assistentes sociais, e mais tarde, pelos antropólogos e sociólogos, que foram os primeiros a tentar *explicar* os problemas dos favelados e das favelas.

A ESCOLA ETNOGRÁFICA

Os órgãos habitacionais dos governos acreditavam que ao proporcionarem moradia para os favelados estariam garantindo a sua integração formal na vida urbana. "Uma casa é algo mais do que um teto" tornou-se um lema comum nos primeiros anos da década de 1960. Pensava-se que os próprios indivíduos *cooperariam* ao serem instalados em "moradias-padrão". Cabia, portanto, ao sociólogo descrever "objetiva e cientificamente" o estado de desintegração ou integração dos favelados, e explicar ou prever seu comportamento social. Se os favelados constituíam um problema social para os órgãos habitacionais do governo, sua integração à vida urbana era um problema sociológico para os sociólogos e antropólogos, que iriam constituir a escola etnográfica da marginalidade.

O sistema e a metodologia teórica usados por esses cientistas sociais variavam largamente. Grande parte do aparato metodológico adotado para o estudo da aculturação dos favelados originou-se de estudos etnográficos prévios sobre comunidades de camponeses ou tribos indígenas. Como nesses estudos, as favelas eram compreendidas como unidades fechadas. Da mesma maneira como antropólogos na tradição de Malinowski identificaram culturas isoladas e relativamente autônomas, os pesquisadores sociais urbanos procuraram descrever as favelas como entidades culturais. Era crença geral que as favelas eram transplantes de comunidades rurais num meio urbano, o que valorizava os pesquisadores que conheciam um pouco dos costumes e sistemas de crenças rurais. Esta corrente é muitas vezes chamada de escola dos "camponeses na cidade".[33]

A escola etnográfica tinha dois objetivos principais. O primeiro era descrever a preservação ou destruição dos atributos e instituições rurais na cidade; o segundo, determinar-lhes a funcionalidade ou disfuncionalidade como mecanismos de adaptação urbana. Nunca se preocupou verdadeiramente em verificar se *de fato* a assimilação das atitudes e dos estilos de vida da cidade pelos migrantes lhes aumenta as probabilidades de participação ativa nas decisões e benefícios da existência urbana. Os pesquisadores etnográficos mostraram pouco interesse em testar se a internalização dos papéis urbanos afetaria as oportunidades do migrante ser aceito pela classe média urbana, ou ascender de nível social. Fazê-lo poria em risco seriamente a noção de favelas como unidades autônomas, e forçaria a escola a assumir uma perspectiva estrutural mais ampla. A escola etnográfica atuou segundo a hipótese simplista de que a integração urbana era apenas uma questão de despir os migrantes de seus trapos rurais e vestí-los de roupagens citadinas.

Dentro deste quadro geral, a escola etnográfica da marginalidade aparece sob duas formas. A primeira atribui a marginalidade à persistência de instituições e costumes rurais num ambiente de outra forma urbano. Matos Mar diz o seguinte, em seu estudo sobre Lima: "Note-se que as pessoas que vêm de áreas rurais para as cidades carregam sua própria maneira de viver, que é a de um povo subdesenvolvido com uma mentalidade de camponês, ao que se adiciona, no caso dos que provêm da região andina, os padrões culturais tradicionais indígenas... (o contraste) entre a vida rural e urbana... conduz a sérios conflitos que se refletem em desajustes mentais, sociais e econômicos que militam contra uma integração satisfatória".[34] Segue relatando altas incidências de "instabilidade marital, desemprego ou subemprego, criminalidade e alienação política" nas *barriadas*, possivelmente como conseqüência da tentativa de "reproduzir comunidades índias numa escala urbana".[35]

A segunda modalidade da escola etnográfica atribui a existência da marginalidade à ausência de pressão comunitária no sentido de aplicar maiores sanções ou recompensas à população migrante. Em outras palavras, atribui a marginalidade à ausência de mecanismos de internalização da comunidade rural. De acordo com Juarez Brandão Lopez, "o controle social do comportamento ocupacional segundo padrões rurais é principalmente, resultado da internalização, na personalidade do migrante, da idéia do dever ou da *obrigação* pessoal. Na ausência da comunidade e das sanções que obrigam ao cumprimento de suas leis, perdidos no individualístico ambiente urbano, este controle social enfraquece-se irremediavelmente".[36]

Ao estudar uma *villa* em Buenos Aires, Gino Germani afirmou: "O grau de desorganização social observado na *villa* é alto, exceto nos moradores dos primeiros grupos de migrantes na área urbanizada, e, naturalmente, na parcela de residentes que nasceram na cidade... Na *villa* o controle social está quase inteiramente ausente ou é muito precário ao nível familiar, ao nível da comunidade local e ao nível da sociedade em geral".[37]

Andrew Pearse, que estudou as favelas do Rio em 1958, escreveu ter observado resíduos de "atitudes de dependência rural, fortes laços de família e desconfiança de grupos externos, manifestadas na religião e na política pela procura de um *patrão*".[38]

Pearse acredita que a falta de reação às pressões provenientes de círculos estranhos ao grupo familiar – e não à ruptura da família ou do clã – é responsável pela marginalidade do favelado, e conclui: "A atitude prevalescente era, certamente, a de 'não-envolvimento', ou a fuga a obrigações e compromissos extra-familiares. Um dos corolários era a...relativa insignificância atribuída à aprovação ou desaprovação proveniente de fora do grupo".[39] Segundo Pearse, a dispensa da aprovação exterior era em si mesma um importante sinal de marginalidade.

Na literatura sociológica latino-americana desta escola, o migrante rural que vive na cidade "é preso por ter cão e preso por não ter cão". Por exemplo, se o migrante obedece às pressões do seu grupo familiar é considerado excessivamente tradicional. Porém, se o grupo familiar se encontrar num estado de desintegração social e o migrante for independente, considera-se que ele entrou em colapso. Num caso ou noutro, ele é visto como não se tendo integrado na vida urbana. A contradição resulta da divergência entre o estereótipo das instituições urbanas, por um lado, e a análise funcional das mesmas, por outro. Deriva-se também da conceituação da favela como uma unidade autônoma, sem que se faça uma descrição do sistema urbano mais amplo ao qual os migrantes devam, hipoteticamente, adaptar-se.

Todos esses autores implícita ou explicitamente pressupõem a existência de um *continuum* rural-urbano, com uma nítida dicotomia entre padrões tradicionais rurais e vida moderna urbana. As raízes intelectuais desta brecha são particularmente relevantes para a evolução da escola do tradicionalismo/modernização, e tiveram importância capital na criação de muitos dos estereótipos sobre a população das favelas.

ESCOLA DO TRADICIONALISMO versus *MODERNIZAÇÃO*

Uma das escolas de pensamento que mais contribuíram para fixar um conjunto de atributos associados à marginalidade é a que se ocupa com o efeito das diferenças rurais-urbanas sobre a modernização e o processo do desenvolvimento. Esta escola produziu literatura de dois tipos: a de natureza sócio-psicológica, que trata da assimilação de valores modernos-urbano-industriais por parte dos indivíduos em transição; e a de natureza político-econômica, interessada na formação do moderno estado-nação, e as atitudes requeridas de seus cidadãos para que haja crescimento político e econômico. Elas se entrelaçam, e em ambos os casos a ligação com a marginalidade é estabelecida mediante a noção de que grandes parcelas dos pobres e dos favelados nas cidades são migrantes de primeira ou segunda geração, comumente oriundos da roça, e que não se integram à vida citadina por lhes faltar o necessário síndrome de atitudes e comportamentos *modernos*.

Por mais de um século os teóricos têm discutido as diferenças entre estilos de vida tradicionais ou rurais, e modernos ou urbanos, utilizando comumente esquemas dicotômicos para caracterizar os extremos opostos. Entre os primeiros estudos encontram-se *Ancient law* (1861), de Henry Sumner Maine, que considera o "estatuto" e o "contrato" como os fundamentos das relações interpessoais e legais, e *Ancient society* (1877), de Lewis Henry Morgan, que ressaltava as diferenças entre *societas* e *civitas*, nas mesmas linhas. Os conceitos mais fecundos, todavia, foram os emitidos por Emile Durkheim (*The division of labor in society*, 1878) e Ferdinand Tonnies (*Gemeinsschaft and Gesellschaft*, 1887). A noção de Durkheim a respeito da solidariedade mecânica *versus* solidariedade orgânica se afasta da distinção entre comunidade e sociedade. Para ele, a "solidariedade mecânica" é encontrada em comunidades tradicionais onde cada indivíduo "duplica" as aptidões e o conhecimento de todos os outros, e compartilha da mesma "personalidade básica". Em sociedades complexas, dotadas de alto grau de divisão de trabalho, os indivíduos especializam-se a fim de complementar as aptidões uns dos outros, criando uma interdependência mútua e uma "solidariedade orgânica". Tonnies também distingue entre o tradicional povoado rural, onde prevalece a "comunidade" e a cidade grande onde a comunidade é substituída pela "sociedade". O povoado rural caracteriza-se pelo contato entre todos os membros, um senso geral de solidariedade, enquanto na cidade as pessoas se interrelacionam numa espécie de papéis que não abrangem suas individualidades inteiras, e existem como unidades isoladas.

Mais de cinqüenta anos depois, Robert Redfield formulou e desenvolveu o ideal de um "*continuum* popular-urbano", que submeteu a teste em várias comunidades da península de Iucatã no México. Redfield caracterizou cultura popular como reduzida, isolada, homogênea e de base coletiva – sendo a cultura urbana intrinsecamente o oposto.[40] Mais recentemente, Talcott Parsons e Edward Shils elaboraram um conjunto de "variáveis de padrões" que podem ser usadas para distinguir entre bases de valor tradicionais e modernas.[41] Relacionamos a seguir alguns dos mais importantes esquemas dicotômicos usados para diferenciar estilos de vida rurais-tradicionais e urbanos-modernos:

Autor	*Título*	Ano	Dicotomia Rural – Urbana	
Henry Sumner Maine	*Ancient law*	1861	estatuto	contrato
Lewis Henry Morgan	*Ancient society*	1877	*societas*	*civitas*
Emile Durkheim	*The division of labor in society*	1878	solidariedade de mecânica	solidariedade orgânica
Ferdinand Tonnies	*Gemeinschaft and Gesellschaft*	1887	comunidade	sociedade
Max Weber	*Economy and society*	1925	autoridade tradicional	autoridade legal
Ralph Linton	*The study of man*	1936	estatuto atribuído	estatuto conquistado
Robert Redfield	*The folk culture of Yucatan*	1941	popular	urbano
Talcott Parsons e Edward Shils	*Toward a general theory of action*	1950	variáveis de atribuição	padrões: realização
			difusão	especificidade
			afetividade	não-afetividade
			particularismo	universalismo
			coletivismo	individualismo
			qualidade	atuação

Os conceitos que fundamentam muitos desses esquemas têm sido usados – muitas vezes de maneira imprópria ou contraditória – na literatura erudita sobre a marginalidade, com o fim de identificar crenças ou comportamentos tradicionais-rurais inadequados no meio urbano. O problema com a maioria desses esquemas é que se preocupam em caracterizar os opostos sem se deter nos mecanismos pelos quais uma pessoa ou um grupo passa de um desses extremos para o outro.

Um enfoque diverso – baseado na visão do mundo e nas pressões sociais graduais subjacentes – deriva-se de um trabalho seminal escrito há sessenta anos por Max Weber. Ele modificou a noção de que as forças da produção eram os fatores determinantes principais da organização da sociedade, considerando que a tecnologia e os métodos de trabalho eram parte de um *Gestalt* mais amplo. Weber explicou que a visão individual do mundo desempenha um papel primordial no sucesso ou no fracasso do funcionalismo de um dado sistema econômico num dado contexto qualquer. Assim, mudanças nas tecnologias ou nos fatores de produção tomam conta e são capazes de transformar a sociedade apenas quando forem apoiadas por mudanças paralelas no espírito das pessoas. É preciso que haja ideologias que justifiquem e tornem coerentes as mudanças materiais.[42]

O trabalho de Weber e a influência dos estudos dicotômicos produziram a escola da modernização de atitudes que floresceu na década de 1960. Muito se poderia dizer desta escola - seu etnocentrismo, sua falta de suficiente orientação histórica e estrutural, seu preconceito ideológico anti-comunista - mas, para os fins que nos interessam, o ponto a salientar é a sua substancial contribuição para o conjunto de idéias a respeito dos assim chamados setores não-integrados, especificamente, as massas tradicionais no campo e nas cidades que constituem a população *marginal*.

Uma das principais premissas básicas é que os problemas relativos ao desenvolvimento nacional econômico e político não podem ser tratados independentemente dos valores fundamentais e visões do mundo das pessoas envolvidas, e que, nos países em desenvolvimento, existem subgrupos inteiros cujos valores não são, ou, na melhor das hipóteses, ainda não são aqueles necessários para a modernização.

Muitos dos estudos conduzidos nesse período, portanto, voltaram a atenção para os atributos de indivíduos de sociedades tradicionais, considerando suas inclinações e visão do mundo como uma explicação para a perpetuação do *subdesenvolvimento*.

Milikan e Blackmer foram talvez os primeiros autores a se ocuparem do tema da modernização desde um ponto de vista interdisciplinar. São excelentes representantes da escola de pensamento tradicionalismo/modernização: "O requisito fundamental para a mudança nas três áreas (política, econômica e das estruturas sociais) é a modernização das atitudes. Modernidade é um estilo de vida... A principal exigência para a modernização de qualquer sociedade é que o próprio povo se modifique".[43]

Tornou-se, assim, muito importante centralizar o processo da mudança no interior do indivíduo, e muita atenção foi concedida aos "obstáculos ao desenvolvimento" representados pela persistência de uma mentalidade tradicional na população. A coordenada básica da análise indica que um síndrome de valores, atitudes e aspirações, definidas diversamente pelos diferentes autores, porém, em geral rotulada de "modernidade de atitudes", é um requisito não só do progresso econômico nacional como da maturidade política.

Um dos temas principais e mais freqüentes desta literatura é a integração de todas as parcelas da sociedade mediante a participação no processo da formação da nacionalidade.[44] Em termos econômicos, acredita-se que graças à urbanização, industrialização, difusão dos meios de comunicação de massa e ampliação das oportunidades educacionais, muitos segmentos da população podem ser trazidos do setor de subsistência para a economia moderna. As populações marginais transformar-se-ão, então, em consumidores, expandindo os mercados internos e estimulando ainda mais o desenvolvimento.

Existe ainda a hipótese básica de que a participação política de natureza democrática anda a par do desenvolvimento econômico, e que o povo precisa ser preparado para assumir as responsabilidades da moderna cidadania. A ampla participação política é considerada tanto como parte do processo e como um fim em si mesmo, e – por alguns – como defesa contra o totalitarismo e o comunismo. A modernidade de atitudes, ou pelo menos um estágio de desarraigamento e de transição, é uma condição prévia para a mobilização e a participação ampla do povo no processo de desenvolvimento.[45]

Entre as atitudes citadas como obstáculos à modernização – e que reaparecem sob várias formas ao longo da literatura – encontram-se: falta de controle sobre a natureza; fatalismo e religiosidade; falta de confiança na ciência, na tecnologia e na inovação; incapacidade de planejar para o futuro; ausência de *empatia*; e um tipo de personalidade autoritária, não inclinada para a realização pessoal, interligada a relações de família, clã e parentesco.

A primeira dessas atitudes, falta de controle, transparece claramente na definição dada por Cyril Black à modernização como "um aumento sem precedentes no conhecimento e controle humano do ambiente".[46] Também é debatida pelo economista W. W. Rostow, segundo o qual o homem tradicional possui "atitudes pré-newtonianas em relação ao mundo físico", isto é, "não o considera como sujeito a leis cognoscíveis, ou passível de manipulação produtiva".[47] No mundo rural tradicional, é bastante plausível que a população não se sentisse capaz de controlar o ambiente, pois seus recursos para tanto eram, de fato, muito limitados. Um sentimento de impotência e de fatalismo, portanto, reforçava-se, acompanhado de uma reverência pela religião e a magia que pareciam as únicas maneiras de interpretar um mundo aparentemente extravagante e caprichoso.[48]

Redfield, em *The primitive world and its transformations,* descreve "a recriação do mundo primitivo pelo espírito reflexivo" como uma das grandes mudanças de atitude por parte da humanidade. "A primitiva visão do mundo se transmuda, e o homem emerge de sua unidade com o universo, passando a perceber-se como um ser separado da natureza, capaz de exercer domínio sobre ela". O universo, assim, reduz-se de algo "moralmente significante" para meramente impessoal. O próximo passo é "autogoverno" do indivíduo. Escreve Redfield: "O homem começa a acreditar em sua capacidade de reconstruir a si mesmo e à sociedade por vontade deliberada". O pensamento secular-técnico começa a prevalecer sobre o moral-sagrado, e a experimentação toma precedência sobre o ritual.[49]

Cresce então a confiança na ciência e na tecnologia, bem como a aplicação do pensamento racional à solução de problemas; ao mesmo tempo, o espírito se abre para a inovação e a experimentação, o que pode ser usado como um indicador grosseiro do modernismo.[50] Neste contexto, é possível postular um conjunto de condições em três etapas: uma crença em que a mudança é exeqüível, um desejo de mudança, e a flexibilidade mental para perceber novas alternativas e adaptar-se a novas situações conforme elas se apresentem. É nesse ponto que se tornam relevantes para a mudança social a idéia de Rokeach sobre "flexibilidade cognitiva" e o conceito de Lerner sobre "empatia".[51] É preciso possuir uma mente aberta a fim de evitar o dogmatismo rígido dos ensinamentos tradicionais e ainda uma suficiente tolerância à ambigüidade para poder enfrentar as cambiantes condições da transformação. Mas é preciso também "empatia ou mobilidade psíquica", que é a capacidade de imaginar-se na situação de outrem, se se pretende estar à altura da mobilidade ascendente: "O que diferencia [a pessoa com capacidade de transição]... de seus pares é uma estrutura latente diferente tanto de aptidões quanto de atitudes. A aptidão é empatia, a atitude, é o desejo das coisas que seu espírito visualiza".[52]

Esta pessoa *transicional* é – em seu próprio ambiente – um indivíduo divergente. Everett Hagen aborda a necessidade deste tipo de excêntrico em sua *Theory of social change*, afirmando que a transição em nível de sociedade exige muitas dessas personalidades as quais – além de serem empáticas e ambiciosas – prestigiam a atividade manual e técnica e têm uma necessidade maior de realização pessoal e de autonomia do que de dependência e filiação.[53] Isto nos leva a outro tema básico, qual seja o da motivação da realização pessoal, ou a necessidade de realização. Na definição de David

McClelland, trata-se de um "desejo de se sair bem não tanto por causa do reconhecimento social como para alcançar uma sensação interior de sucesso Em resumo, é a busca da perfeição.[54]

A trama que une a maior parte destes trabalhos é a que se relaciona com parentesco, laços de família, deferência a autoridades tradicionais, e apego às crenças religiosas. Apesar dos teóricos da modernização divergirem quanto a aspectos secundários, concordam em que poderosos laços familiares, redes amplas de parentesco ou "lealdade para com a família e o clã" servem de empecilhos à mobilidade individual, restringem a realização de um indivíduo, limitam-lhe o progresso econômico e tomam precedência sobre sua lealdade à pátria. Todos estes vínculos atrasam o desenvolvimento da cidadania moderna.

Os teóricos da modernização consideram que, para que surja um moderno-estado-nação, o indivíduo precisa livrar-se de liames paroquias que o aprisionem à tribo, ao clã ou à família, e voltar-se para si mesmo, e não para a coletividade. Deve julgar os outros não pela relação pessoal que tenham com ele, mas antes pelo papel funcional que possam desempenhar em sua vida.[55] A religiosidade propicia uma visão fatalista do mundo, que se opõe à desejável visão secular, e como a religião desestimula o desprezo pela sabedoria antiga e incentiva o respeito pelas autoridades tradicionais, constitui uma força reacionária no processo de modernização.

Alex Inkeles reúne muitos fios da literatura sobre modernização em seu trabalho sobre "a modernização do homem".[56] Ele procura operacionalizar suas teorias mediante uma escala OM – modernidade geral (*overall modernity*) – testada por ele num exaustivo estudo conduzido em seis países. O paradigma básico de Inkeles distingue primeiramente entre os constituintes externos da modernização – os processos de urbanização, educação, comunicação, industrialização e politização – e os internos que os acompanham. As transformações mais amplas, sociais, são paralelas a transformações da visão do mundo em nível pessoal, e que ele classifica conforme nove elementos fundamentais:

1. disposição para novas experiências;
2. disposição para formar e manter opiniões sobre grande número de problemas e questões;
3. orientação psicológica voltada para o presente e o futuro;
4. confiança no planejamento e na organização como uma maneira de conduzir a vida;
5. senso da própria eficácia;

6. confiança na calculabilidade do mundo;

7. reconhecimento da dignidade humana e disposição para mostrar respeito pelos outros;

8. fé na ciência e tecnologia; e

9. crença na justiça imparcial, distributiva.

Estes – ou melhor, seus opostos – são os constituintes essenciais do ideal tipo, ou indivíduo marginal, que emerge no final deste capítulo.

Estas obras sobre modernização apresentam vários pontos fracos, que se radicam principalmente numa noção de desenvolvimento por etapas segundo o modelo ocidental, e na hipótese de que as características da elite empresarial e da classe média móvel são requisitos indispensáveis para a modernização em qualquer lugar. Além disso, o processo de modernização é considerado necessário para uma expansão econômica do sistema capitalista, a expansão cultural do "estilo de vida americano", e a proteção política contra o comunismo. Isto tudo, acrescido do fato de que a modernização é vista como instrumento do *progresso* de maneira indiferenciada para toda a sociedade – ignoradas as conseqüências assimétricas para diferentes classes sociais – ajuda-nos a compreender por que a teoria da modernização oferece tantos atrativos para os teóricos norte-americanos, e tem sido associada à justificativa ideológica para a dominação da América Latina por parte dos Estados Unidos.

A maneira pela qual estes trabalhos sobre modernização tratam da razão pela qual os países subdesenvolvidos permanecem neste estado encontra seu paralelo no nível individual em outro corpo de teorias que contribuem para os mitos da marginalidade – a escola da "cultura da pobreza", que aborda a questão: por que os pobres continuam pobres?

A ESCOLA DA CULTURA DA POBREZA

Os trabalhos que definem a "cultura da pobreza" constituem outra fonte importante da teoria da marginalidade. Esta expressão relaciona-se ao trabalho de Oscar Lewis, mas os conceitos correlatos foram adotados e são amplamente empregados tanto nos Estados Unidos como na América Latina. A literatura sobre a cultura da pobreza postula a emergência de certos traços de personalidade como reação a um estado de privação, traços esses que se perpetuam mediante o processo de socialização a gerações subseqüentes, persistindo mesmo depois de alterações objetivas nas circunstâncias econômicas e sociais. Considera-se que esse fato cria um círculo vicioso de pobreza, supostamente, mais difícil de vencer que a própria penúria econômica. É a isto que os teóricos da marginalidade se referem quando, além de descreverem uma situação marginal, ressaltam traços de personalidade disfuncionais específicos. Tendo em vista que a perpetuação da pobreza pode então ser atribuída à ausência de importantes atitudes pré-existentes, ou padrões de comportamento, de fato o que se faz é culpar o pobre pela sua pobreza. Em grande parte, este raciocínio se parece com o outro abordado acima. Em ambos os casos, os sociólogos descrevem as diferenças entre os pobres e uma norma de classe média idealizada, e concentram-se a partir de então em analisar os sintomas, ao invés das causas, dessas diferenças. Os conceitos de modernização e da cultura da pobreza tornaram-se a justificação teórica de muitos programas de assistência social na América Latina que, de fato, apenas perpetuam o *status quo* em nome da "ajuda aos pobres".

O principal teórico da cultura da pobreza, Oscar Lewis, ironicamente foi o responsável pela invalidação dos primitivos conceitos simplistas de coesão rural e ruptura urbana.[57] A primeira referência por ele feita a traços culturais associados com a pobreza apareceram em *Five families* (1959), apesar de que suas idéias então não estivessem ainda cristalizadas.

Em *The children of Sanchez* (1961) Lewis começou a definir suas idéias sobre a cultura da pobreza, e apresentou uma série de traços que aparecerem – de forma disfarçada e embelezada – ao longo de todos os seus trabalhos, talvez de maneira mais clara em sua introdução a *La vida* (1965) e num artigo intitulado "The culture of poverty", publicado em *Scientific American* (1966).

É interessante observar que, apesar da grande popularidade desta noção, e da influência por ela exercida, a exposição teórica da cultura da pobreza, em si, limita-se a relativamente poucas páginas de Lewis, nas quais ele enumera alguns traços, mecanismos para sua perpetuação, e condições sob as quais aparecem e prosperam.

Lewis faz diferença entre a pobreza propriamente dita e seus aspectos culturais, afirmando que a primeira é a simples privação de certas necessidades e desejos, enquanto os últimos são parte de um plano de vida.[58] "A pobreza nas nações modernas não é apenas um estado de penúria econômica, de desorganização, ou de ausência de alguma coisa; é também algo positivo no sentido de possuir uma estrutura, um fundamento lógico, além de mecanismos de defesa sem os quais os pobres mal conseguiriam prosseguir... É um fator dinâmico que afeta a participação na cultura nacional mais ampla e se torna uma subcultura em si mesma".[59]

Entretanto, os traços específicos que Lewis associa aos pobres são basicamente negativos, auto derrotistas, quando comparados às normas que se supõe caracterizarem a classe média. Na introdução de *La vida*, Lewis arrola, entre outros, "falta de participação efetiva e de integração dos pobres nas instituições de vulto da sociedade em geral; desconfiança; apatia; cinismo; um mínimo de organização além do núcleo da família e parentes; alta incidência de abandono da mulher e dos filhos; fortes sentimentos de marginalidade; desamparo, dependência e inferioridade; falta de controle dos impulsos; acentuada orientação no sentido do momento presente, com capacidade relativamente de adiar a satisfação e planejar para o futuro; um senso de resignação e fatalismo; e alta tolerância em relação a todo tipo de patologia psicológica".[60] Lewis acrescenta que os pobres "são centrados na província e no lugar onde vivem, (e) em geral não possuem conhecimento, visão ou ideologia para perceber as similaridades entre seus problemas e os seus congêneres em outras partes".[61]

A cultura da pobreza encaixa-se bem na longa tradição acadêmica de "culpar a vítima", por isso inadvertidamente, os trabalhos de Lewis emprestaram credibilidade àqueles que gostariam de culpar o pobre pela própria pobreza. O conceito de "pobre desonrado" já está bem firmado, principalmente na literatura sociológica norte-americana. Há trinta anos, E. Franklin Frazier descrevia os pobre de raça negra como sendo irremediavelmente desorganizados e atacados de patologias sociais, a tal ponto que "lhes falta até mesmo opinião pública, controle social e instituições comunitárias".[62]

Esta tradição é seguida nos Estados Unidos por renomados teóricos e formuladores de políticas como Nathan Glazer e Daniel Moynihan, cujo *Beyond the melting pot* termina com a mesma nota condescendente. O conhecido Relatório Moynihan (*The Negro family: the case for national action*) descreve problemas fundamentais internos da família negra que não são passíveis de atenção exterior, o que leva à recomendação de medidas públicas muito convenientes, no sentido de um "bondoso esquecimento".

Eleanor Leacok sublinha a ironia de que o conceito de cultura, adotado originalmente pelas ciências sociais em substituição à concentração nas inclinações inatas, tenha tido tão grande aplicação na "cultura do pobre" que se tenha tornado "quase tão pernicioso quanto o determinismo biológico ou o racismo o foram no passado".[63] Um exemplo extremo desta tendência é o trabalho de John Bartky relativo ao que ele chama de "cultura do rebotalho". Segundo ele, "a criança que vive na cultura do rebotalho provavelmente está sendo criada, se tiver a idade suficiente, pelo seu segundo pai e terceira mãe"; o crime é tão generalizado nas comunidades da cultura do rebotalho que a lei precisa agir "depressa e sem piedade"; e que "a igreja de fachada nessas comunidades é mais uma diversão do que... um fator de influência moral".[64]

Estes estereótipos sobre o comportamento nas comunidades pobres aparecem regularmente nas publicações do sistema assistencial. *Growing up poor*, um relatório escrito em 1966 pelo Health, Education and Welfare Department, faz eco às declarações de Lewis, quando afirma que "a adaptação subcultural à pobreza aparentemente interage com a situação de pobreza no sentido de perpetuar o estatuto de classe inferior". Entre outros traços dos pobres, o relatório inclui "atitudes fatalistas e apáticas, pensamento mágico rígido e baixo controle dos impulsos".[65]

Fora de dúvida, o aspecto mais crítico e controverso da "cultura da pobreza" de Lewis é o mecanismo de autoperpetuação. Lewis descreve este processo na introdução da *La vida:* "Quando (a cultura da pobreza) entra em existência, tende a perpetuar-se de geração a geração, devido a seus efeitos sobre as crianças. Ao chegarem aos seis ou sete anos, as crianças dos cortiços geralmente absorveram as atitudes e valores básicos de sua subcultura e já estão psicologicamente desarmadas, não podendo, pois, tirar toda a vantagem possível das condições diferentes ou das oportunidades mais favoráveis que possam ocorrer ao longo de suas vidas".[66]

Tal afirmativa tem sido objeto de sérias críticas por vários motivos. Em primeiro lugar, Lewis sugere que a socialização se completa por volta dos seis ou sete anos, o que não é confirmado pelas pesquisas psicológicas mais recentes.[67] O que é mais importante, o autor declara que a disposição mental do indivíduo prevalece sobre circunstâncias concretas na determinação do comportamento, o que o leva à espantosa alegação de que o foco do problema é a cultura da pobreza, e não a própria pobreza. "A eliminação da pobreza em si", diz ele, "talvez não seja suficiente para eliminar a cultura da pobreza".[68] Os indivíduos que Lewis descreve estão malequipados para aproveitar as novas oportunidades ou reagir a condições cambiantes, acrescentando a condição de permanência às características das comunidades pobres. Precisamente este aspecto da cultura da pobreza é que tem sido mais aplicado pelos teóricos da marginalidade da América Latina.

As condições do aparecimento da cultura da pobreza é ainda outro fator a ser criticado no estudo de Lewis. Com o tempo, Lewis modificou sua posição ao escrever sobre o assunto. Em seu artigo de 1966 para o *Scientific American*, declarou explicitamente que a cultura da pobreza é uma subcultura da sociedade ocidental: "Ela surge no quadro de uma economia monetária onde existem altas taxas de desemprego, onde as classes dominantes defendem o valor da poupança, da acumulação e da mobilidade ascendente, e onde uma posição econômica baixa é tomada como resultado da insuficiência e da inferioridade individual".[69] Ele descreve a cultura da pobreza como "uma adaptação e uma reação por parte do pobre à sua situação marginal numa sociedade capitalista, altamente individualista, onde as classes são estratificadas".[70]

Mais tarde, na introdução a *La vida*, Lewis afirma que qualquer grupo que apresente integração pessoal e social, mesmo quando extremamente pobre segundo padrões objetivos, não está sujeito à cultura da pobreza. Como exemplo, cita povos primitivos não-alfabetizados, as castas inferiores da Índia, os judeus da Europa Oriental, e, supostamente, qualquer pessoa nos países socialistas. Como exemplo deste último caso, aponta o que viu ao visitar de novo um cortiço em Havana, Cuba:

> O aspecto físico do cortiço mudara muito pouco, exceção feita à bela creche. Era evidente que o povo ainda era desesperadoramente pobre, mas encontrei muito menos do desespero, apatia e desamparo tão característicos dos cortiços urbanos na cultura da pobreza. As pessoas expressaram grande confiança em seus líderes e a esperança de uma vida melhor no futuro. O próprio cortiço agora estava altamente organizado, com comitês partidários, de bairros, e de escolas. Havia nas pessoas novo sentimento de poder e de importância. Tinham recebido armas e uma doutrina que glorificava as classes inferiores como a esperança da humanidade".[71]

Lewis acha, todavia, que países industriais avançados como os Estados Unidos, ainda que contem com muita pobreza, pouco têm da cultura da pobreza, "devido a sua adiantada tecnologia, elevados índices de alfabetização, meios de comunicação de massa e altas aspirações".[72] Provavelmente, diz ele, apenas entre os grupos minoritários étnicos de baixa renda ainda seria possível encontrar os traços sintomáticos, e que o movimento pelos direitos civis muito fez para erradicá-los dentre a população negra.

Conclui dizendo que a cultura da pobreza deve ser "endêmica ao colonialismo e aos estágios iniciais do capitalismo". O único remédio, para ele, é a organização, solidariedade, e esperança. São inúteis a assistência social e soluções psiquiátricas; seus estudos levaram-no a propor soluções revolucionárias". Ao provocar mudanças estruturais básicas na sociedade, redistribuir a riqueza, organizar os pobres e dar-lhes uma sensação de participação, de poder, e de liderança, as revoluções com freqüência conseguem abolir algumas das características fundamentais da cultura da pobreza, mesmo se não conseguem abolir a própria pobreza".[73]

Infelizmente, e talvez ironicamente, os que se baseiam no trabalho de Lewis sobre a cultura da pobreza tendem a selecionar certas passagens para orientar suas políticas. Deixam-se de lado as alternativas revolucionárias, enquanto se popularizam os traços da pobreza autoperpetuadora nas comunidades *marginais* em toda a América Latina. Duas idéias-chave da cultura da pobreza – falta de participação e falta de integração – foram exploradas pelo grupo DESAL, no Chile, órgão que se transformou no principal expoente da teoria da marginalidade na América Latina.

"TEORIA" DA PARTICIPAÇÃO DEFENDIDA PELO DESAL

Enquanto as obras sobre a modernização e a cultura da pobreza abordaram a marginalidade apenas por inferência, o Centro para el Desarrollo Económico y Social da América Latina – DESAL (Centro para o Desenvolvimento Econômico e Social da América Latina) concentrou-se diretamente na criação de uma teoria da marginalidade e do respectivo quadro ideológico. Nos últimos dez anos o DESAL dedicou-se quase somente à conceituação da marginalidade, a explorar suas dimensões empíricas e, o que é mais importante, a disseminar a nova tese da marginalidade como o conceito-chave da plataforma de mudança social defendida pelos Democratas-Cristãos. Os vários integrantes do DESAL, e em particular seu diretor Roger Vekemans, um jesuíta belga saído da tradição européia da Democracia Social Cristã, têm sido os principais programadores da noção de marginalidade na América Latina. São eles os autores das únicas declarações diretas sobre a marginalidade, e grande parte das obras que se seguiram sobre o tema apenas responderam, criticaram ou ampliaram sua definição e posição fundamental.

O preceito básico do DESAL é que a condição de marginalidade existe quando a falta de *integração* interna e de *participação* política atinge um ponto que torna necessária a adoção de gestão e de recursos financeiros. Este postulado tanto constituiu uma reação às diretrizes das agências de assistência internacional como serviram-lhes de linhas-mestras de ação. Ao projetar um modelo implícito de integração social harmoniosa, a teoria do DESAL aludia à "cidade celestial" inspirada pela Igreja, e ao ideal da democracia norte-americana acenado pela USAID. O DESAL não apenas procurou definir marginalidade mas também encontrar uma solução política segundo a qual os abastados e os miseráveis poderiam compartilhar de um sistema unificado.

Segundo o ponto de vista do DESAL, os países latino-americanos constituem nações apenas no sentido mais formal e jurídico da palavra. Cada país é na realidade a justaposição de dois sistemas sociais. A cultura euro-ibérica foi superimposta à infra-estrutura nativa por mais de 500 anos, criando uma sociedade bipolar, ou dualista. As circunstâncias históricas da superimposição cultural, amadurecidas por séculos de dualismo no que respeita a valores, estrutura social, administração e regimes políticos na América Latina, deram origem ao repetido surgimento da marginalidade no interior dos variados sistemas sociais do subcontinente. Marginal não é simplesmente aquele grupo da população que ocupa as faixas mais baixas da escala social. Na verdade, os marginais se encontram *fora* dessa escala. Eles não ocupam posição alguma no sistema social dominante, nem mesmo como sua classe inferior: "Pode-se dizer deles que não estão social e economicamente integrados em uma sociedade, em um sistema de classes, pois não pertencem ao sistema econômico. Estão no limite matemático, sem estar, pois não se encontram no campo, que os expulsa, nem na cidade, que não os acolhe:...apenas estão ali; ocupam um pedaço de terra que é uma terra-de-ninguém".[74]

A marginalidade é a antítese da integração. O DESAL substitui a antiga dualidade subdesenvolvimento-desenvolvimento pelo conceito de marginalidade-integração. A teoria da dualidade impregna, sob suas várias formas, uma parcela substancial das obras que tratam da modernização nos países em desenvolvimento.

Em termos políticos, a modernização é freqüentemente relacionada à crescente participação de diferente grupos na tomada de decisão bem como nos resultados da aplicação das políticas através do processo político. Desde esta perspectiva, é claro que a participação social torna-se um requisito básico do desenvolvimento. Não é possível *verdadeiro* desenvolvimento sem participação popular. Onde ela estiver ausente, os esforços desenvolvimentistas devem ser desviados a fim de se tentar trazer os grupos excluídos para dentro da corrente do processo político. Ao adotar esta formulação, o DE-

SAL impugna a alegação de que o crescimento econômico provoca o progresso social e estimula a participação popular. A tese do DESAL transfere a ênfase posta por antigas teorias do dualismo nos problemas da transformação econômica para aspectos da transformação cultural e participação sócio-política.

A marginalidade, segundo a ideologia do DESAL, implica literalmente uma separação ou cisma entre o sistema social como um todo e um grupo desprivilegiado específico. A falta de participação política de certos grupos engendra uma desintegração do tecido da nacionalidade, assim como uma desintegração interna, e suscita dessa maneira a situação de marginalidade. Vekemans colocou a questão sucintamente num trabalho intitulado *Una estrategia para la miseria*: "A marginalidade se caracteriza pela completa falta de participação na sociedade global... Não participar ativamente nas decisões, e não ter acesso às fontes do poder, levam à ausência de participação passiva e receptiva no bem comum, nos benefícios da sociedade, ou na partilha de seus recursos... Esta inter-relação de omissões é devida, por sua vez, à desintegração interna dos grupos marginais e sua carência absoluta de qualquer forma de organização".[75]

Torna-se claro, a julgar por antigas propostas do DESAL, que a integração constitui um objetivo, um ideal que não existe integralmente em nenhum sistema social. O grau de desintegração social e política somada à falta de participação torna-se, portanto, o sentido básico da marginalidade. As duas dimensões da falta de participação transparecem claramente no texto citado. A primeira deriva-se da falta de participação ativa, contribuitiva, no processo decisório comum à sociedade; a segunda é a falta de participantes passivos, ou receptivos, na distribuição dos benefícios materiais da sociedade. Aqueles benefícios sociais que deveriam ser compartidos pela população não são recebidos pelos marginais, que não se beneficiam de seu uso ou gozo, sejam eles educação, previdência social ou acesso a melhores empregos.

Deste dúplice fenômeno participatório emerge a terceira característica da marginalidade: a falta de coesão interna nos grupos marginalizados, que deixa o indivíduo ao desamparo em face de sua condição: "Os marginais não compartilham das responsabilidades e atribuições que precisam ser assumidas para a solução dos problemas sociais em geral, e de seus problemas em particular. Os grupos marginais, portanto, encontram-se carentes de qualquer organização que pudesse ligá-los à sociedade e que, além do mais, os representasse junto à sociedade regularmente constituída".[76] Isto equivaie às acusações da escola da cultura da pobreza – e a todos os conceitos relativos à ruptura urbana abordados acima. O DESAL, todavia, acrescenta um ponto crítico, a saber, que a parcela integrada do sistema social não dispõe de mecanismos para acolher e socializar esses grupos. O combate contra a marginalidade deve, pois, efetuar-se mediante a criação de novas instituições capazes de administrar ajuda externa às populações afetadas.

As conseqüências da marginalidade foram classificadas pelos observadores do DESAL segundo cinco áreas principais – física, cultural, social, econômica e política – cada uma das quais requer instrumentos específicos de ajuda externa. Para começar, os grupos marginais encontram-se fisicamente segregados tanto nas áreas rurais como urbanas. Os que habitam aglomerados marginais sofrem uma diminuição em sua iniciativa e capacidade de atuar – individual ou coletivamente – de maneira racional. Confrontam a desintegração de suas raízes culturais tradicionais e, ao mesmo tempo, sentem-se incapazes de incorporar os traços dos setores sociais dominantes. Os marginais, além disso, não possuem nem o nível ocupacional nem o econômico dos outros grupos da economia. Finalmente, são politicamente apáticos, incapazes de influir ou de reagir ao processo democrático.

Segundo tal raciocínio, fazem-se necessários projetos especiais de desenvolvimento comunitário e de mudança política a fim de suprir e compensar os déficits dos grupos marginais, de maneira que todos os membros da nação possam integrar-se no conjunto comum das instituições formais.

Os pontos de vista do DESAL tornam-se mais expressivos se analisarmos as diretrizes por ele propostas. De pronto, o DESAL rejeitou seu papel inicial como grupo de pesquisa sem compromissos com a ação política. Sua posição transparece agora mais claramente nas plataformas políticas que apresentou. O DESAL segue, assim, os modelos desenvolvimentistas fomentados pelas ciências sociais norte-americanas. No cerne da atuação do DESAL encontra-se o modelo de participaçlão popular, uma amálgama de políticas ativistas destinadas a combater a marginalidade e lutar contra a ameaça do comunismo. O programa apresenta dois aspectos, ambos a exigir intervenção externa no setor marginal. O objetivo desse processo seria uma espécie de *mutação cultural* mediante a combinação de trabalho comunitário e programas de autoajuda referentes a infra-estrutura urbana, moradia e assistência social. O segundo aspecto envolveria a transformação de instituições sociais vigentes de maneira a torná-las mais receptivas aos grupos marginais.

Ainda que as diretrizes nunca sejam claramente especificadas, levam a crer que a ênfase seria dada a maiores gastos públicos em programas sociais, e no sentido de um papel do estado e de agências internacionais mais ativo para contrabalançar a crescente concentração pessoal de riquezas.

DESAL em Retrospecto. Como ressalta o diretor do DESAL, Roger Vekemans, a preocupação com grupos marginais na América Latina surgiu na esteira das desastrosas políticas de desenvolvimento econômico acelerado promovidas na década de 1950 pela CEPAL, a AID, o Banco Mundial e outros. As medidas puramente econômicas propugnadas pelas agências multinacionais, baseadas no rápido desenvolvimento dos mercados industriais internos e na concessão, aos grupos menos favorecidos, de algumas oportunidades cedidas a conta-gotas, fracassaram na tentativa de gerar o crescimento dos setores intermediários. Ao contrário, o crescimento sustentado da capacidade econômica fez-se acompanhar de uma piora igualmente notável na distribuição das rendas. Em oposição a estas políticas foi criada a Aliança para o Progresso, que enfatizava a necessidade de que o desenvolvimento social seguisse o passo das medidas destinadas a apressar os índices de acumulação de capital.

Muitos estudiosos consideram que a generalizada recessão que se abateu sobre a região no início da década de 1960 foi o produto de um desequilíbrio estrutural fundamental: o prévio processo de desenvolvimento econômico não conseguira ampliar o mercado para os bens e serviços do setor moderno. O desenvolvimento industrial não penetrou nos decadentes setores agrícolas tradicionais, nem os transformou. Por conseguinte, não apenas a renda se concentrou ainda mais e serviu para reforçar a estrutura dualista da sociedade, como também se estagnou o crescimento industrial pela ausência de um nível de demanda suficiente.

Programas de desenvolvimento comunitário já vinham sendo comuns na América Latina desde algum tempo, mas, o novo enfoque do DESAL, sustentando-se sobre o trabalho pioneiro da Organização dos Estados Americanos, era bem mais ambicioso que seus antecessores. Foi talvez o que chegou mais perto das propostas do Foreign Assistance Act de 1966, dos Estados Unidos, o qual ficou sendo conhecido como Title IX. O documento propunha assistência financeira destinada ao desenvolvimento de instituições nacionais que "sustentassem o processo econômico e social", e à educação cívica e instrução nos princípios do autogoverno democrático.

Isto não se deu por acidente. Num período de reformismo político que almejava a provocar "mudanças sem revolução", formularam-se muitos programas de participação social cuja meta final era alcançar resultados dentro dos sistemas de relação de poder *vigentes* na América Latina. Deste grupo seleto, os programas do DESAL estavam entre os mais complexos e bem articulados.

Não se pode compreender a exata importância do trabalho do DESAL isoladamente do papel crítico que desempenhou na política chilena. O DESAL serviu de importante mentor ideológico para o regime Democrata Cristão do Presidente Frei de 1964 a 1970. Muitas das políticas urbanas então advogadas foram resultado direto do equacionamento dos problemas da marginalidade e participação, por parte do DESAL. Assim Jorge Guisti analisa aquele período, em retrospecto:

> A curta existência do DESAL no Chile começou com o *boom* dos partidos Democratas Cristãos, em particular depois do triunfo de Alcide de Gasperi na Itália e de Konrad Adenauer na Alemanha Ocidental, após a Segunda Guerra Mundial. Em ambos os países os Democratas Cristãos surgiram como uma eficiente barreira contra os avanços de poderosos grupos de esquerda, especialmente dos comunistas. A Democracia Cristã européia serviu de base e estímulo para a criação desse tipo de movimento político em outras partes do mundo. Líderes do Democratas Cristãos da Europa bem como dignitários eclesiásticos, voltaram a atenção para a América Latina, considerada um barril de pólvora na trilha da revolução cubana. O fim do DESAL no Chile coincidiu com a derrota da aliança dos Democratas Cristãos pela coalisão esquerdista que apoiou Allende em 1970. Com efeito, logo após a confirmação de Allende pelo Congresso, o diretor do DESAL, Roger Vekemans, dissolveu este órgão e abriu escritórios em Bogotá, Colômbia.[77]

Ironicamente, no caso concreto do Chile, os programas, reformas e melhorias produzidas nos cortiços no quadro da ideologia do DESAL tiveram como efeito final o aumento da coesão e da consciência política dos *marginais*, assim que sua situação estrutural se alterou, no governo de Allende.[78] Isto nos leva ao último dos afluentes da formulação da teoria da marginalidade – a questão do radicalismo.

A TEORIA SOCIAL DO RADICALISMO E A MARGINALIDADE

Têm havido muitas e conflitantes opiniões sobre a posição política dos migrantes, favelados e populações *marginais* em geral. Alguns aceitam a asserção de Vekemans no sentido de que, "depois da falta de participação, a primeira característica básica da marginalidade é o radicalismo", e consideram-nos revolucionários em potencial;[79] outros, com idêntica ênfase teórica, atestam que são defensores do *status quo*.

Os Favelados e a Revolução. Certas linhas de raciocínio levam à conclusão de que os migrantes ou moradores de cortiços comportar-se-ão de maneira violenta e perturbadora da ordem social, e de que têm convicções políticas de natureza radical. Este é o sonho da esquerda e o pesadelo da direita.

Uma das principais linhas de argumentação é que os migrantes abandonam seus lares com expectativas pouco realistas com referência à nova vida que a cidade tem para oferecer-lhes. Chegam solitários e desenraizados e vêm-se, a cada passo, frustrados em suas esperanças diante de dificuldades insuperáveis. Não conseguem encontrar um lugar decente para viver, um bom emprego, e serviços educacionais, médicos, etc., satisfatórios. Barbara Ward descreve a situação em termos eloqüentes:

> No mundo inteiro, às vezes muito antes de uma industrialização efetiva, os pobres sem qualificações abandonam em longas fileiras a agricultura de subsistência e trocam o horror da pobreza rural pelas misérias ainda piores dos cortiços, favelas e *bidonvilles* que, ano após ano, crescem inexoravelmente na periferia das cidades em desenvolvimento... Constituem o cerne do desespero e da rebeldia locais, avolumando os movimentos da *jeunesse* do Congo, engrossando as inquietas multidões do Rio, votando nos comunistas nos becos horríveis de Calcutá, solapando em toda parte a fragílima estrutura da ordem pública e retardando dessa maneira o desenvolvimento econômico, única saída para a sua condição penosa.[80]

O desapontamento e a frustração são aprofundados pela afluência que os pobres vêm em seu redor na cidade e ouvem anunciada nos meios de comunicação de massa, mas que não conseguem atingir. Este "efeito de demonstração", supostamente, conduz a expectativas sufocadas e a alienação do sistema. Expressões como "relação querer/obter" e a "revolução das esperanças crescentes" encheram os livros sobre desenvolvimento na década de 1960. Lançaram-se mão de estudos psicológicos que insinuam que a frustração suscita a agressão[81] a fim de reforçar a teoria de que os migrantes possivelmente irromperão em raivosas explosões de violência e de atividade revolucionária porque não podem realizar suas aspirações. Como disse o sociólogo brasileiro Soares:

> "Quando a industrialização não acompanha a urbanização e existe uma grande massa de gente subempregada ou desempregada cujas aspirações foram estimuladas pela vida urbana e a impossibilidade de satisfazê-las, mesmo em grau mínimo, então o radicalismo de esquerda encontra terreno fértil".[82] O migrante, "socialmente mobilizado" ao deixar o campo, torna-se o frustrado "homem-massa" da cidade, presa fácil para a demagogia dos líderes radicais.[83]

Para Germani a origem desta questão encontra-se numa das preocupações originais da teoria da marginalidade, a saber, o encontro de culturas díspares. Segundo essa maneira de pensar, as pessoas que vivem marginalmente entre duas culturas confrontam freqüentemente a instabilidade de estatuto bem como barreiras à mobilidade, o que oferece base firme para posições políticas radicais.[84]

Muitos teóricos, como os do grupo DESAL, acreditam que a desorganização social da favela também contribui para seu radicalismo. Quando valores tradicionais (como o sentimento religioso ou o respeito pela família) sofrem ruptura ou questionamento, ocorre uma anomia que, supostamente, torna a pessoa afetada vulnerável aos que pretendem preencher este vazio com uma visão do mundo coerente e radical. Isto se dará com mais probabilidade durante o período chamado por alguns de "vazio anômico" – entre o abandono do sistema de valores tradicionais e sua substituição por outros valores. Na ausência de fortes laços grupais secundários, os favelados facilmente aderirão a movimentos de protesto que pregam a ação direta e mudanças sociais de larga escala.

A pobreza dos cortiços, seja menor ou maior do que a encontrada no campo, aparece como mais conducente ao radicalismo, devido a uma alteração do grupo de referência. Na cidade, os pobres estão em constante contato com pessoas de muito maior riqueza. As mulheres pobres trabalham nas casas dos ricos, os homens pobres são os seus choferes. Os favelados vivem no centro dos bairros residenciais mais abastados do país, e observam diariamente de maneira direta ou por intermédio dos meios de comunicação de massa os estilos de vida da classe alta. Imagina-se que a "privação relativa", resultante das crescentes comparações de sua própria vida com a dos ricos, levaria o favelado a uma crítica radical da sociedade.

A própria urbanização é vista por alguns como uma força radicalizadora. Na cidade, as pessoas percebem mais agudamente os efeitos das políticas governamentais e estão expostas a novas idéias a respeito de modos de vida alternativos. A luta pelo poder é mais visível na cidade que no campo, onde clãs familiares comumente reinam sem oposição ou desafio. De acordo com esta linha de raciocínio, os favelados aprendem que também eles são capazes de influenciar a política, se agirem vigorosamente, em união, no sentido da mudança radical. Ali se aprende que existem países cujos governos pregam o poder do proletariado. Teme-se, por exemplo, que os exemplos da China e de Cuba tornem-se conhecidos do favelado graças à ampliação de seu círculo de contatos e do uso dos meios de comunicação de massa.

Em contraste, Marx não considerava o lumpemproletariado como um grupo revolucionário. Em *Eighteenth Brumaire*, ele os define como um segmento que não preenche os requisitos básicos de uma classe, não demonstra relacionamento recíproco, é carente de antagonismos de classe, e que mais facilmente se deixa mobilizar por apelos populistas de massa de natureza pragmática do que ideológica.[85] Muitos que se crêem marxistas ou neomarxistas, entretanto, seguem o raciocínio exposto acima, na crença de que o desenraizamento provocado pela migração e a anomia da experiência urbana em si mesma são radicalizadoras, e abrirão os olhos dos indivíduos para seus "verdadeiros" mas até então desconhecidos interesses. Com o tempo, acreditam, a favela se conscientizará. Franz Fanon, em *The wretched of the Earth*, assim expressou, de modo empolgante, este ponto de vista:

> Aqueles a quem a crescente população das áreas rurais e a expropriação colonial fizeram abandonar as propriedades familiares, incansavelmente revolvem ao redor de diferentes cidades, esperando que um dia ou outro lhes será permitido entrar... Para o lumpemproletariado, esta horda de homens famintos, desenraizados de seus grupos e clãs, constitui uma das mais espontâneas e mais radicalmente revolucionárias forças de um povo colonizado.[86]

São três as principais falhas desta perspectiva: a equiparação de grupos marginais com o lumpemproletariado, quando, de fato, as favelas e outras situações consideradas marginais abrangem segmentos das classes operárias e de outras classes populares também; a suposição de que pessoas desenraizadas são revolucionárias, quando, na verdade, pode dar-se o contrário; e, finalmente, a premissa de que os migrantes são gente desenraizada, quando na realidade seus traslados geográficos se entrelaçam comumente numa apertada trama social.

A Hipótese da Segunda Geração. Uma importante variante da teoria de que os favelados são revolucionários é a assertiva de que, ainda que a primeira geração de migrantes à cidade possa ser sossegada e apolítica, pode esperar-se que seus filhos sejam altamente alienados e politicamente ativos. De acordo com Samuel Huntington: "Na Ásia, África e América Latina, a violência política e criminal nas cidades cresce conforme aumenta a proporção de nativos para imigrantes. Chegará um ponto em que, provavelmente, os cortiços do Rio e Lima, Lagos e Calcutá, como os de Harlem e Watts, ver-se-ão varridos pela violência social, quando os filhos das cidade reclamarem os prêmios da cidade".[87]

Isto se fundamenta no raciocínio de que os migrantes de primeira geração ainda acreditam nos valores rurais de deferência social e passividade política. Além disso, seu grupo de referência são os que deixaram para trás em sua vila, não os mais abastados moradores da cidade. A segunda geração de migrantes, que não tem um modelo rural com o qual comparar as suas realizações, recebe todo o impacto das crescentes aspirações dos pais e absorvem integralmente os objetivos e o estilo da vida da cidade. Quando não encontram vaga nas escolas primárias, empregos no sistema econômico, ou possibilidade de subir na vida, radicalizam-se. Pesquisas conduzidas em ambientes urbanos tão diferentes como Watts, Calcutá e Rio, por exemplo, comprovaram que os que participam em motins de rua ou votam a favor de posições radicais, são os pobres nascidos na cidade, e não migrantes de primeira geração.[88]

Os favelados e o Conformismo. Parecem atraentes as teorias que relacionam as favelas e o radicalismo. Muitos teóricos, todavia, sustentam que o principal problema a ser compreendido é o oposto – não o ativismo, mas na verdade a apatia e a ausência de interesse político. Afirman eles que as revoltas em centros urbanos têm sido raras e a participação de favelados nas mesmas praticamente nula. Hobsbawm escreveu: "É notável quão poucos distúrbios – mesmo os provocados por crises de abastecimento – têm ocorrido nas grandes cidades latino-americanas num período em que se multiplicou o volume de suas massas empobrecidas e economicamente marginalizadas, e em que a inflação...se tornou incontrolável".[89] Halperin faz notar que naqueles casos excepcionais em que os cortiços votaram na Oposição, com freqüência votaram em candidatos moderados e às vezes até direitistas: Odria no Peru, Pietri em Caracas, Frei em Santiago e Valparaíso.[90]

Desde este ponto de vista pareceria que os favelados tratam de maximizar favores do sistema político e minimizar riscos de perdas. De fato, sabem que estão um pouco melhor na cidade do que no campo, e não são, em realidade, altamente alienados, anômicos ou frustrados. Preocupam-se mais em seguir em frente – aproveitando como for possível os recursos presentes – do que em envolver-se em disputas políticas e debates ideológicos. Uma ideologia paternalística, combinada com um lema "Não deixem que eles nos tirem o que temos" seria mais atraente (para os moradores de *barriadas*) do que um revolucionário "Vamos e matemos a oligarquia". Provavelmente, não haveria muitos favelados que sentissem pena se outrem adotasse esta útima iniciativa, mas eles próprios estão ocupados demais com a própria sobrevivência.[91]

Há outro ponto de desacordo, ainda, entre os que não vêem potencial de radicalismo entre favelados. Alguns consideram a apatia e a alienação como a atitude política dominante, enquanto outros sustentam que o padrão prevalescente é a esperteza calculista, apoiada numa atividade política mínima mas conveniente. Ao primeiro grupo pertencem Bonilla e Michelena, que verificaram, na Venezuela, que "os sistemas políticos dos cortiços parecem basear-se em relações de dependência em que o morador do cortiço constitui o parceiro apático e manipulado".[92] Nas favelas do Rio, Bonilla descobriu que menos de um quinto dos homens e mulheres tinham sequer falado de política nos últimos seis meses, e que menos ainda viam a política como meio de atingir os almejados objetivos. Nas palavras de Bonilla, "Os pobres da cidade ou do campo na América Latina não esperam seriamente que seus governos façam alguma coisa para melhorar a situação".[93] Hobsbawm, ao refletir sobre a sorte do populismo urbano, diz dos favelados em geral: "Esta é uma população sem compromissos – ou mesmo potenciais compromissos – com qualquer modalidade de política nacional ou urbana, ou mesmo sem qualquer convicção que pudesse fundamentar tais políticas... Eles só entendem de liderança e de proteção pessoas pois só elas fornecem ligação entre os mundos políticos da cidade e do interior... Sem experiência de qualquer outra tradição...os novos migrantes, naturalmente, voltam-se para o poderoso defensor, o salvador, o pai do povo".[94]

Outros, apesar de concordarem em que as favelas não são revolucionárias, discordam em que sejam passivas e paternalisticamente dependentes em seu relacionamento com a sociedade mais ampla. José Artur Rios, o mais lido autor sobre favelas no Brasil, afirma que os favelados não possuem uma consciência política patriótica, mas conhecem o coração da política, ou a maneira de usá-la em seu próprio benefício. São inteiramente desconfiados dos políticos, fazendo propaganda para candidatos e arranjando votos em troca de favores, mas não votam no candidato - segundo eles mesmos declaram - aproveitando-se assim do sistema do voto secreto.[95] Nesta linha, os Leeds observavam que os favelados com quem conversaram estavam "muito cientes do que se passava na favela ... e às vezes extraordinariamente bem informados sobre ... o que ocorria nos centros políticos". Afirmaram estes autores que "ao lado dos políticos e administradores profissionais da política brasileira, os favelados são os políticos mais sutis e fingidos que jamais encontramos em qualquer lugar".[96]

O TIPO IDEAL E AS PROPOSIÇÕES

Seria quase impossível testar individualmente todas as afirmações avulsas e às vezes controversas feitas a respeito dos atributos do estatuto marginal do migrante e dos favelados. Assim, sendo, baseada nas várias obras acima mencionadas, construí um tipo ideal, na verdade, um exemplo extremo da subcultura marginal, a fim de testá-lo em comparação às realidades das favelas e dos moradores pobres da cidade. Naturalmente, nenhum autor atribuiu à população marginal todos atributos combinados no paradigma, e sem dúvida não existe favelado ou migrante que os represente a todos. Marginalidade é obviamente uma questão de grau e não de absolutos, e, ao que parece uma pessoa pode ser marginal em certos sentidos, ou em relação a certas esferas da vida e certas instituições, e ser muito bem integrada em outros sentidos.[97] Contudo, ao criar um constructo ideal e ao testar as proposições que o mesmo suscita, eu pretendo desenredar as atuais linhas de pensamento que permitem a execução de políticas governamentais à custa dos favelados. Espero também levantar a questão feita por teóricos latino-americanos ao próprio ideal tipo, a qual abordarei no capítulo final.

Qual é, o ideal tipo a ser derivado de toda esta discussão? Para começar, os migrantes são considerados indivíduos ou famílias desenraizados, anômicos, vindos da roça sem conhecer ninguém na cidade, sem ter para onde ir. Nunca se adaptam bem à vida urbana, e, em geral, estão ansiosos para voltar para os lugares de origem. Procuram outros da sua espécie e se isolam em enclaves paroquiais, ruralísticos, onde vivem em meio à imundície e miséria. Ao invés de aproveitar-se do mais amplo contexto dos órgãos, instituições e serviços urbanos, contato esse que os ajudaria e também teria um impacto modernizador, preferem continuar em seus guetos e proteger seus valores e estilos de vida tradicionais. Nessas favelas existe um grande vazio criado pelo processo de transição. O resultado é a desorganização social – evidenciada na dissolução da família, na anomia, falta de confiança e cooperação, secularização, crime generalizado, violência e promiscuidade.

À medida que os traços autoderrotistas da cultura da pobreza substituem os da cultura do tradicionalismo – ou os suplementam, conforme o caso – os favelados tornam-se profundamente pessimistas e fatalistas. Demonstram total incapacidade para adiar satisfação ou planejar para o futuro. São considerados parasitas ou sanguessugas da economia urbana, e um dreno nos limitados recursos existentes para os serviços e infra-estrutura municipais. Julga-se que os favelados são preguiçosos, que não dão valor ao trabalho e que pouco contribuem, quer para a produção, quer para o consumo. Finalmente, seriam desinteressados pela política, não participantes, e dariam pouco apoio ao sistema, uma "massa agitada, frustrada", prestes a cair vítima dos apelos da retórica revolucionária.

Este retrato falado pode ser sintetizado, segundo um esquema conciso, em quatro dimensões: social, cultural, econômica e política. No âmbito de cada uma dessas dimensões, duas proposições principais emanam diretamente da literatura respectiva. As oito proposições podem ser transpostas para conceitos específicos passíveis de serem testados no seio das populações migrantes e faveladas. O esquema teórico resultante aparece na Tab. 17.

Pretendo utilizar este esquema também como roteiro para apresentar os dados por mim colhidos para comprovar a validade da *teoria* da marginalidade. Nos dois próximos capítulos abordarei de modo sistemático as relações entre cada conceito constituinte de marginalidade e a realidade da vida nas favelas do Rio de Janeiro, tomadas como um exemplo significativo do segmento da sociedade a que a marginalidade se refere.

TABELA 17
O Ideal Tipo da Marginalidade

Dimensões	Proposições	Conceitos
Social	*Desorganização interna* As favelas não possuem organização social interna; seus residentes são solitários e isolados.	Associações voluntárias Amizade e parentesco Confiança e ajuda mútua Crime e violência
	Isolamente externo O favelado não está integrado na cidade; não se utiliza muito do contexto urbano e nele nunca se sente a vontade.	Adaptação urbana Familiaridade com a cidade Heterogeneidade de contatos Uso da cidade Uso de órgãos urbanos Exposição aos meios de comunicação de massa
Cultural	*Cultura do tradicionalismo* A favela é um enclave de paroquialismo rural na cidade.	Orientação religiosa Abertura à inovação Orientação para a família Empatia Fatalismo Deferência para com a autoridade
	Cultura da pobreza O favelado, como reação e adaptação à sua penúria, elabora e perpetua uma cultura da pobreza.	Desconfiança dos outros Crime e violência Disssolução da família Pessimismo Aspirações
Econômica	*Parasitismo econômico* Os favelados representam um dreno na economia urbana, tomando mais do que dão	Emprego e renda Consumo Contribuição à infra-estrutura
	Paroquialismo econômico Tanto a cultura do tradicionalismo como a cultura da pobreza contribuem para o paroquialismo econômico do favelado.	Ética do trabalho Instrução e treinamento profissional Valores empresariais

Política	*Apatia política* O favelado não está integrado na vida política da cidade e do país. *Radicalismo Político* Devido às suas frustrações, desorganização social e anomia, os favelados são inclinados para o radicalismo de esquerda.	Estruturas políticas internas Interesse, destaque e informação políticos Participação eleitoral Ação política direta Uso de canais administrativos Alienação Demanda de mudanças estruturais Consciência de classe Nacionalismo

CAPÍTULO 5

MARGINALIDADE SOCIAL, CULTURAL E ECONÔMICA

COM BASE NOS DADOS recolhidos em levantamentos em 1968-69, pretendo testar cada uma das oito proposições expostas no Capítulo 4, a fim de determinar até que ponto os favelados e suburbanos do Rio de Janeiro correspondem aos constituintes da teoria da marginalidade. Cada conjunto de proposições e conceitos será testado pela ordem, e em cada caso avaliarei tanto o grau de marginalidade quanto os termos de integração. A primeira parte de cada explanação focalizará, portanto, os atributos dos favelados; a segunda, os mecanismos da sociedade em que vivem.

MARGINALIDADE SOCIAL

As proposições derivadas da teoria da marginalidade sustentam que a favela é socialmente desorganizada, e que seus moradores encontram-se isolados da vida urbana circundante. A crença geral corresponde à afirmação de Huntington, segundo a qual "existe alto nível de desconfiança mútua nos cortiços urbanos, o que, por conseguinte, torna difícil qualquer espécie de cooperação organizada".[1] Laços de amizade e de parentesco – poderosos nos lugarejos rurais – são supostamente débeis nas cidades. Além disso, admite-se que as frustrações pessoais em termos de desemprego, incapacidade de conseguir escola e assistência médica para os filhos, e fracasso na consecução de muitos dos objetivos que atraíram os migrantes para a cidade, são transformados em comportamentos anti-sociais como violência, crime e alcoolismo.

ISOLAMENTO INTERNO

A primeira medida de desorganização interna diz respeito à participação em associações voluntárias. Ao contrário das predições feitas pela teoria da marginalidade, comprovamos que os favelados têm uma vida associativa muitíssimo intensa. Como referimos ao descrever Catacumba, Nova Brasília e Duque de Caxias, a organização comunitária na favela inclui associações políticas (Associações de Moradores, Comissões de Luz), organizações sociais (clubes recreativos, escolas de samba e clubes de futebol), e grupos religiosos e espíritas.

Sessenta e oito por cento dos moradores de favelas pertencem pelo menos a um grupo comunitário. Duas estatísticas colocarão em relevo este algarismo. Um estudo de 100 bairros pobres nos Estados Unidos revelou que menos de 20 por cento dos moradores fazia parte de uma ou mais associações voluntárias.[2] Almond e Verba, em seu estudo de cinco organizações políticas nacionais, deu como coeficiente geral para os americanos – certamente um dos povos mais participantes do mundo – 57 por cento.[3] Os favelados, além disso, têm sentimentos positivos a respeito dos grupos locais, mesmo os de controversa natureza política. Sessenta e um por cento dos entrevistados acham que a Associação dos Moradores "trabalha para o bem de todos os moradores"; outros 11 por cento disseram que ela "trabalhava para a maioria".

Quanto a redes informais de amizade e parentesco, os dados falam sozinhos. À pergunta sobre onde moravam os melhores amigos e parentes mais queridos, mais da metade dos favelados respondeu que na mesma comunidade. Dois terços costuma visitá-los diariamente ou toda semana. Isto é consistente com a descoberta, relatada no Capítulo 3, de que 84 por cento dos migrantes têm amigos, parentes ou ambos, no Rio, por ocasião de sua chegada, e que 73 por cento chegaram à cidade acompanhados pela família ou por amigos. Um estudo separado conduzido na mesma época em seis favelas cariocas por Renato Boschi chegou a conclusões semelhantes – a favela é um complexo dotado de coesão, forte em todos os níveis sociais: família, associação voluntária e vizinhança.[4]

De maneira semelhante, a evidência que colhemos a respeito da confiança e cooperação mútuas desmente inteiramente os mitos da marginalidade. Como mostra a tabela 18, a confiança e a unidade são notavelmente evidentes na favela. Oito pessoas em cada dez disse que sua vizinhança era mais ou menos unida.[5] A mesma alta proporção declarou que poderia contar com pelo menos alguns amigos e vizinhos quando precisassem, e 43 por cento disse que poderia contar com "a maioria" dos seus amigos. O que é ainda mais extraordinário, 70 por cento considerou que a ajuda mútua é tão grande ou maior do que no lugar de onde tinham vindo. Os dados

TABELA 18
Confiança e Unidade na Favela
(N=600)

Perguntas	Porcentagem
P. Com quantos dos seus vizinhos e amigos que moram aqui pode contar quando precisa?	
Todos	21
A maioria	22
Alguns (poucos)	45
Nenhum	12
P. Acha que as pessoas daqui são unidas ou falta união entre elas?	
Muito unidas	52
Mais ou menos unidas	30
Falta união	18
P. Em comparação com o lugar de onde veio, aqui tem mais ou menos ajuda dos vizinhos e amigos?	
Muito mais ajuda aqui	39
Um poco mais de ajuda aqui	18
Mais ou menos a mesma	13
Um pouco menos de ajuda aqui	11
Muito menos ajuda aqui	19

recolhidos refutam a principal dicotomia da teoria da marginalidade o calor idílico e a coesão do vilarejo rural, contra a vida de isolamento, impessoalidade e competição da cidade. Este mito há muito tempo permeia a literatura sobre a cidade e os cortiços em geral.

Como defesa contra a possibilidade de que tais respostas fossem dadas com o fito de agradar o entrevistador, ou nascidas de pura ingenuidade, também perguntamos se havia na favela gente que explorava os outros. Sessenta e cinco por cento responderam afirmativamente. Os favelados têm consciência de serem explorados por uma pequena minoria de moradores, mas assim mesmo sustentam que em geral existem positivos laços de confiança mútua. É bastante improvável que a ajuda comunitária entre vizinhos seja mais comum em qualquer outro lugar do Rio, quer nos andares dos edifícios de apartamentos, ou nas ruas espaçosas dos bairros de renda mais alta.[6]

Ainda que a maioria dos migrantes tenha passado por uma transição completa e permanente para a vida da cidade, é interessante que isso não signifique a ruptura de todos os vínculos com suas comunidades de origem. Não apenas é falso que sejam isolados e solitários na cidade, como também que eles estejam separados dos amigos e parentes de casa. Metade dos migrantes voltaram aos seus lugarejos para uma visita, ao menos uma vez depois de chegados ao Rio, e foram principalmente motivos econômicos, segundo nos disseram, que impediram outros de fazê-lo.

As favelas têm a reputação de serem comunidades assoladas pelo crime. O seguinte excerto da revista *Time* é típico do sensacionalismo que freqüentemente é associado à questão: "Premido pela inflação escorchante e pelo influxo de mais de 3.700 recém-chegados por mês, os *gangsters* da favela desceram para as ruas da cidade, fazendo crescer de modo alarmante a taxa de criminalidade... Nos recantos afastados onde os namorados costumavam encontrar-se com toda segurança, agora moças são estupradas e rapazes são assaltados, espancados ou assassinados".[7] A evidência por nós recolhida acompanha a de Portes a respeito de Santiago: "O número de atos de delinqüência na população marginal é insignificante, comparado com a população total".[8] Dos favelados de nossa amostra, inclusive donas de casa, mocinhas (de 16 anos ou mais) e pessoas idosas (de até 65 anos) apenas 16 por cento consideraram violência ou *imoralidade* como uma objeção à vida na cidade. (Apenas 3 por cento deram o combate ao crime como uma de suas prioridades, se fossem Presidente.)

O crime e a violência, evidentemente, eram um problema nas favelas tempos atrás, em particular para os próprios favelados. Os moradores mais antigos de Jacarezinho, uma das maiores favelas do Rio, com uma população de 60.000 pessoas, contaram que nos primeiros tempos eram atormentados por constantes brigas, roubos e até mortes. Às vezes, disseram, ouviam tiros de revólver à noite junto aos seus barracos, e tinham pavor de interceder de medo de serem assassinados eles próprios. Foi o primeiro problema que uniu os moradores, que juntaram forças a fim de constituir um comitê voluntário de vigilantes, com rodízio dos membros cada noite. Foi o que assentou um precedente para a formação gradual de poderosas normas de cooperação e segurança mútua dentro do grupo. Em fins da década de 1960 e princípios da de 1970, a maioria das favelas maiores – inclusive Catacumba, Nova Brasília e Jacarezinho – contavam com postos policiais. Quando eu perguntei a esses policiais a respeito dos índices de criminalidade na favela, responderam, em geral, que era mínimo, e que seu principal problema era impedir que adolescentes indisciplinados "perturbassem a paz". Em cada favela, contudo, se dizia que nas outras era pior, e mesmo no interior de uma favela era comum os moradores dizerem que "até aqui é perfeitamente seguro, mas lá em cima é muito perigoso, é melhor não ir sozinho".

É difícil, naturalmente, avaliar com precisão índices de criminalidade. Ninguém vai dar "criminoso" como profissão, numa entrevista, e não existem estatísticas referentes à residência dos criminosos presos – ou soltos – da cidade em geral. Segundo minhas próprias observações, todavia, posso afirmar duas coisas sobre o crime na própria favela. Primeiro, muitos favelados têm televisores, rádios e bicicletas, e deixam seus barracos mais ou menos abertos grande parte do tempo. No entanto, havia poucas queixas de furtos. Segundo, ainda que os choferes de táxi tivessem medo de me levar mesmo até a entrada da favela, e que a maioria dos cariocas não quisesse acreditar que eu tivesse vivendo *dentro* das favelas, eu me sentia mais segura andando numa favela à noite, e vivendo nela, do que jamais me senti em Cambridge ou New York!

Em resumo, as vidas dos favelados são ricas em experiência associativa, impregnada, em geral, de amizade e espírito cooperativo, e relativamente livre de crime e violência interpessoal. Quando perguntamos aos favelados se eles gostariam de deixar a favela por um novo conjunto habitacional onde poderiam ter uma casa própria, 74 por cento disseram preferir ficar onde estavam. Perguntados se gostariam de voltar aos seus lugares de origem, 74 por cento deram um *não* enfático por resposta, e outros 11 por cento disseram que provavelmente não. Seus lugarejos natais, explicaram, eram muito atrasados, parados ou sem movimento.

ISOLAMENTO EXTERNO

O segundo aspecto importante da marginalidade social é a hipotética ausência de integração do favelado no contexto urbano geral. A favela é considerada um enclave paroquial dentro da cidade, portanto, imagina-se que para os favelados seja algo assustador abandoná-lo para enfrentar o mundo dos negócios ou da burocracia. Presume-se, daí, que sejam raros os contatos profundos com moradores da cidade que desempenhem diversos papéis sociais, que poucos favelados façam uso de órgãos e instituições ao alcance dos moradores da cidade, e que a maioria dos favelados ignorem as informações difundidas pelos meios de comunicação de massa. Em poucas palavras, considera-se que os favelados tentem recriar a vida do interior dentro da cidade, limitando sua atuação tanto quanto possível ao território da favela, e nunca se sentindo inteiramente à vontade no contexto urbano mais amplo.

Como já começamos a perceber na seção anterior, o favelado não parece ansioso por voltar para a roça. A metade foi em visita, mas 85 por cento declararam que não gostariam de viver no interior. Os dois pontos de referência de que dispomos – o social e o econômico – ajudam a explicar por quê. Setenta por cento acharam igual ou maior a ajuda entre os vizinhos em suas comunidades no Rio do que em suas vilas natais, e 71 por cento declararam encontrar-se em melhor situação econômica do que os amigos e parentes que tinham ficado para trás. Finalmente, inquiridos diretamente se estavam satisfeitos com a vida na cidade, a resposta afirmativa foi quase unânime. Noventa por cento indicaram atrativos de caráter especial, sendo os mais freqüentes as oportunidades econômicas e ocupacionais (34 por cento), e o movimento, a recreação e diversão (28 por cento). Quando se insistiu para que apontassem um aspecto da vida urbana de que não gostassem, 25 por cento foram incapazes de se lembrar de um.

Os "enclaves isolados" de que fala a teoria da marginalidade simplesmente não existem. A maioria dos favelados usa intensamente o contexto urbano e encontram-se expostos a uma ampla variedade de experiências urbanas. Isto pode ser comprovado na Tab. 19, em termos de familiaridade com diferentes partes da cidade, uso das vantagens que oferece, contatos com pessoas, exposição aos meios de comunicação de massa, e uso de órgãos e instituições urbanos. Ainda que fisicamente distinta do resto da cidade, a favela não é absolutamente isolada em termos de atividade humana. Três quartos dos favelados acham que conhecem bem a maior parte do Rio, em parte porque muitas de suas atividades diárias – compras, trabalho, diversão – são levadas a efeito lá fora. Assistência médica e instrução, por exemplo, são buscadas fora da favela por 96 e 80 por cento, respectivamente. Quase a metade (47 por cento) de todos os favelados e suburbanos, além disso, trabalham fora de suas comunidades, ganhando assim uma multiplicidade de contatos diários com o ambiente urbano mais vasto.

Lisa Peattie enfatiza os mesmos pontos em seu estudo de La Laja, bairro pobre de Ciudad Guayana, na Venezuela. Os moradores vestiam-se como os outros da cidade, e as mulheres penteavam-se de acordo com a moda lançada em New York. As moradias não seguiam os estilos do interior, mas eram casas urbanas "de pobre".

Conforme observamos no Capítulo 2, apenas nos pontos mais distantes da rua principal as casas das favelas são de taipa como as de lugarejos, porém, não por escolha mas por necessidade econômica. Os moradores de La Laja não freqüentam *country clubs* ou *boîtes* caras, diz Peattie, mas fazem compras na cidade, vão aos cinemas, hospitais e órgãos públicos, e visitam os amigos na cidade. O estudo sobre Guayana revelou que os grupos de rendas mais baixas conhecem mais a cidade que a elite educada, que se aventura a pouco além do seu gueto residencial.[9]

É bastante consistente com nossos dados imaginar que os favelados sejam, na verdade, mais familiares com a cidade como um todo dos que os cariocas de rendas mais elevadas, isolados em seu próprio provincianismo *urbano*. Em termos de contatos com diferentes tipos de pessoas, os poucos papéis incluídos no questionário mal fazem justiça ao conceito (ver Tab. 19, Parte III). Entretanto, a despeito das relativamente baixas porcentagens de favelados que tiveram contatos com cada um dos diferentes tipos mencionados, quando se analisam os cinco itens em conjunto, mais da metade (54 por cento) experimentaram algum contato com ao menos um dos grupos – o que seria muito difícil de ocorrer no interior do Brasil.

O contato com novas idéias e a exposição aos valores e estilos de vida da classe média faz-se não apenas através do contato direto com diferentes tipos de pessoas ou vários bairros da cidade. Muito dessa experiência é transmitida através da comunicação de massa. Interpretamos a exposição a esse tipo de comunicação como um dos constituintes da experiência urbana, uma força *integradora*. Como vemos na Tab. 19 (Parte IV), muitos favelados expuseram-se de alguma forma a vários veículos de comunicação de massa: 90 por cento ao rádio, 69 por cento à televisão, 57 a jornais, 58 a cinema, e 48 a revistas. Se controlamos a intensidade, computando apenas os que o fizeram algumas vezes por semana, ou diariamente, três quartos dos favelados ouvem rádio, um terço vê televisão e um quarto lê jornais. As porcentagens dos que lêem revistas ou vão ao cinema caem fortemente, pois se trata de diversões mais caras. O coeficiente de leitura de jornal, ainda que não seja alto em termos absolutos, é sugestivo, se considerarmos os índices de alfabetização na favela. Não é raro vermos uma pessoa lendo as notícias para um grupo de ouvintes interessados. A alta exposição, todavia, não deve ser tomada como querendo indicar grande interesse em assuntos políticos. Quando se perguntou "Que tipo de programa ou de notícia prefere?" a vasta maioria respondeu "divertimento leve". Os jornais mais lidos são *O Dia, A Notícia* e *A Luta,* recheados de reportagens sobre crimes, escândalos, esportes e notícias das favelas. A mais ouvida é a Rádio Globo, o programa de televisão favorito é o do Chacrinha. Ainda assim, esses meios de comunicação conservam os favelados em contato com as atitudes dominantes na sociedade em geral, dando-lhes uma boa porção de "experiência compartilhada" com a classe média.

Perguntamos aos moradores de favelas se tinham tido algum contato com uma série de instituições municipais: escritórios de advocacia, órgãos oficiais, bancos, agências de emprego, institutos de previdência, etc., mais de um terço tinham procurado órgãos do governo e mais da metade tivera contato com pelo menos uma dessas instituições. (Ver Tab. 19, Parte V.)

TERMOS DE INTEGRAÇÃO SOCIAL

Após demonstrarmos, portanto, que o favelado não pode ser visto como um marginal social, quer quanto ao critério de coesão interna como de uso da cidade exterior, podemos concluir que então ele deve estar *integrado* nestes sentidos. Os termos desta integração, todavia, não são muito favoráveis. Por exemplo, ainda que os favelados conheçam os serviços urbanos e tentem utilizá-los, muitas vezes são humilhados e não conseguem seu intento. Em geral encontram o sistema fechado diante de suas necessidades. O seguinte quadro extraído do diário de uma favelada é típico. Carolina Maria andara carregando ferro velho e estava sentindo fortes dores nos rins. É ela que escreve:

> Para não ver os meus filhos passarem fome fui pedir auxílio ao propalado Serviço Social. Foi lá que eu vi... a ironia com que são tratados os pobres... [Como não consegui nada] fui no Palácio, o Palácio mandou-me para a sede [no outro lado da cidade, que] me enviou para o Serviço da Santa Casa. Falei com a Dona Maria Aparecida que ouviu-me e respondeu-me tantas coisas e não disse nada. Resolvi ir ao Palácio... Falei... "Eu vim aqui pedir um auxilio porque estou doente... Gastei o único dinheiro que eu tinha com as conduções".[10]

Quando disseram que não podiam fazer nada por ela, continuou insistindo, até que finalmente chamaram uma rádio-patrulha. O policial levou-a de volta à favela e ameaçou de prendê-la a próxima vez que ela fizesse uma cena no Serviço Social. "Serviço Social!" escreve ela, "Serviço Social para quem?"

O Instituto Nacional de Previdência Social, amálgama de 12 outros institutos, sistematicamente trata os favelados e os pobres

TABELA 19
Uso do Contexto Urbano
(N=600)

Indicadores	Porcentagem
I. Familiaridade com o ambiente	
P. Conhece bem: só a parte da favela perto da sua casa, a favela toda, a área nas proximidades da favela ou a maior parte do Rio?[a]	
Parte da favela perto de casa	20
Favela toda	5
Redondezas	30
A maior parte do Rio	45
II. Uso generalizado da cidade	Porcentagem que saj da favela
P. Onde geralmente vai:	
Comprar comida	72
Comprar roupa	92
Procurar assistência para alguém doente	96
Divertir-se	74
Levar os filhos para estudar	80
III. Heterogeneidade de contatos	Porcentagem de respostas positivàs
P. Já teve oportunidade de conversar com:	
Estrangeiro	32
Industrial	26
Oficial das Forças Armadas	25
Líder político	14
Líder estudantil	7
IV. Exposição aos meios de comunicação de massa	
P. Para saber o que está acontecendo, où para se distrair, com que freqüência ouve rádio, assiste TV, lê jornal, lê revista, vai ao cinema?	

Indicadores	Porcentagem					
	Nunca	Poucas vezes na vida	Poucas vezes por ano	Poucas vezes por mês	Poucas vezes por semana	Diariamente
Rádio	10%	5%	2%	7%	19%	57%
Televisão	31	15	7	10	12	25
Jornal	44	12	6	12	13	14
Revista	52	13	7	13	10	6
Cinema	42	26	14	14	3	0

V. Uso de órgãos e instituições urbanos P. Já teve oportunidade de:	Porcentagem de respostas positiva
Procurar advogado	19
Procurar algum órgão do governo (como Ministérios, INPS ou órgãos que tratam da moradia)	
Tomar dinheiro emprestado de bancos,	34
Caixa Econômica, ou outro órgão fora da favela	2
Procurar uma agência de empregos	4
Procurar assistência social ou auxílio-doença junto a instituições do governo	10

a) No questionário de Caxias, "favela" foi substituida por "bairro".

em geral de uma maneira tão "lenta, ineficiente, penosa, grosseira e desumana" que muitos favelados evitam utilizar-se de seus serviços, pagando a particulares pelos serviços necessários.[11]

Além disso, tal tratamento não se restringe aos "*institutos*". Ainda que a favela atenda às necessidades de seus moradores, oferecendo-lhes um tipo de vida satisfatório, continua a ser tão estigmatizada pelo resto da sociedade que os favelados seguidamente têm de dar um endereço falso para conseguir um emprego, às vezes até mesmo para marcar um encontro. Aos olhos da sociedade, o marginal nem pertence ao sistema de estratificação de classes - ele é, como diz Germani, um pária.[12]

O trabalho de Boschi traz como conclusão que a participação social dos favelados não se limita pelas barreiras materiais da separação ecológica, mas a participação *é* severamente limitada pela natureza das barreiras de classe. O fato de terem os favelados construído uma comunidade interna coesa e explorado avidamente as experiências da vida urbana pouco representa em termos de oportunidade de compartilhar o respeito e o bem-estar - prerrogativas do setor mais elevado.[13]

MARGINALIDADE CULTURAL

As principais proposições da teoria da marginalidade sustentam que a favela se caracteriza por uma de duas subculturas relacionadas e às vezes contraditórias. A primeira, a cultura do tradicionalismo, refere-se à persistência de idéias rurais impróprias ao meio urbano. A segunda, a cultura da pobreza, relaciona-se ao ciclo autodestrutivo e autoperpetuador do cinismo e da passividade.

A CULTURA DO TRADICIONALISMO

Vista como uma cultura de tradicionalismo, a favela é dominada pela religiosidade mística, baixa empatia e pouca abertura à inovação. As atitudes em face da família são substancialmente disfuncionais, e permitem que os laços de parentesco tenham precedência sobre a racionalidade nas relações associativas, nos empreendimentos econômicos e em matérias políticas. Ademais, a deferência para com a autoridade e o fatalismo a longo prazo são considerados resíduos rurais que prejudicam a adaptação à vida urbana.

Alex Inkeles e David Smith criaram uma escala de modernidade geral (a Escala OM - *overall modernity*) refinada e confirmada em trabalhos conduzidos em seis países em desenvolvimento: Paquistão, Índia, Nigéria, Chile, Argentina e Israel.[14] Tendo em vista a utilidade dos dados comparativos, e a comprovada aplicação intercultural dos seus itens como indicadores de modernidade, utilizei algumas das mesmas medidas no estudo sobre a favela.

Certas condições metodológicas precisam, todavia, ser mencionadas, quanto ao debate sobre a marginalidade cultural. Primeiro, utilizarei respostas modais aos vários itens relativos a atitudes a fim de caracterizar os favelados em geral. Apesar de vantajoso para realçar os tipos modais, deve-se acentuar que em muitos itens existem grandes minorias dissidentes. Em segundo lugar, no interior do *próprio* indivíduo existe uma larguíssima latitude que permite a coexistência de crenças que pareceriam contraditórias para o analista de comportamentos, mas que estão perfeitamente integradas pela pessoa. Muitos dos itens referentes a atitudes na verdade constituem feixes – alguns dos quais bastante poderosos – mas em muitos casos, também, itens que aparentemente deveriam co-variar mostraram-se independentes.

As categorias focalizadas por mim como indicadores do grau de tradicionalismo-modernidade são religiosidade, abertura à inovação, orientação familiar e empatia. Mais adiante abordo os temas do fatalismo e da deferência para com a autoridade. Um resumo dos dados está presente na Tab. 20.

Orientação Religiosa. Com exceção de 6 por cento, todos os favelados se consideram seguidores de alguma religião (72 por cento a Igreja Católica, 10 por cento a Assembléia de Deus, 5 por cento a Batista, 5 por cento o Espiritismo, e 4 por cento outras). Entretanto, apenas 58 por cento declararam pertencer a uma organização religiosa (45 por cento igrejas, 13 por cento centros espíritas), e apenas 31 por cento a freqüenta com regularidade, uma ou mais vezes por semana. Quase a metade (47 por cento) vai a igreja apenas poucas vezes por ano.

Os teóricos da marginalidade prevêem tanto a ruptura com a religião, causada pelas influências secularizantes das cidades, como o aumento da religiosidade causado pela necessidade maior de segurança no ambiente urbano desconhecido e ambíguo. A evidência empírica mostra que realmente uma grande maioria (84 por cento) experimentam uma alteração nos seus valores religiosos ou na prática da religião, depois de mudança para a cidade. Dessa porcentagem, 65 por cento declararam ter ficado menos, enquanto os outros 35, mais religiosos – alguns ao abraçar nova religião, outros, pela prática mais intensa.

De qualquer maneira, poucos mostraram-se dogmáticos, e não se evidenciou nenhuma ruptura ou fanatismo. Em resposta à clássica pergunta da Escala OM, "Acha que uma pessoa pode ser realmente boa mesmo que não tenha religião?", dois terços responderam afirmativamente. Portanto, ainda que a maioria dos favelados se identifique com alguma religião e muitos participem de uma instituição religiosa, não parece haver indicações de que tenham se fecha-

TABELA 20
A Cultura do Tradicionalismo na Favela
(N=600)

Indicadores	Porcentagem
I. Religiosidade	
Pratica alguma religião (72 por cento católicos, 10 por cento da Assembléia de Deus, 5 por cento batistas, 4 por cento espíritas, 4 por cento outras)	95
Acha que "uma pessoa pode ser realmente boa mesmo que não tenha religião"[a]	66
Mudou seu grau de religiosidade depois de vir para a cidade; destes: 65 por cento tornaram-se menos religiosos; 35 por cento tornaram-se mais religiosos	84
II. Abertura à inovação	
Pensa ser bom que os cientistas estejam "estudando o que faz com um bebê seja um menino ouumamenina e como uma semente se transforma numa planta [a]	62
Acha que o primeiro pai tem mais razão, na seguinte situação hipotética: "Dois rapazes interrompem o trabalho na lavoura de milho. Eles estão tentando descobrir uma maneira de fazer crescer a mesma quantidade de milho com menos horas de trabalho. O pai de um dos rapazes diz: 'O que você está pensando é ótimo. Me conte suas idéias sobre como nós deveríamos mudar nossa maneira de plantar milho'. O segundo disse: 'A maneira certa de plantar milho é como sempre fizemos. A gente só perde tempo falando dessas mudanças e não adianta nada'"[a]	52
III. Orientação familiar	
Concorda em que "é necessário um casal limitar o número de filhos para que possam criar e educar melhor os que já tem".[a]	71
Acha que "as moças de hoje deveriam ser livres para escolher seus namorados sem palpites da família"	63
IV. Empatia	
Mencionou pelo menos uma medida que tomaria se "fosse Presidente do Brasil".	80

a) Pergunta extraída da Escala OM.

do para maneiras racionais de pensar e ou de que sejam tradicionais ao ponto de ver sua adaptação prejudicada.

Abertura para a Inovação. Com a utilização de duas medidas da Escala OM para este conceito, verificamos que os favelados são relativamente abertos à ciência e tecnologia, como empreendimentos, mas talvez mais hesitantes quanto a mudanças em práticas tradicionais. Os que apóiam o estudo científico de coisas como "o que faz com que um bebê seja um menino ou uma menina e como uma semente se transforma numa planta" são o dobro dos que se opõem, e 42 por cento acham esse tipo de estudo "muito bom". No segundo item, todavia, a opinião é mais dividida. Foi-lhes apresentada a situação hipotética de dois pais aconselhando os filhos rapazes sobre maneiras de plantar milho. As respostas dividiram-se pela metade, como se vê na Tab. 20, Parte II.

É claro que o verdadeiro teste de receptividade à inovação é a aceitação de novas idéias e maneiras de agir diante de uma situação real – e não hipotética. Pelas minhas observações verifiquei que os favelados eram extraordinariamente ansiosos por adotar tudo o que parecesse novo e moderno, contendo-se mais por razões econômicas, e não de atitude. O clássico exemplo dos remédios, a partir da "difusão da inovação" é bem ilustrativo.[15] Os favelados eram tão receptivos a novos medicamentos lançados no mercado que o problema principal tornava-se a despesa excessiva, e o perigo de tomar demasiados antibióticos ou injeções.

Em termos de receptividade a novas modas de vestuário, música ou equipamentos domésticos, os favelados encontraram-se entre os primeiros a adotar roupas *mod* (ou versões das mesmas feitas em casa), ouvir as mais recentes novidades musicais americanas, e comprar aparelhos novos como liquidificadores, sempre que possível. Exceto, talvez, pelos mais idosos, os favelados parecem perfeitamente ansiosos por deixar para trás aqueles traços que trazem o estigma do atraso rural.

Valores Familiares. A atitude dos favelados em questão de família é uma extensão do seu nível de flexibilidade e abertura a novas normas de comportamento. Quase dois terços consideram que "as moças de hoje devem ser livres para escolher seus namorados sem palpites da família", o que constitui uma mudança acentuada em relação às práticas tradicionais. Além disso, 71 por cento concordam em que "é necessário um casal limitar o número de filhos para que possam criar e educar melhor os que já têm". Este último dado demonstra uma mudança realmente extraordinária. Lavradores e pescadores que entrevistei na Bahia em 1963, por exemplo, mostraram-se quase unanimemente contra a limitação do tamanho da família. Numa amostra aleatória tomada em Belo Horizonte em 1966, cobrindo todas as classes, apenas cerca de 30 por cento (a maioria mulheres) consideraram a possibilidade de pensar no assunto.[16] Os 72 por cento dos homens e 70 por cento das mulheres que se mostraram simpáticos à idéia entre os favelados fazem deles um grupo verdadeiramente moderno, talvez mais do que a classe média usualmente tomada como termo de comparação.

Aceitar o controle da natalidade significa abandonar uma certa dose de machismo, para os homens, e para as mulheres, em alguns casos, ir contra uma doutrina religiosa. Não existem na favela grandes campanhas nem pró nem contra o controle, ainda que em muitos círculos o assunto seja controverso. É provável que a idéia agrade aos favelados por ser prática, por razões econômicas, ou devido às aspirações que acalentam em relação aos filhos. Apesar de ainda terem mais filhos do que consideram o número ideal, a taxa de natalidade é bastante mais baixa do que no campo.

Empatia. O conceito de empatia, ou "mobilidade psíquica", foi lançado por Daniel Lerner num estudo sobre modernização na Turquia. Ele utilizou como uma de suas perguntas-chave, "O que faria se fosse Presidente da República?" Os camponeses turcos mais tradicionais nem sequer se permitiam pensar no assunto: "Meu Deus! Como pode dizer uma coisa dessas?... Como poderia eu ser Presidente da República, eu um pobre camponês... senhor do mundo inteiro?"[17] Quando eu fiz a mesma pergunta no Rio, 80 por cento dos favelados deram respostas concretas e em geral muito sensatas, inclusive "melhorar as condições de vida dos pobres" (40 por cento), "baixar o custo de vida e proporcionar mais empregos, melhores salários, preços mais baixos" (21 por cento), "melhorar o Brasil, engrandecer o país, acelerar o progresso da nação" (19 por cento).

Concluindo, parece haver pouca evidência quanto ao comportamento rural prejudicial à adaptação dos favelados. Ao contrário de hipotéticos *tradicionalistas,* eles possuem altos níveis de secularização, flexibilidade cognitiva e empatia. Oitenta por cento foram capazes de se colocar em outro papel, dois terços mostraram-se abertos em questões religiosas, cerca da mesma proporção são receptivos a novas idéias sobre a vida familiar, e apenas um pouco menos a novidades científicas. Não seria de surpreender se, diante desses resultados, este grupo considerado marginal e tradicionalista fosse menos rígido que a maioria dos membros da classe média brasileira.

A CULTURA DA POBREZA

A cultura da pobreza, em seu aspecto principal, apresenta a vida da favela como um ciclo de desespero para o migrante e o favelado. Para Oscar Lewis, os membros da cultura da pobreza são distantes e alienados, ignorantes e desinteressados, descomprometidos e apáticos. Segundo esta teoria, os favelados caracterizar-se-iam pela desconfiança e suspeita mútua, criminalidade e violência, dissolução familiar, pessimismo, baixas aspirações e incapacidade de planejar para o futuro, paralisados em suas ações por um fatalismo envolventte.[18] Testei muitas dessas características, e apliquei os dados colhidos sobre a marginalidade social onde fosse relevante, tendo comprovado, tal como ocorreu com as anteriores proposições que estas também eram insustentáveis. O que foi dito acima a respeito de amizade, confiança e ajuda mútua, bem como sobre crime e violência, respondem diretamente às primeiras asserções.

Dissolução Familiar. Quanto à vida familiar da favela, é relativamente estável segundo qualquer padrão. Noventa por cento dos entrevistados são membros de uma família nuclear (37 por cento chefes de família, 38 por cento suas esposas, e 15 por cento seus filhos ou suas filhas). Cerca de 80 por cento das famílias têm por cabeça um homem, e dois terços dos moradores são casados ou vivem juntos em uniões estáveis. O desquite não é comum, apenas 5 por cento dos entrevistados declararam estar desquitados. O que é importante, o nível de desquites parece ser ainda mais baixo do que na sociedade rural. Entre os migrantes havia um desquite para cada 8,3 casamentos, ao tempo da chegada no Rio, enquanto que a proporção entre os favelados em geral é de um desquite para cada 13 casamentos. Apenas 10 por cento dos favelados declarou jamais ter se separado ou desquitado. Mais ou menos a mesma proporção disse ter se casado ou juntado duas vezes.

Pessimismo e Frustração. Pessimismo, cinismo e frustração são freqüentes no síndrome da marginalidade, o que aparentemente impede a auto-ajuda e a mobilidade. Os favelados, todavia, apesar das dificuldades da sua situação, mostram uma grande dose de otimismo, em parte talvez porque esta é uma característica do brasileiro em geral, em parte, quem sabe, porque precisam dele para seguir em frente. A Tabela 21 documenta o otimismo que domina a favela com relação ao próprio futuro e da sociedade.

Em contraste com os dados obtidos por Bonilla sobre os mesmos itens no Brasil em 1961, nossos dados revelam que o povo agora se sente mais otimista a respeito de seus próprios passados e futuros do que do Brasil em geral.[19] Mais de dois terços sentem que suas vidas melhoraram em relação ao passado e que vão melhorar ainda mais. Um pouco menos sentem o mesmo otimismo quanto ao Brasil como um todo. Bonilla verificou que cerca de um quinto dos favelados achavam que suas vidas tinham melhorado, mas que dois terços consideravam que o país em si tinha melhorado. A discrepância reflete a mudança no quadro econômico do Brasil. Nos cinco anos que precederam o estudo de Bonilla, 1955-1960, o Brasil experimentou índices recordes de crescimento (um crescimento anual médio do PNB de 4,2 por cento). Em contraste, os anos que se seguiram à tomada do governo pelos militares foram de austeridade para todos.

Um fato curioso, consistente no trabalho de Bonilla e no meu, é que as mulheres são invariavelmente *mais* pessimistas e críticas do que os homens. O dobro dos homens em relação às mulheres achou que suas vidas tinham melhorado, no trabalho de Bonilla. No meu, o dobro de mulheres disse que suas vidas tinham ficado "muito pior" e o dobro de mulheres também achou que iria piorar ainda mais nos cinco anos seguintes. Talvez as mulheres tenham menos necessidade de "otimismo defensivo", acham que são menos atingidas pelo bom êxito do sistema, ou são menos sujeitas a *lavagens cerebrais* por terem menos contatos e estarem menos expostas aos meios de comunicação de massa. Ainda, como as mulheres enfrentam mais de perto os problemas diários de sobrevivência na favela, talvez seja mais difícil convencê-las de que as coisas estão melhorando. Voltaremos a este ponto no próximo capítulo, ao abordarmos o radicalismo.

Mais relevantes que comparações entre um período e outro são comparações entre favelados e o restante da sociedade brasileira. A noção de que os favelados possuem um pessimismo e uma insatisfação autoderrotistas que perpetuam sua marginalidade, reflete-se nos dados coligidos por Kahl. Em cada um dos três índices de satisfação – empregos, carreira e vida em geral – os migrantes (a maioria favelados) sistematicamente alcançaram índices melhores do que os

TABELA 21
Distribuição Porcentual do Otimismo Pessoal e Geral
(N=600)

Período de tempo	*Muito Pior*	*Pouco Pior*	*Mais ou menos a Mesma*	*Pouco Melhor*	*Muito Melhor*
I. Passado					
P. Em comparação a 5 anos atrás, acha que a vida no Brasil agora está:	23	18	9	31	18
P. Em comparação a 5 anos atrás, acha que a sua vida agora está:	10	14	7	39	30
II. Futuro					
P. Acha que daqui a 5 anos a vida no Brasil vai ser:	19	16	15	34	21
P. Acha que daqui a 5 anos a sua vida vai ser:	8	8	16	33	35

metropolitanos, ou gente do interior. Esta relação manteve-se mesmo quando se controlou a categoria ocupacional: dentro de cada uma delas, os que tinham migrado mostravam-se mais satisfeitos.[20]

Aspirações. A afirmativa de que o pessimismo perpetua a pobreza é acompanhada do corolário de que as baixas aspirações impedem os marginais de lutar para a melhoria de sua sorte e as de seus filhos. As aspirações dos favelados são supostamente típicas da cultura da pobreza, no sentido de que os indivíduos aspiram por coisas intangíveis, satisfações tradicionais, ao invés de objetivos concretos que ajudariam a quebrar o síndrome da pobreza. Verifiquei que os dados absolutamente não confirmam esta suposição. À pergunta aberta "O que mais deseja na sua vida?" 60 por cento dos favelados deram respostas racionais, relacionadas com a mobilidade, tais como dinheiro ou bens materiais (35 por cento), educação para si mesmos ou seus filhos (10 por cento), e realização profissional (8 por cento), em lugar de respostas intangíveis como "proteção de Deus", "tranqüilidade" ou "união da família". Naturalmente, pode-se argüir se os critérios são significativos, pois, mesmos se todos os amostrados tivessem dado respostas mais filosóficas isso não significaria necessariamente que os favelados não dão importância à estabilidade em seus empregos ou à educação de seus filhos, ou que não estivessem motivados quanto à mobilidade social.

Quando perguntados sobre o que mais desejavam para seus filhos, 47 por cento respondeu "educação" e outros 19 por cento mencionaram bons empregos e melhor padrão de vida. Diante da hipótese de escolas gratuitas e com vagas para todos, 86 por cento responderam que os filhos dos favelados deveriam ir além da escola primária, e quase a metade achou que deveriam fazer universidade! A instrução é quase reverenciada na favela, e uma professora tem às vezes mais prestígio do que um médico, um sacerdote ou um negociante. Qualquer um que tenha faculdade é chamado respeitosamente de doutor.

O indicador final de aspirações é outra medida clássica: "Se ganhasse na loteria o que faria em primeiro lugar?" As respostas invariavelmente se projetaram para o futuro, e as mais freqüentes (68 por cento) relacionaram-se com a moradia - ou a compra de uma casa ou terreno, ou a melhoria da habitação atual.

Estas são respostas de gente que valoriza modernas formas de realização, e que se mostra ansiosa por assegurar a melhoria da própria vida e dos filhos, e que luta por integrar-se na sociedade em geral. Kahl fez a mesma pergunta sobre a "loteria" a funcionários e operários qualificados no Rio, e em duas cidades do interior para ter uma base de comparação. O tipo, âmbito e distribuição das respostas foi quase idêntico para cada grupo. No campo havia um pouco menos de preocupação pela aquisição de moradia melhor, mas esta também foi a resposta dominante.[21] Portes concluiu assim seu trabalho sobre cortiços em Santiago: " Em sua totalidade, as aspirações dos *marginais* não se diferencia das da classe média"[22]

TERMOS DE INTEGRAÇÃO CULTURAL

Vimos que os favelados nem possuem uma subcultura de tradicionalismo, nem uma de pobreza, e voltamo-nos agora para a consideração dos termos de sua integração na sociedade. Apesar do alto valor emprestado pelos favelados à educação, por exemplo, 31 por cento continuam analfabetos e 99,8 por cento não cursaram o segundo grau. Cerca da metade receberam alguma instrução primária, mas apenas 8 por cento foram um pouco além. Um em cada dez aprendeu a ler e escrever sem ir à escola (ver Tab. 22). As crianças têm um pouco mais de instrução, porém muito menos do que seus pais teriam desejado para elas. Entre os filhos mais velhos (acima dos 16), mais da metade teve de abandonar a escola primária e apenas 5 por cento completaram o primeiro grau.

O favelado está sistematicamente excluído das oportunidades de receber educação em qualquer nível. Como dissemos antes, o governo não coloca escolas em favelas. O esforço de alguns pais preocupados em dar alguma instrução para umas poucas crianças em idade escolar - ainda que muito louvável como afã comunitário - não substitui um sistema regular de escolarização.

Podem freqüentar escolas fora das favelas apenas os que vivem dentro dos limites dos distritos escolares oficiais, e estes raramente incluem favelas. Se não é a divisão arbitrária de territórios o que exclui o favelado do acesso à educação, será o seu custo. As taxas escolares ou matrículas, o material escolar e o uniforme pesam consideravelmente no bolso magro do favelado. Mesmo os que conseguem manobrar e entrar para a escola, usando livros usados ou dando como endereço o dos patrões de sua mãe, empregada doméstica, muitas vezes enfrentam a perspectiva de ter de abandonar os estudos para ajudar a sustentar a família.

Os termos de integração em outros domínios são igualmente difíceis. A melhoria dos barracos não apenas é desencorajada mas tem sido freqüentemente proibida, com a justificativa de que os mesmos não devem integrar-se na cidade.

FATALISMO E DEFERÊNCIA PARA COM A AUTORIDADE

Um dos resultados desses termos de integração foi reforçar a visão fatalista e submissa dos favelados em geral (ver Tab. 23). Tanto a teoria do tradicionalismo como a da cultura da pobreza sustentam que os marginais são fatalistas, enquanto a última aborda diretamente a questão da deferência para com a autoridade. O fato de que esses dois traços não são indicadores apropriados do tradicionalismo ou da cultura da pobreza na favela brasileira tem maior relevo do que a questão de sua verdade ou falsidade absoluta. Não interessa tanto constatar a presença ou ausência do síndrome, mas saber interpretá-lo.

O fatalismo dos favelados pareceria contradizer seu otimismo, mas aquele deve ser visto como componente de uma fundamenta-

TABELA 22
Nível de Escolaridade dos Favelados e Filhos Mais Velhos

Nível de Escolaridade	Amostra Aleatória[a] (N=600)	Filho mais Velho do Entrevistado[b] (N=176)
Nunca freqüentou escola, e analfabeto	30%	7%
Freqüentou escola, mas analfabeto	9	1
Escola primária incompleta	44	40
Escola primária completa	7	34
Ginásio incompleto	7	10
Ginásio completo	2	1
Colégiol (2º grau) incompleto	0	2
Colégio (2º grau) completo	0	1
Universidade incompleta	0	1
Universidade completa	0	0

a) Abrange a faixa etária entre os 16 e 65 anos.
b) A pergunta só foi feita para os que tivessem filhos com mais de 16 anos.

TABELA 23
Fatalismo e Deferência para com a Autoridade
(N=600)

I. Fatalismo

66 por cento responderam que a ajuda de Deus ou a boa sorte é a coisa mais importante para o progresso do Brasil, e não um bom governo ou o trabalho do povo.
57 por cento acreditam que tudo na vida de uma pessoa acontece porque tinha que acontecer, e não depende do que a pessoa faça para conseguir o que deseja.

II. Deferência para com a Autoridade

84 por cento acreditam que os mais velhos estão sempre ou quase sempre com a razão.
60 por cento acreditam que o mundo poderia ser dividido em dois grupos, os fortes e os fracos.
57 por cento acham que um empregado não deve jamais discutir com seu patrão.

ção protetora, diante da possibilidade de repetidos fracassos. Não é de surpreender que os membros das classes inferiores no Brasil tenham uma visão fatalista das coisas, o que é menos um remanescente rural do que o nítido reflexo da falta de controle do favelado sobre sua vida. Os argumentos que apresentamos ao final do capítulo seguinte, a respeito do sentimento de desamparo dos pobres, tem a mais alta relevância para o estudo do fenômeno do fatalismo. Para um pobre, o sentimento de que o que acontece na vida de uma pessoa pouco depende do que elas fazem não é necessariamente resultado de uma crença irracional no destino ou nos "deuses". É antes uma descrença racional na abertura da sociedade que ele habita. Quando os favelados dizem que "o pobre não tem vez", ou que tentar alguma coisa "não adianta", não estão refletindo uma resignação ou um fatalismo inatos, porém, estão avaliando realisticamente a sua situação. Se as barreiras existentes no seu caminho fossem alteradas, eles poderiam responder de modo bem diferente.[23]

Nossa pesquisa revelou também alto grau de submissão à autoridade, mas este conceito é outro que precisa ser interpretado com atenção. Normas igualitárias são a exceção, e não a regra, na vida social e política do Brasil. A passividade e o respeito da autoridade entre as "massas" é algo funcional para o sistema, sendo encorajados de várias maneiras. Conforme Linz declarou, está na natureza dos regimes autoritários a necessidade de populações dóceis e obedientes.[24] No caso brasileiro, os favelados preenchem esta condição perfeitamente. Um exame mais cuidadoso das questões específicas que incluímos em nosso questionário, com o fito de avaliar a deferência para com a autoridade, ajuda a esclarecer a natureza do problema. O que significa achar que um empregado não pode "discutir com os patrões" num sistema onde isto quase certamente significaria a perda do emprego? O que significa achar que "as pessoas podem ser divididas em dois grupos: os fortes e os fracos" num país onde existe uma elite e um setor *torturável*? Existem realmente entre os favelados a submissão à autoridade e o fatalismo. Trata-se, todavia, de atitudes realistas, e não seria prudente atribuí-las ou à cultura do tradicionalismo ou à da pobreza. Estão fundamentadas numa realidade política, e é possível perguntar-se se elas simplesmente não se evaporariam se aquela se modificasse.

Que isto ocorreria certamente foi sugerido por um clássico experimento conduzido sob a direção de Allan Holmberg. Em 1952 o projeto Cornell-Peru arrendou uma fazenda em Vicos, naquele país, e modificou totalmente o quadro institucional, passando a responsabilidade aos índios. Estudos anteriores sobre as suas atitudes tinham revelado a visão de vida submissa, fatalista e estática, a que Doughty se refere como o "síndrome do servo", e que pareceria aplicar-se a muitos dos favelados. Assim que se alteraram as realidades políticas e econômicas, contudo, essas predisposições supostamente imutáveis e autoderrotistas foram substituídas por "altas doses de iniciativa individual, autoconfiança e um 'entusiasmo ebuliente' ".[25]

MARGINALIDADE ECONÔMICA

A teoria da marginalidade sustenta que os favelados tanto constituem um dreno na economia urbana - desviando parasiticamente os escassos recursos destinados a serviços e infra-estrutura municipais - como também um grupo isolado economicamente, sem os valores ou as credenciais para serem membros produtivos da força de trabalho. Esta é uma questão muito interessante e importante, sobre a qual mais se tem especulado por escrito do que investigado com base em documentos.

PARASITISMO ECONÔMICO

A afirmativa de que os favelados pouco contribuem para a economia em termos de trabalho ou consumo não é confirmada por nossos dados (ver Tab. 24). Verificamos que trabalham quase todos os que podem fazê-lo. Um terço dos homens está empregado na indústria, em obras, ou nos transportes, e muitos mais o fariam se houvesse suficientes empregos. Apenas um décimo trabalha na própria comunidade, enquanto o restante contribui com sua atividade diretamente para a "economia metropolitana externa". Os favelados não apenas construíram os arranha-céus de que o Rio tanto se orgulha, mas são ainda os que os mantêm e os limpam.

Quase um terço das mulheres da favela trabalha em serviços domésticos que a classe média considera essenciais. São as faveladas que representam um constante suprimento de mão-de-obra barata, livrando as mulheres ricas das tarefas de lavar, limpar, cozinhar e cuidar das crianças.[26]

Trinta e dois por cento dos favelados são classificados como não-qualificados. Ainda que alguns trabalhem nesta qualidade em indústrias ou na construção, a maior parte se emprega no setor de serviços, como camelôs, lixeiros, cobradores de ônibus, porteiros, vigias, varredores, lavadores de carros, faxineiros, ou em postos de

TABELA 24

Distribuição Porcentual da Posição Ocupacional Segundo Sexo e Liderança

Categoria Ocupacional	Amostra Aleatória			Amostra de Elite		
	Homens (N=224)	Mulheres (N=356)	Total (N=600)	Homens (N=137)	Mulheres (N=13)	Total (N=150)
Funcionário	7	2	4	9	23	10
Segurança	3	0	1	9	0	8
Comércio	6	2	4	22	15	21
Qualificado	5	4	5	5	0	5
Construção	15	0	6	14	0	14
Semiqualificado	9	1	4	14	15	14
Doméstico	4	29	19	2	8	2
Não-qualificado	32	3	15	10	8	10
Primário	0	0	0	0	0	0
Desempregado	16	39	29	14	23	15
Nunca trabalhou	3	20	13	1	8	1

gasolina ou reparos de calçamento. Estes serviços, ainda que não produzam resultados tão visíveis, não constituem absolutamente um *dreno* na economia urbana, nem são – na maior parte – criados artificialmente. São trabalhos que precisam ser feitos, e que geram renda que recircula através da economia.

Os favelados também contribuem para a economia em termos de consumo. Vimos que 92 por cento compram suas roupas e 72 por cento seus alimentos, fora da favela. Apesar de suas rendas baixas, os favelados constituem um mercado importante para bens de consumo: 76 por cento possuem rádios, 69 por cento têm ferros elétricos, 53 por cento têm máquinas de costura, 31 por cento têm refrigeradores, e 26 por cento televisores.

Uma estimativa aproximada do poder de compra dos favelados do Rio, na hipótese de que as distribuições de renda das famílias nas três favelas estudadas sejam representativas das 200.000 famílias faveladas da cidade, seria da ordem de US$ 14.720.000,00 por mês, ou quase 180 milhões de dólares ao ano (segundo as taxas de conversão de 1969). Estimativas do poder de compra para os *barrios* de Caracas alcançaram 200 milhões de dólares anuais.[27]

A economia beneficia-se duplamente das compras dos favelados, pois muitas vezes eles precisam comprar a crédito. Se as prestações forem pagas no prazo, o preço final será quase o dobro do preço de mercado de determinada mercadoria. Se as prestações não são pagas, o artigo é apreendido sem devolução do que já foi recebido. À época deste estudo, 35 por cento dos favelados estavam pagando prestações, sendo 24 por cento de objetos de uso doméstico, e 11 por cento de roupas e sapatos. Alguns tomam dinheiro emprestado para comprar comida ou vestuário, para não ficar devendo uma prestação, com medo de perder o dinheiro que custou ganhar e que foi aplicado em coisas mais caras.

Os favelados também contribuem para a economia mediante atividades empresariais individuais no interior da favela. Quatro em cada dez construíram a própria casa. De 50 a 60 por cento gastaram tempo, dinheiro e suor na melhoria das atuais moradias. Cinco a dez por cento construíram tendinhas, lojas ou botequins sobre os quais pagam impostos municipais. Além disso, a maioria dos melhoramentos de infra-estrutura – encanamentos de água, redes de esgoto, instalações de luz e força, calçadas e escadarias de cimento – são o resultado do trabalho dos próprios favelados. Este é um tipo primário de investimento no futuro da favela.[28]

O valor imobiliário das favelas cariocas é de aproximadamente US$ 110.000.000,00, calculando-se que as favelas contenham 200 mil moradias, e extrapolando as estimativas mais altas feitas pelos favelados de minha amostra a respeito do valor das próprias casas, na época. Michael Bamberger calcula que os favelados aplicaram mais de um milhão de dólares na construção de 125 mil moradias nos últimos 20 anos. Acentua, ainda mais, que eles construíram estradas e redes de água para suas vizinhanças, instalaram sistemas de luz e força e construíram suas próprias escolas.[29]

PAROQUIALISMO ECONÔMICO

Depois de comprovar que os favelados contribuem substancialmente para a economia, como construtores do próprio ambiente, e como trabalhadores e consumidores, ocupemo-nos agora das afirmativas feitas pela teoria da marginalidade com respeito aos valores e atitudes ligadas ao trabalho. De acordo com o ideal tipo, os favelados não valorizam o trabalho, não se orientam no sentido da realização, e não dispõem da educação e do treinamento necessários à incorporação de normas institucionais de precisão, pontualidade e persistência. Convencionou-se que possuem poucas das atitudes necessárias para o empresariado econômico, tais como a crença na tecnologia científica, e o respeito pelas relações burocráticas impessoais. Portanto, ao conservarem os traços da tradição econômica, os migrantes e favelados – pelo menos em parte – seriam os responsáveis pela sua própria pobreza na cidade.

A evidência por nós recolhida não apóia tais assertivas. Quando perguntamos quais as qualidades que mais admiravam nas pessoas, uma das mais reiteradas respostas foi "ser trabalhador". Os Leeds comprovaram que os favelados consideram "o trabalho como uma situação normal, enquanto a ociosidade, ou a inatividade, especialmente quando involuntária... produz expressões de mal-estar, descrédito, impaciência e cólera. A atividade de fazer algo produtivo – o trabalho – é comumente utilizada para avaliar o valor alheio".[30] Esta "ética protestante" é encontrada em toda a parte na América Latina. Suas regras são: "Trabalhe duro, economize... burle o estado, vote nos conservadores, se possível, mas sempre de acordo com o seu próprio interesse econômico; eduque os filhos para o futuro deles mas também para garantir a própria velhice".[31]

Já abordamos a força das aspirações dos favelados no que respeita a educação e melhoria pessoal, seu respeito pela ciência e sua abertura para a inovação. A evidência é menos clara com respeito a familiaridade com normas impessoais e burocráticas do relacionamento que caracteriza a empresa moderna. Por exemplo, dividem-se as preferências entre contratar um "parente" ou "um estranho mais eficiente" (47 por cento dos favelados preferiram o primeiro, 49 o último). Não é concludente, todavia, qual atitude representa maior tino para negócios. É preciso criar lealdade dentro de qualquer empresa para impedir roubos, inspirar dedicação ao trabalho, e impedir que os empregados transmitam a outros informação que venha prejudicar a firma. O nepotismo pode ser uma boa maneira de transferir lealdades do nível do parentesco para o da economia.

Por outro lado, os favelados escolheram um emprego onde ganhassem "menos tendo mais liberdade", ao invés de outro onde ganhassem melhor "embora seu patrão fosse muito exigente", numa proporção de dois por um. Esta preferência talvez vá de encontro às necessidades das empresas modernas, que muitas vezes espera que os empregados coloquem interesses econômicos acima da felicidade pessoal. O fatalismo dos favelados – quer enraizado em valores culturais rurais, ou numa longa história de sujeição – é igualmente disfuncional nas organizações modernas orientadas para o futuro.

O favelado não possui alta qualificação para trabalhos técnicos ou intelectuais. Apenas 2 por cento dos moradores de favela completaram o primeiro grau; um em cada 500 foram até o fim do segundo grau. Mas o favelado possui muitas das atitudes indispensáveis para a participação plena na economia moderna – especialmente naquelas áreas onde sua iniciativa pessoal mais conta. Entre elas, a abertura para inovação, aspiração para mais educação e aperfeiçoamento profissional, valorização do trabalho árduo, e aceitação da ciência moderna. Do ponto de vista do desenvolvimento econômico, estas atitudes constituem recursos nacionais vitais. Não é nosso propósito analisar em profundidade os motivos por que tais recursos presentemente são mal utilizados. Todavia. nosso trabalho comprova claramente que é um engano incluir entre esses motivos supostas atitudes econômicas marginais do próprio favelado.

TERMOS DE INTEGRAÇÃO ECONÔMICA

Acabamos de sustentar que os favelados não são economicamente marginais, quer como um dreno na economia, quer como grupos econômicos isolados que não dêem valor ao trabalho ou não aspirem ao próprio aperfeiçoamento material. Apesar de suas altas motivações e disposição para o trabalho, porém, reiteradamente são excluídos dos frutos econômicos que o sistema tem para oferecer, e manipulados antes para o benefício do sistema do que para o próprio. Muitos que desejam empregos não os conseguem. Os que o fazem, ficam com os empregos menos desejáveis, mais inseguros, com menos compensações trabalhistas, e menores salários. Como são muitos, há sempre um contingente de trabalhadores à disposição, o que possibilita a manutenção de baixos níveis salariais e permite que os empregadores ludibriem a legislação sobre benefícios para os trabalhadores.

Quase a metade dos homens adultos (15 por cento desempregados e 30 por cento não qualificados) poderiam ser considerados membros de uma mal definida "reserva", disposta a aceitar trabalho no setor industrial, se existente.[32]

É mais difícil ainda avaliar o nível de desemprego forçado ou subemprego entre as mulheres. Trinta e nove por cento estavam desempregadas em 1969, outros 20 por cento nunca trabalharam, e a maioria do restante (29 por cento) eram domésticas. É claro que dificuldades como a necessidade de cuidar da família, conseguir quem fique com as crianças, ou a desaprovação do marido, dificultam a participação feminina na força de trabalho, mas, como a maioria dos orçamentos familiares na favela precisam de tantas fontes de renda quanto possível, é provável que mais mulheres iriam juntar-se às fileiras das empregadas produtivamente, se as oportunidades existissem.[33] Os empregos abertos para os favelados são os menos desejáveis na economia. Três em cada dez favelados trabalham em biscates, que são sempre precários e comumente vexatórios.

Pouca coisa mudou na distribuição ocupacional dos favelados entre 1959 e 1969, e, como vemos na Tabela 25, se houve mudanças foi para pior. A porcentagem de trabalhadores em empregos não-qualificados na verdade aumentou, como o número dos desempregados. Além disso, como ficou demonstrado no Capítulo 3 que nem os antecedentes rurais nem a recente chegada ao Rio se relacionavam ao baixo nível ocupacional, estes aumentos não podem ser atribuídos ao maior número de migrantes no período posterior. É mais provável que mudanças estruturais nas oportunidades de trabalho para pessoal de pouca habilitação tenham ocasionado esta piora na situação, ao invés de alterações nas características dos trabalhadores favelados. De fato, conforme nossos cálculos, as características capazes de melhorar suas possibilidades de ocupação têm melhorado constantemente com o tempo.

Além disso, aos trabalhadores favelados têm sido negados na maior parte os benefícios e garantias conquistados pelos outros pela legislação trabalhista promulgada nos governos de Vargas nas décadas de 1930 e 1940. Não recebem o salário mínimo nem os benefícios da previdência social, inclusive auxílio-doença e aposentadoria. De todos os favelados, apenas 5 por cento recebem os benefícios da previdência social e 5 por cento, auxílio-doença.

Uma razão pela qual os favelados não podem exigir tais benefícios ou qualificar-se para melhores empregos é não possuírem carteira de trabalho, para a qual necessitariam de uma certidão de nascimento. No interior do país, as mulheres são atendidas por parteiras e as crianças ao nascer não são registradas. Mesmo para aqueles que tenham em ordem os seus documentos (e isto, no Brasil, quer dizer uma enorme pilha de papéis misteriosos, amarelados e em frangalhos com vários selos e assinaturas), existe uma incrível burocracia que exige a visita a um órgão atrás do outro. Assim, muitos migrantes são derrotados antes mesmo de começar. O golpe final me foi descrito por um homem de sessenta anos que persistiu por seis meses até conseguir sua carteira para finalmente ouvir de um gerente que poderia dar-lhe um emprego com a condição de não assinar a carteira, o que quer dizer que a firma não pagaria os encargos sociais, aposentadoria, licenças para tratamento de saúde, e

TABELA 25
Comparação da Distribuição Ocupacional em 1959 e 1969
Baseada nos Históricos Individuais da Amostra Aleatória
(N=600)

Categoria Ocupacional	1959 Número	1959 %	1969 Número	1969 %
Funcionário	16	3	22	4
Segurança	5	1	8	1
Comércio	5	1	21	4
Qualificado	24	4	28	5
Construção	37	6	37	6
Semiqualificado	34	6	26	4
Doméstico	112	18	112	19
Não-qualificado	50	8	88	15
Desempregado	62	10	174	29
Primário	64	11	0	0
Nunca Trabalhou	191	32	80	13
Total	600	100	600	100

horas-extras. Desde que recebeu sua carteira este homem tem trabalhado 12 horas por dia e recebe a metade do salário mínimo, sem qualquer proteção trabalhista. Para a firma, ele não está registrado, não existe.

A situação é ainda pior para os que não possuem documentos. Periodicamente a polícia militar dá uma batida nas favelas – usualmente no meio da noite – e prende por vadiagem quem não tiver documentos. Se alguém for fichado como preso, é quase impossível obter emprego em qualquer lugar, completando-se assim o círculo vicioso.

Mesmo aqueles favelados que estão empregados são os mais inseguros da classe. Quarenta e cinco por cento dos favelados trabalhadores disseram que sua principal preocupação é perder o emprego, enquanto outros 24 por cento acham que esta é uma preocupação "muito grande". Apenas 35 por cento recebem salários mensais. Pagamento em intervalos menos freqüentes – por dia, tarefa ou hora – comumente significa emprego temporário que precisa ser reiteradamente confirmado.

A penúria e a exploração econômica do favelado também se reflete no seu contracheque. Em 1969, como vemos na Tabela 26,

TABELA 26
Distribuição Porcentual da Renda Individual e Familiar da Amostra Aleatória
(N=600)

Nível de Renda	Emprego Individual Principal	Renda Familiar Total
Nenhuma	17	0
Até ½ salário mínimo	26	3
½-1 salário mínimo	30	19
1-1½ salários mínimos	16	26
1½-2 salários mínimos	8	19
2-2½ salários mínimos	3	15
2½-3 salários mínimos	0	7
3-4 salários mínimos	1	6
4-5 salários mínimos	9	2
5 salários mínimos ou mais	0	3

17 por cento dos entrevistados na amostra aleatória estavam desempregados, 26 por cento recebiam a metade do salário mínimo ou menos, e outros 30 por cento recebiam menos de um salário mínimo. Em suma, três quartos dos que trabalhavam para viver recebiam menos do que o salário mínimo.

Uma das questões críticas na avaliação da vida econômica dos favelados se refere à mobilidade ocupacional. Saber se o favelado está ou não melhorando de posição e de renda após sucessiva troca de empregos faz uma grande diferença na interpretação de sua situação econômica. Para levar a efeito tal interpretação, tratei cada mudança de emprego registrada na história ocupacional de cada pessoa como um evento ou uma unidade de análise separada, e depois considerei-as em conjunto. Como a grande maioria das ocupações de nível médio ou alto estão excluídas, optei por uma classificação simples: ocupação não-qualificada, semi-qualificada e qualificada. Incluindo apenas aqueles homens que tinham tido ao menos dois empregos no Rio até 1969, e extraindo dados tanto da amostra aleatória quanto da elite, a fim de incluir a subseção potencialmente mais móvel da população, fiquei com 269 indivíduos e um total de 650 mudanças de emprego. A Tabela 27 mostra que as mudanças

TABELA 27
Mobilidade Ocupacional, Tomando a Mudança de Emprego como Unidade de Análise*
N=650

Antes de Mudar de Emprego	Depois de Mudar de Emprego: Não-qualificado	Semiqualificado	Qualificado	Total
Não-qualificado	45%	23%	29%	100% (N=176)
Semiqualificado	12%	62%	26%	100% (N=210)
Qualificado	25%	21%	55%	100% (N=264)

Resumo: Mudanças horizontais, total = 357 = 54,92%
Mudanças ascendentes, total = 147 = 22,61%
Mudanças descendentes, total = 146 = 22,47%

* Inclui apenas aqueles homens que, até 1969, tinham trocado de emprego pelo menos uma vez, no Rio de Janeiro, e abrange as amostras de elite e aleatória.
Consta de 269 indivíduos.

horizontais foram muito mais comuns (55 por cento de todas as trocas de emprego), havendo mais ou menos o mesmo número de mudanças para posições melhores ou piores, respectivamente, 22,6 e 22, 4 por cento. O alto grau de mobilidade descendente parece indicar que o mesmo se os favelados conseguem escapar de empregos não-qualificados alguma vez em suas vidas profissionais, é tão fácil para eles subir como descer. As perspectivas de trabalho parecem ser altamente instáveis e desencorajadoras.[34]

Como, então, sobrevive o favelado? Na maioria das famílias (67 por cento), trabalham tanto o marido como a mulher. Quinze por cento das famílias suplementam seus ganhos com biscates. Assim,a renda familiar é um pouco mais alta do que o salário,mas ainda assim é penosamente baixa, como se vê na Tabela 26. Uma em cada cinco famílias subsiste com uma renda total inferior a um salário mínimo mensal; a metade consegue de um salário a salário e meio. Lembremo-nos de que a família média conta com seis pessoas.

O favelado, como os moradores de cortiços em toda parte, também é explorado pelo sistema econômico local. Os comerciantes da favela cobram mais caro que os outros. As comissões que controlam o fornecimento de energia e de água aumentam os preços destes serviços em até 10 vezes o preço normal. E a exploração dos proprietários, ainda que bastante rara, é um problema que se torna cada dia mais grave, naquelas áreas onde algumas pessoas possuem vários barracos.

No sentido de que tem pouca instrução, um trabalho insatisfatório e uma renda baixa, o favelado é um *marginal* econômico. Mas esta é uma marginalidade por exclusão e exploração, e não, motivada por baixa motivação e paroquialismo. O favelado está intimamente integrado no sistema econômico, não apenas em ação e atitudes como no sentido ainda mais fundamental de que sua sorte depende de fatores macroeconômicos como políticas de protecionismo industrial, subsídios à agricultura e frentes de trabalho abertas pelo governo. No período que se seguiu à guerra, a economia brasileira mostrou-se capaz de proporcionar tantos novos empregos na indústria quantos eram os migrantes para as cidades. Mas em meados da década de 1950 diminuiu o crescimento do emprego nas fábricas, enquanto se acelerou o influxo de migrantes.[35] Este continuado desequilíbrio afetou a situação econômica dos favelados mais do que qualquer fator sob seu próprio controle.

Os favelados, portanto, não são marginais à economia nacional; estão integrados na mesma de uma maneira que lhes é prejudicial. Os trabalhadores favelados parecem condenados ao fracasso no mercado de trabalho – atormentados por um ciclo contínuo de trocas de empregos que representam retrocesso, rebaixamento e freqüentes intervalos de desemprego. Há poucas indicações no sentido de que os termos fundamentais desta integração/exploração econômica venham a alterar-se no futuro próximo.

CAPÍTULO 6

MARGINALIDADE POLÍTICA: PARTICIPAÇÃO E RADICALISMO

AS PROPOSIÇÕES DA TEORIA da marginalidade sustentam que os favelados não estão integrados na vida política nacional e municipal. Convencionou-se que a favela não possui organização política interna, o que resulta em real impotência dos favelados em relação às instituições governamentais externas. Pensa-se que os favelados e migrantes não se interessem por política e estejam pouco cientes dos eventos políticos. O ideal tipo que derivamos insinua que os favelados raramente participam de política eleitoral, evitam ação política direta, e raramente tentam alcançar objetivos pessoais através dos canais administrativos.

Um corolário à proposição da não-participação política é a assertiva de que os favelados encontram-se tão alienados das estruturas urbanas sociais, culturais, econômicas e políticas que representam uma força revolucionária em potencial. Supostamente os favelados e migrantes canalizam suas frustrações para a agressão política, não atribuindo legitimidade ao regime e reclamando mudanças estruturais básicas no sistema.

Neste capítulo abordaremos cuidadosamente as proposições e hipóteses sobre a política na favela, numa tentativa de ver atrás das aparências superficiais e examinar a realidade em suas várias manifestações. De início, investigaremos a afirmativa de que as favelas não possuem organização política interna. Em seguida, observaremos o interesse dos favelados pela política, sua percepção da mesma, e avaliaremos sua participação política no nível municipal e nacional. Este exame nos fornecerá o substrato para uma análise das perspectivas de radicalismo na favela. Por fim, testarei o desamparo e a dependência experimentados pelos moradores da favela, e tentarei relacionar meus resultados com as realidades da política brasileira.

ORGANIZAÇÃO SOCIAL E POLÍTICA NA FAVELA

Nos Capítulos 2 e 5 descrevi sucintamente as muitas associações religiosas, políticas e sociais existentes nas favelas. Tanto a minha observação direta de suas atividades quanto a análise estatística da tipologia de seus membros me levaram a concluir que as organizações sociais e políticas exercem funções similares e se abastecem de uma clientela semelhante. Tanto umas quanto outras são de importância fundamental para a compreensão da vida política na favela. Ambas treinam seus membros no ritual de eleger dirigentes, obedecer as regras, elaborar estatutos, e regulamentos, e no processo da formulação coletiva de diretrizes. Mas a dimensão crítica que determina sua natureza política é que a participação em qualquer uma delas confere ampla experiência na barganha de benefícios com o mundo exterior.

Essas associações mantêm ampla variedade de contatos com instituições públicas e privadas - bem como "patrocinadores" avulsos - a fim de garantir apoio financeiro individual, licenças, autorizações e documentos. Os líderes locais que servem de intermediários entre seus membros e os contatos externos constituem uma perene fonte de informação sobre aspectos da burocracia urbana de mais importância para as vidas diárias dos favelados.

As organizações religiosas, por outro lado, não exercem esse tipo de função *política,* mesmo no sentido mais lato da expressão. Além do fato óbvio de estarem voltadas para a solução de problemas de ordem sagrada, ao invés da secular, não possuem a conformação de uma entidade politizante. Seus líderes são designados, e não eleitos; as decisões não contam com a participação dos membros; e contatos com as agências externas restringem-se à hierarquia religiosa. Tendo em vista que variam muito, de espíritas a pentecostais e católicas, é difícil generalizar sobre qualquer predisposição que possam criar no sentido de outras modalidades de participação, ou predizer o que poderia politizar as próprias instituições. Para o presente propósito, então, nos reservaremos para aquelas organizações explícita ou implicitamente políticas por natureza.

Dos 68 por cento dos favelados que pertencem a alguma associação voluntária, pouco menos da metade participam unicamente de um grupo religioso; 35 por cento são sócios de organizações sociais ou políticas. Quatorze por cento pertencem a duas ou mais dessas entidades. Como seria de esperar, entre as elites o número de membros é muito mais alto: 88 por cento pertencem a pelo menos um grupo social ou político, e quase a metade pertencem a dois ou mais.

A mais importante organização política da favela é a Associação de Moradores, que normalmente serve de porta-voz oficial da comunidade em seus entendimentos com os de fora, e tem a importante missão interna de trazer para a área a extensão dos serviços urbanos. Como vimos, as Associações de Moradores também tentam proporcionar serviços assistenciais básicos para seus constituintes – como os de médicos e dentistas – e cursos de alfabetização de adultos. As sedes das Associações freqüentemente servem de lugar de encontro e recreação e são o centro de entrega de correspondência para a comunidade inteira. Ainda que a concentração de membros variasse de uma para outra área, a média das três por nós estudadas era de mais de 15 por cento da população adulta.

As Comissões de Luz foram criadas inicialmente pela Companhia Estadual de Energia Elétrica como parte de um plano para distribuir este serviço na favela. As comissões locais organizam e administram a cabine, cobrando dos moradores mais do que têm de pagar a CEEE, e embolsando a diferença. Os membros da comissão recebem o serviço diretamente da cabine a um preço superior ao que é pago pelos outros moradores da cidade, mas em geral inferior ao da outra alternativa – puxar uma extensão de outro barraco. O controle exercido pela Comissão de Luz sobre um recurso escasso, e sua capacidade de acumular fundos, fazem dela uma força política considerável em cada favela onde existe. Regularmente envolve-se em disputas a respeito de todo tipo de questões de âmbito local, e em geral é dirigida por um grupo dissidente hostil aos diretores da Associação de Moradores. Quatorze por cento de nossa amostra declararam pertencer a este tipo de Comissão.

A maior parte das atividades sociais da favela – bailes, festivais, piqueniques e excursões – são organizadas pelos clubes recreativos. Cinco por cento dos entrevistados disseram pertencer a estes clubes. Alguns clubes mais ricos possuem sede própria, enquanto os menos afortunados tomam emprestado as instalações da Associação dos Moradores. Os fundos provêm principalmente das mensalidades e das entradas para eventos patrocinados pelo clube.

Uma complexa rede de clubes esportivos, em particular de futebol, existe também na favela. Seus membros (8 por cento da população) jogam não apenas uns contra os outros, mas também disputam partidas interfavelas, com boa frequência do restante da população favelada. Alugam-se ônibus para transportar os times em competição de um lado para outro na cidade. Alguns clubes esportivos, ou por terem patrocinadores de fora, ou por alcançarem excelentes resultados nas competições, possuem sede própria utilizada pelos sócios para conversar, beber, jogar cartas ou oferecer festinhas nos fins de semana.

O maior acontecimento social do ano – quando os favelados representam o papel principal, admirados pelo resto da cidade – é o Carnaval. As escolas de samba começam a preparar-se em fins de agosto, pelo menos cinco meses antes do evento. Os ensaios são semanais, no princípio, mas aumentam de intensidade (e animação) até serem quase diários, com festas públicas noturnas nos fins de semana. Apenas 5 por cento dos moradores das oito favelas estudadas disseram pertencer a escolas de samba, mas essas comunidades não se encontram entre as favelas famosas cujos passistas e bateristas, num esplendor colorido, desfilam ao longo da principal avenida do Rio no grande evento do Carnaval. Em algumas das outras favelas do Rio, de até 50 a 85 por cento dos residentes podem ser vistos participando das atividades carnavalescas. As escolas de samba organizam-se num sistema metropolitano que se relaciona com a Secretaria de Turismo, fábricas de cerveja e muitos outros grupos privados ou do governo. Muitas dessas instituições contribuem para o financiamento das despesas de preparação – o governo, para promover uma atração turística, outros, para conseguir licença de funcionamento por ocasião das festividades principais.[1]

Os grupos das favelas, ainda que nelas se baseiem e busquem seus associados, têm fortes vínculos com o exterior, o que permite que a Associação dos Moradores barganhe por benefícios para sua comunidade,[2] e que as escolas de samba consigam ajuda para pagar as despesas dos complexos preparativos para o Carnaval. Pearse ressaltou que mesmo os clubes esportivos e sociais estão "intimamente ligados a patrocinadores e às vezes financiadores, interessados em criar um eleitorado político na favela".[3]

Não é apenas o financiamento que é importante, mas também os contatos que precisam ser feitos com patrocinadores "bem colocados", contatos estes que às vezes são valiosos para a obtenção de melhores empregos, serviços médicos ou educação. Em geral, a ajuda é recíproca: se, por exemplo, o patrocinador tem um amigo ou parente concorrendo a um cargo eletivo, pode contar com um eleitorado à disposição.

A rede de organizações sócio-políticas nas favelas constitui clara evidência de um sistema político interno, ao contrário da suposta atomização e isolamento. Em oposição às hipóteses do nosso ideal tipo, os favelados participam ativamente das organizações locais e continuamente procuram estabelecer vínculos com a sociedade exterior.

LIDERANÇA NAS FAVELAS

Em muitos cortiços da América Latina, a liderança local é dominada poderosamente por um chefe supremo, o *cacique* ou patrão. Às vezes, por ter organizado a *invasão* da terra, obtém um poder *de facto* sobre uma vizinhança, que domina a partir de então com um mandato ilimitado. Uma camarilha de amigos, parentes e dependentes com quem ele pode contar permite que o cacique ameace – e, se necessário, adote – o emprego de táticas violentas para conseguir o que pretende.[4]

O padrão da liderança local nas favelas cariocas é bastante mais repartido. Cada organização elege não apenas um presidente mas às vezes uma série quase interminável de vice-presidentes, secretários, primeiro e segundo tesoureiros, e assim por diante. Ainda que uma mesma pessoa seja comumente membro de mais de um grupo, é raro que um mesmo indivíduo seja dirigente em mais de uma entidade. Todos os associados podem ser eleitos. Os que assumem algum cargo têm de obedecer a regras e deveres definidos nos estatutos ou "constituições" elaborados e considerados orgulhosamente pelos grupos. Em muitos casos um presidente e algum dos seus associados se reelegem, mas em geral apresentam-se sérios competidores aos ocupantes. A abertura às lideranças na favela reforça-se pela ausência de representantes do governo ou dos partidos, como é o caso de aglomerados semelhantes no México ou na Venezuela. Além disso, nenhum dos partidos políticos oficiais corteja a favela como fizeram no Chile antes do golpe de 1973.

Em outros respeitos, todavia, há muitas semelhanças entre a situação dos líderes das favelas e dos caciques. Uns e outros são moradores locais, e não estranhos, e se interessam por tudo o que diz respeito às suas áreas, e não por questões isoladas. Ainda que a favela não conte com um líder único que mantenha controle exclusivo sobre as ligações com as autoridades externas, um grupo de líderes assume o "papel de intermediário político a montar guarda sobre as conexões e sinapses cruciais dos relacionamentos do sistema local com o todo maior".[5] Tal como Lisa Peattie verificou em Ciudad Guayana, este "acesso a níveis mais elevados de autoridade" faz às vezes uma diferença fundamental na defesa dos interesses locais.[6]

Como os caciques, são as elites da favela que mantêm contatos com as entidades exteriores, os burocratas, políticos, arquitetos, advogados e outros indivíduos de alta posição que possuem aptidões ou recursos importantes para a satisfação das necessidades locais. Apesar de benéfico, como ressalta Adams, o "poder derivado" que flui de fontes externas para o líder local pode ser "utilizado eficazmente dentro do aglomerado a fim de manter o controle e desencorajar sérios desafios à autoridade".[7] Como os caciques, os líderes da favela às vezes utilizam suas posições privilegiadas na busca de fortuna ou prestígio pessoal, tendo assim fortes interesses comprometidos na manutenção do *status quo.*[8]

Se as favelas conseguissem direitos legais a seus terrenos, e completos serviços e facilidades urbanos, em muitos casos a utilidade, o poder e a importância desses líderes seria fortemente reduzida. O controle que mantêm sobre os recursos internos se dissolveria e seu poder de barganha se esvaziaria. A fim de sobreviver, precisam persuadir os moradores a contentar-se com mudanças simbólicas e lentos progressos, e a confiar na liderança local no sentido de que está fazendo o possível para resolver os difíceis problemas de infra-estrutura e posse da terra. Isto pode soar maquiavélico, mas em geral é verdadeiro. Como explica o sociólogo brasileiro Machado: "No caso, por exemplo, de sistemas de água, energia e comércio interno, esses só podem funcionar como recursos para a burguesia favelada enquanto for preservado o *status quo,* e a favela não sofrer profundas alterações que a transformem num bairro normal de classe operária".[9]

ENVOLVIMENTO POLÍTICO FORA DA FAVELA

Poderia argüir-se teoricamente que, apesar dos favelados serem de fato participantes no interior da própria comunidade, seriam entretanto marginais em termos do interesse e envolvimento no contexto mais amplo da política exterior à favela. Presumiu-se, por exemplo, que a falta de tempo livre e de recursos conspira contra o envolvimento ativo do favelado na política nacional e municipal. Até certo ponto, isto é verdadeiro. Sua vida apertada confronta-os com uma carga quase insuperável de preocupações de ordem imediata. A política só atinge relevância para eles na medida em que lhes interessa diretamente a vida.

PERCEPÇÃO POLÍTICA

Nas entrevistas prévias ao teste perguntamos aos favelados com que freqüência tinham conversado com líderes políticos, e com quem. Dentre 41, cinco declararam falar de assuntos políticos esporadicamente, mas ninguém disse que isso era uma prática reiterada e a vasta maioria respondeu que "nunca". As conversas políticas não tinham lugar com a família, amigos ou vizinhos, mas com políticos e funcionários do governo, usualmente em conexão com o pedido de algum favor político. Bonilla encontrara um padrão semelhante num estudo anterior; apenas 12 por cento dos favelados falara de política com algum amigo nos seis meses que tinham precedido sua pesquisa.[10]

O sentido de "conversar sobre política", bem como o do que é política, obviamente varia de pessoa para pessoa e de cultura para cultura. A fim de avaliar o interesse e a percepção política neste estudo, utilizamos quatro critérios: relevância da política, conforme era percebida pelo entrevistado; grau de interesse em assuntos políticos; nível de informação política; e grau de convicção política sobre questões de nível político local, estadual e nacional.

Podemos ver na Fig. 9 os constituintes de cada uma destas dimensões e as respectivas distribuições para homens, mulheres e líderes. Evidencia-se que a política parece tanto mais relevante para o favelado quanto mais o assunto lhe for próximo, enquanto que os líderes distinguem com maior clareza a relevância, nos três níveis.

A percepção política nos outros favelados parecia muito baixa para os líderes, que se queixavam de que seus constituintes eram apáticos, desinteressados ou ignorantes, ou de que eles "não querem nada", "não se esforçam".[11]

As mesmas relações mantêm-se no que diz respeito ao interesse e à informação política: os níveis são relativamente baixos para os favelados em geral, e bastante mais altos para os líderes. Quase a metade dos favelados mencionou uma fonte "preferida" de informação política, em geral os meios de comunicação de massa, em oposição aos "líderes de opinião" locais, aos amigos ou à família; apenas 11 por cento declararam já ter estado "tão empolgado (entusiasmado ou revoltado) com algum assunto político que teve vontade de fazer alguma coisa". Os líderes, como seria de esperar, são mais politizados: 80 por cento nomearam uma fonte preferida de informação política, e cerca de um terço já se empolgara o suficiente a ponto de querer fazer alguma coisa.

Também como seria de esperar, o nível de interesse em política e de percepção de sua relevância co-varia com os graus de informação política, que também são indicados na Fig. 9. As escalas compostas, todavia, obscurecem o importante ponto de que os níveis de informação política tendem a decrescer conforme os acontecimentos se distanciam da favela.

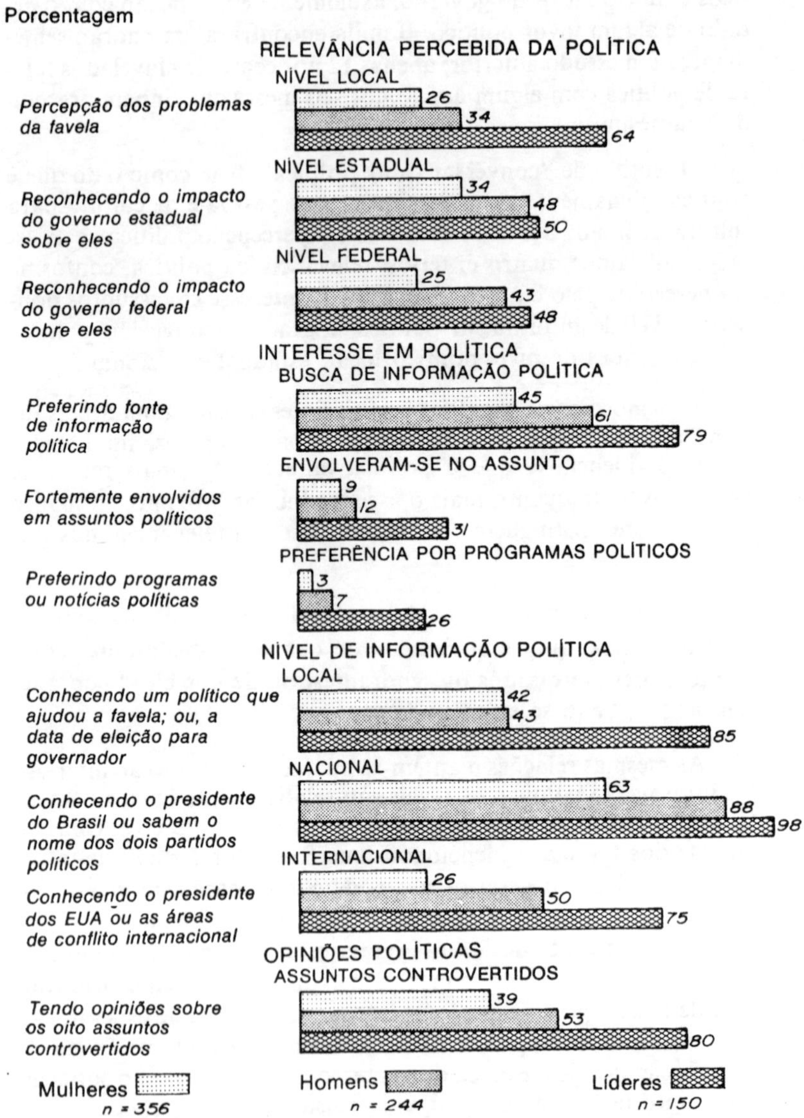

9. Percepção Política.

Finalmente, ao contrário da idéia de que os favelados são apolíticos até para formular opiniões, comprovamos que 92 por cento dos entrevistados têm opiniões formadas sobre pelo menos a metade de uma série de oito questões controversas, e quase a metade expressou uma opinião sobre as oito.

Comparações feitas com estudos sobre atitudes em áreas rurais indicam que o favelado sabe muito mais sobre assuntos políticos que o seu equivalente do campo. Philippe Schmitter verificou que apenas um terço dos moradores da roça eram capazes de dizer o nome do Presidente do Brasil[12] – em comparação com 59 por cento dos favelados e 95 por cento dos seus líderes, em meu trabalho.[a] Além disso, observei durante uma estada em uma vila de pescadores alguns anos antes que, apesar de todos saberem que "Pedro Álvares Cabral descobriu o Brasil em 1500", tanto estudantes como professoras ignoravam quem era então o Presidente do país.

O conceito de marginalidade política não faz justiça às nuanças da percepção política na favela. O montante de informação do favelado sobre política internacional pode não ser grande, nem se prefere o debate político a outros tipos de conversa. Os favelados, porém, têm como líderes pessoas que têm uma percepção mais aguda da política e de suas ramificações, e que possuem uma atenção astutamente seletiva que se concentra nos interesses locais onde sua atuação seja mais capaz de produzir resultados.[13] É no domínio da participação política que o grau de percepção e interesse pode ser concretizado.

PARTICIPAÇÃO POLÍTICA

Medimos o envolvimento político em três áreas: participação eleitoral, inclusive a votação e o trabalho para um candidato à eleição ; ação política direta, como comícios, abaixo-assinados, comparecimento a reuniões políticas; e participação administrativa, como "uso de instituições urbanas" como órgãos do governo, institutos de assistência social, bancos, escritórios de advocacia, agências de emprego e sindicatos. Num regime autoritário onde muitos canais de expressão política estão bloqueados ou são acessíveis apenas de maneira simbólica, "o uso de processo político" se torna muito importante.

Política Eleitoral. O grau de participação dos favelados em cada uma dessas três modalidades aparece na Fig. 10. Aproximadamente

[a] Note-se que o conhecimento de quem era o Presidente estava de certa maneira dificultado pelo fato de que nessa ocasião o Mar. Costa e Silva estava seriamente doente e a liderança passara de forma um tanto ambígua para as mãos de uma Junta.

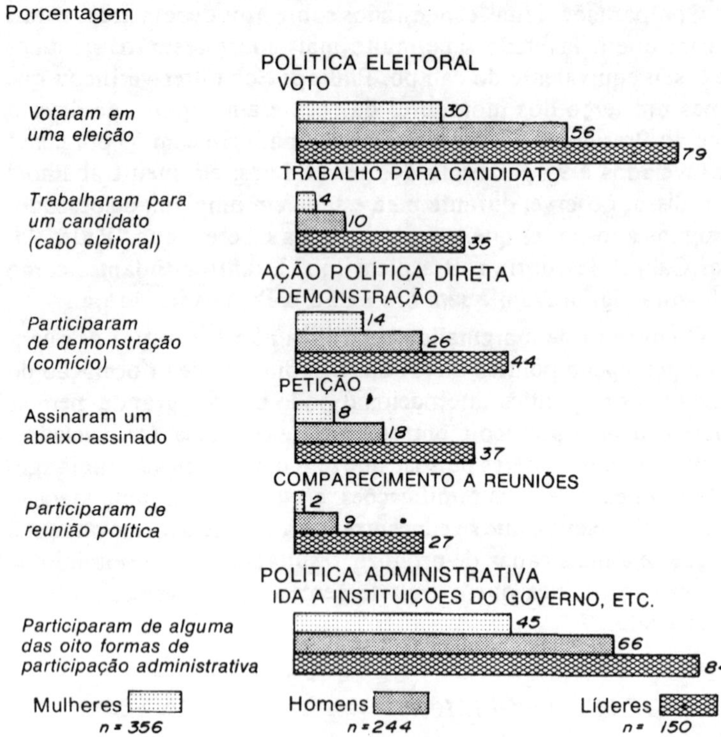

10. Participação Política.

de 60 a 70 por cento dos favelados aptos votaram pelo menos uma vez.[14] Este dado é um pouco enganador, todavia, pois o voto é supostamente obrigatório no Brasil. Ironicamente, uma medida mais precisa de participação significativa seria o ato de não votar, isto é, anular o seu voto. Esta forma de protesto, moderada mas expressiva, foi seguida por cerca de 55 por cento dos eleitores nas eleições de novembro de 1970 na Guanabara.[15]

A segunda modalidade de participação eleitoral, aberta a qualquer um independente de idade, grau de alfabetização ou situação ocupacional, é ser cabo eleitoral de um candidato político. Um em cada 10 favelados angariou votos ou fez propaganda para algum candidato, e 10 por cento é um número bastante alto para uma população supostamente acomodada e apática. Um observador brasileiro assim descreve a atuação dos favelados: "Ao mesmo tempo em que se discutem os grandes temas, cada eleitor visa a um benefício pessoal e cada político visa a garantir seu eleitorado. É aqui que surge a figura mais importante das eleições no Brasil: o cabo eleitoral... É ele quem preenche o hiato entre o que os candidatos declaram e o que irão fazer. A política assim se preenche de um conteúdo altamente demagógico. O candidato apresenta ao eleitor um programa de ação, mas ao indivíduo ele promete sua intervenção pessoal. E é esta que pesa".[16]

O cabo eleitoral é o corretor que opera entre eleitor e candidato. Em troca de votos, recebe dos candidatos promessas de favores. Às vezes são benefícios coletivos como manilhas ou escadarias de cimento; outras, os "favores" são retribuições de última hora para serem distribuídos individualmente, como peças de vestuário, sapatos ou alimentos. Por ocasiões, o pagamento é pessoal. Um cabo eleitoral que se vangloriava de haver obtido 2.000 votos teria pedido um Chevrolet Impala, e outro, uma pessoa que o livrasse de uma acusação de bigamia. O processo insere pessoas com influência puramente local num sistema mais amplo de relações de poder, mas sempre numa base pragmática. Não há muito lugar para ideologias ou mesmo lealdade a coletividades abstratas.

Ação Política Direta. A política eleitoral não constitui a única modalidade de expressão política dos favelados. Eles podem trabalhar em conjunto fora desses canais - diretamente, quer preenchendo abaixo-assinados, quer comparecendo a reuniões políticas ou comícios. Doze por cento dos favelados apuseram seus nomes em abaixo-assinados, em geral em apoio a alguma solicitação de interesse da comunidade: uma escola local, posse legal do terreno da favela, ou ligação a rede urbana de água e eletricidade. Apenas 5 por cento disseram ter comparecido a reuniões, ainda que a questão possa ter sido interpretada como excluindo as assembléias-gerais da Associação dos Moradores e significando apenas reuniões políticas propriamente ditas. Seria um pouco arriscado admitir participação em reuniões organizadas por um sindicato, um partido político, ou um grupo de pressão exterior à favela. Do mesmo modo, apenas 19 por cento disseram ter participado de uma demonstração, mencionando a greve de abastecimento de Caxias, greves decretadas por sindicatos, comícios contra a remoção de favelas, ou "visitas coletivas" ao Palácio do Governo.

A ação política direta é claramente a que conta com o menor envolvimento, em número de participantes. É interessante notar, porém, que os números correspondem estreitamente aos referentes à participação direta dos pobres dos Estados Unidos. Uma amostra de mais de 1000 pessoas em cinco bairros (três de negros, um de brancos, um de descendentes de mexicanos), comprovou que 14 por cento da massa apresentara alguma queixa a um superintendente, e 12 por cento, a algum representante do governo. Dezenove por cento tinham participado de piquetes; a mesma proporção de favelados participara de demonstrações.[17]

Política Administrativa. Se abandonamos as atividades de alto risco da ação direta, e nos voltamos para a arena de baixo risco da participação administrativa de interesse individual, encontramos significativo aumento no envolvimento. Esta é, de longe, a modalidade mais comum de atividade política dos favelados. Em um constituinte apenas de nossa escala, "ir a uma instituição do governo", encontramos participação de 28 por cento das mulheres, 42 por cento dos homens, e 63 por cento dos líderes. Excluindo-se os líderes, 54 por cento foram tratar de algum problema, consultar um advogado, procurar aconselhamento profissional, utilizar serviços bancários, ou tratar de inscrição nos serviços previdenciários, ou em sindicato.

A participação administrativa é uma maneira viável de se fazer uso do processo político, e, sem dúvida, é uma forma "integrada" de envolvimento. Muitos dos problemas da favela são tratados no campo administrativo, e a contribuição de muitos líderes locais consiste justamente em mourejar ao longo de intermináveis canais burocráticos em benefício da comunidade. De qualquer maneira, esta é uma atuação que obedece às regras do sistema. Se o governo cria outra entidade que precise ser consultada, ou outra exigência a ser preenchida, em geral não há nada a fazer senão aceitar mais este atraso, talvez definitivo. No final da marcha administrativa pode esperá-los o fracasso, como o caso já citado da humilhante derrota de Maria Carolina, que não conseguiu receber seu auxílio-doença do governo.

Na outra extremidade, todavia, encontra-se o astuto jogo político entre os líderes da favela e, num degrau acima, os políticos e burocratas. As complexidades das jogadas podem ser percebidas nesta observação de um líder favelado, a respeito do telefonema recebido do diretor de um importante órgão governamental: "O Diretor disse que desejava me alertar porque eu 'estava sendo usado pelo Deputado'... Eu respondi que não, pelo contrário, eu é que estava 'usando o Deputado'. A única coisa que eu não lhe disse é que o Deputado, na realidade, estava era usando o Diretor".[18]

A participação política das elites das favelas é semelhante, quanto à distribuição, à dos outros favelados, mas num montante muito superior. Oitenta por cento votaram; um em cada três trabalhou para um candidato político. Muitos participaram de comícios (44 por cento) ou firmaram abaixo-assinados sobre assuntos da favela (37 por cento). Também neste caso os índices de envolvimento acompanham o correspondente aos líderes nas comunidades pobres dos Estados Unidos. Um estudo de 630 líderes escolhidos pelos pobres em 100 bairros do país inteiro revelaram que 47 por cento tinham apresentado reclamações a um representante do governo, e o mesmo número, ao dono de um negócio local, e que 35 por cento haviam participado de piquetes.[19]

A participação na área administrativa entre os líderes favelados, como entre o restante dos moradores, é a modalidade mais freqüente de envolvimento político. Oitenta e quatro por cento participaram em uma das medidas que computamos. O acesso a contatos administrativos é uma das mais importantes fontes de poder com que contam entre os favelados sendo essencial para a compreensão da política na favela.

Podemos concluir, da evidência apresentada, que, apesar da política não ser o interesse dominante nas vidas dos favelados, eles não são absolutamente apáticos e acomodados. Preocupam-se sensatamente com as questões que os afetam de modo mais direto, e participam com bom senso de modo a defender o melhor possível seus interesses e prejudicar o menos possível o sistema. Os líderes têm uma participação mais ativa em todos os setores de atividade, mas observam a mesma estratégia de minimizar os riscos e maximizar os ganhos. Dentro da realidade política brasileira, isto significa o contrário da marginalidade – significa integração serena e ordenada no sistema político nacional. Não obstante, o medo que as classes governantes sentem da subversão e do comportamento antisocial suscitou uma série de estereótipos generalizados a respeito do radicalismo nas favelas.

RADICALISMO E CONFORMISMO NA FAVELA

Nos anos que precederam a revolução militar de 1964 no Brasil, estudantes, intelectuais, jornalistas, profissionais jovens, e mesmo alguns líderes trabalhistas acreditavam fervorosamente que a revolução social era inevitável. O governo de Goulart falava de reformas de base; a União Nacional de Estudantes convocara uma greve estudantil nacional; Francisco Julião organizara ligas camponesas no Nordeste, e o esquerdista Miguel Arraes, Governador de Pernambuco, instaurara uma série ampla de reformas. A revolução parecia estar na volta da esquina. A esquerda presumia que a sua avaliação da realidade brasileira era amplamente compartilhada pelos outros segmentos da população, em particular pelas massas. Certamente, entre todos os brasileiros, os favelados seriam os que mais apoio dariam aos movimentos de mudança radical. Os jornais também ecoavam com predições sombrias sobre as hordas dos favelados famintos que desceriam para o asfalto em motins e saques, ameaçando a vida dos cidadãos respeitáveis. Em 1º de abril a revolução chegou – da direita, e não da esquerda – sob a forma de um golpe militar. Os favelados desceram dos morros, realmente, mas para apoiar o restabelecimento da ordem e para sancionar o lema de "Deus, Família e Propriedade". Com esta experiência em mente, seria proveitoso submeter a um teste empírico as duas teorias expostas no Capítulo 4, a saber, uma que considera os favelados como radicais, outra, como conformistas.

A literatura sobre o radicalismo nos cortiços suscita uma série de perguntas provocadoras. O que quer dizer *radical*, em termos de favela? Como determinar se os favelados são ou não *radicais*? O termo radical tem sido usado de maneira muito vaga e imprecisa na literatura sobre a marginalidade. Muitas vezes traz a conotação de alienação ou frustração, que supostamente levaria os favelados a cometer atos contra a ordem estabelecida, a motins, e à provocação da instabilidade social. Tendo em vista as grandes diferenças nos padrões de vida dos favelados e do resto da população urbana, muitos observadores tanto de direita quanto de esquerda levantaram a hipótese de uma base de ressentimento e hostilidade entre favelados, que os tornaria receptivos à perspectiva ideológica *radical*. Isto, no contexto brasileiro do final da década de 1960, significaria descontentamento com o governo e o sistema político, o desejo de uma mudança estrutural básica, certo grau de consciência de classe, e uma visão nacionalista e antiimperialista. Estes quatro conjuntos de percepções foram utilizados por muitos sociólogos brasileiros como indicadores de ideologia radical, e também por mim, para comprovar sua presença ou ausência.[20] Contudo, antes de examinar nossos dados, é preciso ressaltar que estes indicadores não dão um retrato completo da situação.

Em primeiro lugar, muitos indicadores aplicam-se melhor às percepções ideológicas de estudantes e profissionais, do que a traços relevantes das vidas dos favelados. Mudança estrutural, por exemplo, ou nacionalismo, são conceitos abstratos que os favelados talvez nunca tenham considerado. A ameaça de remoção da favela, no entanto, significa muitíssimo para os favelados, e tem catalisado sua ação coletiva numerosas vezes, como veremos no próximo capítulo.

Além disso, como sempre sucede quando se trata de atitudes, nem sempre as ações podem ser preditas de acordo com as mesmas, nem se pode ter certeza de que uma alteração na situação objetiva não modifique completamente tanto as atitudes quanto o comportamento das pessoas em questão.

Examinarei as reações dos favelados, portanto, com muita cautela, mas reconhecendo também que a crença no radicalismo da favela é um estereótipo profundamente enraizado, no qual muita política tem sido fundamentada. Pode-se aprender alguma coisa a respeito da relação entre crenças políticas dos favelados e ideologia, ou da verdade ou falsidade da teoria sobre frustração/agressão, e sobre as diferenças internas que existem entre líderes e seguidores, entre homens e mulheres, e entre as subclasses da favela.

MEDIDAS DE RADICALISMO

A primeira medida de radicalismo a ser explorada é o descontentamento com o governo e a relutância em atribuir-lhe legitimidade. Quando, em nosso pré-teste, perguntamos "Acha que, em geral, o atual governo é bom ou mau para o país?", apenas 3 entre 41 responderam "mau". Os outros 80 por cento variaram de opinião, mas todos se mostraram favoráveis ao governo de certa maneira. Esta tendência confirmou-se pelas respostas dadas a duas perguntas que fizemos no questionário-padrão, e que consideramos menos diretas e, portanto, menos capazes de provocar respostas evasivas (ver Fig. 11). Perguntamos "As pessoas do governo realmente tentam entender, resolver os problemas da gente?", e 60 por cento responderam "sim". Num segundo item, 82 por cento disseram que o governo dá ao povo as coisas que ele precisa, ou espontaneamente (38 por cento) ou quando o povo exige (44 por cento). Apenas 8 por cento disse que o governo não dá nem num caso nem noutro. A este respeito, os favelados são muito menos alienados do que os norte-americanos pobres. Quando perguntados "Que acha que o governo norte-americano pensa dos pobres?", estes responderam: 43 por cento, que o governo faz muito pouco para ajudá-los, e outros 12 por cento, que o governo quer mantê-los numa situação inferior.[21] Talvez eles tenham aspirações mais altas do que os favelados.

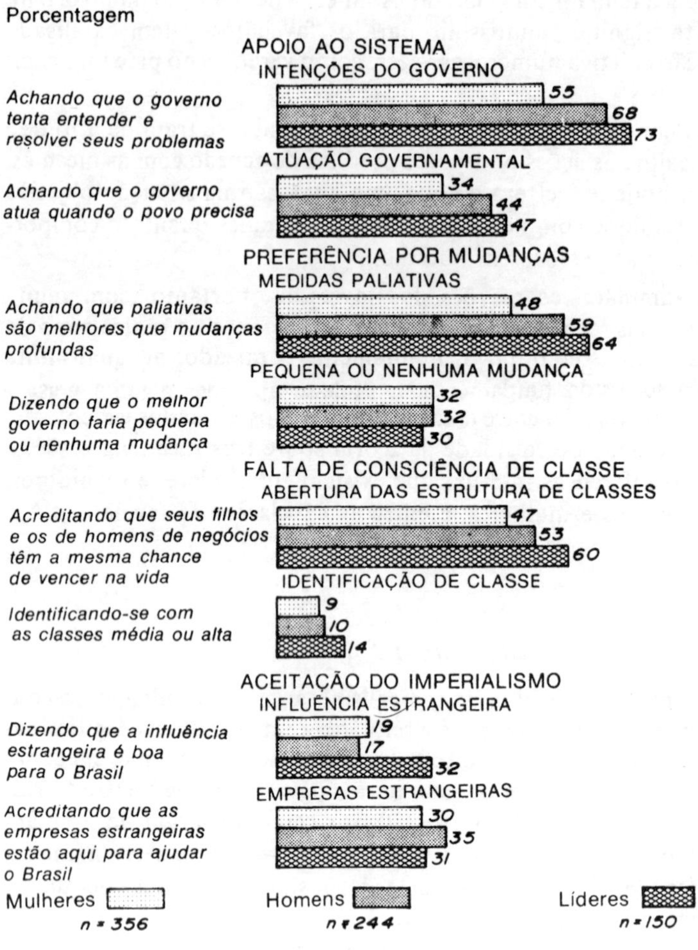

11. Conformismo Político.

O conformismo também domina a cena quando se trata das mudanças consideradas desejáveis pelos favelados. Eliminamos a questão apresentada no pré-teste "Acha que algumas mudanças básicas devem ser feitas, mesmo à custa de alguma desordem?", pois não teve nem uma única resposta positiva. Isso não foi de surpreender, em vista do clima político de então, e das incertezas que cercam uma entrevista. Utilizamos assim duas versões mais diluídas da mesma pergunta. Em resposta à primeira, apenas 28 por cento disseram preferir "uma mudança profunda e que vá ao fundo de nossos problemas", contra 53 por cento que optaram por "pequenas transformações", e 18 por cento que responderam "não sei". Mais adiante, perguntados que tipo de modificações seriam melhores para o desenvolvimento do Brasil, 59 por cento disseram "grandes modificações", 22 por cento, "pequenas modificações", e 9 por cento, "nenhuma modificação". Comparando-se as respostas a estas perguntas, verificamos que, apesar da maioria dos favelados talvez apoiar grandes mudanças na política, poucos desejariam mudanças na ordem social e praticamente ninguém deseja modificações que envolvessem violência.

A consciência de classe parece ser muito fraca no favelado, apesar da afirmativa de que "a visão do mundo do migrante caracteriza-se pelo ódio profundo aos ricos".[22] Para começar a testar esta noção, perguntamos no pré-teste: "No Brasil existem ricos e pobres. Como explica isto?" As respostas foram muito variadas, mas a maioria repetia os temas "Isto é natural, pois eles se complementam uns aos outros", "Desde o começo do mundo sempre foi assim", e "Isto é assim mesmo". Cinco entre 41 disseram que ser pobre depende do esforço aplicado pela pessoa em seu trabalho e estudos – uma resposta diferente, mas que dificilmente refletirá uma visão classista. Sete por cento responderam que a riqueza depende do nome da família, e de heranças, porém mesmo esta resposta é vazia de sentimento de antagonismo de classe, dominação ou exploração.

Soares comprovou que os migrantes recém-chegados à cidade continuam a se chamar de "os pobres", como eram conhecidos no interior, mas que aos poucos começam a se denominar "membros das classes trabalhadoras". Os elementos mais mobilizados e com maior consciência de classe, contudo, se chamam "o operariado".[23]

Incluímos em nosso questionário definitivo uma medida-padrão da percepção de barreiras de classe. Resultado: a metade da população acha "que o seu filho e o filho de um homem de negócios têm a mesma chance de vencer na vida". Ainda que os favelados acreditem que sempre haverá ricos e pobres, muitos sentem pouca frustração, talvez porque esperem realmente que seus filhos vençam na vida.

Quando inquiridos diretamente sobre a classe a que pertenciam, 10 por cento respondeu "baixa classe média", ou uma classe mais elevada, e cerca da quarta parte disse "operária". Na realidade, no fundo do coração muitos favelados aspiram imitar e um dia ser – talvez por meio dos filhos – a classe média. Outros sentem certo orgulho de ser favelado, e de ter conseguido o que conseguiram sozinhos, e pelo trabalho cooperativo. Isto se aplica principalmente a moradores de Nova Brasília. Os favelados desejam de verdade melhorar suas condições de vida até se parecerem com as da classe média, e conseguir a posse do terreno para sua favela, mas orgulhavam-se de pertencer à sua comunidade e dela não sairiam mesmo se as condições econômicas o permitissem.

Apesar dos favelados não manterem normalmente contatos em seus lugares de trabalho – pois a maioria trabalha por conta própria e em condições instáveis, ao invés de em fábricas – eles *mantêm* contatos em seus locais de residência. Eles tendem a relacionar-se mutuamente todo dia em suas comunidades, o que levanta a questão de outro tipo de grupo, organizado em base diferente do lugar de trabalho. Este tópico veio à luz nos Estados Unidos com o estudo de Alinsky sobre a organização comunitária,[25] e foi esta, de fato, uma das razões pelas quais o governo brasileiro se mostrou tão interessado em dissolver esses aglomerados. Entretanto, tal como nas comunidades pobres dos Estados Unidos, os moradores mostravam-se muito desconfiados de "agitadores externos", e de retórica que não conduzisse a resultados tangíveis.

O constituinte final da medida de radicalismo é o nacionalismo. No Brasil, ser nacionalista e antiimperialista (especialmente antiamericanista) sempre se associou com a perspectiva da esquerda. Quando perguntamos em nosso pré-teste "O que é nacionalismo?", 33 entre 38 disseram nunca ter ouvido esta palavra; o restante imaginou tratar-se de "algum tipo de política nacional".

Como tínhamos previsto a ignorância do conceito de *nacionalismo*, perguntamos diversas questões relativas ao conteúdo de nacionalismo e de orgulho nacional, no pré-teste. A primeira foi "Em sua opinião, existem nações mais capazes e inteligentes que outras?" Cinqüenta por cento responderam afirmativamente, mas quando se insistiu para que disessem quais eram elas, quase ninguém citou o Brasil. A grande maioria indicou os Estados Unidos. À pergunta sobre quais as principais características dos brasileiros, eles disseram: "felicidade, alegria, bondade, amizade e estilo" – respostas não muito *politizadas*.

Acompanhando os interesses das camadas mais elevadas, os favelados, ainda que não nacionalistas, são "patriotas" no sentido tradicional. Quase 75 por cento acham que feriados nacionais como o Dia da Independência, 7 de setembro, deve ser comemorado, principalmente por se tratar de "uma tradição antiga que deve ser perpetuada". Desde o tempo de nosso trabalho o atual regime vem empreendendo uma elaborada campanha publicitária de educação moral e cívica no sentido de encorajar justamente esses sentimentos de patriotismo. Além de cursos obrigatórios em todos os graus de ensino, um dos elementos da campanha é a intensa distribuição de flâmulas, bandeiras e decalques com dizeres como "Segurança", "Brasil, Ame-o ou Deixe-o", ou simplesmente "Pode contar comigo". É freqüente a propaganda pelo rádio, televisão e jornais, sobre a glória e o progresso da nação. Os maiores especialistas do mundo inteiro foram contratados para elaborar este material publicitário.

No questionário definitivo, utilizamos duas medidas de nacionalismo. A primeira, "Acha que existe alguma influência estrangeira no que acontece no Brasil? Boa ou ruim?" obteve apenas 23 por cento de respostas nacionalistas – que existia, e que era ruim. (Dentre estas, 70 por cento identificaram os Estados Unidos como a principal fonte de influência perniciosa.) De maneira semelhante, numa questão referente aos propósitos das empresas estrangeiras no Brasil, apenas 22 por cento deu a resposta antiimperialista, para "explorar os brasileiros", enquanto 64 por cento disse que queriam "ajudar o progresso do Brasil" ou "cuidar dos interesses delas".

SÍNDROMES IDEOLÓGICOS

Além de examinar os itens individualmente, procurei com atenção algum síndrome de idéias radicais, sem encontrar nada que se parecesse com uma ideologia, ou de esquerda ou de direita. A situação é típica do estilo político brasileiro em geral, que tende a ser pragmático, e não ideológico. Um político brasileiro de alto nível chegou a declarar, a respeito de um importante problema do momento: "Eu não sou nem a favor, nem contra: muito pelo contrário".[26]

Na Tab. 28 encontramos as conexões entre as medidas de radicalismo utilizadas neste estudo. Conhecer a resposta de uma pessoa a algum quesito quase não ajuda a predizer como responderá qualquer outro. A Tabela 28 também inclui todas as conexões (Rank Order Correlations) entre os oito indicadores de radicalismo registrados na Fig. 11. Apenas dois dos 28 pares atingem níveis significativos de co-variância, a saber, os indicadores de "nacionalismo" e os dois sobre "avaliação do governo". Também não encontramos correlação entre qualquer um dos indicadores *compostos* ("avaliação do governo", "nacionalismo", "preferência por grandes modificações" e "identificação de classe"). Decidimos incluir na tabela outras três medidas referentes a atitudes a respeito da participação

TABELA 28
Ausência do Síndrome de Radicalismo
Spearman Rank Order
(Ordem de Classificação de Spearman)
Coeficientes de Correlação*

	1	2	3	4	5	6	7	8	9	10	11
1. O governo tenta compreender e resolver os problemas	+	**.28**	.03	.01	.05	.00	.07	**.14**	.00	.04	.06
2. O governo dá o necessário		+	.04	.00	.03	.04	**.14**	**.16**	.00	.02	.03
3. Prefere medidas paliativas			+	.03	.06	.03	**.06**	.01	.11	.07	.03
4. Prefere pequenas mudanças, ou nenhuma				+	.09	**.13**	.03	.03	.08	.06	.06
5. O favelado tem as mesmas oportunidades					+	.04	.01	.00	.08	.08	.00
6. Identificação de classe						+	**.11**	.07	.05	.03	.03
7. A influência estrangeira é benéfica							+	**.26**	.01	.00	.00
8. As empresas estrangeiras são benéficas								+	.02	.01	.03
9. É melhor deixar a política nas mãos dos políticos									+	.02	.04
10. Os analfabetos não devem votar										+	.06
11. Os brasileiros não têm capacidade de votar bem											

* As entradas significantes ao nível de 0,001 estão em negrito.

popular ("Se todo brasileiro deve participar da vida política", "se o analfabeto deve poder votar" e se 'o povo brasileiro ainda não tem capacidade de votar bem"). Ainda desta vez não houve correlação, ou entre estas três ou entre elas e as outras medidas de *radicalismo*.

Ainda que o número de pessoas que deram respostas radicais fosse pequeno em termos absolutos, poderíamos falar de um grupo radical se as mesmas pessoas tivessem dado respostas mais ou menos correlacionadas. Faria sentido, então, falar de radicalismo como fenômeno, comparar o grupo radical com os mais conformistas, e ver quais os fatores que teriam condicionado a formação do ponto de vista radical. Este tipo de análise não teve cabimento, pois, como se viu, não foi possível constatar nenhum síndrome.

Poderia levantar-se a objeção, é claro, de que esta impossibilidade de se encontrar atitudes e comportamento radicais na favela deveu-se a medidas ou técnicas analíticas inadequadas. Contudo, foi precisamente nosso êxito em isolar síndromes de percepção e de participação políticas que nos encorajou a pesquisar a respeito de uma possível ideologia radical. As matrizes encontram-se na Tabela 29.

HIPÓTESE DA SEGUNDA GERAÇÃO

Testamos também a hipótese da "segunda geração", no sentido de que se poderia esperar encontrar radicalismo, não entre os recém-chegados, mas nos que estavam na cidade havia mais tempo. Construíram-se duas medidas a respeito do tempo de permanência na cidade, uma, classificando os indivíduos como "naturais do Rio" até "primeiro ano em cidade grande". Nenhum dos oito indicadores de radicalismo apresentados na Fig. 11 correlacionou-se significativamente com qualquer uma das duas medidas.

TEORIA DA FRUSTRAÇÃO-AGRESSÃO E RADICALISMO

Apesar das sérias reservas que guardamos a respeito da natureza pseudopsicológica do enfoque frustração-agressão, considerei que, tendo em vista a sua aceitação entre os sociólogos da pobreza urbana, seria mais proveitoso submeter o conceito a um teste do que ignorá-lo.

Nossos resultados são consistentes com o da teoria da frustração-agressão no sentido de que, se a frustração pode ser considerada como um fator do descontentamento, então teríamos de considerar também que a satisfação teria de promover o conformismo. Ao contrário da crença geral, os favelados declararam-se razoavelmente satisfeitos com suas vidas e perspectivas para o futuro. Mais de oito em cada dez disseram não desejar voltar para os lugares de

TABELA 29
Síndromes de Percepção e Participação*

I. Percepção

Interesse	Ênfase	Informação	Opinião
Interesse	43	51	54
Ênfase		38	44
Opinião			48

II. Participação

Eleitoral	Ação Direta	Participação Administração
Eleitoral		
Ação Direta	52	38
Participação Administrativa		34

* As estatísticas são *Gammas;* todas as entradas estão em negrito pois todas as tabelas foram significantes bem acima de níveis 0,001. (Uma análise dos Spearman R. produz os mesmos resultados.)

origem, ainda que a metade lá tivessem ido a passeio. Quatro quintos acharam que a sua situação econômica era melhor do que a dos amigos que tinham permanecido no interior. Nove entre dez mencionaram aspectos de suas vidas atuais na cidade de que gostavam de modo especial, e 70 por cento afirmaram haver tanto ou mais ajuda mútua na favela do que nos seus lugares de origem; a metade pensava que seus filhos tinham tantas oportunidades de vencer na vida quanto os filhos de um negociante típico. Este quadro oferece pouca evidência para comprovar as disparidades entre "querer obter", ou as esperanças malogradas de que fala a hipótese da frustração-agressão. Apesar de viverem numa cidade que abertamente convida à inveja pela comparação entre as classes sociais, os favelados comparam-se favoravelmente uns com os outros e com seus equivalentes na roça.

Testamos ainda mais a teoria da frustração procurando comprovar se as medidas de radicalismo variavam com os indicadores de frustração e de satisfação, utilizando como medidas de frutração: 1. desejar voltar para o lugar de origem; 2. achar que estava melhor antes de migrar; 3. acreditar que havia mais ajuda mútua no lugar de origem; 4. ter poucas pessoas com quem contar; 5. desejar sair da favela; 6. não gostar do Rio; 7. preferir ser removido; e 8. sentir-se pessimista com respeito ao futuro próprio e do Brasil. Estas variáveis cobrem um amplo espectro de insatisfações e desapontamentos, mas o grau maior ou menor destes sentimentos não se relacionou com qualquer das medidas de radicalismo (ver Tabela 30). O resultado é extraordinário, tendo em vista a vasta literatura teórica cujas premissas repousam sobre tais correlações.

Também atentamos de perto para dois tipos de pessoas que experimentam grandes disparidades de aspiração e realização em suas próprias vidas: os que trabalhariam para ganhar mais para um chefe mais exigente, e que todavia tivessem os níveis mais baixos de renda, e aqueles particularmente preocupados com a educação dos filhos, os quais, todavia, obviamente não tinham conseguido prosseguir os estudos. Nenhuma destas duas medidas de frustração pessoal se relacionou com o radicalismo. A teoria da frustração-agressão é, portanto, duplamente inútil para a compreensão do radicalismo na favela. Primeiro, não importa quão espezinhados e frustrados os favelados pareçam a um observador, a visão que eles têm varia com a sua auto-imagem; e segundo, a frustração porventura existente não se canaliza no sentido do não-conformismo político.

LIDERANÇA E RADICALISMO

Em qualquer sistema político, são de particular importância as atitudes e a orientação dos membros mais ativos e poderosos. Apesar de constituírem uma minoria, seus pontos de vista pesam significativamente na balança política, pois eles controlam a conversão de atitudes em ação. Além disso, são também eles que recebem a maioria das comunicações da matriz política mais ampla e as interpretam para o restante da comunidade. É importante, por isso, observar que os líderes da favela, segundo todas as medidas disponíveis, são mais conformistas e mais conservadores do que as pessoas que eles representam. Não apenas não estão provocando entre seus seguidores um "frenesi de atividade radical", como muitos têm receado, mas nem ao menos catalisam o pequeno grau de descontentamento existente. Na maioria das medidas, cerca de 10 por cento mais de líderes apóiam o sistema do que a amostra aleatória. Em resumo, justamente aqueles elementos da sociedade da favela que possuem maior interesse, conhecimento e participação política – os capazes de se afirmar com maior eficácia no mundo exterior – são os menos propensos a desafiar este mundo a modificar suas políti-

TABELA 30
Racicalismo-Conformismo e Frustração-Satisfação (Matriz de Spearman *Rank Order*)

Medidas de Radicalismo-Conformismo[a]	Medidas de Frustração-Satisfação[b] A	B	C	D	E	F	G	H
1	0,000	-0,069	0,086	0,049	-0,087	-0,047	0,000	0,101
2	0,063	0,055	-0,067	-0,070	-0,007	0,101	0,024	*-0,156*
3	-0,021	-0,032	-0,050	-0,014	-0,005	0,068	0,053	0,016
4	0,052	0,043	0,000	0,016	0,054	0,076	0,121	0,002
5	0,038	-0,084	0,052	0,037	-0,051	-0,042	-0,047	*0,138*
6	0,057	0,077	-0,106	-0,034	0,091	0,050	-0,041	0,018
7	-0,044	-0,048	-0,039	-0,009	-0,069	-0,017	-0,028	*0,166*
8	0,032	0,014	0,055	0,053	-0,051	-0,019	0,017	-0,099

Nota: Os relacionamentos significativos em nível 0,001 encontram-se em grifo. Na tabela inteira existem apenas três relacionamentos significativos; todos são extremamente baixos, sendo que o mais elevado tomou a direção oposta à esperada.

a) As medidas de Radicalismo-Conformismo são:
1. O governo não tenta ajudar pessoas como nós
2. O governo *não* dá o que o povo precisa
3. Querer medidas paliativas
4. Querer pequenas mudanças, ou nenhuma
5. Seu filho tem a mesma oportunidade do filho de um negociante
6. Pouca identificação com a classe
7. A influência estrangeira é boa
8. As empresas estrangeiras são boas.

b) As medidas de Frustração-Satisfação são:
A. Querer ficar na cidade
B. Melhor situação econômica
C. Mais ajuda mútua na cidade
D. Poder contar com os vizinhos
E. Querer permanecer na favela
F. Gostar de algo em particular na cidade
G. Não desgostar de nada na cidade
H. Ser otimista quanto ao passado e ao futuro, tanto os próprios quanto os do Brasil

cas repressivas em relação à favela. Machado ressaltou como os líderes favelados têm grande interesse em manter o sistema que lhes trouxe relativo poder e posição, portanto, sua visão é determinada muito mais pelos grupos e políticos acima e afora da favela – todos eles conservadores em extremo – do que pelas massas faveladas.[27]

É bem possível que as elites da favela tenham assumido as respectivas posições de poder e liderança em parte devido precisamente porque sua visão política se afinava melhor com a da situação, do que a dos outros. Ao se tornarem ativos nas próprias comunidades, e ao lidarem cada vez mais com as instituições exteriores na barganha por vantagens, muitos terão criado interesses cada vez maiores na manutenção do *status quo*. Se as favelas fossem legalizadas, e lhes fosse concedido todo o rol dos serviços urbanos, por exemplo, os líderes ver-se-iam privados das barganhas políticas que atualmente são tão lucrativas e proveitosas para eles.[28]

AS MULHERES E O RADICALISMO

A exclusão das mulheres dos papéis que envolvem poder é algo profundamente arraigado no estilo político brasileiro; é o reflexo político no espelho do machismo. Em consonância com a hipótese que venho defendendo, os menos poderosos dos favelados – as mulheres – revelaram-se as menos conformistas. Entre dez líderes comunitários, apenas um é mulher. É mais provável que as mulheres sejam analfabetas, desempregadas, mal-pagas e isoladas do complexo urbano do que os homens. Também a elas se aplicam os mais baixos níveis em todos os indicadores de percepção e envolvimento político. Paralelamente, de acordo com nossas medidas, são elas menos conformistas do que os homens (ver Fig. 11). As mulheres duvidam mais que o governo esteja trabalhando pelo bem do favelado, são mais céticas de que medidas paliativas resolvam seus problemas, e mais incertas sobre as possibilidades de seus filhos vencerem na vida tão facilmente quanto os filhos de negociantes. Em todos estes itens elas são cerca de 10 por cento menos conformistas que os homens, o que parece indicar possuírem uma percepção mais acurada da verdadeira situação da favela, do que os homens. Isto vai ao encontro da teoria geral de Gunder Frank, segundo a qual as pessoas menos ligadas à ordem estabelecida estão mais aptas a desenvolverem um senso de identidade autônomo e uma clara definição do interesse próprio.[29]

No caso específico das faveladas, seu nível relativamente mais baixo de conformismo talvez se derive de uma combinação de fatores: elas talvez não tenham tanta malícia quanto os homens ou os líderes, a respeito dos perigos potenciais de fazer críticas ou dizer o que realmente pensam; talvez tenham tido menos exposição aos mitos da classe média sobre "oportunidades iguais" e "boa vontade do governo" devido a estarem menos expostas aos meios de comunicação, além de manterem menos contatos com outros grupos; e talvez sejam mais realistas sobre a própria posição e da família, pois são elas que enfrentam diariamente o problema da sobrevivência. São em geral as mulheres da favela que precisam esticar um salário submínimo para alimentar uma família de seis pessoas, ou enfrentar o dissabor de ver os filhos deixando os estudos para trabalhar.

É preciso considerar com cautela, todavia, o potencial *revolucionário* das faveladas. Dizer que sejam menos conformistas não significa necessariamente dizer que sejam mais radicais. Apesar de se mostrarem mais dispostas a criticar do que os homens ou as elites, isto se dá em termos absolutos muito baixos. As mulheres latino-americanas não constituem uma fonte muito realista de mudanças radicais. O passado mostrou que, ao adquirirem mais conhecimento político, e ao se transferirem de posições periféricas na sociedade, elas adotam as posições mais submissas dos homens e dos líderes. Seria interessante comparar as mulheres líderes com as seguidoras, mas o número de líderes – 13 mulheres entre 150 líderes – é pequeno demais para permitir uma análise significativa.

CLASSE E RADICALISMO

Existe uma importante perspectiva que concentra muitas das observações que estivemos expondo. Na limitada gama de classes da favela, os líderes incontestavelmente constituem o grupo de mais elevada posição, privilégio que lhes permite, em parte, uma familiaridade maior com os acontecimentos e personagens da cidade, e justifica a auto-confiança que demonstram ao assumir a iniciativa nos assuntos locais. Concomitantemente, a posição sócio-econômica inferior da mulher em parte subscreve seu modesto não-conformismo político.

Alguns líderes locais, fora de dúvidas, contam com recursos econômicos suficientes para sair da favela e viver noutra parte, mas permanecem para gozar as prerrogativas de, em terra de cego, ter um olho. Este desejo de prestígio e poder, ainda que limitado, constitui o fundamento da assertiva de que os líderes não desejam tanto resolver os problemas da favela como conseguir uma série de vitórias a curto prazo que possam utilizar uma de cada vez, aumentando sempre a própria posição e riqueza.[30]

Uma análise secundária destes dados e dois estudos semelhantes conduzidos em outras favelas por Cardoso e Martins confirmam estas afirmativas:

> As maiores concentrações de atitudes e valores contra o sistema e o conservadorismo tendem a ter lugar precisamente nas camadas mais baixas da estratificação sócio-econômica... As determinantes sócio-econômicas tendem a concentrar (estas) atitudes naqueles segmentos onde exista o maior acúmulo de apatia e inatividade política; e, ao contrário, reúnem nos setores mais mobilizados, informados e ativos exatamente as atitudes e valores que predispõem às formas mais conformistas de intervenção no processo político.[31]

Estas conclusões foram alcançadas após a comparação entre um indicador composto da posição sócio-econômica e os itens referentes à percepção, participação e avaliação já abordados.[32] Em cada caso, quanto mais alta a subclasse do que respondera ao questionário, tanto maior sua percepção, participação e conformismo.

Algumas pessoas poderiam interpretar a descoberta de uma alienação política fundamentada em classe ou quase-classe como sinal do potencial revolucionário do favelado mais destituído. Gostaríamos, todavia, de enfatizar, juntamente com Cardoso e Martins, que apesar de ser numericamente mais importante o estrato mais baixo da favela, provavelmente é ilusório pensar nele como numa "concentração de potencial revolucionário".[33] Vários fatores contribuem para este juízo. Primeiro, o nível de alienação nos setores mais baixos é alto não em termos absolutos, mas apenas em comparação com o dos outros favelados. Um diferencial de 10 por cento a partir da completa aquiescência é uma vantagem muito duvidosa, em termos de fervor revolucionário. Depois o fato de que os favelados mais frustrados não são os mais radicais desmente a dinâmica postulada – que o aumento da privação e da opressão vá provocar maior atividade revolucionária. Terceiro, como não há evidências de sintomas radicais, ainda que pessoas de posições inferiores tenham em geral uma perspectiva mais crítica, poucas articularam suas idéias numa estrutura capaz de explicar fenômenos diferentes, ou de apoiar uma ação política. E finalmente, ainda que se verifique uma alienação maior do governo nas camadas mais baixas, são também estas as politicamente menos eficazes. Seria possível interpretar a falta de envolvimento em atividades políticas tradicionais por parte deste grupo como uma expressão de desdém pelos procedimentos estabelecidos, mas, tal explicação não responderia pela descrença na eficácia que a ação do governo possa ter sobre a vida deles, ou pelo não-envolvimento em demonstrações públicas e petições.

Generalizando, dadas as limitações deste tipo de inquérito e análise, concluiria que os favelados mostraram poucos sinais de revolta, radicalismo de esquerda ou propensão para a desordem social. Não pareceram também particularmente vulneráveis aos apelos da "retórica radical". Os moradores das favelas desconfiavam muito de esquerdistas que vinham distribuir panfletos. ("Esses estranhos todos têm parentes que são advogados ou conhecem gente entre os militares, assim eles podem correr riscos, mas nós não temos proteção alguma.") Isso demonstrava não apatia-ignorância, nem radicalismo-subversão, mas uma compreensão aguda da realidade existente. O próprio reconhecimento de sua vulnerabilidade era em si mesmo um sinal da astúcia política e do pragmatismo dos favelados. Além disso, a simples luta pela sobrevivência deu-lhes experiência de ação coletiva, e às vezes também um reforço positivo. Os favelados dão atenção coletiva e apoio àquelas questões e àqueles indivíduos que lhes possam trazer algum resultado concreto e certo grau de segurança. Em diferentes circunstâncias, estou segura de que os favelados seriam perfeitamente capazes de perceber o que seria de seu interesse, e de agir no sentido mais conveniente. A questão é que, nas condições vigentes em 1968-1969, eles não estavam dispostos a assumir riscos extremos ou a acalentar ilusões ideológicas.

IMPOTÊNCIA E DEPENDÊNCIA

Vimos que os favelados não são politicamente marginais – mas participam ativamente no seio da própria comunidade e moderadamente mas com sensatez na arena externa – e que nem são radicais nem subversivos. Podemos, então, perguntar de que maneira estão integrados. Tal como nos domínios social, cultural e econômico os termos da integração dos favelados são marcados pelo estigma, pela exclusão e exploração, também no político se caracterizam pela manipulação e repressão. O próximo capítulo nos oferecerá um claro exemplo, e, na conclusão, examinaremos como essa ocorrência tem se repetido ao longo da história do Brasil. Com o decorrer do tempo, isto resultou nos sentimentos de vulnerabilidade que já abordamos, e numa sensação de impotência e dependência.

Isto ficou claramente demonstrado no pré-teste, quando fizemos várias perguntas extraídas do trabalho de Almond e Verba sobre sentimentos de "percepção de eficácia".[34] Em resposta ao quesito "Se o governo fizer algo que o prejudique, existe alguma coisa que V. possa fazer a respeito?" 36 indivíduos entre 41 responderam "não", a metade deu como explicação a idéia de que "o governo está sempre certo", e o resto mencionou o medo de reações que o governo pudesse tomar em represália. A mesma alta proporção respondeu negativamente à pergunta paralela, "Se V. desejar que o governo faça algo de seu interesse, existe alguma coisa que V. possa fazer a respeito?" Com exceção de dois, todos os 41 concordaram com um terceiro quesito no sentido de que "a política e o governo são tão complicados que não se pode mesmo compreender o que está acontecendo". Mais reveladoras, todavia, foram as respostas dadas à questão que, após lembrar que "todos os cidadãos brasileiros têm certos direitos", indagava "Quais, na sua opinião, são os mais importantes?" As respostas mais comuns foram: "o direito de apoiar o governo", "o direito de respeitar as autoridades", e "o direito de obedecer as leis". A distinção essencial entre direitos e deveres, privilégios e obrigações parece não ter sentido, segundo a experiência deste grupo. Muitas destas questões revelaram-se tão deslocadas no contexto da favela brasileira que foram eliminadas na versão definitiva do questionário.

Era importante, todavia, avaliar a impotência e a dependência; incluímos, portanto, perguntas a esse respeito em todos os questionários. A Fig. 12 revela um extraordinário quadro da realidade política como ela é vista pelo favelado. Apenas 16 por cento dos entrevistados acharam que podiam fazer "alguma coisa para influir no governo", e somente 26 por cento, que poderiam "na verdade, ter voz no que o governo faz". Mesmo num nível muito local e pessoal, era marcante a ausência de percepção de influência política: apenas 3 por cento disseram que as pessoas "costumam pedir sua opinião sobre problemas de eleições, candidatos ou sobre problemas políticos em geral", enquanto outros 5 por cento responderam que isso ocorria "às vezes".

Experiências reiteradas de impotência política deixaram na consciência do favelado uma marca ainda mais profunda. Descobrimos uma orientação normativa que, na verdade, legitimiza esta ausência de participação na moldagem do próprio destino. Quando inquiridos se "todo brasileiro deve participar da vida política" ou se "a política deve ficar nas mãos dos políticos mesmos", apenas 30 por cento escolheram a primeira alternativa. Evidência complementar é fornecida por dois itens referentes à capacidade do povo em geral, e dos analfabetos em particular, para assumir um papel responsável na vida política. Apenas 31 por cento concordaram totalmente que o povo brasileiro "tem capacidade de votar bem", e apenas 41 por cento mostraram-se a favor de dar ao analfabeto o direito de votar. Aliás, esta resposta era *independente* do fato do respondente ser ou não analfabeto ele próprio, o que comprova ainda mais a ausência de radicalismo, pois o voto do analfabeto era um dos principais pontos da plataforma esquerdista da época.

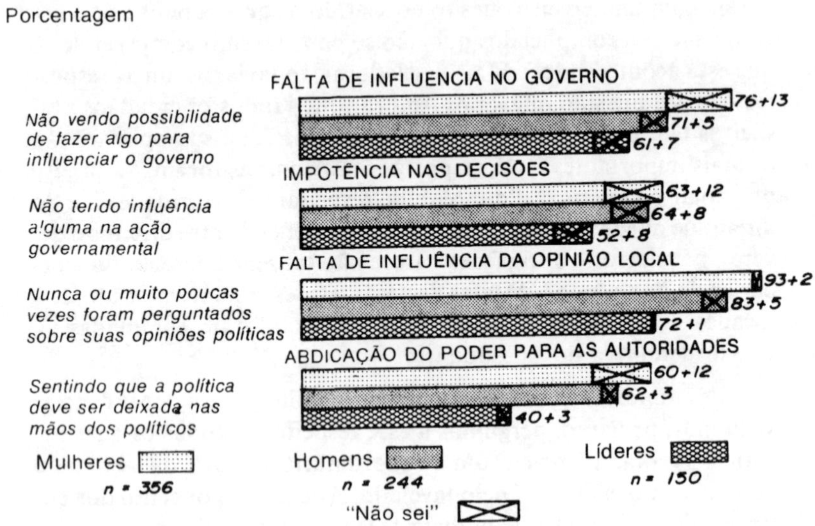

12. Impotência Política.

Esta combinação de impotência reconhecida e sancionada esclarece o que ficara comprovado anteriormente neste capítulo, quanto ao fato de que a maioria dos favelados concorda em que "o governo dá ao povo as coisas que ele precisa" e que "as pessoas do governo realmente tentam entender, resolver os problemas da gente". Schimitter escreveu, a respeito, que no Brasil "espera-se que o poder seja exercido de fora, por outrem, para o benefício do indivíduo mas sem a sua participação".[35]

É preciso, todavia, esclarecer um ponto referente à validade dos conceitos "eficácia política" e "competência civil", no contexto brasileiro. O favelado que disser que tem "voz no que o governo faz" ou que "pode fazer algo" para influir no governo não é mais eficaz, mais moderno ou mais competente, como cidadão; é apenas mais tolo, mais completamente enganado pela retórica do governo, e mais distante da sua própria realidade. Constitui um tributo ao bom senso do favelado que este grupo constitua uma ínfima minoria.

Consideremos, por um momento, quem são os elementos mais ingênuos, ou ao contrário, os mais perspicazes quanto à própria situação. A diferença de local de moradia não tem relevância. As respostas foram quase idênticas na Catacumba, em Nova Brasília e Caxias. Os favelados que responderam que não havia possibilidade de fazer alguma coisa para influir no governo, ou que "não sabiam" foram, por exemplo, 83 por cento, 80 por cento e 86 por cento nas três comunidades, respectivamente. Apesar de que a Catacumba estivesse enfrentando a ameaça de imediata remoção, na época, e que os moradores de Caxias tivessem uma situação legal e absolutamente segura quanto a isso, todos tinham aprendido a lição da vulnerabilidade, e os sentimentos de impotência eram igualmente poderosos em cada grupo.

Existem diferenças, todavia, na percepção da impotência entre a massa e os líderes, e entre homens e mulheres. A mesma relação monótona observada em termos de percepção, participação e conformismo se revela quanto à impotência. Em cada medida, a população em geral se mostra mais impotente que as elites, e as mulheres mais que os homens. Em termos relativos, as elites e os homens são mais ativos, eficazes e influentes no interior da favela, e, portanto, é natural que este fato ganhe expressão em sua visão do mundo. Se tomarmos em consideração, todavia, a impotência real de todos os favelados *vis-à-vis* o sistema global, estes grupos devem simplesmente ser considerados mais iludidos e burlados pelos gestos simbólicos ocasionais de concessão que se fazem para os favelados. Lembremos aqui o que foi dito sobre o conformismo político, no sentido de que as elites mais do que as massas, e os homens mais do que as mulheres, estão convencidos de que a sociedade brasileira é aberta, de que o governo é benévolo, e de que a influência estrangeira é benéfica.

Ainda que os líderes mostrem maior eficácia, mesmo neste grupo, contudo, a impotência é um sentimento marcante. Quarenta por cento dos líderes locais acham que a política deve ser deixada em mãos dos profissionais, e que os brasileiros em geral, inclusive, presumivelmente, eles próprios, não têm competência para tanto.

TERMOS DE INTEGRAÇÃO

Uma conclusão que se impõe no que respeita à natureza da favela como uma subcultura política é a comprovação do quanto ela é propícia para a manipulação e exploração pelos que lhe são superiores. Existe uma coincidência quase perfeita entre as crenças e atividades da favela e as necessidades do sistema mais amplo. O perfil que traçamos dos favelados em termos de percepção, envolvimento, conformismo e impotência-dependência, define um grupo social facilmente acessível ao controle e à manipulação de cima. Ainda que os favelados se interessem e tenham participado de cada era política na medida em que foram solicitados, jamais exerceram o mínimo poder ou autonomia sobre as próprias vidas. A subcultura da favela não pode ser compreendida fora do contexto da repressão política.

Talvez o exemplo eloqüente sejam os programas de remoção maciça de favelas, que abala a própria sobrevivência dos favelados. É a estes programas e seus efeitos que voltaremos agora a nossa atenção.

PARTE III

O PODER DE UMA IDEOLOGIA

CAPÍTULO 7

REMOÇÃO DA FAVELA: A ERRADICAÇÃO DE UM ESTILO DE VIDA

OS DOIS CAPÍTULOS precedentes demonstraram como os estereótipos vigentes quanto à marginalidade social, cultural, econômica e política são claramente desmentidos pela realidade. Existem fortes evidências a comprovar que os favelados não são *marginais* mas de fato integrados na sociedade, ainda que num modo que vai contra os seus próprios interesses. Certamente não se encontram separados do sistema, ou à sua margem, mas estão a ele estreitamente ligados de uma forma muitíssima assimétrica. Contribuem com o seu árduo trabalho, suas elevadas esperanças, e sua lealdade, mas não tiram proveito dos bens e serviços do sistema. *Eu sustento que os moradores da favela não são econômica nem politicamente marginais, mas são explorados e reprimidos*; *que não são social e culturalmente marginais, mas são estigmatizados e excluídos de um sistema social fechado.* Não são passivamente marginais em termos das suas próprias atitudes e comportamento, ao contrário, estão sendo ativamente marginalizados pelo sistema e pela política oficial.

Os dados que apresentamos indicam que a erradicação da favela expressa incompreensões básicas e às vezes calculadas, a respeito dos favelados; para melhor compreendê-la, é preciso vê-la como um exemplo perfeito de política elitista levada a cabo às custas dos setores mais baixos, utilizando como justificativa a ideologia dos mitos da marginalidade.

Ironicamente, a ideologia da marginalidade tem sido tão poderosa no Brasil que se tornou uma profecia que se cumpre por sua própria força. A remoção da favela, cruelmente, está criando a população marginalizada que se propunha a eliminar. Ainda que se considerasse que os favelados viviam à margem da corrente principal da classe média, eles se identificavam fortemente com a mesma. Depois da remoção, porém, os favelados encontram-se literalmente expulsos da cidade – rejeitados e punidos por serem pobres, e geograficamente isolados das inumeráveis oportunidades que a vida urbana tem para oferecer, e que os haviam atraído inicialmente. Na cidade, tinham alcançado certo grau de integração, e aos poucos vinham transformando suas comunidades em bairros operários. A remoção da favela, motivada por interesses imobiliários e justificada pelos mitos da marginalidade, num sentido anulou-lhes a integração, reforçando muitos sintomas de colapso que, antes, lhes tinham sido erroneamente atribuídos.

É óbvio que a remoção da favela não é apenas reflexo dos mitos da marginalidade postos em prática. Constitui, porém, nítida expressão do fenômeno geral da ideologia da marginalidade, que age como uma força material no sentido de diminuir o poder de barganha de certos setores populares, isolando-os do resto do povo.

A FUNCIONALIDADE DA FAVELA

A possibilidade de serem expulsos de seus lares e comunidades apavora a maioria dos residentes das favelas. Sua atitude pode ser compreendida apenas se atentarmos para o fato de que, diante das restrições econômicas dentro das quais se movem, a favela é uma solução extremamente funcional para a maioria, se não para todos os seus problemas principais.[1] A localização das favelas (especialmente na Zona Sul), põe seus moradores próximo dos melhores mercados de trabalho e lhes oferece múltiplas oportunidades para biscates quando estão desempregados ou apertados por dinheiro. Também os coloca no próprio centro de enorme variedade de serviços e benefícios urbanos: clínicas médicas gratuitas, serviços sociais, mesmo escolas, às vezes. Dá-lhes uma sensação de estar perto do "movimento", que constitui uma de suas motivações para migrar, assim como uma das satisfações que encontram na vida da cidade.

A favela propicia uma comunidade onde se pode contar com amigos e vizinhos para favores recíprocos; sempre existe alguém com quem deixar as crianças; há um vizinho com geladeira, onde o leite do bebê pode ser conservado fresco no verão; alguém tem uma máquina de costura para um conserto rápido. Além disso, é possível comprar mantimentos a crédito nos comerciantes locais (ainda que por preço mais alto), de maneira que, mesmo se o dinheiro faltar, é possível alimentar a família.

Este nível de partilha pode parecer trivial, mas é de importância absoluta para os que vivem à margem da subsistência. Onde falta o atendimento governamental, constitui um sistema mínimo de assistência social e de bem-estar familiar patrocinado pela comunidade.

Além disso, como resulta de muitas decisões positivas baseadas em necessidades humanas, a favela apresenta muitas soluções felizes do ponto de vista do planejamento. Amigos e famílias vivem perto; as vias de acesso localizam-se onde são mais necessárias. O espaço público aumenta e diminui conforme o uso; e são obedecidos os acordos tácitos para não ocupar certas áreas. É motivo de certo orgulho, o fato de que a maioria das famílias construíram os próprios lares, assim como de as facilidades de uso comum resultarem do esforço coletivo. Apesar da precariedade da posse na favela, muitas famílias investiram em suas moradias, criando casas espaçosas, sólidas e com boas instalações, a partir do que no início não passava de um barraco.[2]

E o que é mais importante, a favela *é de graça.* Não é preciso pagar aluguéis com os modestos ganhos familiares.[a] Ainda que nas favelas antigas, como a Catacumba, os moradores comumente paguem aos moradores antigos pelo direito de lhes suceder, isto é feito uma vez só. Cinqüenta e cinco por cento dos que moravam na Catacumba ao tempo deste estudo haviam pago alguma importância inicial, assim como 50 por cento em Nova Brasília e 19 por cento em Caxias. A maior parte dos restantes havia construído seus próprios barracos. Esta atividade de construção individual da própria moradia, e da construção cooperativa das facilidades comunitárias representa um significativo montante de capital através do trabalho. Calculou-se em 1966 que o valor das casas, escolas, igrejas, e ainda das redes comuns de eletricidade e água, em 185 favelas cariocas, era da ordem de 50 milhões de dólares.[3]

Diante de todos esses beneficiamentos, não é de admirar-se que os favelados se oponham às tentativas de transferi-los para conjuntos habitacionais do governo. Tal oposição emergiu vivamente em nossas entrevistas. Apesar da imagem que as autoridades espalham através dos meios de comunicação – as vantagens de um estilo de vida "moderno", posse legal da terra, e um ambiente sadio para as crianças – menos da quarta parte dos favelados achava a remoção algo desejável (ver Tab. 31).

É interessante observar que os moradores da Catacumba, mais diretamente ameaçados com a remoção do que os de Nova Brasília

[a] Cerca de 10 por cento alugam seus barracos, mas o aluguel é muito barato, o equivalente a cerca de US$ 10 por mês, na época.

TABELA 31

Distribuição Porcentual das Atitudes em Relação à Remoção da Favela

Opinião	*Catacumba* (*N=200*)	Nova Brasilia (*N=200*)	Caxias[b] (*N=100*)
A favor da remoção[a]	24	14	23
Porque lá é urbanizado, as			
casas são melhores e serão legalmente nossas	*8*	*7*	*5*
Porque o ambiente é melhor	*32*	*21*	*28*
Total Favorável à remoção	*6*	*1*	*5*
Sem opinião			
Se a remoção é obrigatória, se			
o governo mandar, não adianta ter opinião	*6*	*21*	*30*
Contra a remoção			
Porque já me acostumei aqui, tenho			
tudo que eu quero e de que preciso,	*2*	*4*	*4*
inclusive meus amigos e parentes			
Não, porque se tornará uma favela			
urbanizada pior do que esta, e	*5*	*8*	*10*
sem as atividades e diversidade	*3*	*7*	*5*
Não, porque tem que pagar aluguel			
Não, porque não tem serviços urbanos			
(escolas, hospitais, comércio, igrejas, etc.)			
Não, porque é muito longe do trabalho	*47*	*38*	*18*
e o transporte é muito caro e difícil	*63*	*78*	*67*
Total contra a remoção	*100*	*100*	*100*
Total			

a) A pergunta feita foi "Gostaria de sair daqui para morar em Cidade de Deus, Vila Kennedy, Cordovil, etc.? Por que?"

b) Refere-se apenas aos 100 favelados de Caxias; *não* se fez a pergunta aos que possuíam casa própria nos cinco bairros ou Caxias, mostravam-se mais adaptados a ela – ou talvez mais temerosos de a ela se opor. Mesmo na Catacumba, porém, os que se opunham à remoção representavam o dobro dos que eram favoráveis a ela. Cerca de 50 por cento (mais do que qualquer outro lugar) deram como motivo para não querer mudar-se a distância dos locais de trabalho. Em Caxias, onde a maioria já trabalhava longe de casa, este fator é menos importante do que o fato de que as necessidades pessoais são atendidas pela comunidade, ou que a proximidade dos amigos e parentes. Os números correspondentes à Nova Brasília quanto a estes quesitos são intermediários, mas o nível de oposição geral à mudança é maior do que em qualquer outro lugar.

No plano individual, opõem-se mais à mudança em geral aqueles que têm casas de melhor qualidade (expressa em número de quartos, material de construção, número de andares, e categoria das instalações sanitárias e dos serviços de água, esgoto e energia elétrica), do que os moradores de casas de qualidade inferior (ver Tab. 32). Além disso, os moradores mais integrados na favela mostram maior relutância em sair do que os menos integrados (ver Tab. 33).[b]

Apesar de que, obviamente, muitas coisas poderiam ser melhoradas na vida da favela, nossos dados mostram que, do ponto de vista dos favelados, as vantagens dessa vida compensam em muito as desvantagens da remoção para conjuntos habitacionais oficiais.[4]

A POLÍTICA GOVERNAMENTAL A RESPEITO DAS FAVELAS

Do ponto de vista do governo, todavia, as favelas sempre foram vistas não como *solução*, mas como *problema*. Desde o aparecimento das primeiras favelas por volta de 1930, 1940, a política oficial tem sido uma indisfarçada repressão dos migrantes e a prevenção da melhoria ou expansão das favelas.

São complexas e difíceis de isolar as motivações subjacentes a essas políticas, que envolvem tanto o "bom-mocismo" como o egoísmo calculista. Ainda que seja fácil discutir os motivos de organizações religiosas e de empresas imobiliárias, é menos fácil classificar os dos políticos que tentam responder aos vários interesses en-

[b] A boa qualidade da moradia e o nível de integração relacionam-se diretamente com a oposição à remoção, mas outros fatores potenciais, como nível de renda e tempo exato de viagem até o trabalho *não* revelaram conexão significativa.

TABELA 32
Relação entre Qualidade da Moradia e Atitude em Relação à Remoção

Qualidade da Moradia	Porcentagem Favorável à Remoção	Porcentagem Contrária à Remoção	Número
Má	33	67	231
Boa	23	77	216

TABELA 33
Relação entre Integração da Comunidade e Atitude em Relação à Remoção

Integração da Comunidade[a]	Porcentagem Favorável à Remoção	Porcentagem Contrária à Remoção	Número
Não integrada	34	66	102
Um pouco integrada	28	72	223
Muito integrada	23	77	141

[a] O índice de integração inclui a localização dos amigos e da família, a freqüência das visitas aos mesmos, a quem eles procuram em momentos de necessidade, e seus sentimentos em relação à unidade existente em sua comunidade.

volvidos na questão. Alguns, sem dúvida, acreditaram que a intenção "humanitária" era salvar "os pobres coitados" de sua existência miserável, oferecendo-lhes a oportunidade de viver uma vida decente numa atmosfera sadia. Por outro lado, também, um papel considerável coube à luta pela terra, ao grosseiro interesse econômico, e ao desejo de preservar a cidade como a cidadela dos privilegiados – jogando para longe a escória e seus inestéticos barracos.

Mesmo no Governo de Vargas, o antigo defensor dos oprimidos, havia uma ordem oficial para erradicar as favelas no Código de Obras de 1937.[5] A "ameaça vermelha" no Brasil, a partir de 1947, quando o Partido Comunista conseguiu sua primeira grande votação, acrescentou uma nova dimensão ao medo das favelas. Uma imaginária ameaça à ordem política e social rematava o tradicional horror das classes altas pela pobreza visível e a afronta essencial que os cortiços representam para a ética da propriedade privada.

Em 1947, criou-se uma comissão oficial para a erradicação das favelas. Sua finalidade, de acordo com Mendes de Morais, que ajudou a elaborar suas diretrizes, incluía a devolução dos moradores da favela aos seus Estados de origem, o envio de favelados acima de 60 anos aos asilos do estado, e a expulsão da favela de todas as famílias cujas rendas ultrapassassem determinado teto.[6]

A razão principal para o não cumprimento integral destas medidas foi a falta de poder e de recursos. A política oficial em relação às favelas humanizou-se por um breve espaço de tempo, de 1960 a 1962, quando José Artur Rios foi diretor dos serviços sociais da Guanabara. A maioria das Associações de Moradores foram então criadas com forte encorajamento do governo – só em 1961 surgiram 71 novas associações. Em 1962 Rios foi demitido por Carlos Lacerda, então Governador do estado, encerrando-se o único período de diálogo aberto entre os favelados e o governo.

Ainda que sempre tenha havido oposição aos cortiços em toda a história do Brasil, somente após a tomada dos militares em 1964 é que o governo passou a dispor do poder, da centralização e dos recursos para uma erradicação total. A principal instituição através da qual o governo tem canalizado este poder é o Banco Nacional de Habitação, criado em 1964 para, segundo se propunha, dirigir, disciplinar e controlar o financiamento de um sistema habitacional destinado a promover a casa própria para as famílias brasileiras, especialmente entre os grupos de rendas inferiores.[7]

O financiamento do BNH provém de duas fontes – uma compulsória, a outra voluntária. A primeira é o Fundo de Garantia de Tempo de Serviço, empréstimo obrigatório por parte de todos os empregadores, no montante de 8 por cento dos salários pagos aos seus empregados. As importâncias podem ser retiradas em caso de doença, invalidez, desemprego, ou para a compra de uma casa do sistema BNH. A segunda fonte são as economias voluntárias provenientes das letras imobiliárias e dos depósitos feitos nas cadernetas de poupança.[8] O BNH controla recursos assim recolhidos num total que se aproximou dos US$ 1,5 bilhão, em 1970, e US$ 5,7 bilhões, em 1973, ou seja, cerca de 5 a 6 por cento do Produto Interno Bruto. Espera-se que este total dobre entre 1974-1976, atingindo US$ 10 bilhões, o que representaria 25 por cento do investimento total da economia brasileira.[9] É a seguinte a lista de prioridades a que o Banco obedece, na aplicação desses recursos, segundo suas próprias declarações: (a) a construção de conjuntos habitacionais com a finalidade de erradicar favelas e outros aglomerados subumanos; (b) projetos estaduais ou municipais que permitam o imediato início de construção, mediante o uso de lotes dotados das instalações básicas; (c) projetos cooperativos e outras formas de associação destinadas a promover a casa própria entre seus membros; (d) projetos privados que possam ajudar a resolver o problema da moradia; e (e) construção de residências em zonas rurais.[10]

O BNH atua através de vários órgãos estaduais no financiamento de construção de moradias, de acordo com o nível econômico da mesma. A instituição encarregada das habitações para famílias de baixa renda (que recebem de um a três salários mínimos) é a Companhia de Habitação Popular, COHAB, responsável pelo planejamento, construção e administração de moradias baratas. Os recursos são emprestados pelo BNH, a serem pagos posteriormente em prestações mensais pelos compradores das moradias da COHAB. Para famílias no nível salarial imediatamente superior (de três a seis salários mínimos) a mesma função é preenchida por cooperativas, a que correspondem, para as camadas mais altas, companhias de crédito imobiliário.

No caso do Rio, criou-se em 1968 um órgão especial, a Coordenação da Habitação de Interesse Social da Área Metropolitana do Grande Rio, cu CHISAM, a fim de compensar a falta de coordenação que existia entre as COHABs dos então Estados da Guanabara e Rio de Janeiro. Coube à CHISAM a tarefa de garantir que até 1976 não houvesse mais ninguém vivendo em favelas no Rio de Janeiro.[11] Poderia ter escolhido melhorar e urbanizar as favelas, mas preferiu removê-las, e nisso concentrou suas atividades. Com recursos do BNH, a COHAB deu início a um programa maciço de construções no Rio que permitiu à CHISAM começar a remover favelas com toda disposição. Seu objetivo era a remoção de 100 famílias por dia. Até o final de 1973, a CHISAM acabara com 62 favelas total ou parcialmente, e transferira 35 157 famílias (compreendendo 175 785 pessoas) para conjuntos habitacionais.[12] De acordo com seus níveis de renda, as famílias eram enviadas para apartamentos em prédios de cinco andares sem elevador, para casas individuais, ou – no caso dos mais pobres – para alojamentos provisórios chamados de *triagem*. As Fotografias 15 e 16 foram tiradas de um relatório da CHISAM.

A justificativa que este órgão oferece para seu afã de remoção maciça é que a "recuperação" humana se seguiria à reabilitação física (nas mesmas linhas da escola ecológica da marginalidade que abordamos no Capítulo 4). Em uma de suas principais publicações, lemos que a comunidade vê o favelado como um estranho por causa de "seu barraco".[13] A CHISAM nunca reconheceu que a própria ameaça da remoção desestimula a melhoria tanto da casa quanto da infra-estrutura, e que a falta de serviços se deve pelo menos em partes iguais às dificuldades materiais e técnicas, e à recusa das autoridades urbanas em fornecê-los.

Lançando mão de um modelo simplista de determinismo ambiental, a CHISAM e o BNH justificam a remoção como representando a integração do favelado na sociedade: "O primeiro objetivo é a recuperação econômica, social, moral e higiênica das famílias faveladas. Da mesma maneira, o programa visa a mudar a posição da família favelada, que ocupa ilegalmente propriedade alheia, com toda a insegurança que isso representa, pela de donos de casa própria. Tais famílias tornam-se, então, completamente integradas na comunidade, especialmente quanto à maneira de viver e de pensar".[14]

Eles concordam também em que o programa beneficia a sociedade em geral. Uma freqüente justificativa, por exemplo, tem a ver com a beleza e o planejamento urbano racional. Como me disse uma vez um professor universitário norte-americano, recém-chegado ao Rio, "as favelas são como pústulas sifilíticas enfeiando o corpo de uma mulher bonita". Na expressão da CHISAM, "a paisagem urbana, desfigurada pelos aglomerados de submoradias, seria refeita pela substituição dos barracos por construções dignas, obras públicas e parques".[15]

Fora de dúvida, todavia, uma das motivações mais poderosas para a remoção da favela é a liberação de lotes no centro da cidade para usos mais "lucrativos", como hotéis ou edifícios de apartamentos. Além disso, novas moradias representam um estímulo para a indústria privada de construção civil: a legislação que criou o Banco Nacional de Habitação, promulgada logo após o movimento militar de 1964, declarava que uma das principais características da nova política habitacional do governo seria "estimular as atividades do setor privado".

A criação do BNH, com seus vastos recursos para a melhoria da habitação no Brasil, foi louvada pela Comissão das Nações Unidas para Habitação, Construção e Planejamento como "o mais avançado sistema de financiamento da moradia na América Latina no presente momento".[16] Nos primeiros 8 anos de operação, de 1964 até o final de 1972, o Banco tinha financiado um total de 875 000 unidades em todo o Brasil, proporcionando considerável estímulo à indústria de construção, ao mercado de trabalho e, portanto, ao desenvolvimento econômico nacional. O custo da remoção das favelas fora de US$ 80 a 100 milhões, e calculava-se que o projeto completo custaria US$ 350 milhões. Teoricamente, tal cus-

Fotos 15 e 16. Conjuntos habitacionais do Rio. Estas fotos, retiradas do relatório oficial da CHISAM, mostram seus melhores exemplos de blocos de apartamentos e casas, para onde são transferidos os antigos favelados. O mínimo que se pode dizer é que são tristes e monótonos, se comparados à espontaneidade e individualidade das favelas que aparecem nas fotografias 3 a 5 e 10 a 12.

to seria pelo menos em parte ressarcido pelos próprios antigos favelados, que pagariam por seus novos apartamentos ou casas. Até agora, porém, as taxas de inadimplemento têm sido altíssimas, de maneira que a remoção não se autofinanciou. O que é pior, o benefício social visado ao se programarem conjuntos habitacionais para grupos de rendas baixas não foi alcançado, e uma parcela desproporcional dos recursos foi utilizada em proveito de outros segmentos. Clark Reynolds e Robert Carpenter chegaram à seguinte conclusão: "Nossa pesquisa revelou que a maioria dos recursos do programa está sendo utilizada até agora para financiar moradia para as camadas de renda média e alta, ou outras construções, ou obras de infra-estrutura, ao invés de financiar habitação para os pobres; esta tendência está intensificando-se".[17]

A primeira razão para o fracasso do Banco na criação de melhores condições habitacionais para os grupos de renda baixa é que o seu interesse reside nos lucros que aumentem o futuro suprimento de recursos para construção de moradias. Isto constitui, naturalmente, um poderoso desestímulo à concessão de financiamentos com juros baixos para moradias de custo reduzido. Apesar de constituir cada vez mais uma fonte de recursos para a construção de moradias para as camadas de rendas médias e altas, o BNH obtém 80 por cento de seu capital através das classes trabalhadoras, por meio do FGTS e da poupança dos estratos de rendas baixas.[18] A segunda razão para o fracasso é que as moradias financiadas pelo BNH para as pessoas de reduzidos recursos foram construídas de tal maneira que, na realidade, ao invés de aumentarem, *diminuíram* o nível de bem-estar dos que foram forçados a se mudarem para lá, após terem sido expulsos de seus lares.

Tanto o BNH como a CHISAM têm demonstrado bastante insensibilidade com respeito às necessidades dos favelados; têm, ao contrário, servido aos próprios interesses de banco e órgão de remoção de favelas, respectivamente, e beneficiado principalmente os grupos já privilegiados. Os Leeds assim se expressaram, a propósito: "A criação da CHISAM...significa a institucionalização em nível nacional de políticas econômicas e sociais, e de uma ideologia que atua no sentido de intensificar o controle pelas elites, para servir os próprios interesses econômicos e políticos, para concentrar as riquezas em menor número de mãos – e controlar e reprimir qualquer agente que procure impedir a evolução destas tendências. A política das favelas é um espelho de todas estas institucionalizações, operações, controles e repressão; a CHISAM é o agente desta hierarquia nacional no Rio, como o BNH o é, no País todo".[19]

A RESISTÊNCIA À REMOÇÃO

Diante da constante ameaça da erradicação total das favelas e da remoção forçada para os conjuntos habitacionais, as Associações de Moradores de várias favelas formaram a Federação das Associações de Favelas do Estado da Guanabara, em março de 1963. Sua finalidade era representar os interesses de todos os favelados, tornar conhecidas suas razões de oposição à remoção, tomar uma posição política rígida a respeito e, ao mesmo tempo, ajudar a organizar os moradores, para o auxílio mútuo.[20] A primeira ação da FAFEG a receber atenção pública foi seu apoio aos moradores do Morro do Pasmado contra a remoção em 1964. Como os jornais noticiaram na época, tal resistência foi enfrentada por soldados armados de metralhadoras, que forçaram os moradores à abandonarem suas casas.[21]

No ano seguinte, uma forte oposição política à remoção foi demonstrada nas eleições para Governador da Guanabara. Lacerda, que ocupara esse cargo até aquele ano e que apoiava fortemente o programa de erradicação, apresentou o sogro de seu filho, Flexa Ribeiro, como candidato. Este foi derrotado principalmente pelos votos dos bairros pobres, inclusive das favelas e dos favelados transferidos. O *Jornal do Brasil* noticiou assim o fato:

> No encerramento dos trabalhos de ontem no Maracanã, as urnas de Vila Kennedy, Aliança e Jacqueline tinham totalizado 4 734 votos para Negrão de Lima e apenas 408 para Flexa Ribeiro... A população das três vilas foi brutalmente transferida de Botafogo no ano passado, contra o desejo da maioria das famílias. ("A resposta da Vila Kennedy", 14 de abril, 1965.)

> Todos os que viviam na favela do Pasmado e foram transferidos para Vila Kennedy tiveram de voltar para votar na urna § 128 da Terceira Região Eleitoral de Botafogo. Nesta região o candidato de Lacerda supostamente tinha as maiores oportunidades de vencer, mas na realidade foi totalmente derrotado – conseguindo apenas 12 votos na urna inteira... Portanto, a Vila Kennedy não era o sonho dourado dos favelados. ("Por que os favelados da Vila Kennedy derrotaram Carlos Lacerda", 16 de abril, 1965.)

Em outra edição, um editor anônimo escreveu uma "Ode à urna da Vila Kennedy", narrando, ao estilo de Keats, toda a história do deslocamento forçado dos favelados e como as eleições secretas tinham-lhes dado a oportunidade de revelar seus verdadeiros sentimentos. Os versos insinuaram poderosamente a tendência que a ação política tomaria se fosse livre das cadeias da coação oficial.

A coação oficial prosseguiu, todavia. Em 25 de maio de 1966, na Favela Jardim América, a polícia chegou às 7 da manhã para enfrentar cerca de 2 000 pessoas aterrorizadas, muitas das quais ainda crianças, que tinham sido avisadas na véspera de que suas casas seriam demolidas. Para apressar o processo e desencorajar qualquer possível "protesto" ou "revolta", foram desfechados alguns tiros a esmo na direção da multidão, e os que pareceram oferecer resistência foram espancados.[22]

Então, em 1968, logo após a criação da CHISAM, a FAFEG (que já contava com 100 favelas associadas), reuniu-se em congresso e decidiu opor-se vigorosamente à política governamental de erradicação. O relatório oficial do congresso dizia claramente que a posição da FAFEG era de rejeição de qualquer transferência e a condenação do desperdício humano e financeiro, e dos problemas sociais, resultantes da remoção.[23] Em decorrência desta posição, a FAFEG imediatamente se mobilizou para impedir a ação contra a primeira favela que a CHISAM marcara para remoção – a Ilha das Dragas, no lado oposto da lagoa Rodrigo de Freitas, em frente à Catacumba. Quase em seguida, os líderes da FAFEG foram presos pela polícia, mantidos incomunicáveis por vários dias, e ameaçados de severas conseqüências se houvesse qualquer nova tentativa de oposição.[24] Daí em diante cessaram os protestos abertos por parte da FAFEG.

No ano seguinte, todavia, os 7 000 moradores da Praia do Pinto (favela situada num terreno plano privilegiado, bem no centro do bairro grã-fino do Leblon) recusaram-se, espontaneamente, a sair da favela e ser transferidos. Durante aquela noite, um incêndio "acidental" alastrou-se pela favela: apesar de muitos moradores e vizinhos alarmados terem chamado os bombeiros, estes, evidentemente cumprindo ordens, não apareceram. Pela manhã, quase tudo tinha sido arrasado. Muitas famílias não conseguiram salvar nem seus parcos haveres, e os líderes da "resistência passiva" desapareceram completamente, deixando suas famílias em desespero (ver Fotos 17, 18 e 19). No local, construíram-se prédios de apartamentos financiados para militares (ver Foto 20).

Estes fatos contrastam vivamente com a experiência de muitas favelas, no período anterior à tomada do poder pelos militares. Nova Brasília, por exemplo, tinha sido ameaçada de remoção em 1962. Através da Associação de Moradores, trataram de alugar oito ônibus, lotá-los com cada homem, mulher, criança, galinha e porco

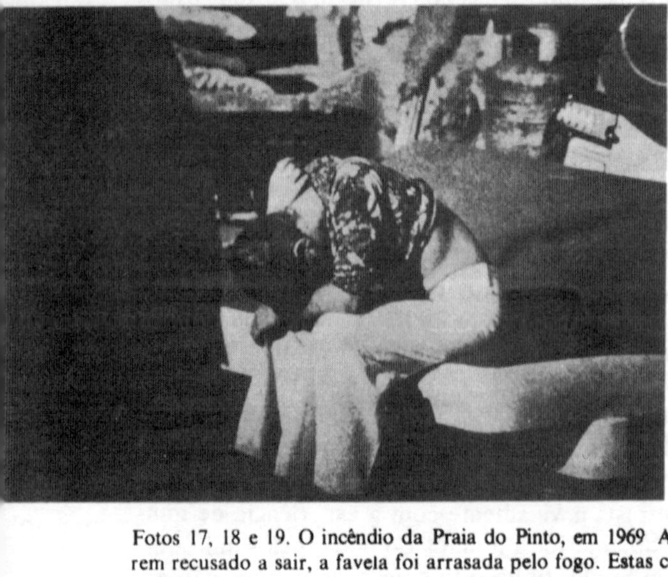

Fotos 17, 18 e 19. O incêndio da Praia do Pinto, em 1969 Após os moradores se terem recusado a sair, a favela foi arrasada pelo fogo. Estas cenas foram tomadas na manhã seguinte, e mostram as pessoas, desesperadas, tentando salvar o que podiam de seus parcos haveres, ou encontrar os parentes desaparecidos no caos. A polícia empilhou as pessoas em caminhões de lixo e transportou-as para fora da cidade.

Foto 20. Local da antiga Praia do Pinto, em 1973. Edifícios de apartamentos financiados para militares erguem-se no lugar do incêndio de 1969. Conhecidos como "selva de pedra", os prédios contrastam com o estilo arquitetônico e a diversidade da área circundante. São mais compactos e obstruem mais a visão do que a antiga favela.

da favela, e fazer uma "visitinha" ao Palácio do Governador. Lá chegados, sentaram-se às escadarias e esperaram. Também avisaram os repórteres dos principais jornais, estações de rádio e televisão, e entregaram ao Governador um abaixo-assinado pedindo para continuar em suas terras. Naquele tempo ainda havia eleições para Governador, e ele não quis alienar algumas centenas de milhares de favelados da cidade, e aceitou o abaixo-assinado.[c]

[c] Os favelados também sabiam utilizar sua massa para barganhar em épocas de eleição. Quando um candidato se aproximava fazendo campanha, os líderes da Associação de Moradores prometiam-lhe os votos de toda a favela se ele fornecesse canos

A maior parte das eleições foram suspensas após 1964, e os favelados perderam assim seu principal poder de barganha. A centralização da política e da autoridade no BNH, COHAB e CHISAM trazia implícito o poder de utilizar as forças armadas para implementar programas, e alterou a situação inteiramente. O fato de que os favelados reconhecem sua maior vulnerabilidade e impotência comprovou-se nitidamente de várias maneiras.

Ao tempo em que iniciei este estudo, em 1968-1969, a maioria dos favelados já tinha enfrentado ameaças de remoção, lutado e barganhado na tentativa de preservar sua posição. A ameaça era sempre mais premente na Zona Sul que na Zona Norte, e decrescia na Baixada Fluminense, acompanhando de intensidade o maior valor imobiliário. Na Catacumba, 81 por cento dos moradores tinham consciência de que a favela fora ameaçada de remoção, contra apenas 52 por cento em Nova Brasília e 32 por cento em Caxias.

Duas questões paralelas, abertas, foram feitas em pontos diferentes da entrevista, uma, referente ao que os moradores tinham feito com relação a alguma ameaça anterior, e outra, ao que poderia ser feito numa situação semelhante, então. A Tab. 34 traz as respostas da amostra aleatória da Catacumba, de Nova Brasília e de três favelas de Caxias, e dos líderes em conjunto. Comparei as respostas sobre a atuação anterior com a contemplada para o futuro, e dividi as resposta em duas categorias gerais – ativas e passivas.

Enquanto a resposta modal em cada um dos três lugares é um cauteloso "não sei", as diferenças principais sistemáticas entre as respostas relativas ao passado e ao futuro é uma diminuição geral das respostas que mencionem medidas ativas, protestos, especialmente o apelo ao pistolão, e um enorme aumento na proporção dos que disseram que iriam "colaborar com o governo". Esta resposta nem sequer apareceu no primeiro conjunto de respostas; no entanto, quanto ao que seria feito "hoje", constituiu a resposta de 30 por cento na Catacumba e de 10 por cento em Nova Brasília e Caxias. A intensificação da repressão é evidente na diminuição das medidas de oposição ativa e no grande aumento da proporção dos que indicaram espontaneamente que iriam colaborar se a remoção se concretizasse.

para distribuição de água. Ao próximo concorrente que se apresentasse, diriam que Fulano de Tal prometera encanamentos, mas que, se *ele* conseguisse os canos e também cimento para fazer escadarias, os votos iriam para ele. Além disso, eram bastante astutos nesse processo de barganha a ponto de afirmar que não acreditavam em promessa de político, e exigir que a *mercadoria* fosse entregue *antes* da eleição.

TABELA 34

Reações Antigas e atuais às Ameaças de Remoção, em Porcentagens[a]

	Catacumba (N=200)		Nova Brasília (N=200)		Favelas de Caxias (N=100)		Combined Leaders (N=150)	
	Então	Agora	Então	Agora	Então	Agora	Então	Agora
I. Respostas ativas:								
Reunir as pessoas, protestar, abaixo assinado, etc.	12	5	7	5	2	3	21	4
Recorrer ao governo, pedir intervenção	17	16	21	17	8	17	40	18
Resolver o problema através de pistolão, pessoa influente	6	0	5	1	2	3	19	1
Total de respostas ativas	35	21	33	23	12	23	80	23
II. Respostas passivas:								
Não fazer nada, por não ter acesso ao governo	16	11	9	10	14	15	9	14
Colaborar com o governo	0	29	0	11	0	12	0	25
Não sabe	39	29	57	51	64	46	8	31
Total de respostas Passivas	65	79	69	77	90	77	20	78

a) Foram feitas duas perguntas.
1) *Antes:* Que fizeram os moradores diante da ameaça de remoção? 2) *Agora:* O que acha que pode ser feito atualmente diante do problema de remoção?

As tendências são ainda mais nítidas entre os líderes, cujo comportamento está sujeito a um controle mais estrito por parte das autoridades. No que dizia respeito à ação anterior, os líderes parecem ter sido bem mais atuantes que os outros moradores, mas todas as respostas ativas declinaram substancialmente neste grupo, do passado para o presente: a mobilização das pessoas para protestar coletivamente baixou de 21 para 4 por cento, o recurso ao governo, de 40 para 10 por cento, e o apelo ao pistolão, de 19 para 1 por cento. Concomitantemente, todas as respostas *passivas* dobraram, os "não sei" triplicaram, e o "colaborar com o governo" subiu de zero para 25 por cento da amostra, como resposta preferida.

RESULTADOS DA REMOÇÃO

De acordo com a CHISAM, a remoção de uma favela é uma operação muito simples.[25] A primeira notificação sobre a mesma é feita através dos meios coletivos de informação, seguida de uma comunicação oficial à Associação de Moradores. Entrevistadores percorrem a favela recolhendo dados sobre tamanho da família, renda e lugar de trabalho. Este levantamento constitui a base para a distribuição das novas moradias. Fornece-se informação sobre os novos locais, e os favelados são convidados a visitar os conjuntos. Alguns dias antes da remoção, cada família recebe a comunicação de quando será transferida e para onde será levada. Na manhã do dia aprazado, cada família acomoda suas posses em caminhões, deixando atrás todo o material de construção, que é destruído para não poder ser reutilizado na construção de outro barraco. No dizer da CHISAM, quando chega o caminhão da mudança, "ele (o favelado) e sua família mostram alegria e confiança. Esta atitude sobre o auspicioso início de uma nova vida marca a mudança de uma favale para um apartamento da Coordenação".[26] O objetivo da CHISAM era mudar 100 famílias por dia, a fim de "esvaziar" as favelas, destruir as casas e a infra-estrutura, e entregar a terra desocupada tão rapidamente quanto possível, para novos usos.

Quando voltei em 1973, a evidência indicava que o programa fora cumprido de maneira impessoal, arbitrária e burocrática, que humilhava o favelado e garantia ainda mais o fracasso do programa. O processo da remoção parecia muito diferente, quando se conversava diretamente com alguns favelados removidos pela CHISAM. Muitos se queixavam de que, apesar de haver vários tipos de moradia disponíveis, desde casas até apartamentos com nenhum quarto ou até três, a escolha era feita pela CHISAM sem consultá-los. Não havia preparação alguma, não havia reuniões, não se informava nada a respeito do custo total e do prazo de pagamento; os poucos que tinham sido levados a visitar novos conjuntos mostravam-se desapontados e revoltados porque os lugares para onde finalmente tinham sido enviados eram muito inferiores aos que lhes tinham sido mostrados. Um aviso era dado na véspera da remoção, dizendo que a família deveria empacotar seus bens e estar pronta de madrugada para ser levada para um destino ignorado.

Quando as famílias chegavam ao conjunto, era-lhes atribuído um apartamento ou casa (sem consideração à vizinhança de amigos ou parentes), e lhes entregavam chaves, que depois se verificava que eram iguais para todos os apartamentos de um mesmo prédio. As famílias principiavam assim nova vida num novo ambiente, com a impressão da perda do lar e da comunidade ainda fresca em seus espíritos, e com a sensação de terem sido logradas pelo órgão encarregado da remoção; começavam assim a experimentar algumas das conseqüências da mudança. Este caso confirma outras conclusões que se avolumam, para o Brasil e outros países em desenvolvimento, e que documentam uma crescente insatisfação quanto a tais transferências e suas devastadoras repercussões econômicas, sociais, culturais, políticas e físicas.[27]

REPERCUSSÕES ECONÔMICAS

As repercussões econômicas são de três ordens, relativas a: tempo e dinheiro gastos no transporte para o trabalho; mudança na facilidade de encontrar trabalho, principalmente para as mulheres, ou biscates; e necessidade de pagar prestações mensais da hipoteca da casa.

Estudos sobre relocação no Brasil e em outros lugares tem revelado sistematicamente que o tempo de viagem dos ex-favelados para o trabalho aumenta muito, e causa severas dificuldades. Os indivíduos de rendas baixas, que mal podem suportar despesas de transporte, em geral preferem para morar os lugares centrais, próximos ao trabalho.[28] Tendem, porém, a ser transferidos para a periferia das cidades, onde as terras são relativamente baratas. O primeiro efeito da remoção, portanto, é uma viagem demorada e cara até o trabalho, utilizando, em geral, um sistema de transporte precário. As linhas municipais em 1974 transportavam 700.000 passageiros por dia em ônibus perigosos, superlotados, que não obedeciam a horários.[29]

Em seu estudo sobre a Vila Kennedy em 1966, Salmen comprovou que as pessoas gastavam duas horas para ir até o Rio e duas horas para voltar, aplicando em passagens um terço do salário mínimo. Muitos homens contaram ter perdido os empregos em razão de atrasos, devido à falta de pontualidade do serviço de transporte.[30] O trabalho do CENPHA (Centro Nacional de Pesquisas

Habitacionais) sobre a Cidade Alta e a Cidade de Deus em 1970 revelou que cerca de 20 por cento das pessoas levavam uma hora ou menos para ir para o trabalho, e cerca de 50 por cento levavam mais de hora e meia na ida e na volta.[31] Rush fez em 1973 um estudo com 300 moradores de cinco conjuntos habitacionais no Rio, e verificou que, antes da remoção, 79 por cento dos favelados da Zona Sul levavam menos de meia hora para ir para o trabalho, e apenas 4 por cento levavam uma hora ou mais; depois da remoção, 65 por cento tinham de viajar por mais de uma hora, tanto para ir como para voltar. Também comprovou que mais da metade das famílias gastava a décima parte de suas rendas, ou mais, em despesas de transporte do chefe da casa, e muitas gastavam até a quarta parte.[32]

Além do gasto em tempo e dinheiro, o isolamento dos conjuntos leva a um sentimento de distanciamento do centro da vida e das atividades urbanas. A distância do mercado de trabalho traz sérias conseqüências para as mulheres que trabalhavam como lavadeiras, costureiras, amas ou empregadas de famílias de posses. Os salários de tais empregos raramente compensam as despesas de transporte, e como elas já não podem ficar em casa, é preciso arranjar onde deixar as crianças (o que se torna mais difícil, diante da desintegração das antigas redes de ajuda mútua). Como os conjuntos em geral se localizam em terrenos da periferia, de baixo valor, longe das famílias ricas, muitas mulheres vêm-se forçadas, após a remoção, a simplesmente deixar de trabalhar. Rush descobriu que, enquanto 46 por cento das mulheres das favelas da Zona Sul e 30 por cento da Zona Norte trabalhavam antes da remoção, apenas 32 e 20 por cento, respectivamente, puderam continuar a fazê-lo depois.[33] Uma diminuição similar ocorreu para as crianças, cujos biscates depois da escola ou em fins de semana, eram uma contribuição muito bem recebida para a renda familiar.

O *Jornal do Brasil*, ao escrever sobre o décimo ano do "grande fracasso", escreveu "A primeira conseqüência da mudança (foi) a brusca queda da renda familiar, causada pelo afastamento de suas mulheres e filhos dos antigos empregos em casas e apartamentos e dos biscates sempre fáceis nas áreas povoadas pela classe média".[34]

Para os homens, existe uma forte tendência a continuar trabalhando no mesmo lugar, e de aprender a tolerar a longa viagem diária. Salmen relata histórias pouco singulares de homens que acham tão pesados os encargos da viagem, em termos de tempo e dinheiro, que arranjam um lugar para ficar na cidade, só voltando para casa nos fins de semana. Com o tempo, não voltam mais para casa, arrumam outras mulheres na cidade e estabelecem segundas famílias, criando assim a desintegração e ruptura familiares de que eram acusados nas favelas.[35]

Apesar das inconveniências da viagem, Rush verificou que, mesmo três anos depois da remoção, 60 por cento dos chefes de família permaneciam nos mesmos empregos, e muitos dos que haviam mudado de ocupação ainda trabalhavam na mesma parte da cidade onde viviam e trabalhavam anteriormente. Este autor acredita que isso se deva à falta generalizada de empregos para trabalhadores não-especializados no Rio, especialmente nas áreas menos povoadas próximas aos conjuntos, e à tendência dos favelados de estabelecer contatos apenas no seu próprio bairro. Mais da metade dos favelados removidos declarou que as oportunidades de trabalho tinham piorado depois da mudança.[36]

A possibilidade de conseguir biscates lucrativos também se reduz nos conjuntos, devido à localização. Um homem com quem conversei, que encontrara trabalho perto de seu conjunto, disse-me que "na Zona Sul eu ganharia o dobro, porque o povo de lá tem mais dinheiro para gastar - aqui, até os ricos são pobres". Rush constatou que a porcentagem de chefes de família que faziam biscate caíra de 35 para 20 por cento depois da mudança, pois já não tinham tempo, contatos e fregueses como antes.[37]

Um grupo severamente afetado pela remoção é o dos comerciantes da favela, que, quase na totalidade, vão à bancarrota devido à perda da freguesia, às despesas com novas licenças, às proibições de utilizarem parte das moradias para instalar seu negócio, ou aos aluguéis exorbitantes de novas lojas. O Sr. Joya, um dos principais comerciantes da Catacumba, foi um dos mais prejudicados. Ao ficar sabendo da mudança, reuniu-se com outros negociantes para pedir que lhes conseguissem lojas para alugar nos novos conjuntos, por 65 a 95 cruzeiros mensais. Além de não receberem nenhuma ajuda para a mudança das instalações, nem indenização pelos prejuízos em que tinham incorrido por causa da remoção, eles receberam lojas na parte de trás dos conjuntos, longe da rua principal, e que custariam 3.000 cruzeiros de entrada e mensalidade de 300 cruzeiros. Ninguém ocupou as lojas, que até hoje continuam vazias. A maioria dos comerciantes da Catacumba simplesmente tiveram que abandonar os negócios. O Sr. Joya continua com uma casa comercial, porém em Ramos, não no conjunto.

Além das despesas de transporte, e das rendas perdidas devido à inacessibilidade do mercado de trabalho, o favelado ainda tem de arcar com o prejuízo de todo o investimento feito em seus barracos, e pagar pela nova moradia uma mensalidade que representa elevada proporção de seus rendimentos. Segundo as diretrizes da CHISAM, as mensalidades não devem exceder 25 por cento da renda familiar.[38] Considerando que as casas da favela eram praticamente gratuitas, e que os favelados ainda têm de lutar para alimentar e vestir decentemente seus filhos, a cobrança de um quarto da renda familiar representa uma diferença de dimensões desastrosas. Outras contas têm de ser pagas: água, gás, eletricidade e condomínio, bem como passagens de ônibus ou de trem, que são despesas indiretas de moradia. Em muitos casos, tudo isto representa um ônus bem superior à quarta parte dos ganhos familiares, e às vezes chegam a 75 ou 80 por cento da renda familiar total.[d]

Muitos estudos têm demonstrado que as pessoas removidas expressam ressentimento sobre os pagamentos pelas novas moradias, pois eles nunca desejaram assumi-los, porque as mensalidades sobem sempre devido à correção monetária, e porque o prazo de amortização é constantemente prolongado. Não é possível atrasar o pagamento de itens como alimentação, vestuário, transporte e serviços, por isso os moradores dos novos conjuntos, em grande número, têm atrasado o pagamento das mensalidades. Em 1966, Salmen informou que 60 e 40 por cento, respectivamente, das famílias das Vilas Kennedy e Esperança, estavam atrasados nos pagamentos,[39] enquanto dados fornecidos pelo BNH mostram que, quatro anos depois, os números haviam subido para 74 e 80 por cento, respectivamente.[40] Os dados do BNH referentes a 1970 dão como média de atraso 77 por cento, para oito diferentes conjuntos.[41] O estudo de Rush comprovou que a média de pagamentos atrasados em cinco conjuntos era de 74 por cento, devido em grande parte à diminuição das rendas dos moradores e à sua falta de disposição para pagar.[42]

O morador que esta em falta com seus pagamentos começa então a temer ser expulso da nova moradia e transferido para um lugar ainda pior, ou simplesmente forçado a começar de novo em outra favela. Alguns, considerando a situação intolerável, simplesmente abandonaram os conjuntos,[43] deixando os apartamentos va-

[d] Para piorar a situação, na tentativa de serem enviados para um conjunto melhor ou mais próximo, muitas famílias declararam rendas superiores às que realmente possuíam, enquanto outras incluíram os rendimentos percebidos por filhos maiores que, depois, se mudaram para as suas próprias casas, ou foram enviados para outros pontos. Outras, ainda, contavam com os ganhos das mulheres e das crianças, junto com os provenientes de trabalhos extras dos maridos.

zios e sujeitos à invasão ou tomada por famílias de rendas médias. Outros foram forçados a se mudar para casas de triagem, construções parecidas com alojamentos de soldados, onde toca um quarto para cada família, e que ficam ainda mais longe do centro da cidade. A triagem, de fato, é uma espécie de castigo pela pobreza, como a prisão de devedores, na qual o indigente deve supostamente permanecer até se corrigir e conseguir o dinheiro suficiente para sair. Todavia, a triagem não proporciona oportunidades para a saída.

Em setembro de 1973 a CHISAM fora fechada e a Secretaria de Planejamento e Coordenação, juntamente com a COHAB-Guanabara, imaginara um novo plano para resolver a questão do maciço inadimplemento das mensalidades. Foi dado início a um processo de cancelamento das antigas dívidas e de reavaliação da capacidade de pagamento de cada família. Se as mensalidades correspondessem a mais de 25 por cento (depois reduzidas a 18 por cento) das rendas totais, ou se atrasassem de novo, seriam imediatamente transferidos para a triagem de Paciência, em Santa Cruz, na extremidade ocidental do estado da Guanabara, como mostra a Fig. 2, pelo menos duas vezes mais longe do que qualquer antigo conjunto (ver Fotos 21 e 22). Deu-se início à construção de 250.000 unidades para receber tanto os moradores em atraso de conjuntos, como famílias de rendas mais baixas, provenientes das favelas a serem removidas.

REPERCUSSÕES SOCIAIS E CULTURAIS

Os efeitos sócio-culturais da remoção podem ser melhor compreendidos se pensarmos nas vantagens da favela como uma comunidade funcional. Como as pessoas são espalhadas nos novos conjuntos com base em seu nível de renda, e não de seus relacionamentos sociais e familiares, a estrutura de apoio da favela não sobrevive à erradicação.

Em seu novo ambiente, os favelados encontram-se separados dos serviços urbanos com que contavam nas favelas. As casas comerciais ficam mais longe e são mais caras, além de não proporcionar o serviço informal de assistência social que representavam as compras a crédito ou em pequenas quantidades; as escolas e os serviços médicos às vezes são inacessíveis e de qualidade inferior. Os moradores de conjuntos também ficam isolados dos fatores urbanos que lhes enriqueciam a vida, proporcionavam-lhes experiência de um vasto espectro de pessoas e instituições, e os integravam com a cidade em geral. Afinal, com freqüência era por causa deles que as

Fotos 21 e 22. Casas antigas e novas da Triagem, em Paciência, no extremo limite ocidental da cidade do Rio de Janeiro. As primeiras têm cobertura inclinada que permite a construção de jiraus para dormir, aumentando o espaço útil. As mais recentes são cobertas de lajes de cimento, que não apenas reduzem o espaço como geram um insuportável calor interno; estão sendo construídas 250 000 novas unidades semelhantes.

pessoas tinham vindo morar na cidade. Cinemas, praias, feiras, esportes, lugares de encontro, mesmo jornais e revistas, todos eles estão fora, ou muito longe, do alcance dos novos conjuntos. Mesmo as organizações religiosas ainda não são disponíveis na maioria dos lugares. Assim se expressou Jacqueline, uma jovem que vivia em um conjunto há três anos: "No começo eu sentia falta da praia, da lagoa, das lojas, de tudo – eu ainda sinto... Aqui não há nada para fazer, por isso eu vou ter de me casar... Não existem diversões noturnas, assim, eu fico vendo televisão, é só".

A suspeita e a desconfiança parecem aumentar em alguns dos novos conjuntos, tal como a taxa de criminalidade. Isto varia de um lugar para outro, e as aspirações continuam altas por um certo tempo mas, conforme diminuem as propabilidades de satisfação, os indivíduos tornam-se mais passivos, fatalistas e resignados. Apesar de haver pouca pesquisa empírica sobre estes tópicos, a opinião popular é unânime. Os que vivem nos conjuntos dizem repetidamente que neles existe mais violência do que na favela, e mais brigas de rua, as crianças são mais maltratadas e existe menos preocupação de uns pelos outros. Dizem eles terem medo de sair à noite, e, neste ínterim, o governo adia a instalação de iluminação pública.[44]

O *Jornal do Brasil,* por exemplo, informa que o conjunto da Cruzada São Sebastião é considerado um centro de delinqüência, e que alguns dos seus moradores, que se consideram gente direita, ressentem os "elementos marginais" que também vivem ali.[45] Se a taxa de criminalidade nos conjuntos é, na verdade, superior a das favelas, é algo que ainda precisa ser documentado. Contudo, o sentimento geral dos moradores atesta o seu desagrado de viver naquele ambiente, e é muito provável que o elevado desemprego, as difíceis condições de existência, e a falta de distrações contribuam para as expressões anti-sociais de frustrações internas.

Nesta atmosfera de desconfiança e insatisfação com as condições de moradia, a organização de atividades comunitárias – como associações esportivas, clubes de jovens, escolas de samba e até grupos religiosos – parece condenada ao fracasso. Assim se expressou uma pessoa que há três anos vive num conjunto: "Aqui eu conheço meus vizinhos de nome, mas não somos amigos – meus velhos amigos estão longe... Aqui não fazemos mais passeios como tomar a barca de Paquetá, organizar piqueniques, ir à praia. Todos vivem isolados. Aqui não há clubes atléticos juvenis, nem clubes de futebol, nem samba, nem Carnaval. Uma vez eles exibiram dois filmes e nunca mais... As pessoas não se reúnem – cada um trata da própria vida".

REPERCUSSÕES POLÍTICAS

As conseqüências políticas da remoção seguem uma tendência similar. Os líderes das favelas, que inicialmente tinham organizado Associações de Moradores com a finalidade específica de combater a remoção e coordenar os esforços no sentido da melhoria das favelas, foram os primeiros a ser removidos e, ou desapareceram, ou foram enviados para conjuntos distantes um do outro e de seus constituintes. Os que tentaram criar novas Associações de Moradores ou outras organizações encontraram apatia e desconfiança entre os vizinhos, e tal sentimento generalizado de medo e desespero, que se tornou impossível até mesmo fazer com que as pessoas comparecessem a uma reunião.

Sr. Souza, fundador da Sociedade de Moradores e Amigos de Catacumba (SOMAC), vivera 22 anos nessa favela até ser removido para conjunto de Quitungo, em 1970. Ele admitiu que, apesar de que ninguém desejasse sair da favela, ele e outros líderes da SOMAC acabaram sendo coagidos a ajudar o governo a promover a transferência. Eles distribuíram avisos da mudança e ajudaram no recenseamento familiar. Disse que a SOMAC não podia lutar contra a ordem do governo, e que, de qualquer maneira, sempre havia um representante do estado na organização. Ao chegar em Quitungo, Souza tentou criar uma associação de moradores; ele até registrou-a e elaborou seus estatutos. Todavia, quase ninguém aparecia nas reuniões. Mesmo os moradores de um mesmo prédio não se reuniam. "Aqui estamos completamente abandonados, e ninguém tem disposição para tentar melhorar a situação. Aqui é difícil a gente se aproximar, não é como na favela onde todos estavam acostumados a trabalhar juntos". Além disso, houve alguns desentendimentos entre os líderes, a respeito de se pagar ou não uma retribuição aos diretores, e então as pessoas não se associavam com receio de ter que dar dinheiro para o bolso dos diretores.

A única vez em que o povo se reuniu para protestar foi por ocasião de um grande aumento sem precedentes nos pagamentos das prestações. Todo os residentes de Quitungo firmaram um abaixo-assinado que uma delegação levou ao Palácio do Governador, mas sem o menor resultado.

Os outros tipos de envolvimento político que ligavam a favela ao sistema em geral também sofreram. Já está em andamento o processo de isolar arbitrariamente os novos conjuntos, que ficam sem o poder de representação independente. Agora que todos os "elementos perigosos" estão concentrados em conjuntos distantes, todos os representantes locais são designados, e não mais eleitos. A ação política direta como abaixo-assinados e demonstrações diversas diminuiu, em parte devido ao reduzido acesso às autoridades, e em parte devido ao maior receio de repressão. Além disso, agora é menos evidente a ameaça latente que representavam para as classes altas. Distantes como estão, não parece grande o perigo de – se a situação se tornasse muito premente – "descerem do morro" para atacar e saquear a cidade.

Finalmente, a conseqüência política mais diretamente prejudicial foi a desorganização da atividade política administrativa. Na ausência de atuação efetiva em favor dos favelados pelos grupos de interesse, era sempre possível que eles mesmos tentassem a sorte pelos meandros da burocracia oficial. Apesar dos resultados nem sempre serem muito satisfatórios, o potencial desta atuação reduziu-se ainda mais nos conjuntos. A própria dificuldade material de chegar até o centro da cidade é da maior importância. Os tradicionais "trâmites" burocráticos tornam-se ainda mais difíceis quando precedidos e sucedidos de longas e caras viagens de ônibus ou trem.

Esses fatores podem produzir sérios efeitos na orientação política dos favelados. Todos os nossos indicadores de conformismo relacionaram-se positivamente com o poder e a posição sócio-econômicos dentro do sistema – isto é, com o nível de integração. Seria razoável supor, por conseguinte, que, se essa integração entrar em colapso, aumentará o descontentatamento com o sistema. A minha impressão é que isto vem verificando-se. Os favelados que normalmente eram otimistas – talvez "de um otimismo defensivo em tempos de dificuldade" – agora expressam forte descontentamento com sua situação, e pela primeira vez sua ira está diretamente vinculada a ações governamentais exercidas contra eles. Depois da experiência da remoção, já não é tão fácil ver o sistema como benevolente.

REPERCUSSÕES FÍSICAS

Apesar das repercussões econômicas, sociais e políticas da remoção serem em geral negativas, os efeitos materiais das novas moradias são mistos. Os serviços sanitários, de água e esgoto, representam uma grande melhoria em relação aos das favelas, e, supostamente, devem representar, além de maior conforto, uma melhoria para o nível de saúde infantil.[46] A eletricidade é comumente mais barata, e para algumas famílias as novas moradias oferecem mais espaços. Há também menos perigo de incêndio ou deslisamento de terreno. Todavia, apesar da possível melhoria nas instalações, a má qualidade das construções é assunto de constante reclamação. Em Quitungo, por exemplo, depois de uns poucos anos, os apartamentos já precisam de muitas reformas, o reboco cai aos pedaços, vêemse infiltrações nas paredes em todos os apartamentos, com exceção dos que ficam no último andar (ver Foto 23). Os serviços de manutenção por parte da COHAB são muito insuficientes; por exemplo, o *Jornal do Brasil* informou que o Conjunto de Realengo ficou sem água por cinco meses, sofria de entupimentos dos esgotos e de freqüentes faltas de luz.[47]

Também há muitas queixas quanto à organização espacial dos novos apartamentos e casas, repetidamente arranjados em fileiras apertadas e monótonas como se vê na Foto 15. Os prédios são idênticos, e os favelados sentem falta da variedade das casas que eles mesmos construiram. Em contraste com as favelas, onde as portas estavam sempre abertas durante o dia, nas novas unidades as portas dos apartamentos estão sempre trancadas. O planejamento e a escala dos conjuntos não produz aquele sentimento de intimidade espacial e social que constituía uma parte tão característica da vida da favela.

Finalmente, apesar das novas unidades terem sido programadas para ser a moradia permanente e segura dos favelados, estes não podem ou não querem pagar por elas, o que os deixa tão inseguros quanto antes, sempre à espera do dia de serem expulsos para um lugar ainda menos satisfatório.

RESULTADO FINAL

Reiteradamente se comprovou que as famílias removidas, se pudessem, em geral gostariam de voltar para a favela. Salmen constatou na Vila Kennedy que 36 por cento das pessoas desejariam voltar para suas antigas casas, sendo que, no caso das mulheres, a porcentagem era de 49 por cento.[48] Rush verificou que 53 por cento de sua amostra gostaria de voltar para as favelas, e que este número crescia para 70 por cento se tivessem a opção de voltar para uma favela urbanizada.[49]

Foto 23. O Conjunto de Quitungo, em 1973, já mostrava sinais de decadências depois de apenas quatro anos da construção, principalmente devido às manchas provocadas por infiltrações nas paredes.

O critério da CHISAM de distribuir os favelados à base tão-somente da renda familiar, ao invés de uma combinação de fatores econômicos, sociais e geográficos, é fonte de muitos problemas. A própria CHISAM reconhece que a distribuição que procurou garantir que as prestações não excedessem 25 por cento da renda familiar revelou-se precária, pois a mesma é variável, no instável mercado de trabalho.[50] Além disso, a CHISAM adotou a arbitrária porcentagem de 25 por cento sem considerar a renda *per capita*, ou gastos familiares com educação, despesas médicas, ou a amortização de outras dívidas anteriores. O resultado é um alto nível de incompatibilidade entre as necessidades das famílias faveladas e a moradia que lhes atribuíram.[51]

A confirmação da importância da escolha pessoal da habitação emerge tanto de um estudo do CENPHA quanto do trabalho de Rush. Em ambos estudou-se o caso de favelados removidos compulsoriamente, e o de famílias que tinham procurado os apartamentos espontaneamente. Estas tendiam a possuir uma situação ocupacional e rendas mais elevadas do que os favelados, e estavam mais satisfeitas que o grupo favelado.[52] Rush comprovou que 46 por cento dos não-favelados estavam em dia com seus pagamentos, contra 26 por cento dos favelados.[53]

Apesar de ter sido prejudicial para os favelados a política da remoção, o objetivo original do BNH de estimular a indústria de construção foi parcialmente atingido. Além disso, as cicatrizes que as favelas representavam na paisagem foram removidas, especialmente na Zona Sul onde vivem as elites. Entretanto, a intenção inicial de reinvestir os pagamentos mensais na construção de outros conjuntos teve de ser modificada, diante dos altos índices de inadimplemento. A meta de proporcionar moradia para as camadas de rendas inferiores também foi um pouco deslocada, pois as novas moradias, consideradas muito caras, foram abandonadas e ficaram à disposição de pessoas com rendas mais altas, satisfeitas com as baixas taxas de juros cobradas pelo BNH.[54] Contudo, por volta de 1974-1975, muitos conjuntos tinham sido totalmente abandonados e outros tiveram de ser postos abaixo ou totalmente remodelados para atrair compradores.[55]

O objetivo de integrar o favelado na vida da classe média não foi alcançado. Ao contrário, a alienação e o desespero tomaram conta. Como disse o Sr. Joya, o comerciante, muitos de seus amigos morreram de desgosto com a mudança. "Todos os que tinham uma doencinha qualquer ficaram pior e morreram"[e]. E pela obediência a conceitos errôneos sobre os favelados, o governo sem querer *criou* exatamente a espécie de indivíduos marginalizados, não integrados, que enganadamente presumira viverem nas favelas.

O CASO DA CATACUMBA

O caso da Catacumba oferece uma clara demonstração do que significa para os indivíduos interessados a destruição da favela e a remoção forçada. Até 1973, das favelas que eu estudara, a Catacumba fora a única removida, e sua história ilustra muito bem o que tenho afirmado.

[e] Verifiquei que muitas pessoas que eu conhecera e pelas quais eu perguntei tinham tido enfermidades fatais, ou sido vitimadas no trabalho ou no trânsito. Esse aumento incomum nas mortes é, sabidamente, concomitante de altos níveis de *stress*.

O PROCESSO DA REMOÇÃO

Já em 1968 o presidente da Sociedade dos Moradores e Amigos da Catacumba, Waldevino, e seus companheiros de diretoria, alarmados com rumores de remoção, elaboraram um plano para a "urbanização" da favela no local. (Ver Fig. 13)

O plano foi apresentado a várias instituições estaduais e apareceu na edição de 15 de setembro de 1969 do jornal *O Dia,* do Rio de Janeiro, com a legenda "O Projeto de Urbanização apresentado pelos moradores da Catacumba, e para o qual pedem a atenção das autoridades". Consistia de duas fileiras de edifícios de apartamentos e uma fileira de casas para duas famílias, na parte mais elevada do morro. Os favelados esperavam construí-los e pagar por eles, se lhes permitissem permanecer no local. No texto que acompanhava o plano, os moradores apresentavam um pedido às autoridades: "Não há um único morador da Catacumba que concorde com a possível remoção forçada para a Cidade de Deus ou qualquer outro lugar distante dos locais onde trabalhamos para sustentar nossas famílias... Esta favela pode ser sanada e urbanizada. Não queremos esmolas, caridade ou doações. Com a aprovação dos poderes públicos, construiremos e pagaremos por nossas próprias casas".

Quando entrevistei Waldevino em princípios de 1968, ele me disse: "Na hora da remoção todos sofrem, especialmente os velhos, os muito pobres e os donos das tendas e biroscas". Prosseguiu dizendo que a situação se tornara cada vez mais séria nos últimos tempos, pois não mais existiam as antigas possibilidades de recursos. Citou como exemplos da Favela da Providência e a Ilha das Dragas, e a sorte dos líderes da FAFEG. Disse ainda que o Ato Institucional nº 5 "não parava na entrada da favela".

Nosso estudo confirmou que essas ameaças eram sentidas pela população em geral. A vasta maioria dos residentes declarou que, apesar de não desejar sair, o medo da represália levá-los-ia a cooperar com as ordens do governo. Waldevino alongou-se na descrição das desvantagens dos conjuntos habitacionais, a maioria a duas e meia horas de distância. Mostrou-me o plano de urbanização da Catacumba, dizendo que infelizmente não tinha esperanças de conseguir muita coisa, pois os favelados em geral estavam muito apáticos, e os líderes tinham medo de "ser presos, cassados ou até torturados". Também lembrou que, agora que a FAFEG tinha sido dissolvida, poucos canais de influência ainda existiam, as eleições diretas estavam suspensas, os poderes estaduais tinham sido transferidos para a esfera federal, e que o Presidente, além de inacessível, provavelmente não se mostraria simpático à causa dos favelados.

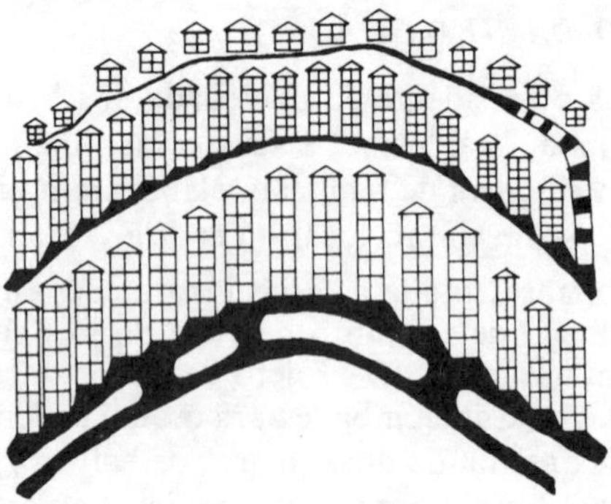

O PLANO DE WALDEVINO PARA A URBANIZAÇÃO DA CATACUMBA.

O Plano dos Moradores para a Urbanização da Catacumba. Este projeto foi publicado na edição de 15 de setembro de 1969 de *O Dia*, jornal carioca. A legenda dizia: "Projeto de Urbanização apresentado pelos moradores da Catacumba, e para o qual pedem a atenção das autoridades". Mostra duas fileiras de edifícios de apartamentos e uma fileira de casas para duas famílias, na parte mais elevada do morro. Os favelados prontificaram-se a construí-los e pagar por eles, se lhes fosse permitido permanecer no local.

Em agosto de 1969, pouco depois do incêndio na Praia do Pinto, ali pertinho, e do desaparecimento de seus líderes, a Secretaria de Serviços Sociais começou a organizar um recenseamento domiciliar na Catacumba que, evidentemente, era a próxima na lista de remoção da CHISAM. Os jornais estavam cheios de histórias sobre planos de erradicação,[56] e os favelados logo perceberam que a finalidade do recenseamento era determinar a localização futura de cada um: a capacidade de pagar era o único critério de decisão. Poucos podiam acreditar no que estava acontecendo. Muitos me disseram que aquilo jamais ocorreria: "Já nos ameaçaram tantas vezes da mesma maneira, mas ainda estamos aqui". "É apenas outro boato para dar assunto para conversas". "Somos muitos, eles não poderiam construir casas para tantas famílias". "Espere para ver – depois de tudo pronto e estudado, nada vai acontecer".

Todavia, logo a situação agravou-se. Grupos de amigos e parentes começaram a fazer excursões, nos domingos, até Cidade de Deus, em Jacarepaguá (duas horas e meia de viagem em sistemas de transporte pouco dignos de confiança), Cidade Alta (um conjunto apertado de prédios, distante porém mais acessível) e a desoladora triagem para onde são enviados os que não podem pagar. Voltavam exaustos e desencorajados, dizendo "não saber o que fazer". Uma senhora idosa me disse que nunca vira nenhum desses lugares, mas estava certa de enlouquecer, se tivesse de sair da Catacumba. Quando inquirida por que ela e outros que pensavam como ela não faziam alguma coisa, respondeu: "Se tentarmos nos defender vão dizer que somos comunistas... Eu não sei bem o que isso quer dizer, mas sei que é muito, muito ruim, e que eles vão me matar a mim e a meus filhos se eles pensarem que eu sou isso".

Nesse ínterim, a liderança da Catacumba caíra inteiramente sob controle. Waldevino, que elaborara e apresentara o plano para a urbanização da área um ano antes, entregara a sede da Sociedade para os representantes do Serviço Social, vestira um uniforme e assumira o comando da comissão local de vigilantes encarregados de "manter a ordem na favela". Ele e outros dirigentes, bem como outros que tinham participado ativamente em outras campanhas contra a remoção, foram "nomeados" para cargos importantes pelas autoridades do Serviço Social. A liderança foi, assim, completamente desfigurada, num clássico exemplo de co-optação, definida por Selznick como a "absorção de novos elementos pela estrutura de liderança ou de determinação de diretrizes de uma organização, como maneira de neutralizar ameaças à sua estabilidade ou existência".[57]

A ação renovadora do governo, portanto, foi legitimizada pela liderança local, que proporcionou aos órgãos encarregados da remoção um "veículo de acesso administrativo". Por volta de setembro de 1969, Waldevino e outros líderes já não queriam falar comigo, dizendo-se "muito ocupados com trabalhos administrativos". Na verdade, tinham sido organizados em uma unidade de controle coesa, que atuava 24 horas por dia a fim de garantir que nada de "irregular" ocorresse na favela. "Mediante tais técnicas de paternalismo e co-optação antecipatória", diz Schmitter, "associações representativas recém-surgidas foram convertidas de potencialmente agressivas e promotoras das novas exigências... a protetoras de certos interesses adquiridos... Em resumo, foram incorporadas antes de poder aprender as técnicas da oposição".[58]

Algumas famílias que desejavam permanecer juntas tentaram trocar entre si aparelhos domésticos ou móveis, para dar a impressão de pertencerem ao mesmo grupo econômico. Estas tentativas de "dar jeitinho" em geral eram descobertas – quando a liderança troca de partido, a comunalidade se transforma de bênção em maldição. Os líderes tinham sido severamente advertidos de que seriam responsáveis por qualquer distúrbio que ocorresse.

Os dias da remoção propriamente dita foram de desolação, no dizer de Margarida (que nascera e se criara na Catacumba). Os moradores receberam com menos de 24 horas de antecedência o aviso de que teriam de evacuar suas casas, e não lhes foi dito para onde iriam. A família estava com receio de ficar separada, e, de fato, um de seus irmãos foi mandado para Nova Holanda, enquanto o resto foi para Quitungo. No dia da mudança, contou Margarida, estava frio e chovia, e todos os seus pertences ficaram ao ar livre e se encharcaram enquanto se esperava pelo caminhão da mudança. Seu querido colchão, para o qual economizara muitos anos, foi totalmente destruído. Algumas coisas não puderam ser transportadas morro abaixo, e foram deixadas para trás. Além disso, muitas outras coisas quebraram-se ou foram destruídas ao serem atiradas de qualquer jeito para dentro dos caminhões. Para Margarida, a chuva era sinal de que "o céu chorava com pena de nós".

De acordo com os jornais, a remoção da Catacumba procedeu em paz e com ordem.[59] Segundo a CHISAM:

> [A imprensa] não só nacional como também a estrangeira [notou] a mudança da mentalidade daquela população favelada: todos queriam mudar, desde o mais antigo favelado ao mais novo... De um modo geral todos os moradores da Catacumba aguardavam ansiosos a remoção. Apenas alguns, que possuíam casas de alvenaria, em locais privilegiados, mostravam-se contrários a abandonar aquele local. Um pequeno grupo não aceitava a idéia de ter que sair das margens da Lagoa para residir em outros locais, mesmo sabendo que nas novas moradias teriam água encanada, luz e condições humanas de habitabilidade. Mas até mesmo este, depois que visitou o Conjunto no qual deveria morar, aceitou tranqüilamente a transferência, passando a elogiar o Plano Habitacional.[60]

De acordo com seu relatório, a CHISAM erradicou 2 158 casas da Catacumba. Para o recém-construído conjunto de Guaporé-Quitungo foram enviadas 1 420 famílias; outras 350 foram para os conjuntos mais antigos e baratos da Cidade de Deus, 87 foram para Vila Kennedy e 350 para a triagem.[61]

Pouco depois da mudança, começaram a surgir informes negativos. O jornal *Correio da Manhã*, sob a manchete "Nem mesmo na Catacumba eles tinham tantos problemas", publicou o seguinte, em 21 de janeiro de 1971:

> Eram 2 230 famílias ocupando 98 mil metros quadrados do Morro da Catacumba. Não pagavam aluguel, nem condomí-

nio, nem taxas, nem água – que carregavam na cabeça em grandes latas. Também não pagavam condução. Muitos tinham três empregos e ainda estudavam à noite para melhorar de vida. Aí veio a CHISAM e acabou com a favela, prometendo casa própria para os que pudessem pagar durante 18 anos mensalidades que variam em torno dos 100 cruzeiros. E nos três primeiros meses as taxas seriam por conta do Estado. Agora, passados quatro meses, a maioria não conseguirá pagar: a mensalidade, 60 cruzeiros de luz, 95 de taxas, 10 cruzeiros de condomínio, conta de água, rateio para o conserto de instalações defeituosas do prédio e mais uma porção de despesas, sem falar na condução para o trabalho. Tudo somado, sai mais caro que o aluguel de um apartamento médio localizado em Ipanema, perto da praia. Quem não pode pagar vai ter que sair. E ninguém sabe para onde. Para os que conseguirem ficar, será um péssimo negócio: os apartamentos não valem nada; não há acabamento nem área para as crianças brincarem. O prédio do Conjunto do Guaporé foi feito às pressas e está rachado. Para os moradores, a única diferença entre o prédio novo e os velhos barracos é que não precisam mais carregar água. Agora eles têm água até de sobra: quando chove, fica tudo inundado, e se lavam o assoalho, o teto do apartamento de baixo vira um chuveiro.[62]

OS CONJUNTOS HABITACIONAIS

Quando retornei ao Rio em 1973, três anos após a remoção, visitei os conjuntos para onde o pessoal da Catacumba tinha sido mandado (ver Fig. 2) Guaporé-Quitungo, na Zona Norte, cerca de hora e meia de distância do centro da cidade, consiste de 2 880 apartamentos comprimidos em 72 blocos. As ruas não tinham calçamento nem iluminação, não havia áreas de recreação, nem clínica médica, igreja, clube, ou programa de treinamento profissional. Havia uma escola primária para todo o conjunto, e poucas casas de comércio nas proximidades. Os prédios já pareciam velhos e decadentes, e as supostas quadras de jogos tinham-se transformado em banhados.

A Cidade de Deus é uma mistura de triagem, casas, e prédios de cinco andares sem elevador (ver Fotos 24 e 25). Construída entre os anos de 1965 e 1970, fica em Jacarepaguá (ver Fig. 2), ainda mais longe que Quitungo, e na direção oposta. Portanto, amigos e parentes ficaram separados por quase quatro horas de viagem em ônibus inconfortáveis. A área da triagem é apinhada e mal-afamada. Mesmo entre os moradores da Cidade de Deus é considerada uma área

Fotos 24 e 25. A Cidade de Deus, no remoto Jacarepaguá, tem prédios de apartamentos, casas e alojamentos de triagem, como mostram a vista aérea (Foto 24) e a foto tomada mais de perto (Foto 25). As pessoas temem ser transferidas para lá, pois fica muito distante da cidade e o acesso é muito difícil.

perigosa, infestada de criminosos. Os apartamentos são mal feitos e desagradam a muitos por serem de vários andares. Uma senhora assim me falou, com grande pungência: "Ai, dona, eu nasci no chão, cresci na terra, e vivi toda vida no plano. Como é que eles querem que me acostume a viver numa altura de quatro andares? Eu fico toda arrepiada... Passo fora de casa a maior parte do tempo". As ruas da Cidade de Deus são pura lama quando chove, e na estação seca toda a área fica coberta por uma nuvem de poeira. As lojas que se abriram depois de muitos anos têm pequenos estoques e cobram caro. Há uma única clínica médica atendendo poucas horas por semana e o único cinema, ironicamente, foi transformado num posto policial.

A Vila Kennedy, um dos primeiros conjuntos habitacionais, terminou de ser construída em 1964 e hoje conta com 25 000 moradores. Localiza-se na periferia extrema da cidade, onde os terrenos são baratos, e recebeu ajuda da USAID (US$ 3,5 milhões) para o seu planejamento, execução e financiamento.[63] Todas as construções parecem caixotes iguais, estendendo-se a perder de vista num terreno plano e despido de vegetação. Nos primeiros anos após a construção, sofria a falta de muitos serviços urbanos, e os moradores suportavam os efeitos do isolamento e transporte deficiente. Contudo, houve uma considerável mudança de ocupação nestes anos, portanto muitos dos atuais moradores lá se instalaram por vontade própria. Muitas casas foram melhoradas, pintadas e ajardinadas, e, como a cidade se expandiu, a localização se tornou relativamente menos remota. Ainda assim, por ocasião de seu décimo aniversário, o *Jornal do Brasil* publicou um artigo eloqüente intitulado "Vila Kennedy festeja dez anos de grande fracasso".[64]

AS CONSEQÜÊNCIAS PARA OS MORADORES DA CATACUMBA

Os efeitos da remoção são ressaltados pela comparação entre os dados que recolhi na Catacumba em 1968-1969, meus próprios contatos após a transferência, e a análise conduzida por Rush. Meu estudo original mostrara que a vasta maioria (79 por cento) levava apenas meia hora ou menos para chegar no trabalho. Os estudos subseqüentes mostraram que nos conjuntos apenas 13 por cento contavam com esta facilidade de acesso, enquanto quase três quartos (71 por cento) viajavam mais de uma hora para ir e para voltar. Afora a perda de tempo, uma decorrência óbvia destas longas viagens é o custo aumentado: 64 por cento dos antigos moradores agora pagam dois ou mais cruzeiros de transporte por dia, e mais da metade gastam 10 por cento ou mais da renda familiar total em transporte para o chefe da família, apenas.

Uma razão parcial para o aumento no tempo e no custo do transporte é que, três anos após a mudança, 59 por cento dos ex-moradores da Catacumba ainda trabalham ou na Zona Sul ou no Centro do Rio. Continuam ligados àqueles mercados de trabalho das áreas onde viveram e estabeleceram contatos no decorrer de muitos anos. O que torna o problema mais complexo é a dificuldade geral para conseguir empregos na competitiva economia do Rio. O BNH e a COHAB tinham laborado na hipótese de um mercado de trabalho aberto e flexível, que proporcionasse aos favelados novos empregos perto de casa. Ao contrário, o estudo conduzido por Rush em 1973 comprovou que a maioria das pessoas considerava que as oportunidades de trabalho na nova área eram piores que as de antes, e que o número de pessoas fazendo biscates, ou de mulheres trabalhando fora, tinha caído consideravelmente.

O estudo de 1973 revelou também que cerca de um terço considerava o conjunto uma comunidade menos unida que a favela. Por exemplo, os moradores achavam que conversavam menos com os vizinhos. Tanto Margarida como Geraldo, que tinham vivido sempre na Catacumba, sentiam que se desintegrara inteiramente a antiga comunidade. "Somente as crianças conseguem fazer novos amigos", disseram, "enquanto os adultos agarram-se nos poucos que já conheciam antes. As pessoas já não se importam com as coisas, como antes. Se alguma coisa quebra, fica quebrada".

Um dos principais índices da inconveniência que os conjuntos representam para os antigos favelados da Catacumba é a alta taxa de atrasos nos pagamentos. Apenas 20 por cento deles estavam em dia com suas mensalidades, e pelo menos 46 por cento estavam com mais de seis meses de atraso. Muitos, confrontados com rendas reduzidas em muito, e as maiores despesas causadas pela mudança, tinham de escolher entre alimentar as famílias, ou pagar as prestações. Apesar de temerem represálias e a transferência para a triagem, não lhes restava outra alternativa que o atraso.

Margarida conta: "Fiquei com muita raiva do governo... Fiquei furiosa, com ódio deles, mesmo, por causa de sua maldade. Tem gente aqui, que nem ganha o salário-mínimo – nem consegue o suficiente para comer. Como é que eles poderiam pagar 300 cruzeiros de prestação mensal por um apartamento?" Seu marido, Geraldo, sentia-se ressentido por que nunca lhe tinham dito quanto o apartamento realmente custaria, ou por quanto tempo ainda teriam de pagar antes de entrarem na posse definitiva do mesmo. Nos primeiros três meses, pagavam 140 contos por mês. Depois, de tantos em tantos meses vinha um aviso de aumento nas prestações, até que, à época em que lhes falei, já estavam pagando quase o dobro da quantia original, afora as despesas de água, esgoto, eletricidade e condomínio.

Geraldo disse que não se importaria de pagar a prestação original "Se a gente tivesse chegado aqui e visto que era bom, passaríamos fome para pagar as mensalidades". Ele estava disposto a pagar o preço original de 140 contos por mês durante 15 anos, mas depois lhe disseram que teria de pagar um total de 60 mil cruzeiros, apesar de saberem que os apartamentos custam a metade. Geraldo sentiu que era impossível pagar a prestação com seu salário, e agora trabalha doze horas por dia.[f] Ele considera a obra tão precária que dentro de 15 anos já se terá desmoronado. "Empregaram mais areia do que cimento. Se a gente bate na parede, ela desmancha. É preciso passar reboco por cima, para conservar as paredes. Além disso, os encanamentos de água e de esgoto, que são de plástico, estão sempre com vazamentos, e quando se rompem cada família tem de pagar pelo conserto".

Segundo os cálculos de Geraldo, na época, custaria cerca de Cr$ 5 mil para deixar o apartamento "em condições de se viver decentemente". O estudo feito em 1973 constatou que 69 por cento das pessoas achavam que seus apartamentos necessitavam de reparos de importância. Geraldo também queria saber qual a garantia de que não seriam transferidos de seu novo lar – como o tinham sido da Catacumba – se o valor dos terrenos subisse antes que os pagamentos estivessem completados.

Para Félix, antigo morador da Catacumba removido para Quitungo, a mudança representou uma catástrofe pessoal e econômica.[65] O aumento no custo do transporte e a distância do emprego tornou impossível que a mulher de Félix continuasse a trabalhar e a cuidar das crianças ao mesmo tempo. Para compensar, ele trata de manter o equivalente a dois empregos de tempo integral – seu tra-

[f] Ainda que supostamente a correção monetária deva compensar a inflação, acompanhando os aumentos do salário-mínimo, de fato há significativas diferenças nas escalas salariais, especialmente neste nível. Além disso, ainda que se aplique a correção monetária ao FGTS e à poupança, isso não apresenta efeitos diretos e imediatos para os moradores dos conjuntos (a maioria dos quais não têm cadernetas de poupança e recebem seus fundos com muito atraso), em contraste com os aumentos contínuos nas prestações, que são sentidos direta e imediatamente.

balho regular numa padaria, e a venda de refrescos na praia. Ele passa em casa apenas umas poucas horas por dia.

Apesar de todo esse esforço, a família de Félix enfrenta uma situação financeira insustentável. Com uma renda total de cerca de 700 cruzeiros por mês, eles têm uma despesa mensal de 500 cruzeiros em alimentação, mais despesas substanciais com transporte, vestuário e reparos domésticos. Não lhe restou outra alternativa que atrasar os pagamentos, e havia 18 meses que ele não pagava nada. O dinheirinho que ele consegue guardar é deixado de lado para a esperada expulsão de sua família pela COHAB, que administra o conjunto.

O profundo descontentamento geral dos moradores do conjunto espelha-se na resposta dada pelos ex-moradores da Catacumba à pergunta: "Se pudessem escolher, permaneceriam no conjunto ou voltariam para seus antigos lares?" Sessenta e nove por cento responderam que voltariam para a favela. Este número crescia para um esmagador 82 por cento se a alternativa fosse uma favela urbanizada. Respostas comuns foram: "Eu voltaria e construiria um novo barraco no mesmo dia, se me deixassem"; "Se eu pudesse eu voltaria para qualquer favela na Zona Sul"; "Fomos enganados, disseram que iríamos para lugares bonitos, com transporte direto e barato, e que as mensalidades seriam muito pequenas"; "Eles só removeram as favelas para os ricos poderem ganhar mais dinheiro".

A justificativa oficial para a remoção da Catacumba e a destruição dos barracos foi oferecida em 1972 pela Secretaria do Planejamento e Coordenação Geral do Estado da Guanabara, que citou a instabilidade do solo e a poluição da lagoa Rodrigo de Freitas.[66] A CHISAM referiu-se ainda a um túnel que seria construído no morro da Catacumba para ligar a área da lagoa com o bairro de Botafogo, facilitando a ida dos homens de negócio até seus escritórios.[67]

A remoção da favela, contudo, fez desandarem tais acirradas disputas quanto à posse legal dos terrenos que *nenhum* projeto pôde ser iniciado por vários anos. Em 1973, os morros estavam cobertos de espessa vegetação. Enormes cartazes anunciavam câmaras Kodak, bálsamo Bengué, detergentes e cosméticos, circundando a área, cujo acesso a possíveis ocupantes era barrado por cercas de arame farpado (ver Foto 26).

Para os antigos moradores da Catacumba, isto constituía fonte de imensa amargura. Eles teriam aceitado, como disseram, ter abandonado seus lares se os morros tivessem tido uma utilização

Foto 26. No antigo local da Catacumba, em 1973. A encosta desabitada cobriu-se de vegetação densa nos quatro anos que se seguiram à remoção da favela. A volta de possíveis favelas é impedida por cartazes cercados de arame farpado, e que anunciam produtos de consumo supérfluo, destinados aos ricos.

proveitosa, mas vê-los abandonados e cobertos de mato fazia-os "chorar de dor" diante da perda inútil de seus lares e comunidade.

Por volta de 1974-75, começara a construção de prédios de apartamento de luxo ao preço de até US$ 125 mil a unidade, e o preço do metro quadrado do terreno, dizia-se, subira para 300 dólares.[68]

ALTERNATIVAS E PERSPECTIVAS

Mostramos que o projeto habitacional do Rio, o primeiro e mais importante do Brasil, constituiu um fracasso em quase todos os sentidos. Em contraste, quando voltei a visitar as favelas que tinham podido desenvolver-se à vontade, comprovei um extraordinário dinamismo, progresso e boa disposição. Examinei cuidadosamente a favela de Nova Brasília e as favelas de Duque de Caxias a fim de constatar as mudanças ocorridas nos quatro anos que haviam decorrido desde meu estudo original.

Nova Brasília apresentava uma notável melhoria. Havia muito mais casas de dois andares; quase todas as casas agora eram de tijolo; erguera-se uma nova escola; o largo central fora aplainado e asfaltado; as ruas internas principais tinham sido pavimentadas, e construídas escadas de concreto; quase toda a população era servida por redes de água, esgoto e eletricidade; dentro da favela havia atendimento médico, dentário e ótico; e o comércio interno tinha quadruplicado (ver Fotos 27-31). Havia uma impressionante sensação de vitalidade e produtividade, diminuída apenas pela constante incerteza e o temor da remoção.

Infelizmente, a menos que ocorra uma mudança inesperada de diretrizes, Nova Brasília logo conhecerá o destino da Catacumba. Do que eu pude apurar, está marcada para remoção, pois seu nome não consta da lista de favelas em estudo para urbanização, ou que já estejam sendo urbanizadas.

Também as favelas de Duque de Caxias mostraram uma incrível melhoria no período de quatro anos. Havia muito mais casas de tijolos, muitas novas escolas, mais lojas e serviços de todo tipo, e nova iluminação pública nas ruas. As várias Associações de Moradores estavam planejando a pavimentação de ruas internas e considerando diversas outras melhorias a longo prazo. Não manifestavam desejo de pagar aluguéis nem de se separar de suas comunidades, mesmo que pudessem sair, e mostravam-se ansiosos em mostrar-me todos os melhoramentos introduzidos. Também os bairros que eu estudara estavam mais desenvolvidos e melhor atendidos.

A Solução CODESCO. O grupo de favelas que tinha tido resultados ainda melhores durante anos da minha ausência fora aquele que se tinha legalizado e urbanizado no local.[69] Esta é uma importante alternativa à erradicação. No próprio Rio alguns projetos de urbanização experimental de favelas têm sido tentados e estavam prosperando.

Uns poucos meses antes do BNH criar a CHISAM para erradicar as favelas do Rio, o governo estadual da Guanabara autorizara um grupo de jovens arquitetos, planejadores, economistas e sociólogos a formar a Companhia de Desenvolvimento de Comunida-

Foto 27. Líderes da Associação de Moradores de Nova Brasília supervisionam o asfaltamento da Praça do Terço. Sr. Levi, no primeiro plano a esquerda, e Sr. Francisco, à direita, foram dois dos principais promotores dessa iniciativa.

des, CODESCO; encarregada de aplicar uma doação de Cr$ 250 mil feita pela USAID com o objetivo de erradicação de favelas e planejamento urbano.[70] Suas diretrizes eram diametralmente opostas às da CHISAM. Ao invés de demolir as favelas, a CODESCO tratou de melhorá-las e legalizá-las, comprando as terras como entidade pública e proporcionando as melhores condições possíveis de revenda aos favelados. Sua filosofia enfatizava a importância da posse legal de terra, a necessidade de deixar que os favelados permanecessem próximo aos lugares de trabalho, e o valor positivo da participação dos favelados na melhoria dos serviços públicos comunitários e nos desenho e construção das próprias casas.

Três favelas foram selecionadas para programas de urbanização – Brás de Pina e Morro União, na Zona Norte, e Mata Machado, na Zona Sul. Tais programas incluem demarcação, pavimentação e iluminação das ruas principais, a instalação de água, esgotos e eletricidade, financiamento parcial da reconstrução das casas pelos próprios moradores (com assistência técnica gratuita por parte de estudantes de arquitetura, e empréstimos a longo prazo e juros baixos para compra do material), e a administração do programa de revenda dos terrenos adquiridos pela CODESCO O BNH propor-

Fotos 28, 29, 30 e 31. O comércio prospera em Nova Brasília – quadruplicou entre 1969 e 1973. As fotos mostram uma sapataria na Avenida Nova Brasília, uma loja de artigos de umbanda, uma loja de roupas e artigos domésticos, e, no alto do morro, uma venda de propriedade de uma família.

cionou alguns empréstimos para a CODESCO, minúsculos, todavia, se comparados aos recursos para a erradicação e a construção dos conjuntos pelas COHABs. No caso da CODESCO, ao invés de esperar pelo processo normal de melhoria das favelas ao longo de alguns anos, os recursos do BNH são emprestados diretamente aos favelados para a melhoria imediata de suas moradias, a juros baixos e a longo prazo. Comparações entre dados econômicos da CODESCO e da COHAB mostram que as casas financiadas pela primeira custam apenas a metade das financiadas pela segunda,[71] e oferecem as vantagens adicionais de aproveitar investimentos feitos anteriormente nas moradias das favelas, preservando os vínculos existentes e evitando a desagregação e o trauma da remoção.

O processo de desenvolvimento da CODESCO baseou-se em detalhado estudo preliminar, que primeiro classificou todas as favelas do Rio em "urbanizáveis", "semi-urbanizáveis" ou "não-urbanizáveis", segundo características de terreno, densidade e localização. As três favelas selecionadas representavam três pontos de uma escala, uma em solo plano e pantanoso, outra numa encosta bastante íngreme, e uma terceira em terreno ondulado. Variavam, quanto à população, entre mais ou menos esparsa a extremamente densa, e se localizavam a distâncias variadas até o centro da cidade.

O estágio seguinte consistiu de um levantamento cuidadoso da localização e condições de cada barraco. Nesse ínterim, a CODESCO tratava de adquirir não apenas as terras sobre as quais se encontravam os barracos, como também as adjacentes. Nas áreas onde a densidade de ocupação era superior aos padrões adotados, os residentes decidiam de comum acordo quem se mudaria para a periferia e quem permaneceria no local. Também as famílias instaladas nos lugares por onde seriam abertas as principais vias de acesso mudaram-se para as novas áreas.

Em alguns pontos, fez-se um remanejamento a fim de facilitar a instalação da infra-estrutura, sem ter de passar encanamentos, etc., por debaixo de barracos já existentes. Lotes inteiros foram transferidos para uma área onde já houvesse infra-estrutura instalada, deixando vaga a área anterior para a instalação de novas redes.

Quanto às casas propriamente ditas, encorajou-se cada família a desenhar a própria, conforme as necessidades e preferências particulares. Membros da CODESCO e voluntários estudantes de arquitetura trabalharam com cada família em separado para assegurar que os planos fossem viáveis, e ajudar a calcular o custo, e os tipos e quantidades de material de construção necessário. Mais tarde, depois de uma larga experiência com a elaboração de planos, três projetos básicos de casa foram colocados na Associação dos Moradores para facilitar o processo. Como os materiais de construção foram comprados por atacado pela CODESCO e distribuídos sob a forma de cooperativa, os preços foram bem mais baixos que os do mercado. Os termos de crédito foram ajustados a níveis baixos e prazos longos.

Os três projetos-piloto tiveram bastante êxito. Uma avaliação conduzida em Brás de Pina apenas dois anos após o início do projeto mostrou já então uma significativa melhora nas casas. O tijolo substituira as tábuas em muitas delas, que também tinham dobrado de tamanho (reduzindo substancialmente o amontoamento). As pessoas sentiam-se seguras e entusiásticas a respeito de sua terra e sua comunidade.[72]

Quando voltei em 1973, a mudança era ainda mais notável (ver Fotos 32-34). A maior parte de Brás de Pina anteriormente estava construída sobre estacas, em banhados insalubres. Estes foram aterrados e na área pior construiu-se um campo de futebol cercado de bancos e árvores. As casas eram encantadoras, cada uma exibia uma graça profundamente individual, refletindo os gostos, preferências e prioridades da família. Algumas tinham dois andares, outras, área ou varandas de diversos estilos, outras ainda pequenas cercas ou jardins ao derredor. Quase todas eram de tijolo rebocado, pintadas em cores brilhantes, e decoradas com muita originalidade com plantas e flores.

A favela do Morro União transformou-se de maneira similar. Localizada numa encosta, a favela tinha vários níveis de construção e de atividade coordenados a partir de uma área central. O comércio prosperava, uma praça fora marcada e pavimentada, construíra-se uma caixa d'água no alto do morro, os serviços tinham sido ampliados para atender toda a zona e em alguns pontos tinham-se construído algumas residências coletivas de pequena escala; para maior ocupação e menor custo.

Apesar do sucesso desses projetos-pilotos, em 1973 os recursos da CODESCO tinham sido drasticamente reduzidos e seu diretor e equipe originais tinham sido substituídos por um grupo bem menos ativo. O projeto de Mata Machado aparentemente fora abandonado e, apesar de alguma conversa sobre novos projetos, nenhum fora começado. A nova CODESCO, obviamente, é uma organização que apenas conservou o mesmo nome.

No resto do Brasil o BNH tem dado apoio limitado a alguns experimentos de habitação a baixo custo. Destaca-se a recente aprovação de um plano de urbanização para 90 000 unidades nos Alagados de Salvador, Bahia. (ver Fotos 35 e 36)

Foto 32, 33 e 34. Brás de Pina em 1969 e em 1973. A favela ocupava um terreno alagadiço. As casas reconstruídas (ver exemplo abaixo) foram desenhadas pelas próprias famílias – com a ajuda de estudantes de arquitetura e da CODESCO – e refletem a individualidade de seus moradores.

Fotos 35 e 36. Alagados, em Salvador, Bahia: aí vivem 90 000 pessoas, em barracos construídos sobre estacas. O lixo acumulado vai firmando o terreno, que depois é asfaltado. A foto 36 mostra pessoas e urubus disputando o lixo recém-jogado. O letreiro do caminhão diz "Povo desenvolvido é povo limpo".

A experiência do Rio de Janeiro, por mim descrita, foi sem sombra de dúvida o maior fracasso, quer em termos de atendimento das necessidades da população, quer em termos de viabilidade econômica. Isto se deveu em parte à pressa com que o projeto foi conduzido, e à sua escala excessiva, decorrentes do desejo de apresentá-lo como "vitrina", para fins de prestígio nacional e internacional.

Apesar de todas as provas apresentadas contra a remoção de favelas e a favor da urbanização no local, o governo continua com a intenção de eliminar as favelas do Rio até a nova data-limite de 1983.[73] Considerando-se que as novas políticas habitacionais até agora não fizeram diminuir a migração para o Rio; que novas favelas continuam a surgir e as antigas a se expandir; e que os custos da construção sobem diariamente, não parece evidente que este objetivo venha a ser atingido. Se bem que alguns dos desastrosos resultados das primitivas diretrizes governamentais poderiam ser atribuídas a um altruísmo ingênuo, agora já se tornou bem claro que a remoção das favelas visa essencialmente a melhorar as condições das classes altas do Brasil à custa dos pobres. Como as diretrizes oficiais continuam as mesmas. torna-se cada vez mais difícil considerar as extraordinárias taxas de atraso nas prestações das moradias dos conjuntos como mero resultado das dificuldades econômicas dos seus moradores. Mesmo agora, o não-pagamento é, em parte, uma expressão política de profunda frustração e ressentimento.

Tendo em vista que o atual regime militar do Brasil provavelmente não será derrubado desde o exterior, ou sofrer mudanças radicais desde o interior, os pobres, sem dúvida, continuarão sujeitos a políticas que sacrificam os seus interesses para proteger o poder, a situação econômica e os privilégio das classes altas. O descontentamento e a amargura dos pobres poderão aumentar, mas sua impotência está suficientemente patenteada para que eles resolvam correr um risco inútil.

CAPÍTULO 8

MARGINALIDADE E POBREZA URBANA

A MARGINALIDADE É UM MITO, e também a descrição de uma realidade social. Na qualidade de mito, serve de fundamento para crenças pessoais e interesses da sociedade; suas profundas raízes no espírito dos indivíduos não se deixarão abalar por qualquer análise teórica. Na qualidade de descrição de uma realidade social, refere-se a um conjunto de problemas específicos que precisam ser abordados desde um ponto de vista teórico diferente, a fim de que seja corretamente compreendida.

A finalidade deste trabalho, até agora, foi traçar estereótipos populares e eruditos do pobre urbano, pôr em confronto tais estereótipos com a realidade presente nas favelas do Rio, e mostrar como eles continuam a moldar as políticas que afetam as vidas deste setor da população em constante crescimento. A modo de conclusão, este capítulo tentará:

1. avaliar a validade geral dos mitos da marginalidade, tanto do ponto de vista de uma série de proposições, como de um conjunto de hipóteses básicas sobre a natureza da sociedade;
2. explicar a persistência e o poder de atração dos mitos;
3. apontar quais as funções e implicações políticas dos mitos;
4. mostrar como algumas condições sociais concretas são responsáveis pela persistência do que tem sido descrito como marginalidade;
5. propor uma explicação teórica alternativa para a marginalidade, como expressão de condições de dependência;e
6. mostrar que os favelados, como grupo, desempenham funções não apenas aceitas mas requeridas pelo restante da sociedade.

A VALIDADE DOS MITOS

Os mitos da marginalidade podem ser avaliados de duas maneiras: de acordo com sua justeza na definição de atitudes e comportamento da população considerada marginal (tomando-se os favelados do Rio como excelente exemplo), e segundo a solidez de suas hipóteses subjacentes e estrutura analítica.

Em termos de justeza de definição, comprovei que as crenças comuns são totalmente equivocadas: os favelados e suburbanos *não* possuem as atitudes ou comportamento supostamente associados aos grupos marginais. Do ponto de vista social, são bem organizados e coesos, e utilizam amplamente o meio e as instituições urbanas. Do ponto de vista cultural, são muito otimistas e aspiram a uma educação melhor para os seus filhos e a melhoria de suas casas. Os pequenos montes de tijolos comprados um a um e guardados no quintal para quando puderem ser usados constituem testemunho eloqüente do quanto os favelados se esforçam para alcançar seus objetivos. Quanto ao ponto de vista econômico, trabalham muito, consomem sua cota dos produtos de outrem (pagando às vezes mais caro pois precisam comprar onde conseguem crédito), e constroem não apenas a própria casa mas ainda grande parte da infra-estrutura urbana e comunitária. Atribuem alto valor ao trabalho árduo, e sentem grande orgulho de uma coisa bem feita. Politicamente, não são nem apáticos nem radicais, têm consciência e participam ativamente daqueles aspectos da política que lhes afetam a vida mais diretamente, tanto dentro como fora da favela. Reagem às mudanças nos parâmetros dentro dos quais se movem (barganhavam astutamente com os candidatos no período populista, e se mantêm sensatamente apolíticos no período de autoritarismo), e em geral se dão conta de sua vulnerabilidade. Quanto a sinais de ideologia radical, ou inclinação à ação revolucionária, estão completamente ausentes. Os favelados em geral apóiam o sistema e acham que o governo não é mau, mas faz o possível para compreender e ajudar as pessoas como eles. Ainda que esta atitude favorável possa ter-se modificado após a remoção forçada para os conjuntos, continuam a não se mostrar dispostos a correr riscos políticos.

Em resumo, *têm as aspirações da burguesia, a perseverança dos pioneiros, e os valores dos patriotas*. O que eles *não* têm é uma oportunidade de satisfazer as suas aspirações. Quando se dirigem aos órgãos públicos, por exemplo, são muitas vezes humilhados e maltratados (como documenta extraordinariamente o diário de Maria Carolina, citado no Capítulo 5).[1] A despeito de desejarem o máximo para seus filhos em matéria de educação, as crianças se vêem barradas das escolas, por motivos administrativos ou econômicos. A estrutura de classes na América Latina é fechada, o que torna muitíssimo difícil a mobilidade social por eles desejada. Aos favelados tocam os piores empregos com os salários mais baixos, sob as condições mais árduas e com a menor estabilidade. Muitos dos que nascem em vilarejos remotos não possuem certidões de nascimento, portanto, não conseguem carteiras de trabalho e são excluídos de todos os benefícios alcançados nos últimos quarenta anos graças à legislação trabalhista. Devido a essa falta de proteção, pagam-lhes menos do que o salário-mínimo, não contam com previdência social, auxílio-doença, aposentadoria e assistência legal. Do mesmo modo, são coagidos e manipulados politicamente no sentido da manutenção do *status quo*. Quando os favelados tentam organizar-se para se defender, como fizeram para impedir a remoção, levaram tiros, foram presos e tiveram seus lares incendiados.

Estas conclusões não se aplicam apenas ao caso do Rio de Janeiro, ou tão-somente a este trabalho. Onde quer que se tenha levado a cabo pesquisas empíricas na América Latina os dados não comprovam as proposições da marginalidade. Estudos feitos no Rio de Janeiro (Leeds), Salvador e São Paulo (Berlinck), Santiago (Castells, CIDU, Kuznetzoff), Buenos Aires (Margúlis), Lima (Turner), Bogotá (Cardona), Cidade do México (Munoz, Oliveira e Stein), e Monterrey (Balan, Browning e Jelin) todos parecem apontar a direção oposta. Em artigos publicados no final da década de 1960, Mangin e Morse já tinham começado a contestar as crenças generalizadas de então, e as pesquisas mais recentes não têm deixado margem a dúvidas.[2]

Mas não foi apenas neste nível que a *teoria* da marginalidade tem sido errônea. Baseia-se ela numa série de hipóteses básicas sobre a natureza da sociedade que não são necessariamente verdadeiras. Em primeiro lugar, seu sistema analítico postula não apenas diversas características ecológicas, econômicas, sociais, culturais e políticas das populações *marginais*, como ainda aceita como suposição básica a co-variação de cada uma dessas dimensões, desviando, assim, a atenção da independência existente entre essas esferas. Por exemplo, algumas pessoas decidem viver numa favela por uma questão de gosto pessoal quanto a estilo de vida, ou por razões econômicas, ainda que tenham um emprego estável no setor capitalista. É possível também que um indivíduo ganhe pouco mas possua um conjunto de valores, práticas sociais e atividades políticas que sejam sofisticados e cosmopolitas. Nossa pesquisa revelou muitos destes casos.

A segunda suposição enganosa é que a pobreza seja uma conseqüência de características individuais do pobre, mais do que uma condição da própria sociedade. Sem considerar as instituições sociais que proporcionam os parâmetros básicos da vida do pobre – como sejam, mercados de trabalho, divisão das classes sociais e o estado em si – é difícil ver além de uma perspectiva arbitrária segundo a qual se atribui ao pobre a culpa de sua pobreza. Conforme acabamos de comprovar, esta é uma linha de raciocínio estéril que suscita recomendações políticas completamente distorcidas que agravam, ao invés de melhorar, as condições que pretendem atacar.

O que é, talvez, mais importante: o paradigma da marginalidade baseia-se num modelo equilibrado ou integrado da sociedade. Não apenas os mitos são falsos, mas o modelo também não é válido. A teoria da marginalidade supõe que num sistema em funcionamento as interconexões entre segmentos tendem a ser mutuamente satisfatórias e benéficas para todos. É possível, todavia, haver um sistema estável cujo equilíbrio beneficie a alguns precisamente graças à exploração explícita ou implícita de outros. Os grupos assim explorados não são marginais, mas integrados em larga medida no sistema, funcionando como uma parte vital do mesmo. Em resumo, integração nem sempre implica reciprocidade.

O modelo funcionalista ou de integração da sociedade fundamenta-se na premissa de que toda estrutura social em funcionamento baseia-se num conjunto de valores que são compartilhados pelos seus membros. Considera a sociedade como um sistema social integrado que se define por um conjunto comum de valores distribuídos diferentemente através dos vários subsistemas. A sociedade é um todo, e a questão é saber como as partes nele se integram. Neste caso, os *marginais* caracterizam-se por se encontrarem permanentemente fora da sociedade, pois não participam dos valores comuns que definem a própria sociedade. Todo este conjunto de hipóteses (cujos passos podem ser seguidos na Sociologia desde Durkheim a Simmel, Merton e Parsons) contrapõe-se com o modelo do conflito, que não pressupõe valores ou interesses comuns mas considera que toda sociedade se fundamenta na *coação* de alguns de seus membros por outros.[3] Neste sentido, o setor *marginal* não seria mais que um entre muitos grupos em competição ou conflito – especificamente, um grupo destituído de poder, sujeito a muita coação e coagindo muito pouco.

A teoria da marginalidade parece supor, ou por ingenuidade ou cálculo, que a adoção da cultura da classe média (consenso de atitudes) trará como prêmio o acesso aos privilégios da classe média. Seus defensores não reconhecem o antagonismo fundamental entre os interesses dos favorecidos e dos desfavorecidos da sociedade, e a assimetria inerente de suas relações. O que eles não podem perceber é precisamente o que José Artur Rios, ex-Secretário dos Serviços Sociais da Guanabara, compreendeu, depois de muitos anos de trabalho com favelados: " A favela é uma exigência da estrutura social brasileira. Ela exige relações de dependência econômica que resultam na miséria permanente ou temporária que por sua vez dá origem a esse tipo de organização, num conhecido círculo vicioso".[4] Numa situação como essa, o único consenso possível será o consenso imposto, e é precisamente isso o que se observa no Brasil de hoje.

POR QUE OS MITOS PERSISTEM

Já que os mitos da marginalidade são empiricamente falsos e analiticamente enganosos, por que alcançaram uma aceitação tão ampla e continuada? A resposta se encontra parcialmente no etnocentrismo e no preconceito de classe dos responsáveis tanto pela teoria como pelas políticas. A incompreensão e a falta de percepção podem resultar também de proveitosas cortinas perceptuais destinadas a disfarçar provas em contrário de sistemas de crenças que são cômodos e conveniente.

Já mencionamos a afirmação de Lisa Peattie segundo a qual os latino-americanos tendem a considerar os recém-chegados como intrusos porque suas cidades tinham sido, por longo tempo, enclaves de cultura europeizada. Tal esnobismo, sem dúvida, ajuda a manter a crença de que os migrantes são rústicos e atrasados. O moralismo também faz a sua parte. Não deixa dúvida a descrição da Fundação Leão XIII sobre o "nível moral" da favela – sua preocupação, por exemplo, porque adolescentes solteiras não se envergonhem de estar grávidas, ou seu horror porque as crianças na favela presenciem o ato sexual.

O etnocentrismo da classe média também se faz presente. Alguns brasileiros da classe média consideram as favelas como um lugar não-civilizado, imundo e perigoso, e outros, como um lugar "desgraçado" cheio de gente desafortunada e merecedora de piedade, mas todos se sentem chocados pelo suposto não-conformismo do favelado às normas da classe média. Por exemplo, acusam o favelado pela enorme frivolidade que representam as despesas com o Carnaval - os gastos com o desfile, as fantasias caríssimas, o tempo "perdido" em intermináveis preparativos e ensaios. Consideram tal comportamento característico de gente sem motivação, gente que prefere dançar a pensar no futuro. No entanto, prestemos atenção às palavras de Vinícius de Moraes no samba "A Felicidade", do filme "Orfeu Negro"

> A gente trabalha o ano inteiro
> Por um momento de sonho
> Para fazer a fantasia
> De rei ou de pirata ou jardineira
> P'ra tudo se acabar na quarta-feira.

Somente o preconceito da classe média não deixa ver que as escolas de samba constituem uma criação social complexa, ou reconhecer que os cuidadosos orçamentos que implicam os festejos carnavalescos são, na verdade, em sua pura forma, uma espécie de "satisfação adiada".

Referimo-nos aqui a *preconceitos de classe*. No fundo, os mitos persistem não por causa do esnobismo, moralismo ou etnocentrismo, mas porque preenchem a função ideológico-política de preservar a ordem social que os gerou.

Ironicamente, o mito da marginalidade possui uma força material real - uma ideologia que informa a prática das classes dominantes e tem profundas raízes na história das cidades latinoamericanas. Constitui um instrumento de interpretação da realidade social numa forma que serve aos interesses sociais dos que se encontram no poder. Um mito é tão-somente uma ideologia fortemente organizada e generalizada que, na definição da Karl Mannheim, emerge do "inconsciente coletivo" de um grupo ou classe e se radica em interesses de classe que visam à manutenção do *status quo*. Abrange um sistema de crenças, uma distorção metódica da realidade refletida nesse sistema, e uma função específica dessas idéias a serviço dos interesses de um grupo particular.[5] Os mitos da marginalidade encaixam-se perfeitamente nesta definição.

Defrontamos então o problema da função social e política da teoria. Quando cientistas sociais emprestam respeitabilidade acadêmica a uma visão do mundo em conformidade com preconceitos vigentes, e concedem crédito e legitimidade aos elaboradores de políticas, torna-se extremamente difícil introduzir um conjunto de idéias contrárias nesse círculo fechado. Não é mera coincidência a correspondência entre as crenças populares e as teorias intelectuais da marginalidade. As teorias da ciência social sempre refletiram nossa ideologia social, ou o que chamamos o "bom senso".

As desigualdades sociais antecederam de muito os problemas específicos que se relacionam com a hiper-urbanização e os aglomerados subnormais. A sociologia começou a se tornar popular como disciplina quando a ordem social vigente e a estabilidade se sentiram profundamente ameaçadas por aquelas desigualdades, no começo do século XX. A teoria da marginalidade foi a maneira pela qual os cientistas sociais combinaram as antigas ideologias com as novas realidades sociais no período entre as duas guerras mundiais, e especialmente na América Latina após a Segunda Grande Guerra, quando o prenúncio de colapso das cidades parecia assumir proporções críticas. Os mitos da marginalidade são, em parte, a expressão ideológica da preocupação dos sociólogos com a integração das massas populares.

É preciso abordar, agora, três constituintes interligados. Existe um conjunto de condições e práticas sociais vigentes, que, no caso, é a pobreza urbana nas favelas; existe ainda a reação do bom senso a essa realidade, ou seja, a ideologia da marginalidade como uma condição perigosamente desintegradora, devido à ausência de certos atributos ou características dos indivíduos marginalizados; e, afinal, existe uma teoria intelectual a que o bom senso não apenas deu origem como legimidade. Temos, assim, um círculo completo.

Como a madrasta da Branca de Neve, as camadas superiores da sociedade brasileira contemplam-se no espelho da teoria social, que lhe confirma a perfeição e a beleza, e assegura que a população marginal é culpada porque nada faz para superar sua marginalidade. De fato, o espelho da teoria social é capaz até de insinuar que os marginais vivem na imundície e miséria porque o preferem. Tendo em vista que isto corresponde à imagem que a sociedade faz de si mesma, a teoria é testada e legitimizada como uma teoria excelente (um espelho muito fiel, na verdade), atribuindo-se aos estereótipos do bom senso um crédito de natureza intelectual. A teoria não apenas constitui a expressão ideológica da preocupação social com a integração, como também as reações espontâneas do povo. É o que se pode chamar de relação "especular".[6]

As razões da persistência dos mitos da marginalidade podem ser vistas com clareza ainda maior nas maneiras específicas como funcionam no sentido da preservação do *status quo*.

FUNÇÕES E IMPLICAÇÕES POLÍTICAS DOS MITOS

São claramente visíveis cinco funções ou implicações políticas dos mitos da marginalidade:

1. Os mitos atuam de tal maneira que isolam um segmento da classe trabalhadora dos outros; eles lutam entre si, ao invés de se unirem.

2. Na medida em que os mitos acentuam a idéia de setores populares como sendo dependentes, isolados e impotentes, também reforçam a idéia de que tais setores podem ser integrados por políticas populistas oriundas ou do sistema governamental, ou de partidos políticos competidores. Conforme sustentamos no Capítulo 6, ao debater os "termos da integração política", essas políticas populistas são tentativas de conseguir apoio mediante medidas paliativas que, ao mesmo tempo, evitam mudanças básicas e a concessão de poder ou autonomia real para os próprios grupos populares.

3. Os mitos da marginalidade justificam a existência de desigualdades extremas e a incapacidade do sistema proporcionar padrões de vida mínimos para grandes parcelas de sua população. Ao culpar pela presença dessas condições certos atributos da população favelada, os mitos preservam a legitimidade e credibilidade das normas de jogo do sistema.

4. Os mitos da marginalidade facilitam a aceitação e justificam a implementação de *qualquer* política oficial que se refira direta ou indiretamente aos setores populares da sociedade urbana. A remoção das favelas foi aceita como parte da reestruturação do sistema urbano precisamente porque os favelados eram considerados marginais e, portanto, dispensáveis. Se fossem vistos como cidadãos trabalhadores *normais*, dotados de direitos, teriam sido tratados de maneira muito diferente. Como *marginais*, porém, não tinham direitos ou exigências a fazer ao sistema, sendo, portanto, mais fáceis de manipular.

As políticas urbanas específicas suscitadas pelos mitos da marginalidade são apenas sintomas de implicações políticas mais profundas. Diretrizes municipais adotadas a pretexto de *integrar* os favelados não levam em conta o muito que já estão efetivamente integrados – por iniciativa própria e apesar da "política social". Foram os favelados que lutaram por conseguir instrução para os filhos ou biscates para encher a bolsa da família, e *não* a sociedade que lhes ofereceu escolas ou empregos. Foram os favelados que juntaram seus tostões e confiaram que seus filhos teriam as mesmas oportunidades de sucesso que os dos negociantes, e *não* o sistema que lhes ofereceu boas razões para sustentar tais aspirações. Devido às políticas de remoção-relocação as poucas e pequenas oportunidades que os favelados tinham de puxar as brasas da sociedade para a sua própria sardinha foram agora eliminadas. A falta de apoio de outros setores foi agora posta a nu, e se fez evidente o enorme esforço com que os favelados contribuíram para sua própria integração. Agora já não dispõem dos meios físicos que lhes permitam concretizar o desejo de integração. O sistema, incapaz de perceber que os favelados se consideravam satisfeitos, anulou-lhes sequer a pretensão de participar da sociedade. Contra seus próprios interesses, o sistema secou uma fonte de fidelidade aparentemente gratuita, e aniquilou nos favelados a única esperança real que tinham de progredir na vida - seu entusiasmo e espírito empreendedor.

Consideremos, por exemplo, a questão do conformismo político. Todos os nossos indicadores de conformismo político (preferência por mudanças quantitativas, falta de consciência de classe, fidelidade ao estado, e aceitação calorosa da influência estrangeira) relacionaram-se positivamente com a posição sócio-econômica e o nível de poder dentro do sistema - ou seja, refletiram um grau de integração. Seria, portanto, de esperar que, se esta integração for seriamente ameaçada, isso resultará em crescente descontentamento com o sistema. Nossa impressão é que isto é o que está acontecendo. Os favelados, normalmente otimistas - "otimistas como meio de defesa em tempos de dificuldades" - agora expressam profundo desagrado com sua situação nas comunidades para onde foram removidos. Por outro lado, nos conjuntos os favelados encontram-se ainda mais à mercê de um regime repressivo. Sua existência, que se processa na periferia das inquietações nacionais, agora é passada na periferia das cidades. De certa maneira, os dirigentes brasileiros realizaram seu antigo sonho de mandar de volta os favelados para o campo de onde vieram. É mais fácil controlar policialmente um gueto afastado, e mais fácil atender de maneira perfunctória as necessidades dos pobres quando eles já não fazem parte visível da cena urbana. Uma iniciativa gigantesca destinada ao favelado tornou mais fácil esquecer suas verdadeiras necessidades.

5. Finalmente, os mitos da marginalidade informam a autoimagem dos rotulados de marginais da maneira mais conveniente para o resto da sociedade. Com maior freqüência, os favelados absorvem e internalizam a descrição negativa que deles é feita, e cul-

pam a própria ignorância, preguiça e desvalia pela falta de "sucesso".

Sua real impotência econômica e política vem reforçar tal visão do mundo. (Torna-se claro, entretanto, a julgar pelos *campamentos* no regime de Allende, no Chile, que mudanças na situação objetiva conduzem a uma alteração rápida e completa dessa autoimagem negativa.) Esse sentimento de inferioridade, por sua vez, torna a população favelada ainda mais manipulável e menos capaz de se organizar com autonomia, quer dentro de sindicatos, ou em partidos políticos.

Como também a esquerda política está de certa maneira influenciada pelos mitos da marginalidade, também ela não tem capacidade de proporcionar canais alternativos. De fato, o parecer, inspirado por Fanon, segundo o qual os *marginais* são revolucionários porque se encontram tão "desesperados e desesperançados", apenas vem em reforço à sua marginalidade. É a mera versão radical da relação populista de protetor-e-protegido. Em ambos os casos, os líderes políticos apresentam-se como porta-vozes dos marginais, retirando deste papel sua legitimidade e distribuindo em troca algum tipo de compensação. Em ambos os casos temos o mesmo problema - neutralizar este modo de ver os *marginais* como uma entidade separada, e começar a considerá-los como parte da mesma realidade da classe trabalhadora. Fundamentalmente, os favelados devem ser tratados em termos de todas as conexões políticas, sociais e econômicas existentes na sociedade.

A PERSISTÊNCIA DA REALIDADE SOCIAL

É de importância capital reconhecer que as *condições objetivas* dos setores populares persistem com a mesma tenacidade dos mitos da marginalidade. Há um sistema concreto de circunstâncias ecológicas, econômicas, sociais, culturais e políticas que continuam a existir independentes de qualquer teoria mitológica, e que coloca a maioria dos moradores de aglomerados subnormais numa situação de séria desvantagem na tentativa de satisfazer seus objetivos e aspirações. Enquanto o mito rotula e combina todas essas dimensões como *marginais*, os favelados continuam a viver suas vidas - apesar de seus esforços - no fundo dos vários estratos da riqueza, do poder e do prestígio.

Mostramos como as causas e a continuação desta condição não radicam nos atributos dos indivíduos que nela se encontram, e que suas atitudes, valores e comportamentos *não* incluem um síndrome auto-derrotista e inibidor de mobilidade. Devemos procurar, então, algum conjunto de circunstâncias externas ao controle individual. Esta linha de raciocínio nos leva a examinar fatores estruturais ou instituições sociais – a natureza dos mercados de trabalho e capital, o sistema de classe e de estratificação social, e o papel do estado nas modernas sociedades capitalistas, bem como o contexto internacional. Todos estes fatores exercem poderosa influência sobre as desigualdades urbanas que estivemos abordando.

É precisamente nestas linhas que se têm conduzido os trabalhos recentes dos teóricos latino-americanos sobre a marginalidade. Para compreender bem a questão que propomos, torna-se relevante tomar conhecimento da crítica que fazem às teorias da marginalidade, ao focalizar a situação histórica da dependência, bem como o próprio capitalismo.

A MARGINALIDADE COMO UM REFLEXO DO DESENVOLVIMENTO DEPENDENTE

Nos últimos anos têm surgido pesadas críticas entre os estudiosos latino-americanos, precisamente devido à significação política dos postulados sobre a marginalidade e sua função no sistema, conforme expusemos acima. Em geral, reconhecem a condição real conhecida como *marginalidade,* mas explicam-na como expressão da estrutura social e do processo histórico de desenvolvimento e industrialização da América Latina. Refutam a co-variância das diferentes dimensões da marginalidade, e procuram, antes, examinar em cada caso a especificidade de sua interação. Refutam também a teoria da modernização implícita na teoria da marginalidade, e propõem um esquema alternativo de análise do subdesenvolvimento.

Estes críticos consideram que os traços que, supostamente, definem a marginalidade são apenas os sintomas externos, a parte visível do *iceberg.* O ponto-chave é que a marginalidade não se deve a condições deficientes de moradia, ou a características de indivíduos ou grupos, mas a uma forma de sociedade radicada no processo histórico da industrialização e crescimento econômico das nações em desenvolvimento, em particular as latino-americanas. A *marginalização* é conseqüência de um novo modelo de desenvolvimento (ou subdesenvolvimento) que tem como característica básica a exclusão de vastos setores da população de seu aparato produtivo principal.

Em contraste com a noção geral da experiência européia e norte-americana durante a Revolução Industrial, o crescimento econômico latino-americano não conseguiu gerar número de empregos industriais suficiente para absorver a rápida expansão da força de trabalho urbana. Basicamente, os fatores que contribuem para ésta situação são os seguintes:

1. a centralização da produção de matérias-primas, devido a divisão internacional assimétrica do trabalho;

2. taxas sem precedentes de migração rural-urbana, combinadas com elevados índices de crescimento natural nas cidades;

3. limitada saída para a força de trabalho em termos de emigração para o exterior, devido ao relativo atraso do movimento modernizador, em comparação ao resto do mundo;

4. a difusão - se não imposição - de tecnologias avançadas capital-intensivas em países que são ricos em mão-de-obra e pobres em capital;

5. a utilização de capital acumulado localmente em consumo ostentatório ou em investimentos em países capitalistas centrais; e

6. o reduzido mercado interno, incapaz de garantir um processo auto-sustentado de investimento em termos capitalistas.[7]

Aliás, um relatório antigo da Comissão Econômica para a América Latina, das Nações Unidas, alertava: "No século passado, o desenvolvimento da indústria manufatureira em todo o mundo inevitávelmente se fez acompanhar de um substancial incremento nos empregos industriais. (...) Isto já não ocorre. O desenvolvimento industrial nos países menos desenvolvidos significa em larga medida a adaptação de técnicas avançadas. (...) Nestas circunstâncias, o crescimento rápido da produção industrial não implica necessáriamente um aumento significativo no emprego industrial".[8]

A conseqüência deste processo é um número desproporcionado de pessoas subempregadas que não são assalariadas, não possuem credenciais especiais, nem estabilidade, nem segurança social, nem proteção da legislação trabalhista, e que vivem num estado de constante incerteza.[9]

Não se trata de uma questão de mera terminologia diferente, nem de saber se o proletariado e subproletariado urbano de hoje são "mais pobres" ou "mais mimados" do que os do período industrial clássico. Nas palavras de Anibal Quijano: "Em todas as sociedades modernas e em cada momento observou-se a existência de uma categoria de pessoas mais ou menos permanentemente excluídas do núcleo principal do trabalho e que, devido a suas rendas insuficientes, não tinham acesso ao consumo de bens e serviços. (...) Mas eram indivíduos isolados, ou unidos em pequenos grupos, dispersos, atomizados e desligados de todos os outros setores econômicos da sociedade".[10]

Este autor ressalta, porém, que atualmente na América Latina "o processo compromete vastos setores da população que, em decorrência, deixaram de ser isolados e dispersos. Trata-se agora de um problema que diz respeito a toda a sociedade, e não exclusivamente aos marginais".[11]

Em contraste à típica abordagem dos primeiros trabalhos sociológicos - com sua ênfase na falta de integração do indivíduo *na* sociedade - a questão da marginalidade agora tornou-se a da integração *da* própria sociedade: como certos grupos sociais integram-se nas esferas da produção e da distribuição.[12]

Estes problemas agravam-se sobremaneira pelo fato de que historicamente o desenvolvimento da América Latina teve lugar no contexto de um processo mais amplo de expansão capitalista no restante do mundo. Enquanto a primeira Revolução Industrial ocorreu juntamente com a nova emergência de formas capitalistas de organização de mercado, o presente surto industrial vem ocorrendo num contexto de mercados e esferas de influência industrial já dominados. A própria formação das estruturas sociais internas ao subdesenvolvimento tem sido condicionada pelo domínio desde o exterior, que primeiro se fez sentir nos vínculos coloniais com as metrópoles européias. É devido a esta realidade histórica que se torna central o tema da dependência, no debate sobre a marginalização na América Latioa. Como Theotônio dos Santos ressaltou, o sistema produtivo sob um capitalismo dependente não se expande mediante a eliminação de setores de subsistência arcaicos ou ultrapassados, mas pela transferência de excedentes gerados em seu interior para os setores avançados modernos.[13]

A noção da dependência não implica tão-somente a situação de domínio econômico de um país sobre outro. Ainda que este fator seja crucial, a dependência implica um sistema completo de relações sociais, políticas *e* econômicas, que interligam grupos de pessoas, ou melhor, classes sociais inteiras, entre países como dentro deles. Bodenheimer explica que dependência significa que as alternativas de desenvolvimento que se abrem para a nação dependente "são definidas e limitadas por sua integração e as funções que desempenha no mercado mundial".[14]

Dessa maneira, a diferença entre desenvolvimento e subdesenvolvimento não é simplesmente um dos estágios do crescimento mas também uma posição e uma função em uma única e dominante estrutura internacional de produção e distribuição. Apenas as forças de mercado externas, ou, se for o caso, internas, não são suficientes para explicar a continuidade ou a direção do desenvolvimento. Para citar Cardoso e Faletto:

> Quando se considera a "situação de dependência" na análise do desenvolvimento da América Latina, o que se pretende é mostrar que o modo de interação entre as economias nacionais e o mercado internacional produz formas nítidas e distintas de conexão dos grupos sociais no interior de cada país, entre países, e com grupos externos e que, em casos extremos, as decisões que afetam a produção ou o consumo numa economia dada são tomadas em função de interesses das economias desenvolvidas.[15]

Históricamente, podem ser identificadas pelo menos três importantes fases ou "situações de dependência" no curso do desenvolvimento latino-americano desde o século XVI. A primeira foi o domínio colonial, caracterizado pela administração direta da extração intensiva de recursos, e pela soberania política do poder colonial, cuja expansão tinha seu ponto-chave na possessão territorial. O domínio comercial-capitalista foi a segunda, manifestada principalmente através dos termos de troca, a compra de matérias-primas por preços inferiores ao seu valor e a abertura de novos mercados para produtos manufaturados vendidos por preços superiores ao seu valor. O terceiro foi, e é, a dominação imperialista ou financeiro-industrial, marcada pelo investimento especulativo e pela criação de indústrias nos países dependentes que tendem a controlar o movimento da substituição de importações de acordo com uma estratégia que beneficia diretamente corporações multinacionais no mercado mundial inteiro.[16]

Estes três estágios de desenvolvimento não são apenas momentos históricos, mas também formas específicas de organização social e econômica que agora se combinam em cada sociedade. Correspondem elas às tres modalidades de domínio exercido durante a formação do modo capitalista de produção em escala mundial: a acumulação primitiva, o capitalismo competitivo e o capitalismo imperialista monopolista.[17]

Entre o segundo e o terceiro estágios houve um breve desvio na estrutura da dependência, decorrente da crise por que atravessou o capitalismo mundial a partir de 1929. A burguesia nacional dos países latino-americanos lançou-se a uma política de substituição de importações, construção de equipamento industrial e produção de bens para seus mercados internos que, devido à depressão mundial, não mais estavam sendo fornecidos. Esta tentativa conheceu um abrupto colapso na década de 1950, quando a nova expansão de investimento estrangeiro pelos países capitalistas centrais rapidamente suplantou as empresas de capital nacional, absorvendo-as sem resistência.[18]

A situação na América Latina de hoje é uma nova forma de dependência no contexto do terceiro estágio do capitalismo monópolista mundial. Caracteriza-se pela internacionalização do processo de produção, de distribuição dos produtos, e de circulação do capital. Entre os seus efeitos sobre a estrutura de classes nos países dependentes podem citar-se:

1. a criação de facções dentro das classes sociais, dependendo de seus vínculos com os setores diretamente envolvidos na economia mundial;

2. a existência de uma parcela crescente da força de trabalho cuja reprodução não constitui uma exigência econômica do sistema, o que significa que essa reprodução será tratada mediante os processos social e político;

3. a instabilidade das alianças entre as classes, subjacente às vigentes relações de poder; e

4. a reorganização do processo de divisão do trabalho, inclusive algumas recentes tentativas de industrialização em países periféricos que estão rapidamente alterando a tradicional estrutura de classe, provocando o colapso dos setores agrícolas e das artes manuais, particularmente.[19]

Existem setores marginalizados em todos esses vários estágios, mas seu tamanho e importância apenas atingem proporções maciças no presente modo e estrutura de produção. Diante do predomínio de formas monopolísticas de organização, amplos segmentos da força de trabalho são excluídos do processo principal de acumulação e agregados a formas de produção arcaicas e subordinadas, como sejam agricultura de subsistência, ou mercantilista, capitalismo industrial competitivo, ou serviços urbanos. É justamente a superimposição das novas formas de produção hegemônicas ou dominantes nas estruturas econômicas arcaicas prévias, e a co-existência de ambas, que cria a marginalização.

Segundo Quijano, dois tipos de trabalhadores marginais resultam deste estágio final de dependência: primeiro, a "burguesia marginalizada", que consiste de artesãos autônomos, pequenos comerciantes independentes, donos de lojas ou mesmo gerentes, no agora periférico setor capitalista competitivo; e segundo, o "proletariado marginal", constituído em sua maioria por migrantes expulsos da agricultura e os que – se chegam a conseguir trabalho – ocupam os empregos mais subalternos, como os serviçais domésticos e os mensageiros.[20]

No primeiro caso, certas funções econômicas perdem seu significado com respeito ao novo modo dominante de produção. Tornam-se ineficientes em relação aos novos níveis de produtividade (como no caso dos artífices), ou desnecessários (como nas pequenas indústrias), ou perdem seus mercados (como ocorreu tradicionalmente na involução do setor de exportação durante o período colonial). Todas essas atividades, e os indivíduos por elas afetados, não desaparecem; tornam-se marginalizados em relação às formas predominantes de produção.

O segundo grupo é formado por trabalhadores assalariados marginalizados, em geral lavradores sem terra expulsos do setor agrícola e incapazes de achar ocupação no setor dinâmico de produção das cidades. São, por isso, forçados a aceitar trabalho temporário no setor marginalizado da economia, ou resignar-se a seguir carreiras restritas aos níveis mais baixos do setor industrial moderno.

O setor marginal, todavia, não constitui uma nova entidade, com referência aos meios avançados de produção monopolista. Conforme procuramos demonstrar, os dois setores resultam de um único processo histórico que deu surgimento aos dois pólos da sociedade latino-americana. Além disso, uma extensa cadeia de exploração vincula o trabalho marginalizado aos processos produtivos no novo setor dominante, e pode até haver alguma movimentação entre um e outro.

Uma das questões que se propõe, então, seria saber qual a função a que serve esta numerosa população marginal, e se ela equivale às clássicas forças de reserva industrial ou à relativa população excedente de que fala a literatura marxista. Os estudiosos não chegaram a um acordo a este respeito, mas para muitos a população marginal constitui um excesso além das próprias forças de reserva. Considera-se, em geral, que esta serve à função de manter baixos os salários e de atender o capital em seus momentos de expansão ou de recuperação cíclica. Seus membros são, tipicamente, os últimos a serem empregados em períodos de expansão, e os primeiros a serem despedidos em épocas de depressão econômica. Alguns sustentam que os migrantes nem mesmo fazem parte desta força de reserva mas constituem uma "população excedente" ou uma "superpopulação" que *nunca* é empregada pelo setor industrial avançado, mesmo em seus períodos de grande prosperidade, e nem ao menos são elegíveis para emprego, devido à sua falta de credenciais e de qualificação. De fato, o modo de produção de que as grandes corporações multinacionais ou monopolistas fazem parte requer uma força de trabalho altamente educada, qualificada e adaptável. Elas estão dispostas, portanto, a contratar trabalhadores com salários excelentes, não-competitivos, a treiná-los e reciclá-los, se preciso for, a fim de reduzir a rotatividade e garantir o tipo de força de trabalho necessária. Este grupo não apenas é bem pago e bem protegido, mas se beneficia, também, do recrutamento seletivo para tais empregos. A função, portanto, do resto da população é fornecer serviços e produtos domésticos a preços inferiores aos que teriam de ser pagos se esses bens fossem produzidos no setor dominante. Contribuem, dessa maneira, para o processo de acumulação de capital pela redução do custo de reprodução do trabalho no setor dominante.

Segundo esta análise, a introdução das corporações multinacionais conduz a um mercado de trabalho duplo ou segmentado: de um lado, o que existe nas empresas capitalistas competitivas, instaladas na fase de dependência anterior, e de outro, na esfera nova e hegemônica do capital monopolista. Assim, se expressa a respeito José Nun:

> [Existe uma] superimposição e combinação de dois processos de acumulação qualitativamente distintos que introduzem diferenças crescentes no mercado de trabalho e em decorrência do quê, varia a funcionalidade da população excedente. Desta maneira, o desempregado pode, ao mesmo tempo, constituir uma força de trabalho de reserva para o setor competitivo, e uma massa marginal para o setor monopolista. Além disso, a força de trabalho redundante pode ser aproveitada no outro setor[competitivo] [Desta maneira, a funcionalidade da massa marginal]dependerá do grau de satelitização do setor competitivo que, em muitos casos, pode estar trabalhando para as grandes corporações ...e, de fato, as pequenas e médias empresas estariam contribuindo para reduzir os custos salariais do setor monopolista.[21]

A co-existência dos modos de produção monopolista e competitivo produz um caso extremo de marginalização que ultrapassa a situação caracterizada pela co-existência de modos de produção ainda arcaicos numa única economia de mercado.[22]

A questão que se oferece neste tipo de análise é saber se o desemprego estruturalmente constante é funcional ou disfuncional. De fato, como lembra Cardoso, a distinção entre os dois lados do setor desempregado da população – entre o grupo marginal e a força de reserva do setor hegemônico – é dúbia, pois ambos são faces do mesmo processo.[23] Considerando-se que a acumulação de capital é um processo contraditório quando se expande até uma escala mundial, simultâneamente ela produz maiores lucros e maior pobreza. A marginalidade, então, como característica específica da conexão entre o mercado de trabalho e a população, não é um aspecto disfuncional do novo sistema produtivo das sociedades capitalistas dependentes. É simplesmente o reverso inevitável da acumulação de mais capital, pois o investimento monopolista multinacional cada vez mais separa os lugares onde se produz a mais-valia e os mercados de indivíduos capazes de absorver os produtos porque seus rendimentos aumentaram.

Finalmente, conforme Castells, as condições específicas da estrutura social levam à manipulação política da marginalidade. Na medida em que os estados-nação das sociedades dependentes necessitam de uma nova fonte de legitimação a fim de que possam encontrar seu lugar na nova cadeia de dependência forjada nos níveis superiores no sistema, manifesta-se uma crescente tendência do estado, especialmente na América Latina, a expandir a participação popular. Isto significa a mobilização do povo no sentido do apoio não às próprias opiniões, mas ao ponto de vista do aparelho estatal. Um dos setores mais necessários para este tipo de apoio popular é o *marginal,* e uma das principais maneiras do estado mobilizar seu apoio é propor reformas referentes aos "problemas urbanos", pois estes possuem apelo imediato e, ao mesmo tempo, não representam ameaça ao padrão geral do desenvolvimento econômico dependente. Dessa maneira, a marginalidade transforma-se numa questão política não porque algumas pessoas se encontrem "fora do sistema" mas porque a classe dominante tenta aproveitar-se da ausência de organização e de conscientização de um setor particular a fim de obter apoio político para os seus próprios objetivos, oferecendo, em troca, uma relação de protetor – protegido.[24]

Em resumo, desde a perspectiva histórico-estrutural corrente na literatura latino-americana, a situação de marginalidade decorre de uma forma peculiar de integração de certos segmentos da força de trabalho no aparato produtivo geral. Daí que a característica principal do setor marginalizado é seu papel no processo de acumulação característico das nações dependentes. É a partir desta condição que emergem as outras expressões da marginalidade, sejam elas as manifestações ecológicas no surgimento dos aglomerados subnormais, as características psicológicas da personalidade *marginal*, os traços sócio-culturais do comportamento *marginal*, ou os processos políticos típicos do relacionamento entre o estado e os setores populares.

COMO OS FAVELADOS SERVEM AO SISTEMA

Além do debate e da crítica da teoria da marginalidade, depara-se outra questão fundamental. Existe uma grande diferença entre os usos dos "mitos da marginalidade" e a utilidade de se contar com uma larga parte da população numa "situação marginalizada". Os setores populares, no caso, os favelados, ajudam de muitas maneiras básica a perpetuar o sistema e facilitar sua reprodução. É essencial, portanto, compreender sua utilidade para o sistema, se quisermos compreender a sua persistência como grupo.[25]

Economicamente, os favelados aceitam salários muito baixos por longas horas de trabalho, freqüentemente naquelas ocupações que ninguém mais deseja. O trabalho barato que eles executam, quer na forma de serviços, artefatos e insumos para o setor competitivo, serve para baixar os custos de reprodução de todos os setores econômicos, direta ou indiretamente. Por exemplo, ao fazerem consertos como biscate, e cobrar bastante menos que um eletricista ou bombeiro "autorizado", os favelados baixam diretamente o custo de vida tanto para os que vivem na favela como fora. Ao fornecerem insumos para certos estágios das atividades de manufatura ou montagem do setor capitalista competitivo - botões, por exemplo, ou forração de móveis - os favelados também reduzem indiretamente os custos de reprodução. Além disso, funcionem ou não como força de reserva no sentido clássico do termo, sua mera presença e volume exercem pressão nas classes trabalhadoras e servem para reduzir seu poder de barganha econômico ou político.

Na medida em que os favelados adquirem bens ou serviços que o resto da sociedade rejeita, eles prolongam sua utilidade. Por exemplo, compram roupas e móveis de segunda mão, produtos com defeito, pão amanhecido, e usarão os serviços de profissionais liberais já ultrapassados, ou de aprendizes - como no caso de doutorandos que tradicionalmente adquirem prática atendendo aqueles que não têm muita escolha sobre a quem procurar e aonde ir para conseguir assistência médica. Finalmente, os favelados propiciam a criação de empregos para muitos profissionais liberais, especialmente assistentes sociais, sociólogos e urbanistas.

A existência de "camadas inferiores" também tem valor num sentido social. Antes de mais nada, os favelados são os bode-expiatórios para uma vasta gama de problemas sociais, emprestando legitimidade para as normas dominantes. Podem ser considerados a fonte de todas as formas de aberração, perversidade e criminalidade, e, como eles não possuem os meios de defender as próprias ações ou imagem, o resto da sociedade pode constantemente repurificar a auto-imagem. Além disso, os favelados constituem um ponto de referência, um marco para indicar a posição social de todos os outros grupos – especialmente da classe trabalhadora, que se sente privilegiada, em comparação. Culturamente, os favelados fornecem muita vitalidade à cultura burguesa, ainda que sejam por ela desdenhados. Sua gíria, sua música, seu futebol, seus sambas – tudo isso se tornou parte da vida e das diversões da classe média.

Políticamente também as funções da população favelada são múltiplas e pró-sistema. Sua existência permite a divisão dos setores populares, impedindo dessa forma que constituam uma força política fortemente organizada. Mesmo internamente eles são divididos, pois os líderes apóiam ainda mais o sistema do que seus constituintes menos participantes. Martins e Cardoso resumiram este ponto: "Os fatores sócio-econômicos no interior da população favelada dividem-na internamente e permitem sua incorporação no sistema global com um mínimo esforço e custo para este. . . . A favela ajuda a manter o *status* que pela imobilização dos seus fatores menos conservadores e pela dinamização dos mais conservadores".[26]

Além disso, como pedem tão pouco politicamente, e se mostram tão dispostos a deixar a política nas mãos dos profissionais, estão acostumados a justificar a exclusão política geral de todas as classes populares da sociedade. Ao mesmo tempo, porém, constituem um eleitorado simbólico para vários atores políticos, desde os conservadores que precisam jogar neles as culpas dos males da sociedade, até os radicais que se dizem seus porta-vozes, e que precisam deles para justificar as próprias ações.

Acima de tudo, as massas de favelados podem ser fácil e convenientemente manipuladas para servir às várias e cambiantes necessidades do sistema. Em cada era, cumpriram submissamente o papel que lhes foi atribuído, o que se pode verificar mediante uma breve comparação entre os períodos populista e moderno.

No primeiro, especialmente entre os anos de 1950 e 1964, quando o sistema pediu votos, os favelados votaram, e quando os políticos populistas desejaram organizações locais, eles formaram as Associações de Moradores. No regime autoritarista que se seguiu a 1964, o sistema tem pedido aquiescência e apatia, e os favelados têm sido aquiescentes e apáticos. Em cada época eles desempenham um papel bem definido. Mas, em cada caso, este papel tem sido determinado pela "natureza essencialmente elitista da organização política brasileira, e que, mesmo nas eras mais populistas da história nacional, sempre significaram o controle firme das classes inferiores por um governo que representava basicamente as elites sociais donas das propriedades e do dinheiro."[27]

No período populista, a favela participou do jogo do poder entre facções da elite nacional. Segundo Weffort, as massas "conferiram legitimidade a um líder populista – e, através dele, ao estado – na medida em que serviam de instrumento de especial utilidade quando nenhum dos grupos dominantes tinha hegemonia sobre o resto."[28] A dinâmica subjacente posta em ação pelos políticos populistas consistia em jogar a aspiração de mobilidade das massas contra o medo da revolução, por parte das oligarquias. Para estas, eles podiam prometer manter sob controle as massas; às massas, eles podiam alardear sua capacidade de obter concessões da elite. A manipulação deste conflito básico fez dos políticos populistas "mediadores", deixando-os livres para agir à vontade, consolidar o poder e "forrar os bolsos".

Nunca as massas alcançaram um poder autonômo no sistema, entretanto. Tornou-se impossível, segundo Ianni, legitimar a participação política das massas na sociedade burguesa tradicional, sem introduzir mudanças profundas na própria sociedade, o que não podia ser tolerado por nenhum dos setores superiores.[29]

O populismo brasileiro foi uma tentativa de conciliar os elementos paternalistas e autoritários da dominação tradicional com a crescente necessidade de participação social e política das massas. A incompatibilidade essencial desses dois fatores, e o crescente temor da oligarquia de que o populismo estivesse ficando "popular" demais, contribuíram para o golpe de 1964.

Segundo Juarez Brandão Lopes, um dos principais objetivos da tomada de poder pelos militares foi livrar-se dos líderes populistas – especialmente dos que procuraravam aumentar a participação das massas no governo – e "atrasar a dissolução da ordem patriarcal".[30]

A postura submissa e aquiescente dos favelados é uma importante força de legitimação e estabilização para o atual regime militar. Um cientista político brasileiro, Malori Pompermayer, situa a presente condição no contexto das necessidades dos regimes autoritários em geral:

> Depois de um certo tempo no poder, o regime autoritário tende a caracterizar-se pela baixa mobilização da população. O cidadão comum expressa pouco ou nenhum entusiasmo por eleições, o próprio regime aspira por uma aceitação passiva e utiliza a apatia para consolidar seu poder. . . . A despolitização pode ser um meio de reduzir as tensões sociais após a intensa participação política do regime anterior. Para atingir a integração, os dissidentes são eliminados, e a carreira política é desencorajada.[31]

Como pôde o regime militar receber tão facilmente a legitimidade por parte dos favelados, dada sua inclinação a ignorar os interesses das classes inferiores? Em parte, porque a situação dos favelados, na verdade, não se alterou muito com a mudança – não perderam nenhuma modalidade importante de envolvimento político à qual se tivessem acostumado.[32] O resultado final, nas palavras de Cardoso e Martins, é que "o comportamento real das classes menos favorecidas se caracteriza sem dúvida pela aceitação passiva das novas regras impostas no jogo das forças sociais, e por sua capacidade de adaptação".[33]

Os favelados, portanto, desempenharam e desempenham papéis essenciais na manutenção do sistema econômico, sócio-cultural e político no Brasil. Ao mesmo tempo, o que lhes acontece depende quase inteiramente das tendências nacionais econômicas e políticas. Não se pode, de maneira alguma, considerá-los agentes de seus próprios destinos. Sua sorte depende em larga medida do que acontece na sociedade brasileira em geral, à qual se acham tão intimamente ligados. Se lhes fosse oferecida qualquer opção que lhes permitisse minimizar os riscos e maximizar os ganhos materiais, sem dúvida a abraçariam de todo coração. Mas a evolução política recente do regime brasileiro não oferece muita margem para esperança.

A teoria da marginalidade, portanto, pode ser criticada não apenas por constituir uma afirmação falsa sobre a natureza de um grupo social, mas também um mito, no pleno sentido da palavra – uma maneira de contar a história da humanidade de maneira a servir aos interesses de uma classe particular.

A força material dos mitos da marginalidade é permitir social, econômica e politicamente, a perpetuação do papel dos favelados e dos moradores de cortiços em geral, como acabamos de expor. Obviamente, a manipulação desses mitos não é particular ao Rio de Janeiro, ou ao Brasil, mas tem a ver com todas as sociedades. Portanto, o estudo que fizemos sobre a utilização desses mitos como instrumentos de controle social, apesar de, absolutamente, não se confirmarem pela realidade empírica, é relevante para todos os países onde existam largos segmentos de população urbana pobre, situação essa existente na maioria dos povos em toda parte. Rejeitar a maneira pela qual esses problemas têm sido interpretados de acordo com o enfoque da marginalidade não significa, de modo algum, rejeitar sua significação social ou a necessidade premente de conceptualizações teóricas mais apropriadas. Nossas palavras finais sirvam, pois, não para encerrar esta questão, uma para torná-la aberta à busca de uma nova perspectiva – pespectiva que combine a teoria e a realidade, e aproxime a pesquisa social dos problemas sociais reais.

APÊNDICE

METODOLOGIA DE PESQUISA

VOU EXPOR A SEGUIR os fundamentos metodológicos de um estudo de migrantes e favelados do Rio de Janeiro. Executado em 1968-69, o trabalho concentrou-se em uma série de estereótipos referentes à natureza desses favelados e dos suburbanos pobres. Os favelados são invasores ilegais da terra onde vivem, enquanto os suburbanos são donos de seus lotes, ainda que estes constituam pequenas porções de terreno desprovidos de serviços públicos. Apesar desta diferença de ordem legal, os níveis sócio-econômicos dos dois grupos se assemelham. Denominei "mitos da marginalidade" aos estereótipos vigentes sobre estes grupos.

Apresento em seguida uma descrição detalhada dos métodos empregados neste trabalho. A forma e o conteúdo do questionário operacionalizam muitos dos conceitos de marginalidade pela primeira vez. Os métodos de amostragem escolhidos destinavam-se à aplicação a aglomerações subnormais que não constam dos catálogos telefônicos, dos registros civis, dos mapas, e que nem ao menos têm ruas reconhecidas como tais. As técnicas que adotamos para a coleta e a codificação dos dados vitais permitiram-nos estudar processos, e não estados estáticos, e talvez sejam proveitosas para outros pesquisadores.

Neste apêndice descrevemos sucintamente:

1. a escolha do local;
2. a elaboração do questionário prévio;
3. a formulação de uma matriz de história vital ano por ano;
4. a construção de um instrumento final de levantamento;
5. os procedimentos de amostragem;
6. a entrevista; e
7. a codificação, a análise e o processamento dos dados.

ESCOLHA DO LOCAL

A escolha recaiu facilmente sobre o Rio de Janeiro: a sétima parte da população total de sua área metropolitana, ou seja, cerca de um milhão de habitantes, vivem nas suas 300 favelas espalhadas pela cidade. Enquanto a cidade em si crescia ao ritmo de 2,7 por cento ao ano, estas favelas e os subúrbios cresciam assustadoramente 7,5 por cento ao ano. A maior parte deste crescimento pode ser atribuída à rápida migração para o Rio, nas últimas décadas.

Como uma das primeiras etapas do estudo, pus-me a esperar nas paradas de caminhão, estações e cruzamentos na periferia do Rio, e a traçar as rotas dos migrantes (recém-chegados) em sua procura de abrigo, empregos, companheirismo e diversões sociais. Comecei a conversar (em português) com as famílias assim que chegavam, e acompanhei-as aos seus destinos. Os que conheciam alguém já vivendo na cidade iniciavam o penoso processo de localizar uma determinada favela ou um subúrbio – o que não era fácil – e eu fui com eles, familiarizando-me aos poucos com as opções existentes. Os homens solteiros que não conheciam ninguém em geral *acampavam* numa obra, ou, se eram mulheres solteiras, procuravam emprego de doméstica; senão, acabavam no Albergue, uma *hospedaria* mantida pelo estado para recolher as famílias encontradas dormindo na rua.

Depois de algumas semanas deste processo informal, e combinando minhas observações com a escassa documentação disponível em órgãos públicos ou privados, consegui identificar três "ambientes urbanos", distintos – três áreas sociais e geográficas separadas, onde vivia a maioria dos migrantes de primeira e segunda geração. Eram elas as favelas nos morros da Zona Sul, área comercial e residencial da classe mais opulenta; as favelas da Zona Norte, mais distante e industrial; e os subúrbios remotos – ou cidades-satélites da Baixada Fluminense, que oferecem uma variedade de lotes baratos sem infra-estrutura, ou a oportunidade de ocupação ilegal de terras desocupadas. Selecionei para estudo uma favela típica da Zona Sul, Catacumba; outra, para representar a Zona Norte, Nova Brasília; e um município na área das cidades-dormitórios, Duque de Caxias, onde escolhi três favelas e cinco pequenos bairros legais de mesmo nível sócio-econômico que as favelas.

FORMULAÇÃO DO QUESTIONÁRIO

No decorrer de meus primeiros contatos com as três comunidades em setembro e outubro, tentei descobrir o máximo a respeito da cultura local: como se estruturava o sistema social, o que as pessoas consideravam importante, como era percebido o universo político. A cada passo, procurei evitar sobrepor meus próprios pensamentos aos dos favelados. Foi muito proveitoso um longo período de observação não participante e de entrevistas não-estruturadas. Depois de muitas conversas informais com vários tipos de pessoas, inclusive antigos moradores, líderes e recém-chegados, considerei-me apta a preparar uma lista de assuntos que pareciam possuir especial interesse ou importância. Em fins de fevereiro eu organizara com eles uma versão completa de um questionário prévio.

O pré-teste, ou questionário prévio, destinava-se a minimizar o efeito de minhas próprias idéias preconcebidas, e maximizar as questões que os próprios favelados destacassem. A intenção era permitir que o questionário final tomasse forma segundo a maneira dos favelados estruturarem o seu próprio mundo.

O pré-teste foi extenso, e todas as questões eram abertas. (Havia 66 questões sobre antecedentes gerais, 77 sobre experiência urbana, 43 sobre valores, atitudes e aspirações, e 80 sobre atitudes e comportamento de natureza política). Cada questionário levava de duas a seis horas para completar, e às vezes era feito em duas ou até três sessões.

Durante a segunda e terceira semanas de março de 1969, foram aplicados 41 pré-testes - 21 na Catacumba, 10 em Nova Brasília e 10 em Caxias. Simultaneamente aplicou-se um método de amostragem por quotas, a fim de obter a maior variedade possível no que dizia respeito a tempo de residência na cidade (afora os nascidos em cidade), tipo de ocupação, idade, sexo e posição no seio da comunidade. Para cada pergunta, as respostas eram reunidas em folhas separadas e depois classificadas em categorias que se excluíam mutuamente, derivadas da gama completa de respostas obtidas. Isto constituía um passo crucial a fim de garantir que os termos de referência do estudo consistissem de uma combinação adequada da realidade local e de preocupações de ordem erudita.

Retornei então aos questionários prévios e apliquei a cada item as categorias de codificação recém-derivadas. Mandei perfurar os resultados, e processei uma análise simples, a fim de comprovar quais os itens que aparentemente "estavam saindo-se bem" da prova. As perguntas que se revelaram ambíguas, difíceis de entender, politicamente melindrosas, ou que não revelavam diferenças, foram modificadas ou eliminadas; o mesmo se deu com as que não pareciam contribuir para a compreensão dos conceitos que se tinham em vista.

O produto final desta análise foi um questionário revisado, cujas questões em geral eram formais. A elaboração deste questionário ocupou a maior parte de abril e maio de 1969, meses em que também dei início à amostragem e ao treinamento de entrevistadores.

A esta altura, introduzi duas importantes alterações no questionário. Em primeiro lugar, deixei de lado muitas perguntas políticas. Apesar de inócuas segundo padrões ordinários, várias questões tiveram de ser omitidas, como perguntas diretas sobre o golpe de 1964, o Ato Institucional 5, ou o regime militar vigente. Não faria sentido prejudicar todo o trabalho devido a algumas perguntas, ainda que interessantes. A segunda modificação importante foi a elaboração de uma matriz de história vital ano por ano, acrescentada ao questionário.

HISTÓRIA VITAL

Da análise do pré-teste emergiu a constatação de que as técnicas convencionais não serviam absolutamente para traçar as histórias migracionais e ocupacionais dos respondentes. O emprego de apenas três pontos de referência quanto à localização, por exemplo (lugar de nascimento, lugar onde vivera a maior parte da vida, e localização atual), dava uma idéia errada da complexidade das vidas das pessoas, agrupando-as, mesmo quando tinham tido experiências muito diversas. Além disso, três ou quatro dessas questões tornavam-se cansativas e repetitivas, numa entrevista de formato padrão.

Soubemos então de uma técnica destinada à análise de histórias vitais de grandes amostras – elaborada por Balan, Browning, e Jelin.[a] Após testes e experimentos adicionais, iniciamos com ela o nosso questionário definitivo. Consistia de uma grande tabela com a história individual ano por ano do ponto de vista da migração, da ocupação, da educação e da família. Foi interessante como ela ajudou a criar um bom ambiente para a entrevista. O preenchimento da tabela era uma tarefa conjunta que não intimidava ninguém. O índice de confiabilidade era muito alto, pois as idas e voltas a diferentes áreas da vida do respondente ajudava a memória. Omissões e incoerências revelavam-se facilmente e logo podiam ser corrigidas, antes de se prosseguir.

[a] BALAN, Jorge et al. "A computerized approach to the processing and analysis of life histories obtained in sample surveys". *Behavioral science*, vol. 14, 1969, p. 105-120.

No decorrer da entrevista, os dados eram registrados a mão em várias folhas de papel com as datas 1904 a 1969 impressas na margem esquerda; outras onze variáveis importantes inscreviam-se na parte superior da folha, como se vê na Tabela 1 do Apêndice. A cada variável correspondia um conjunto de códigos. Primeiramente, as tabelas foram transformadas em formulários com códigos numéricos, em folhas especialmente impressas, de maneira que em cada célula já estavam impressos a idade do respondente e o código numérico das variáveis, sobrando apenas o espaço suficiente para dois dígitos adicionais referentes ao conteúdo da variável, conforme se vê na Tabela 2 do Apêndice.

Depois de se registrarem os dados sobre o lugar de nascimento, somente se inscreviam as *mudanças* em qualquer uma das variáveis. O restante das células era deixado em branco. Na etapa seguinte, apenas aquelas células que tinham sido preenchidas (por representarem mudanças) eram transferidas para as folhas de codificação padronizadas da IBM, para perfuração. Para cada pessoa, então, havia um conjunto de campos de seis dígitos (de vários tamanhos) cronologicamente ordenados e anexados aos dados padronizados de seu questionário.[b]

INSTRUMENTO FINAL DE LEVANTAMENTO

O instrumento final de levantamento que traz as distribuições de freqüência começava com a matriz da história vital e incluía uma versão modificada das quatro seções originais. A seção Dados Básicos incluía informação demográfica não abrangida na história vital: detalhes referentes a ocupação, padrões de vida e de moradia, e dados sobre educação, migração e ocupação do cônjuge, dos pais e dos filhos mais velhos. A seção Experiência Urbana abrangia contatos com cidades antes da migração para o Rio, adaptação inicial ao ambiente urbano, relacionamento interpessoal e integração na comunidade da favela, participação em associações voluntárias, tipo e intensidade de uso do contexto urbano mais amplo, heterogeneidade de contatos, e exposição a veículos de comunicação de massa. A seção sobre Atitudes e Valores incluía aspirações, secula-

[b] Para ser precisa, em cada campo de seis dígitos, os dois primeiros representavam a idade do respondente, os dois seguintes, o número da variável em que ocorrera a mudança, e os dois dígitos finais, o conteúdo codificado dessa mudança. Por exemplo, a série 160108 significaria que aos 16 anos a pessoa mudara de residência (variável 01) para a Zona Sul do Rio (código de conteúdo 08).

Tabela 1 do Apêndice
Matriz da História Vital

	História Migracional						História Ocupacional				História Educacional	História da Família
	(1)		*(2)*	*(3)*	*(4)*	*(5)*	*(6)*	*(7)*	*(8)*	*(9)*	*(10)*	*(11)*
	Nome do Lugar	*Município*	*Estado*	*Classificação*	*Residência*	*Motivo de Mudança (R)*	*Tipo de Trabalho*	*Classificação do Trabalho*	*Local do Trabalho*	*Motivo de Mudança (T)*	*Instrução*	*Casamentos, Separações, Nascimentos, Mortes, etc.*
1969												
1968												
1967												
1966												
1904												

TABELA 2 do Apêndice
Folha de Codificação da História Vital

Idade	Número da Variável				
	01	*02*	*03*	*04*	*05 (etc.)*
01	0101	0102	0103	0104	0105
02	0201	0202	0203	0204	0205
03	0301	0302	0303	0304	0305
65	6501	6502	6503	6504	6505

rismo, fatalismo, tradicionalismo familiar, confiança, universalismo, facilidade de aceitar inovações, otimismo, motivação para a realização, empatia, e autoritarismo. A seção Política cobria medidas cognitivas (interesse pela política, destaque da política, grau de informação política, e opiniões formadas); medidas de comportamento em todos os tipos de participação, local e geral; e medidas de avaliação (tais como percepção do sistema, passividade, paternalismo, eficácia, alienação, legitimidade, consciência de classe, filiação partidária, e ideologia).

Tentou-se incluir perguntas extraídas de estudos semelhantes, em outras áreas, para fins de comparação. Aproveitaram-se perguntas de *Civic culture*, de Almond e Verba, de *The measurement of modernism*, de Kahl, da escala de modernidade geral (*overall modernity*) de Inkeles, do índice de radicalismo do Grupo de Ciência Política de Belo Horizonte, do estudo da migração de negros para Boston, de Fried, e outras. Verifiquei, porém, que as questões suscitadas pela minha própria experiência de campo davam melhores resultados e faziam mais sentido. Muitas das perguntas padronizadas, especialmente as do tipo "cultura cívica", simplesmente tiveram de ser eliminadas.

Além do questionário individual, criamos também instrumento para inventariar dados sobre o meio (Contextual Data Interview Schedule). Estas entrevistas foram feitas com algumas pessoas consideradas pelos antropólogos como "informantes-chave", em geral boas conhecedoras da história da comunidade e de suas atividades presentes. As perguntas relacionavam-se com o tamanho e as taxas de crescimento da comunidade no passado e no presente. A localização de grupos de mesma origem, na favela; os problemas gerais de adaptação dos novatos na cidade; origens e história da favela; serviços urbanos, casas comerciais, escolas e serviços médicos; número de membros, história e líderes das associações voluntárias; histórico de remoções, no que dizia respeito à área; políticos que tinham ajudado a favela no passado; e acontecimentos políticos que tinham afetado a comunidade. Este questionário, juntamente com dezenas de entrevistas informais, constituíram a base das descrições das três comunidades.

A AMOSTRAGEM

Um total de 750 pessoas foram entrevistadas para o presente trabalho: em cada uma das três localidades, entrevistamos 200 pessoas selecionadas aleatoriamente, e 50 líderes escolhidos segundo técnicas referentes à reputação e posição. A amostra incluiu homens e mulheres entre 16 e 65 anos, ao invés do tradicional "chefe da família". Tomei esta decisão devido à minha crença de que a vida urbana e política não é sentida de maneira igual por homens e mulheres, jovens ou velhos. (Graças à amostragem, pretendi realçar a força analítica desta convicção.)

Inicialmente, pareceu-me que 200 constituía o tamanho mínimo para a amostra em cada localidade, tendo em vista os tipos de análises de multivariáveis que eu desejava fazer. Quando as amostras já estavam selecionadas, contudo, evidenciou-se que uma amostra aleatória de 200 pessoas abrangeria apenas uma fração mínima dos elementos realmente ativos de cada área. Eu pretendia estudar quais as experiências urbanas típicas desses homens e mulheres *dissidentes;* resolvi, então, surpreender outra análise especial de líderes da comunidade. Compilei listas de todos os líderes dos vários grupos, clubes, associações e organizações de cada lugar. Perguntou-se, então, a estas pessoas, e a outras aleatoriamente, os nomes de outros líderes atuais ou antigos, bem como de pessoas que tinham tomado uma parte particularmente ativa na vida da favela, eram mais bem informadas a respeito dos acontecimentos locais, tinham lutado de maneira mais destacada contra a remoção, participado em campanhas políticas, ou preparado abaixo-assinados (para escolas ou centros médicos, por exemplo). Em decorrência, recolhi 58 nomes na Catacumba, 61 em Nova Brasília e 73 em Caxias. Em cada caso, relacionei os nomes pela ordem de freqüência de sua menção, e importância da posição ocupada, e comecei a entrevistá-los desde o começo da lista até preencher a quota de 50.

SELEÇÃO DAS UNIDADES DE MORADIA

Decidi-me pelo processo de amostragem de grupo, baseado em 200 moradias em cada localidade. Meu primeiro problema foi preparar um esquema de amostragem para cada área, isto é, preparar uma lista completa de indivíduos ou famílias nas três regiões. Gastei semanas visitando organizações atrás de mapas, dados censitários, ou aerofotografias que pudessem servir para meu propósito.[c]

[c] Visitei a Fundação Leão XIII, a CODESCO, a Cooperativa Central de Abastecimento, a Secretaria de Educação do Estado da Guanabara, o Instituto Brasileiro de Geografia e Estatística, o Departamento de Engenharia e Urbanismo do Estado da Guanabara, o Ministério de Minas e Energia, o Ministério da Guerra, o Instituto Geotécnico, e muitos outros.

Finalmente, consegui do Ministério de Minas e Energia uma série de fotografias aéreas. Abordarei o processo exato da seleção de amostras separadamente, pois diferiu em cada caso, devido à natureza das áreas.

Catacumba. A Catacumba aparecia nas fotografias do Ministério como uma fileira de telhados e uma série de formas superpostas e indistintas, por causa da inclinação de seu terreno. Fui obrigada então a alugar um barco e a tirar, desde a lagoa, uma série de fotografias com teleobjetiva. Depois de ampliá-las e de colar umas às outras, tornou-se possível identificar praticamente cada residência na favela; a capa deste volume mostra o resultado. As casas escolhidas posteriormente pela técnica de amostragem aleatória foram numeradas e marcadas de vermelho, e as que ficaram na reserva (para o caso de precisar substituir), de verde. Indicaram-se as principais instituições sociais.

Cobriram-se as fotografias com papel transparente e desenhou-se o esboço de cada barraco, que recebeu um número. Completou-se o desenho com as casas que não tinham aparecido nas fotografias por se encontrarem atrás de outras construções, árvores ou pedras, e que se descobriu após longas caminhadas, partindo-se de cada uma das 15 entradas. Dessa maneira, identificaram-se e numeraram-se em nossos mapas 1 457 casas. Utilizando uma tabela de números aleatórios, escolhi 200 para constituir a amostra, ficando 50 na reserva.[d] Uma amostra aleatória simples foi aplicada na Catacumba pois ela pareceu bastante homogênea, sendo impossível destacar com segurança as áreas de casas melhores perto da avenida.

Nova Brasília. As aerofotografias de Nova Brasília prestaram-se otimamente para a construção do esquema de amostragem. A favela era fácil de distinguir do ar, e quando a fotografia foi ampliada, cada unidade também se destacou muito bem. Desenharam-se mapas em papel transparente colocado sobre as fotografias, identificando-se 2 112 residências. Cada caminho foi percorrido a fim de assegurar que todas as casas tinham sido contadas.

[d] Procedia-se a uma substituição quando a moradia indicada estava vazia, ou a pessoa a ser entrevistada não podia sê-lo por motivo de doença, serviço militar, viagem, ou outras razões. Depois de cinco tentativas para localizar o indivíduo designado, passávamos para uma moradia de substituição (pela ordem de inscrição na lista) e recomeçávamos o processo.

Nova Brasília divide-se em três sub-regiões (correspondentes à posição sócio-econômica e ao tempo de resistência, e evidentes pelos tipos de construção: tijolo, madeira ou taipa). Decidi, portanto, aprofundar a confiabilidade da amostra por meio de uma amostra aleatória estratificada, ao invés de simples.

Das 2 112 moradias da favela, 671 encontravam-se na categoria "boa", 952 na "média", e 489 na "pobre", ou mais recente. Mais uma vez lançando mão da tabela de números aleatórios, foram escolhidos 64, 98 e 46 unidades, proporcionalmente, nas zonas boa, média e pobre, com as necessárias reservas para substituição.

Caxias. Em Caxias resolvi valer-me dos dados censitários completos e mapas minuciosos das localidades, postos à minha disposição pela Prefeitura, e neles baseei minha amostragem exatamente de acordo com meus interesses. O resultado foi uma amostragem em múltiplas etapas, executada da seguinte maneira:

Primeira etapa. Ficou decidido tomar amostras somente no Primeiro Distrito da cidade, porque as outras localidades foram consideradas semi-rurais, não fazendo parte da área metropolitana. Todos os cinco setores do Primeiro Distrito foram incluídos no processo da amostragem.

Etapa 2. Dividiram-se então os cinco setores em 32 bairros, dentre os quais escolheram-se propositadamente cinco por constituírem reconhecidamente áreas de grande influxo migratório atual ou passado, além de possuírem nível sócio-econômico comparável ao das favelas. Nesta seleção, utilizei-me dos enormes "mapas de serviço" existentes na Prefeitura, e que mostravam, cada um deles, a extensão das redes de cada serviço. Selecionei os bairros que tinham menos ruas calçadas, e menores redes de eletricidade, água, esgoto e drenagem. Foi relativamente fácil chegar a esta seleção, pois já conhecia a área, desde visitas anteriores, e fui auxiliada em todo o processo por uma pessoa que morara em Caxias a vida inteira.

Além dos cinco bairros legais, escolhi as três principais favelas de Caxias. A seleção foi facilitada pela existência de outros mapas especiais com a localização e o tamanho de cada favela.

Etapa 3. Cada bairro e favela divide-se em quadras irregulares, compostas de 10 a 350 casas. Nesta etapa, escolheram-se aleatoriamente 10 dessas quadras em cada bairro e favela, registram-se num caderno o número de residências em cada uma. Isso foi feito para facilitar as entrevistas, pois os bairros são muito afastados e seria custoso, em termos de tempo e dinheiro, retirar amostras de casas avulsas em cada quadra.

Etapa 4. Calculou-se o número total de casas de cada uma das dez quadras nos bairros e favelas escolhidos. Determinou-se proporcionalmente o tamanho da amostra de cada bairro e o número de moradias de que se tomariam amostras em cada quadra, de maneira a se obterem 100 casas de todos os bairros combinados, e 100 de todas as favelas. Tínhamos assim números iguais de pessoas com e sem posse legal das terras que ocupavam, para comparação. Como as favelas são mais densamente povoadas que os bairros, os cinco bairros proporcionaram mais ou menos o mesmo número de casas que as três favelas.[e]

Etapa 5. Isso feito, utilizamos a tabela de números aleatórios, os registros censitários, os mapas e as aerofotografias, a fim de identificar os 200 lugares para entrevista. Cada número retirado era comparado com os números do nosso caderno de registro de residências, a fim de verificar se correspondia a uma casa, e se a mesma estava ocupada. Se duas famílias moravam na mesma, uma delas era escolhida pelo processo de cara-ou-coroa, para ser entrevistada.

SELEÇÃO DE INDIVÍDUOS EM CADA MORADIA

A seleção das casas foi apenas uma etapa intermediária, pois desejava-se uma amostra de indivíduos adultos, e não de famílias, que constituíam apenas subgrupos convenientes. Verificamos que a média de adultos entre 16 e 65 anos em cada família era de 2,5.[f] Elaboramos um esquema de amostragem de lista contínua a fim de permitir a escolha das pessoas a serem entrevistadas em cada família. O primeiro passo era obter os nomes de todos os adultos em

[e] A decomposição das 200 moradias era a seguinte:

Bairros		*Favelas*	
1. Vila Leopoldina	26	1. Vila Operária	50
2. São Sebastião	20	2. Favela do Mangue	15
3. Vila Sarapui	11	3. Favela Central	35
4. Centenário	26	Total	100
5. Olavo Bilac	17		
Total	100		

[f] Este dado baseia-se no recenseamento de Caxias, no recenseamento da Guanabara de 1960, que incluía informações sobre as favelas, e em nossas próprias pesquisas em cada localidade.

cada família. Após a colocação dos nomes em ordem alfabética, era possível escolher aleatoriamente, selecionando-se cada segunda ou terceira pessoa alternadamente, de cada família. A Tabela 3 do Apêndice mostra como foi feita a lista contínua.

Ao chegar em cada residência, o entrevistador explicava rapidamente seu propósito. A maioria dos moradores já estava a par do estudo, assim não se faziam necessárias longas explanações. Dizia o entrevistador que precisava saber os nomes de todos os adultos na família, a fim de escolher a(s) pessoa(s) a serem entrevistadas. Relacionava-as por ordem de idade, traçando uma linha ondulada depois do último nome. O número de identificação da moradia constava da coluna do meio. Na coluna da direita escreviam-se então os nomes em ordem alfabética. Antes já se haviam colocado no papel os "x" indicando alternadamente cada segunda ou terceira entrada, de maneira a manter a proporção de 2,5. A pessoa a ser entrevistada era aquela cujo nome ficasse mais próximo de um "x". Às vezes o nome de um ou dois adultos caía *entre* as indicações; nesse caso, fazia-se apenas um breve questionário sobre dados demográficos. Quando caíam mais de uma pessoa na mesma família, entrevistavam-se ambas, em separado, mas de preferência no mesmo dia, a fim de evitar contaminação.[g]

ENTREVISTA

Recrutamento e Treinamento dos Entrevistadores. Tornou-se evidente desde o começo que eu sozinha não poderia aplicar 750 questionários. Algumas pessoas me tinham prevenido contra o emprego de estudantes como entrevistadores, mas eu desejava participar o máximo possível em cada fase do estudo, o que significava que teria de evitar entrevistadores do tipo "pesquisa de mercado". Visitei os Departamentos de Ciências Sociais de todas as principais universidades do Rio, e mantive encontros informais ou sessões de recrutamento durante as quais expus detalhadamente meus objetivos de pesquisa, dizendo ainda que os interessados seriam convidados a contribuir para o trabalho em todos os seus estágios. A essa altura, última semana de janeiro, a única decisão importante já tomada

[g] As atividades de amostragem tiveram início em meados de fevereiro de 1969, quando contratei dois jovens arquitetos com experiência de favelas, através da CODESCO, para que me auxiliassem no mapeamento das favelas. Trabalhamos até fins de julho, quando começaram as entrevistas finais, gastando, portanto, seis meses nessa tarefa.

TABELA 3 do Apêndice
Esquema de Amostragem de Lista Contínua

Lista de Adultos pelo Primeiro Nome em Ordem de Idade, Começando pelo mais Velho			*Identificação da Residência*	*Relistagem dos Adultos em Ordem Alfabética do Primeiro Nome*		
Primeiro Nome	*Idade*	*Sexo*	*Número Casa*	*Primeiro Nome*	*Número*	*Pessoa Escolhida*
Carlinhos	50	M	186	Carlinhos	1	X
Nadir	34	F	186	Nadir	2	
José	47	M	275	Antônio	3	X
Maria	38	F	275	José	4	
Antônio	16	M	275	Maria	5	
João	28	M	586	Cecília	6	X
Cecília	24	F	586	João	7	
Miriam	17	F	586	Miriam	8	X
Rafael	38	M	1407	Odete	9	
Odete	35	F	1407	Rafael	10	
Edgar	60	M	883	Edgar	11	X

fora a escolha dos três lugares. Como meus recursos eram limitados, não podia pagar mais do que uma importância mínima por entrevista. Nessas reuniões enfatizei, portanto, que o pagamento seria principalmente sob a forma de experiência adquirida. Reduzia-se assim à metade o número dos estudantes interessados, mas a autoseleção muitas vezes é a melhor.

No decorrer de seis meses, mais de 100 estudantes foram treinados. A parte formal do treinamento consistiu de um curso intensivo sobre Teoria e Métodos, que levou cerca de dois meses. Os que continuavam interessados no seu final, outra vez a metade, participaram da formulação do pré-teste, de sua aplicação, codificação e análise, bem como da elaboração do questionário definitivo. Para praticar, cada treinando aplicou um questionário a um colega e a dois ou três favelados de lugares não incluídos em nosso estudo.[h]

[h] O que foi mais difícil de aprender foi o preenchimento das tabelas sobre a história vital, mas, depois de praticar o suficiente, isso também começou a correr bem. Expliquei a cada entrevistador detalhadamente cada questionário a ser aplicado a título de treinamento, e conversamos longo tempo sobre problemas e dificuldades existentes. Também foi feito treinamento para o uso do esquema de amostragem de lista contínua.

Um problema de vulto neste estágio foi manter vivo o interesse dos alunos. Conforme passava a novidade, e se comprovava a dificuldade da tarefa, ocorriam muitas desistências. O que ajudava a desencorajar era principalmente as longas subidas nos morros e a necessidade de fazer entrevistas à noite ou nos fins de semana, para encontrar os homens empregados em casa. Foi preciso recrutar e treinar repetidamente novos entrevistadores, e repetir todo o processo acima descrito, várias vezes.[i]

As entrevistas finais tiveram lugar em julho, agosto e setembro de 1969.[j] A da Catacumba levou três semanas, de Nova Brasília quatro, e de Caxias cinco, devido às distâncias cada vez maiores, tamanho das comunidades e complexidade das amostras.

Receptividade e Compreensão. Foram tomadas todas as precauções no preparo das comunidades para o influxo dos pesquisadores (limitados a um máximo de doze, de cada vez). Em parte devido às minhas próprias conversas prévias com os moradores, mas principalmente devido à natural cordialidade do brasileiro, os entrevistadores foram muito bem recebidos e as entrevistas decorreram ainda melhor do que o esperado. Oitenta e dois por cento da amostra aleatória foram considerados receptivos e entusiasmados, quer desde o início, quer depois de uma resistência inicial. Apenas 9 por cento permaneceram desconfiados ou relutantes todo o tempo, e apenas uma entrevista teve de ser interrompida devido a hostilidade aberta. Os números referentes à amostra de elite são quase idênticos neste particular. Além disso, 91 por cento da amostra aleatória e 87 por cento da elite foram considerados como tendo respondido aberta e honestamente a todas as questões.

[i] A julgar pelos testes que aplicamos às análises (a fim de controlar a atividade de cada entrevistador e sua continuidade no serviço, etc.), não parece ter havido *bias* nas informações, nem perda de qualidade em decorrência da alta taxa de rotatividade.

[j] A fim de proteger os entrevistadores, tomamos a precaução de fornecer a cada um uma declaração impressa com o seu nome, explicando que eles estavam colaborando em "um estudo sobre o Impacto da Experiência Urbana sob a direção de Janice Perlman, com a colaboração do Instituto Brasileiro de Administração Municipal e o Centro de Pesquisa da EBAP da Fundação Getúlio Vargas", assinada por Diogo Lordello de Mello, diretor executivo do IBAM, e Aluizio Pinto, diretor do Centro de Pesquisa da Escola Brasileira de Administração Pública da FGV. Raramente foi necessário utilizar essa declaração, mas ela constituía uma boa salvaguarda, tendo em vista nossas condições de trabalho, e dava aos entrevistadores um senso de legitimidade e segurança.

A compreensão, porém, variou grandemente entre as amostras aleatória e de elite. Pouco mais da metade da primeira "pareciam compreender todas as perguntas", comparada com 86 por cento da elite. Um em cada cinco dos respondentes em geral "pareciam não entender muitas perguntas", contra *nenhum* da elite.

Duração e Localização. A duração da entrevista foi de meia hora a três horas, com uma média de hora e meia. As entrevistas com as pessoas da elite sempre tomaram mais tempo, pois elas tinham mais a dizer sobre cada item, e pediam maiores explicações. O local das entrevistas variaram também, de uma amostra para outra. Enquanto 91 por cento das entrevistas aleatórias foram feitas na residência do respondente, apenas 61 por cento das da elite o foram. As restantes entrevistas deste grupo distribuíram-se igualmente entre o lugar de trabalho e locais públicos, sedes das Associações de Moradores, bares, etc.

Era muito mais fácil localizar os pertencentes à amostra aleatória. Três quartos dos mesmos foram encontrados em casa e entrevistados na primeira tentativa, e a maioria dos outros, na segunda. Em contraste, menos de dois terços dos líderes foram localizados na primeira vez, e alguns necessitaram de seis a sete tentativas. Um aspecto interessante da vida na favela é ressaltado pelo fato de que, apesar dos entrevistadores tentarem ficar a sós com os respondentes, em 80 por cento dos casos da amostra geral isto foi impossível, como em 70 por cento da amostra de elite.

Índices de Conclusão. Os índices de recusa a responder o questionário foram extraordinariamente baixos: 0,5, 2,5 e 1,5 por cento para Catacumba, Nova Brasília e Caxias, respectivamente. A amostra de elite teve índices um pouco mais altos: 4,6 e 4 por cento, respectivamente. Os líderes com maior freqüência estavam ocupados ou achavam que tinham coisa mais importante a fazer, além de se mostrarem mais esquivos em suas respostas sobre convicções e comportamento. Os mais ansiosos por cooperar foram talvez os de tipo mais conformista, que apoiavam mais o sistema. É possível que os líderes mais contrários ao regime e mais críticos, apesar de poucos, estivessem entre os que não quiseram ser entrevistados. Porém, ainda que seja interessante fazer esta ressalva, de passagem, os índices de recusa foram tão pequenos que dificilmente isso poderia ter feito diferença, do ponto de vista estatístico.

Mais comum do que a recusa era encontrar fechada ou sem ninguém uma casa indicada, em geral devido a viagens, hospitalização, serviço militar, ou trabalho noturno. A combinação desses casos, mais as recusas, e as ocasionais entrevistas interrompidas, de uma taxa de substituição de 5 e 16 por cento das amostras aleatória e de elite na Catacumba, 15 e 22 por cento em Nova Brasília, e 18 e 40 por cento em Caxias. A última porcentagem é alta porque o tempo era curto, e como tínhamos uma longa lista de líderes, podíamos tomar a liberdade de não insistir várias vezes, sem reduzir o número de representantes da elite na amostra. A taxa mais alta de substituição na elite refletiu-se nas três áreas estratificadas de Nova Brasília, onde os índices aumentavam proporcionalmente à distância do Rio, em parte devido à dificuldade de acesso para visitas repetidas, especialmente à noite. Disso não parece ter decorrido tendenciosidade sistemática, porém.

Faz-se necessário ainda um comentário final sobre o número de famílias com nenhuma pessoa entrevistada, ou com duas ou três. Se a proporção de amostragem de 2,5 adultos por família foi correta, o número de casos de cada tipo deveria equilibrar-se perfeitamente. Isso quase ocorreu, mas o resultado foi um pouco superior à estimativa, talvez porque se registraram um pouco mais de casos de nenhuma entrevista, do que de entrevistas múltiplas.

CONTROLE DAS ENTREVISTAS

A primeira precaução contra *bias* do entrevistador foi tomada durante o curso de treinamento, quando abordei as várias tendências – em geral inconscientes – a atribuir concordâncias onde não existem, a procurar a confirmação de estereótipos, e a *corrigir* aparentes distorções nas distribuições gerais da população. Também apresentei as maneiras de evitar as parcialidades mais óbvias – demonstrações por meio de gestos ou atitudes corporais, aprovação verbal, etc. – e, finalmente, a mentira declarada. Decidiu-se que os entrevistadores se dispersariam ao acaso pela favela, ao invés de receberem uma indicação precisa da área ou do tipo de pessoa que procurariam; dessa maneira, os números codificados das entrevistas poderiam ser utilizados mais tarde numa análise destinada a captar *bias* sistemáticos.

Deixei claro, além disso, que pelo menos 10 por cento das pessoas entrevistadas seriam procuradas novamente, a pretexto de se agradecer a colaboração, mas na verdade para comprovar se o entrevistador realmente localizara a casa e falara com as pessoas apontadas pela amostragem aleatória.

Por fim, em cada comunidade instalei uma espécie de sede de onde partiam os entrevistadores com a indicação das casas, e para onde traziam cada conjunto de três entrevistas completas. Desse modo eu tinha oportunidade de conferir cada uma e verificar se havia erros graves, enquanto ainda havia tempo para voltar e corrigi-los.[1]

CODIFICAÇÃO, ANÁLISE E PROCESSAMENTO

Apenas algumas questões abertas e tópicos sobre ocupação e residência precisavam ser codificados. Dois desses últimos tiveram de ser totalmente recodificados, quando se constatou que os códigos originais não correspondiam de maneira satisfatória ao tipo e à variedade das respostas. Isso foi possível porque havíamos tido o cuidado de escrever literalmente as respostas nos questionários, antes de codificá-las de acordo com as categorias pré-fixadas. Quando os códigos não corresponderam às necessidades, voltamos às respostas individuais, formulamos um conjunto de categorias mais adequado, e as utilizamos.

A codificação e a análise começaram em agosto, quando todas as entrevistas da Catacumba estavam prontas. Continuamos com elas, simultaneamente às entrevistas, mantendo ocupadas três pessoas em regime de tempo integral até meados de outubro, quando os questionários foram entregues a um escritório local da IBM, para serem perfurados e verificados. Nessa época eu já contava com dois pesquisadores assistentes, de tempo integral. Conferimos cada entrevista quanto à codificação e análise, mais uma vez, antes de mandá-las para perfuração.

Os dados foram posteriormente passados para uma pequena fita magnética, levada comigo para os Estados Unidos. Para cada um dos 750 respondentes havia cinco cartões de formato padrão,

[1] Em Nova Brasília e Caxias descobrimos um a série de casas claramente indicadas na amostra, mas que não tinham sido visitadas. Em geral, encontravam-se em lugares inacessíveis. Finalmente descobrimos que tinham sido atribuídas a uma jovem que entrara tarde para o grupo. Ela admitiu que fizera as entrevistas com qualquer pessoa que estivesse à mão, e que não via a diferença que isso poderia fazer. Foi desligada do projeto, desfizemo-nos das entrevistas que ela completara, e localizamos e entrevistamos os respondentes corretos. Esse foi um incidente contristador.

correspondentes ao questionário, e de dois a 22 adicionais, com campos livres, correspondentes às histórias vitais.

Os cartões foram verificados novamente nos Estados Unidos, após se terem descoberto alguns erros. Foram ainda submetidos a uma "correção", mediante os sistemas interativos ADMINS e programas escritos a fim de testar a coerência das informações dos históricos vitais. Quando os dados encontravam-se prontos para serem utilizados, cerca de cinco meses mais tarde, foram introduzidos no computador para análise, via o Conjunto de Programas para Estatísticas de Ciências Sociais (Statistical Package for the Social Sciences - SPSS). Mais de 170 novas variáveis foram criadas, segundo especificações decorrentes das cadeias das histórias vitais, que também foram introduzidas no computador. Os controles de confiabilidade e de validade foram altamente satisfatórios.

NOTAS BIBLIOGRÁFICAS

Capítulo 1

1. SJOBERG, Gideon, "The origin and evolution of cities", *Scientific American* 213, nº 3, Sept. 1965. p. 55-63.

2. DAVIS, Kingsley & GOLDEN, H.H., "Urbanization and the development of pre-industrial areas", *Economic development and cultural change* 3, nº 1, Oct. 1954. p. 120-141.

3. Os dados constantes deste parágrafo baseiam-se em HAUSER, Philip. M. & SCHNORE, Leo F., *The study of urbanization,* New York, John Wiley and Sons, 1966.

4. DAVIS, Kingsley, "The origin and growth of urbanization in the world", *American Journal of Sociology* 60, March 1955. p. 434.

5. ABRAMS, Charles, "The city is the frontier". New York, Harper Colophon Books, 1965. p. *v*.

6. DAVIS & GOLDEN, "Development of pre-industrial areas". p. 120.

7. ABRAMS, op. cit. p. 3

8. NELSON, Joan, *Migrants, urban poverty, and instability in developing nations.* Cambridge, Mass., Harvard Univ., 1969. p. 1 (Center for International Affairs, Occasional Papers in International Affairs nº 22.)

9. FRIEDMANN, John, "The Phenomenon of urbanization in Latin America". s. d. p. 1, mimeografado.

10. MORSE, Richard M., "Recent research on Latin American urbanization: a selective survey with commentary", *Latin American research review* 1, nº 1, Fall 1965. p. 42.

11. DAVIS, Kingsley, "The urbanization of the Human population". *Scientific American* 213, nº 3, Sept. 1965. p. 10-12.

12. ARRIAGA, E., "Componentes of city growth in selected Latin American countries", *Milbank Memorial Fund quarterly* 46, nº 2, part. 1, Apr. 1968. p. 241-243.

13. VERNEZ, G., "El proceso de urbanización en Colombia", Revista de la Sociedad Interamericana de Planificación 5, Sept. 1971. p. 24-26.

14. A não ser quando especificamente indicado, os dados desta seção baseiam-se em SCHUCH, G. Edward, & WHITAKER, Morris, "Migration, mobility, and some problems of the labor market in Brazil", mimeografado. (Latin American Seminar on Development in Agriculture, Bogotá, Colômbia, november 6-8, 1968).

15. Usa-se o termo "urbano" no sentido administrativo, inclusive todas as divisões municipais e distritais.

16. Sinopse de Crescimento Preliminar do Censo Demográfico de 1970: taxa de crescimento das favelas do Estado da Guanabara, *Área prioritária* 1. MORSE, Ri-

char M., "Recent research on Latin American Urbanization", p. 56, salienta que, em geral, "se as taxas de crescimento urbano são duas ou três vezes maior que as rurais, devemos lembrar que as taxas de crescimento 'marginal' nas cidades podem ser três ou quatro vezes maiores que a taxa urbana em geral".

17. FRIEDMANN, John & LACKINGTON, Thomas, "Hyperurbanization and national development in Chile: some hypotheses", *Urban affairs quarterly* 2, nº 4, june 1967, p. 3. Estes autores definem hiperurbanização como uma "relação de desequilíbrio entre os níveis de urbanização e de desenvolvimento econômico de um país... uma concentração de trabalhadores nas cidades *superior* ao emprego regular remunerativo no setor moderno da economia". Ver também FRIEDMANN, "Phenomenon of urbanization", p. 5. MORSE, "Recent research on Latin American urbanization", p. 43, onde se lê: "O fluxo de pessoas para as cidades grandes é desproporcional às novas oportunidades de emprego urbano estável, especialmente industrial". Ele sustenta que a cidade apresenta insuficiente capacidade, governamental ou privada, para absorver a crescente população urbana.

18. BEYER, Glenn H. ed., *The urban explosion in Latin America*, Ithaca, N. Y., Cornell Univ. Press, 1967. p. 191.

19. Não é nosso propósito neste livro entrar em detalhes sobre o crescimento econômico do Brasil e a forma de capitalismo que está desenvolvendo-se ali no momento, mas, o leitor interessado talvez deseje informar-se a respeito. Entre as obras clássicas estão FURTADO, Celso, A *formação econômica do Brasil*, Rio de Janeiro, Fundo de Cultura, 1959; PRADO, Jr., Caio, *História econômica do Brasil*, 7. ed., São Paulo, Brasiliense, 1962; e CARDOSO, Fernando Henrique, "The Brazilian political model", trabalho apresentado no Workshop on Brazilian Development, Yale University, April 1971.

Boas interpretações históricas, baseadas nos conceitos de dependência, a evolução do subdesenvolvimento, e a natureza dos mercados de trabalho, são CARDOSO, F. H. & FALLETO, E., *Dependência e desenvolvimento na América Latina*, 2. ed., Rio de Janeiro, Zahar, 1973; FRANK, André Gunder, *Capitalism and underdevelopment in Latin America*, parte 3, New York, Monthly Review Press, 1969; OLIVEIRA, F., "A economia brasileira: crítica à razão dualista", Estudos CEBRAP, nº 2, outubro 1972, p. 3-82; TAVARES, M. C. e SERRA, J., "Una discusión sobre el estilo del desarrollo reciente de Brasil", *El trimestre económico*, nº 152, nov.-dec. 1971; e SANTOS, Theotonio dos, "Brazil, the origins of a crisis", in *Latin America: the struggle with dependency and beyond*, eds. CHILCOTE, Ronald & EDELSTEIN, Joel, New York, Schenkman Pub., 1974. p. 415-490.

Com referência à substituição de importações, ver TAVARES, M. C., *Da substituição de importações ao capitalismo financeiro*, Rio de Janeiro, Zahar, 1973; e "The growth and decline of import substitution in Brazil", in *Economic bulletin for Latin America* 9, nº 1, U. N. Economic Commission for Latin America, New York and Santiago, March 1964.

Para uma excelente descrição do Brasil contemporâneo, ver STEPAN, A., ed. *Authoritarian Brazil: origins, policies, and future*, New Haven, Yale Univ. Press, 1973. Ver também edições recentes de *El trimestre económico*, México, D. F., Fondo de Cultura Económica, que publica muitos artigos sobre a economia brasileira.

20. SCHUH & WHITAKER, op. cit. p. 23.

21. Ibid., p. 4.

22. Citado em HUTCHINSON, Bertram, "The migrant population of urban Brazil", *América Latina* 6, nº 2, Apr.-June 1963, p. 47. Utilizando a metodologia empregada por A. J. Jaffe e J. N. Froomkin do Panamá e do Japão em "Economic development and jobs: a comparison of Japan and Panama, 1950 e 1960", *Estadística* 24,

nº 92, Sept. 1966, 577 e 593, para calcular a taxa de crescimento do setor não-agrícola que manteria constante o número de trabalhadores no setor agrícola, obtivemos o coeficiente de 12 por cento ao ano, para a mesma década, no caso do Brasil. A alta taxa de crescimento é conseqüência do padrão de mudança da força de trabalho do Brasil, para a qual o constituinte importante são novos ingressos.

23. FRIEDMANN, "Phenomenon of urbanization", p. 1

24. Ibid., p. 5.

25. WIRTH, Louis, "Urbanism as a way of life", *American Journal of Sociology* 44, July 1938.

26. REDFIELD, Robert. The Folk culture of Yucatan, Chicago, Univ. of Chicago Press, 1941; idem, "The folk society", *American Journal of Sociology* 52, 1947, p. 293-308. Redfield elabora a noção de que a transformação da sociedade de popular para urbana faz-se acompanhar da predominância da ordem técnica sobre a moral, em *The primitive world and its transformations,* Ithaca, N. Y., Cornell Univ. Press, 1953.

27. LEWIS, Oscar. "Urbanization without breakdown", *Scientific monthly* 75, 1952. p. 31-41.

28. Tais conclusões têm sido confirmadas por inúmeras pesquisas subseqüentes: MANGIN, William P. "Latin American squatter settlements: a problem and a solution", *Latin America research review* 2, nº 3, Summer 1967, p. 65-90. TURNER, John, *Uncontrolled urban settlements: problems and policies*, Pittsburgh, Univ. of Pittsburgh Press, 1966; BONILLA, Frank & MICHELENA, José Silva, eds. *Studying the Venezuelan polity: explorations in analysis and synthesis*, Cambridge, Mass., M.I.T. Press, 1966; MAR, José Matos, "The barriadas of Lima", in: *Urbanization in Latin America,* ed. Philip Hauser, New York, International Document Service, 1961, p. 170-190; GERMANI, Gino, "The city as an integrating mechanism: the concept of social integration", in: *The urban explosion in Latin America*, ed. Glenn H. Beyer, Ithaca, N. Y., Cornell Univ. Press, 1967; GOLDRICH, Daniel, PRATT, Raymond & SCHULLER, C. R., "The Political integration of lower class urban settlements in Chile and Peru", *Studies in comparative international development* 3, nº 1, St. Louis, Social Science Institute, Washington Univ. 1967-1968.

29. Com referência ao conceito de "cidade como uma fortaleza da alta cultura" e suas implicações políticas, ver PEATTIE, Lisa, "Some notes on the problems of urbanization", Cambridge, Mass., M.I.T., Department of Urban Planning (1967), mimeografado.

30. MORSE, Richard M. "Internal Migrants and the urban ethos in Latin America". Trabalho para o VII World Congress of Sociology, Varna, Bulgária, Sept. 1970, p. 6, mimeografado. Morse se refere aos migrantes internos como aos que "torcem as mãos" e têm "pensamentos positivos".

31. Destacados expoentes desta mentalidade são LAMBERT & MATTELHART, L'urbanisation accelerée de l'Amérique Latine et la formation d'un secteur tertiare refuge", *Civilisations* 15, 1965, p. 2-4, e MATTELHART, Armand & GARRETON, Manuel A., *Integración y marginalidad: ensayo de regionalización social de Chile,* Santiago, 1965.

32. WARD, Barbara. "The uses of prosperity", *Saturday review,* Aug. 29, 1964. p. 191.

33. Ver HOSELITZ, Bert F., "The City, the factory, and economic growth", *American economic review* 45, nº 2, May 1955, p. 177-184. Este é também o ponto de vista de HAUSER, Phillip M., "On the impact of urbanism on social organization, human nature, and the political order", *Confluence* 7, nº 1, Spring 1958, p. 57-69, e de DAVIS & GOLDEN, "Development of pre-industrial areas", p. 137.

34. FRIEDMANN, "Phenomenon of urbanization", p. 3; HIGGINS, Benjamin, "The scope and objectives of planning for underdeveloped regions", Documentación del I Seminário sobre Regionalización, Rio de Janeiro, Instituto Panamericano de Geografía y Historia, Comisión de Geografía, 1969; BROWNING, Harley L & KEINT, Waltrout, "Selectivity of migrants to a metropolis in a developing country: a Mexican case study", *Demography* 6, nº 4, Nov. 1969, p. 347-357; HIRSCHMAN, Albert O., *Journeys toward progress,* New York, Twentieth Century Fund, 1963; e idem, *A strategy for economic development,* New Haven, Conn., Yale Univ. Press, 1961.

35. BROWNING, Harley L., "Recent trends in Latin American urbanization", *Annals of the American Academy of Political and Social Science* 316, Mar. 1958, p. 111-120.

36. HOBSBAWN, E.J., "Peasants and Rural Migrants in Politics", in *The Politics of conformity in Latin America,* ed. Claudio Veliz, New York, Oxford Univ. Press, 1970. p. 64.

37. SJOBERG, Gideon, "Cities in developing and industrial societies: a cross-cultural analysis", in: *The study of urbanization,* eds. Hauser & Schnore, p. 233. Sjoberg diz ainda que a miséria no campo, ainda que às vezes maior, é inevitavelmente mais difusa e menos transparente.

38. HOSELITZ, Bert F., "The role of urbanization in economic development", in *India's urban future,* ed. R. Turner, Berkeley and Los Angeles, Univ. of California Press, 1962, p. 157.

39. Relatório da Secretaria do CEPAL, maio de 1963.

40. LERNER, Daniel. *The passing of traditional society,* New York, The free press of Glencoe, 1964. Um estudo adicional deste paradigma do ponto de vista empírico de vários modelos causais foi conduzido em ALKER, Hayward, "Causal inference and political analysis", in *Mathematical applications in Political Science,* ed. Joseph Bernd, Dallas, Texas, Southern Methodist Univ. Press, 1970.

41. INKELES, Alex. "The modernization of man", in: *Modernization: the dynamics of growth,* ed. Myron Weiner, New York, Basic Books, 1966, p. 138-153, e idem, "Making men modern: on the causes and consequences of individual change in six developing countries", American Journal of Sociology 75, nº 2, 1969. p. 208-225.

Este argumento é quase tautológico, pois a educação e a experiência de trabalho em fábrica são inerentemente parte da experiência urbana. Causa uma certa apreensão imaginar o que sobra desta experiência se os outros dois fatores forem eliminados, aceitando-se que isto fosse possível, metodológica e conceptualmente. Outras ordens ou instituições, como a religiosa, tendem a ser de caráter mais nacional do que local, portanto, seu impacto sobre o migrante é obviamente limitado num contexto urbano.

42. MORSE, "Internal migrants and the urban ethos".p.3.

43. QUIJANO, Aníbal, "Dependencia, cambio social y urbanización en Latinoamérica", Social Affairs Division, Economic Comision for Latin America (ECLA), 1967. Os trabalhos de André Gunder Frank desenvolvem mais a fundo esta argumentação. Ver FRANK, "The development of underdevelopment in Brazil", in: *Capitalism and underdevelopment in Latin America,* ed. A. G. Frank, New York, Monthly Review Press, 1967, e idem, *Latin America: underdevelopment or revolution,* New York, Monthly Review Press, 1967.

44. BALAN, Jorge, "Migrant-Native socioeconomic differences in Latin American cities: a structural analysis", *Latin American research review* 4, nº 1, Winter 1969. p. 4.

45. MORSE. "Internal migrants and the urban ethos", p. 2.

46. BEYER. *The urban explosion*, p. 98. Beyer apresenta ainda a interessante argumentação de que as condições de pobreza rural vigentes impedem os que ficam de beneficiar-se desta emigração mediante a integração rural e a reforma agrária, enquanto o talento que se transfere para as cidades em geral se desperdiça nos cortiços.
47. GERMANI. "The city as an integrating mechanism". p. 175-189.
48. SOVANI, N. V. "The analysis of over-urbanization". *Economic development and cultural change* 12, nº 2, january 1964. p. 27.
49. BAER, Werner e HERVE, Michael E. A. "Employment and industrialization in developing countries", *Quarterly journal of Economics*, Feb. 1966, e BAER, Werner, *Economic development and cultural change* 12, Apr. 1964. Ver também COHEN, Ben e LEFF, Nat, "Comment", *Quartely journal of Economics*, Feb. 1967. De maneira similar, Bazzanella dividiu o Brasil em três regiões: atrasada, intermediária e adiantada, segundo a posição sócio-econômica, e comprovou que a urbanização e a renda do setor terciário era mais ou menos igual nas três. Ver BAZZANELLA, Waldemiro, "Industrialização e urbanização no Brasil", *América Latina* 6, nº 1, Jan.–Mar. 1963, p. 326. Tal comprovação foi confirmada e ampliada por GRAHAM, Douglas, "Divergent and convergent regional economic growth and internal migration in Brazil, 1940-1960", *Economic development and cultural change* 18, nº 3, Apr. 1970, p. 366 ss. BEYER, *The urban explosion*, p. 97, queixa-se de que não haja "um corpo de dados quantitativos testados que descreva as razões de tais movimentos em larga escala na direção das cidades", recusando-se a decidir-se entre as teorias de expulsão e de atração.
50. Ver, por exemplo, BUTTERWORTH; Douglas B., "A study of the urbanization process among Mixtec migrants from Tilantongo in México City", in *Peasants in cities*, ed. William P. Mangin, Boston, Houghton Mifflin, 1970; EPSTEIN, A. L., "Urbanization and social change in Africa", *Current Anthropology*, Oct, p. 1967, p. 275-298; LEYS, Colin, "Politics in Kenya: the development of peasant society", Institute for Development Studies, Discusión paper nº 102, Nairobi, Univ. of Nairobi, 1970, mimeografado; e OZURELLI, Oya, "Dynamics of urban family and rural kin relations in a transitional setting: a stuty of two Turkisch communities", May 1973, mimeografado.
51. PYE, Lucian W., "The political implications of urbanization and the development process", U. N. Conference on Applications of Science and Technology for the Benefit of Less Developed Areas, U.S. Papers, Washington, D.C., U.S. Government Printing Office, 1962.
52. CORNELIUS, Jr., Wayne A. "The political sociology of cityward migration in Latin America: toward empirical theory", mimeografado para *Latin American urban annual*, eds. Francine F. Rabinowithz e Felicity M. Trueblood, Beverly Hills, Calif., Sage Publications, no prelo; ver também LEEDS, Anthony e Elizabeth, "Brazil and the myth of urban rurality: urban experience, work, and values in 'squatments' of Rio de Janeiro and Lima", trabalho apresentado na Conference on Urbanization and Work in Modernizing Countries, St. Thomas, Nov. 1967.
53. ABRAMS, Charles. *City is the frontier*, p. 13; FRIEDMANN, Herbert, "Squatter assimilation in Buenos Aires", minuta de tese de doutorado, Massachusetts Institute of Technology, Dec. 1967, p. 21; NELSON, *Migrants, urban poverty, and instability*, p. 3. Ver para considerações gerais sobre o tema, ABRAMS, Charles, *Man's struggle for shelter in an urbanizing world*, Cambridge, Mass., M.I.T. Press, 1964.
54. MORSE, "Recent research on Latin American urbanization". p. 56.
55. Citado em PETIZ, Maria Lúcia de Paula, "A utilização do Método de P.O.C. em um programa de melhoramentos físicos na favela", Pontifícia Universidade Católica, Instituto Social, Rio de Janeiro, nov. 1963, p. 3.

56, JORNAL do Brasil, Rio de Janeiro, 10 maio 1971. Ver também "Aspectos humanos das favelas cariocas", *Estado de São Paulo,* 13 abr. 1960.

57. Esta abordagem baseia-se principalmente em PEARSE, Andrew, "Some chacacteristics of urbanization in the city of Rio de Janeiro", in *Urbanization in Latin America,* ed. Philip M. Hauser, New York, Columbia Univ. Press, 1961, p. 192-193, e RIOS, José Artur, "Social transformation and urbanization – the case of Rio de Janeiro," Catholic Univ., Rio de Janeiro, Brazil, 1970, mimeografado.

58. Dados de Anthony Leeds e Frank Bonilla.

59. FRIEDMANN, "Urbanization in Latin America". p. 10.

60. MANGIN. "Latin American squatter settlements", p. 66. Para um exemplo de outro contexto, ver SEWELL, Granville Hardwick, "Squatter settlements in Turkey: analysis of a social, political, and economic problem"., tese de doutorado para M.I.T., jun. 1964.

61. SEELEY, John R. "The slum: its nature, use, and uses", *Journal of the American Institute of Planners* 25, nº 1, Feb. 1959. Fried e Gleicher mencionam ainda a conveniência, a variedade, as redes de ajuda mútua, o senso de comunidade, e o "localismo"; ver FRIED, Marc e GLEICHER, Peggy, "Some sources of residential satisfaction in an urban slum", *Journal of the American Institute of Planners* 28, nº 4, November 1961. Ver FRIED, Marc, "Grieving for a lost home", in: *The urban condition,* ed. Leonard Duhl, New York, Basic Books, 1963; JACOBS, Jane, *The death and life great American cities,* New York, Vintage Books, 1961; e o trabalho de John Turner para as Nações Unidas sobre "aglomerados urbanos de ocupação incontrolada."

62. MACHADO DA SILVA et al. "Sociólogos são contra solução paternalista para as favelas", Jornal do Brasil, 26 ago. 1968.

Capítulo 2

1. TURNER, John. "Four autonomous settlements in Lima, Peru" (Minuta, maio 1967); do mesmo autor, *Uncontrolled urban settlement: problems and policies,* Pittsburgh, University of Pittsburgh press, 1966; MANGIN, William P. "Latin American squatter settlements: a problem and a solution", *Latin American research review* 2, nº 3, Summer 1967, p. 70; MORSE, Richard M., "Trends and issues in Latin American urban research, 1965-1970, Part I", *Latin American research review 7* nº 1, Spring 1971.

2. SALMEN, Lawrence F. "Housing alternatives for the carioca working class: comparison between favelas and casas de cômodos, *América Latina*, 1970.

3. As informações seguintes derivam-se de entrevistas locais, questionário padronizado, notas de campo e documentos.

4. PETIZ, Maria Lúcia de Paula. "A utilização do método de P.O.C. em um programa de melhoramentos físicos na favela", Rio de Janeiro, Pontifícia Universidade Católica, Instituto Social, nov. 1963, p. 3.

5. O primeiro algarismo foi extraído de FUNDAÇÃO Leão XIII, *1967 Report on favelas of Guanabara,* Divisão de Serviços Sociais e Estatística. Outras estimativas dão 1 823 unidades, 2 230 famílias e 9 000 pessoas, conforme foi publicado no *Joranl do Brasil,* Rio de Janeiro, 10 de maio 1971; 12 000 pessoas são a estimativa de LEEDS, Anthony e Elizabeth, "Brazil in the 1960's: favelas and polity, the continuity of social control", manuscrito a ser publicado em ROETT, Riordon, ed., *Brazil in the 1960's,* Nashville, Tenn., Vanderbilt University press, p. 46; enquanto a CODESCO em 1963 calculou em 4 500 residências com 20 000 moradores. A alta estimativa citada acima provém do Presidente da Sociedade dos Moradores, publicada em *O*

Dia, do Rio de Janeiro, em 15 de setembro 1968, sendo propositadamente alta pois ele desejava enfatizar o alto custo da remoção da favela.

6. CORREIO da Manhã, Rio de Janeiro, 21 janeiro 1971.

7. Esta estatística e outras apresentadas neste capítulo sem indicação de fonte devem-se ao questionário aplicado em cada comunidade.

8. RATH, João. *Última hora,* Rio de Janeiro, 18 outubro 1969. Ele estima o número de membros em 3 000.

9. Ibid.

10. JORNAL do Brasil, 7 de agosto 1967.

11. As observações colhidas em trabalho de campo foram confirmadas em 16 de janeiro de 1969 em entrevista com Carlos Nelson dos Santos e Sylvia Wanderley, dois arquitetos brasileiros que trabalharam demoradamente em favelas cariocas.

12. Algumas favelas e loteamentos do Primeiro Distrito permitem a análise de um grupo de controle, pois os níveis de instrução, ocupação e renda de seus moradores são equivalentes aos dos favelados, todavia, eles têm posse legal da terra. É possível assim comprovar o efeito da segurança da posse, cuja influência tem sido enfatizada por Turner e outros estudiosos da favela.

13. Os dados referem-se a 1968, e são do Instituto Brasileiro de Geografia e Estatística.

14. Toda esta parte histórica baseia-se em ROBERTO, Maurício, "Plano de desenvolvimento local integrado", seção 1. 3, "Evolução histórica", e "Relatório para o IBAM sobre Duque de Caxias", 1969.

15. DIAS, Heraldo, "Desníveis sociais na Baixada Fluminense são cada vez maiores", *Jornal do Brasil,* 25 agosto 1968, p. 16.

16. Decorrência do Ato Institucional - 5.

17. O que se segue é baseado numa entrevista com José Barbosa, Presidente da Associação de Moradores, em 4 de setembro de 1969.

Capítulo 3

1. Joseph Kotta, num trabalho não publicado para o Cornell-Columbia-Harvard-Illinois Summer Field Studies Program in Anthropology, Columbia University, 1963, revelou a existência de mais de 40 expressões raciais de uso corrente sobre cujo emprego existe pouco consenso.

2. Este número permite a verificação da confiabilidade dos dados. O *Estudos cariocas,* Rio de Janeiro, GB, 1965, constatou que 19 por cento dos favelados tinham nascido no Rio. Ver também PEARSE, Andrew, "Some characteristics of urbanization in the city of Rio de Janeiro", in: *Urbanization in Latin America,* ed. Philip M. Hauser, New York, Columbia University Press, 1961, e LEEDS, Anthony and Elizabeth, "Brazil and the myth of urban rurality: urban experience, work, and values in 'squatments' of Rio de Janeiro and Lima", trabalho apresentado na Conference on Urbanization and Work in Modernizing Countries, realizada em novembro de 1967 em St. Thomas. Ver em MANGIN, William P., "Latin American squatter settlements: a problem and a solutin", *Latin American research review 2,* nº 3, Summer 1967, o conceito de favelados como migrantes ser citado como o primeiro dos mitos vigentes sobre a favela.

3. LEEDS & LEEDS, "Brazil and the myth of urban rurality", p. 8, verificaram que numa das favelas mais antigas que haviam estudado "talvez 40 por cento ou mais eram cariocas... e muitos destes eram segunda ou terceira geração de nascidos na própria favela".

4. Uma boa documentação sobre a história da migração interna no Brasil é a seguinte:

1. BERLINCK, Manuel T. & HOGAN, Daniel J. "O Desenvolvimento econômico do Brasil e as migrações internas para São Paulo: uma análise histórica", São Paulo, Fundação Getúlio Vargas, Escola de Administração de Empresas, 1972, mimeografado.

2. COSTA, Manuel Augusto, ed. "Migrações internas no Brasil", Rio de Janeiro, Instituto de Planejamento Econômico e Social - IPEA e Instituto de Pesquisas - INPES, 1971, monografia nº 5.

3. GRAHAM, Douglas H. "Divergent and convergent regional economic growth and internal migration in Brazil, 1940-1960", Vanderbilt University and Instituto de Pesquisas Econômicas, Universidade de São Paulo, s.d., mimeografado. Do mesmo autor, "Migration, regional and urban growth and development in Brasil: a selective analysis of the historical record, 1872-1970", Universidade de São Paulo, Instituto de Pesquisas Econômicas, 1971, mimeografado.

4. GRAHAM, Douglas H. & HOLLANDA, Sergio Buarque de, filho. "Interregional and urban migration and economic growth in Brazil, mimeografadò, s.d.

5. PESQUISA e Planejamento Econômico 3, nº 3, "Macro-economia da urbanização brasileira", out. 1973, p. 585-644.

6. MATA, Milton da. "Urbanização e migrações internas", *Pesquisa e planejamento econômico* 3, nº 3, out. 1973, p. 714-746.

7. MATA, Milton da, CARVALHO, Eduardo Werneck R. de & SILVA, Maria Tereza I.I. de Castro e. *Migrações internas no Brasil: aspectos econômicos e demográficos,* Rio de Janeiro, Instituto de Planejamento Econômico e Social-IPEA, 1973.

8. REDWOOD, John, III. "Internal migration, urbanization, and frontier region development in Brazil since 1940", Harvard University, 1968, *Honors Thesis.*

9. SINGER, Paulo. "Migrações internas: considerações teóricas sobre o seu estudo", mimeografado, s.d.

5. MORSE, Richard M. "Internal migration and the urban ethos in Latin America". (Trabalho apresentado ao VII World Congress of Sociology, Varna, Bulária, em setembro de 1970, p. 2).

6. Ibid.; BEYER, Glenn H., *The urban explosion in Latin America: a continent in process of urbanization,* Ithaca, N.Y., Cornell Univ. Press, 1967, p. 98; BALAN, Jorge, "Migrant-native socioeconomic differences in Latin American cities: a structural analysis", *Latin American research review* 4, nº 1, Winter 1969, p. 4; SJOBERG, Gideon, "Rural urban balance and models of economic development", in: *Social structure and mobility in economic development,* eds. Smelser e Lipset, Chicago, University of Chicago Press, 1966; e GERMANI, Gino, "Social and political consequences of mobility", in: Ibid.

7. IANNI, Octavio, *Crisis in Brazil,* New York, Columbia University Press, 1970, p. 52. HOBSBAWM, E. J. "Peasants and rural migrants in politics", in: *The politics of conformity in Latin América,* ed. Claudio Veliz, New York, Oxford University Press, 1967, também levanta esta questão.

8. BALAN, "Migrant-native socioeconomic differences, p. 4.

9. BONILLA, Frank, "Rio's favelas: the rural slum within the city", American Universities Field Staff Report, vol. 8, nº 3. (East Coast South America Series, Brazil, August 1961).

10. LEEDS & LEEDS, "Brazil and the myth of urban rurality", p. 6.

11. O estudo conduzido pelo Instituto Universitário verificou que cerca de 20 por cento da população eram de segunda geração, isto é, nascidos na cidade, mas deu como sendo de 44 por cento os de origem rural. Leeds aborda o problema da defini-

ção de *rural*. Eu deduzo que, neste caso, os autores combinaram o que eu chamei de *roça* com *vila* e *povoado*. Assim se explicariam as discrepâncias entre este estudo e o nosso. Ver BOSCHI, Renato Raul e GOLDSCHMIDT, Rose Ingrid, "Populações faveladas do Estado da Guanabra", Rio de Janeiro, Edições Dados, 1970, p. 6.

12. Ver, por exemplo, "Northeast Brazil", *Realities*, nº 161, Apr. 1964, p. 60-67; e JESUS, Carolina Maria de, *Child of the dark*, New York, Signet Books, 1962. (*Quarto de despejo*, 5 ed., Livraria Francisco Alves, 1960 p. 42-3.)

13. Segundo *Estudos cariocas*, um total de 64 por cento vieram do Rio e do Leste, que é *exatamente* a mesma porcentagem que encontramos para as duas regiões combinadas.

14. Umas das mais impressionantes descrições deste tipo de migrante *expulso* pela seca do sertão é a do romance de RAMOS, Graciliano, Vidas secas, e do filme nele baseado.

15. HARRIS, Marvin, *Town and country in Brazil*, New York, Columbia University Press, 1966.

16. LEEDS & LEEDS, "Brazil and the myth of urban rurality", p. 6.

17. SOVANI, N. V., "The analysis of over-urbanization" *Economic development and cultural change* 7, nº 2, January 1964, p. 27.

18. IANNI, *Crisis in Brazil*, p. 32 e 52.

19. GERMANI, Gino, "Emigración del campo a la ciudad y sus causas", in: *Sociedad, economía y reforma agraria*, eds. Horatio Gilberti et al., Buenos Aires, 1965, p. 74.

20. BAER, Werner & HERVE, Michael E. A., "Employment and industrialization in developing countries", *Quarterly journal of Economics* 80, nº 1, Feb. 1966; e BAER, "Regional inequality and economic growth in Brazil", *Economic development and cultural change* 13, nº 3, Apr. 1964. Ver também COHEN, Ben & Leff, Nat, "Comment", *Quarterly journal of Economics* 81, nº 1, Feb. 1967. Bazzanella igualmente dividiu o Brasil em três regiões - atrasada, intermediária e avançada - segundo a posição sócio-econômica e comprovou que a urbanização e a renda do setor terciário era mais ou menos igual em cada uma. Ver, BAZZANELLA, Waldemiro, "Industrialização e urbanização no Brasil", *América Latina* 6, nº 1, Jan.-Mar. 1963, p. 3-26. Este resultado foi confirmado e ampliado por GRAHAM, Douglas, "Divergent and convergent regional economic growth and internal migration in Brazil, 1940-1960", *Economic development and cultural change* 18, nº 3, Apr. 1970, p. 366ss. BEYER, *Urban explosion in Latin America*, p. 97, queixa-se de que "Não existe volume concludente de dados sobre as razões de movimentos de tão ampla escala na direção das cidades", e recusa-se a decidir-se entre as teorias da atração e da expulsão.

21. LEEDS & LEEDS, "Brazil and the myth of urban rurality", p. 14-15. Duas pessoas já mencionadas, Waldevino (presidente da Sociedade dos Moradores da Catacumba) e José Barbosa (fundador da Associação dos Moradores de Nova Brasília) encontram-se nesta categoria. Minha impressão é que as diferenças entre os resultados dos Leeds e os meus podem ser atribuídas ao fato de que, em seu trabalho de antropólogos, ao invés de conversarem com uma amostra representativa, eles reiteradamente falaram com pessoas mais articuladas e interessantes - como líderes ou outros em circunstâncias especiais (como mebros do Peace Corps que estivessem vivendo em suas residências).

22. IANNI, *Crisis in Brazil*, p. 55, comprovou que os migrantes, na realidade, estão melhor na cidade do que em seus lugares de origem. No que diz respeito a salários, número de médicos para 1.000 habitantes, oportunidades educacionais, rádios, cinemas, etc., a vantagem claramente se inclina para a cidade. HOBSBAWM, "Peasant and rural migrants", p. 60, escreveu que em parte alguma a diferença de níveis entre o campo e a cidade é maior do que na América Latina.

23. Ver PASTORE, José, "Satisfaction among migrants to Brasilia, Brazil: a sociological interpretation" (tese de doutorado, University of Wisconsin, Madison, 1968); WILKENING, E. A., "The role of the extended family in migration and adaptation to Brazil" (trabalho apresentado ao Annuall Meeting of the Rural Sociological Society, San Francisco, Augusto 1967); MORSE, Richard M. "Recent research on Latin American urbanization; a selective survey with commentary", *Latin American research review* 1, nº 1, Fall 1965; e LEEDS & LEEDS, "Brazil and the myth of urban rurality"; MANGIN, "Latin American squatter settlements".

24. PYE, Lucian W., "The political implications of urbanization and the development process", Washington. D.C., U.S. Government Printing Office, 1962, p. 85. (U. N. Conference on Applications of Science and Technology for the Benefit of Less Developed Areas, U. S. Papers.)

25. Ver, por exemplo, TURNER, John, *Uncontrolled urban settlement: problems and policies,* Pittsburgh, Pittsburgh University Press, 1967; ibid. "Four autonomous settlements in Lima, Peru" (minuta, May 1967); e MANGIN, "Latin American squatter settlements".

26. LEEDS & LEEDS. "Brazil and the myth of urban rurality", p. 12.

27. Bertram Hutchinson verificara, 10 anos antes, que 84 por cento dos homens migrantes que procuravam emprego logo após a chegada conseguiam encontrá-lo no primeiro mês. Sua amostra, porém, não foi colhida inteiramente no setor inferior, portanto a comparação não é precisa. Ver Hutchinson, "The migrant population of urban Brazil" *América Latina* 6, nº 2 (April-June 1963, p. 68.)

28. FURTADO, Celso, "Political Obstacles to economic growth in Brazil", International Affairs, Apr. 1965; ibid. *Economic growth of Brazil,* Berkeley, University of California Press, 1963; ibid. *Diagnosis of the Brazilian crisis,* Berkeley, University of California Press, 1965; e SKIDMORE, Thomas E., *Politics in Brazil,* New York, Oxford University Press, 1967.

29. BALAN, "Migrant-native socioeconomic differences", p. 3-29.

30. MICHELENA, José Silva, "Conflict and consensus in Venezuela" (tese de doutorado, Dept. of Political Science, Massachusetts Institute of Technology, 1968, p. 201).

Capítulo 4

1. PEATTIE, Lisa R., "Some on the conceptualization of problems of urbanization", Massachusetts Institute of Technology, s.d., mimeografado; e PORTES, Alejandro, "Urbanization and politics in Latin America", *Social Science quartely,* Dec. 1971, p. 697-720.

2. Walter Miller fez comentários semelhantes sobre estratégias antipobreza nos Estados Unidos, comparando as APM e o jogo dos números. Citado em PEATTIE, Lisa, "The concept of 'marginality' as applied to squatter settlements", Massachusetts Institute of Tchnology, Dept. of Urban Studies and Planning, s.d., p. 8, mimeografado.

3. "Favelas of Guanabara", Rio de Janeiro, Fundação Leão XIII, 1968, mimeografado.

4. Ibid.

5. Citado por LEEDS, Anthony, "The culture of poverty", in: *The culture of poverty*, Eleanor Burke Leacock, ed. New York, Simon and Schuster, 1971, p. 255, f. 18.

6. STONEQUIST, Everett V., "The problem of the marginal man", *American journal of Sociology* 41, nº 1, July 1935, p. 4.

7. Ver HUGHES, Everett Cherington & HUGHES, Helen MacGill, *Where people meet: racial and ethnic frontiers,* Glencoe, III., The Free Press, 1952, p. 189-199.
8. STONEQUIST, "Problem of the marginal man", p. 9.
9. STAVENHAGEN, Rudolfo, "Seven fallacies about Latin America", in: *Latin America: reform or revolution?* James Petras & Maurice Zeitlin, eds. Greenwich, Conn., Fawcett Publications, 1968; e CASANOVA, Pablo Gonzales, *Democracy in Mexico,* New York, Oxford University Press, 1970.
10. GERMANI, Gino, "Aspectos teóricos de la marginalidad", *Revista paraguaya de Sociología* 9, nº 30, Jan.-Abr. 1972.
11. GORDON, Milton Myron, *Assimilation in American Life: the role of race, religion, and national origins,* New York, Oxford University Press, 1964.
12. PARK, Robert E., "Human migration and the marginal man", *American journal of Sociology* 33, nº 6, May 1928, p. 892.
13. Ibid., p. 893.
14. STONEQUIST, "The problems of the marginal man", p. 7. Este autor não considera os ciganos, os vagabundos itinerantes ou os hóspedes de hotéis como migrantes no sentido social, mas apenas no geográfico, pois não transferem suas lealdades nem cortam os laços familiares. Seu principal exemplo são os judeus da Europa Ocidental, que migraram em grandes ondas e produziram a *intelligentsia* de sua época.
15. Ibid., p. 10.
16. Kerckhoff e Mann, por exemplo, utilizaram-no como base para suas escalas de marginalidade. Ver KERCKHOFF, A. C., "An investigation of factors operative in the personality characteristics of marginality" (tese de doutorado da University of Wisconsin, 1953); e MANN, J. W., "The problem of the marginal personality" (tese de doutorado da University of Natal, 1957).
17. Citado em DICKIE-CLARK, H. F., *The marginal situation,* London, Routledge and Kegan Paul, 1966, p. 9.
18. STONEQUIST, "The problems of the marginal man", p. 10-12, aborda os estágios do ciclo vital.
19. Ibid., p. 12.
20. MERTON, Robert, *Social theory and social structure,* New York, The Free Press, 1957, p. 266.
21. Ibid., p. 265.
22. GOLDBERG, Milton M., "A qualification of the marginal man theory", *American Sociological review* 6, nº 1, 1941, p. 52-58.
23. Ibid.; SLOTKIN, J. S. "The status of the marginal man", *Sociology and social research* 28, nº 1, 1943, p. 47-54; GOLOVENSKY, "Marginal man concept"; e ANTONOVSKY, Aaron, "Toward a refinement of the 'marginal man' concept", *Social forces* 36, nº 1, 1956, p. 57-62.
24. CHILD, Irvin L., *Italian or American? The second generation in conflict,* New Haven, Yale University Press, 1943.
25. KERCKHOFF, Alan C. & MCCORMICK, Thomas C., "Marginal status and the marginal personality", *Social forces* 34, nº 1, Oct. 1955, p. 48-55.
26. MANN, "Problem of the marginal personality".
27. Ver KERCKHOFF & MCCORMICK, "Marginal status", e MANN, "Problem of the marginal personality".
28. DICKIE-CLARK, *Marginal situation,* p. 37.
29. SOLOW, A. & VERA, L., *Panorama del problema de la vivienda en América Latina,* Washington, D. C., Pan American Union, 1952.
30. ALBANO, Josephina R., *El factor humano en los programas de rehabilitación de tugurios,* Bogotá, Centro interamericano de Vivienda, 1955.

31. CARDONA, Ramiro, "Los assentamientos es ontaneos de vivienda", in: *Las migraciones internas,* R. Cardona, ed. Bogotá, ACOFAME, 19 1973.
32. Ver *Proyecto de evaluación de los superbloques,* Caracas, Banco Obrero, 1962.
33. Ver MANGIN, William P., ed., *Peasants in cities,* Boston, Houghton Mifflin Co., 1970.
34. MAR, José Matos, "Migration and urbanization – the barriadas of Lima: an example of integratión into urban life", in: *Urbanization in Latin America,* Philip M. Hauser, ed. New York, Columbia University Press, 1961, p. 174.
35. MAR, José Matos, "Urbanización y barriadas en América del Sur", Lima, Instituto de Estudios Peruanos, 1968.
36. LOPEZ, Juarez Brandão, "Aspects of the adjustment of rural migrants to urban industrial conditions in São Paulo, Brazil", in: *Urbanization in Latin America,* Philip M. Hauser, ed. New York, Columbia University Press, 1961, p. 247.
37. GERMANI, Gino, "Inquiry into the social effects of urbanization in a working class sector of Greater Buenos Aires", in: *Urbanization in Latin America,* Philip M. Hauser ed., New York, Columbia University Press, 1961, p. 232.
38. PEARSE, Andrew, "Some Characteristics of urbanization in the city of Rio de Janeiro", in: *Urbanization in Latin America,* Philip M. Hauser ed., New York, Columbia University Press, 1961, p. 204.
39. Ibid., p. 200.
40. REDFIELD, Robert, The folk culture of Yucatan, Chicago, University of Chicago Press, 1959.
41. PARSONS, Talcott & SHILS, Edward A., *Toward a general theory of action,* Cambridge, Mass., Harvard University Press, 1954.
42. WEBER, Max, *The Protestant ethic and the spirit of capitalism,* 1958, ed., New York, Charles Scribner's Sons, 1904-1905.
43. MILLIKAN, Max F. & BLACKMER, Donald L.M., *The emerging nations,* Boston, Little, Brown and Co., 1961.
44. Por exemplo, ver PYE, Lucian W., *Politics, personality, and nation building: Burma's search for identity,* New Haven, Yale University Press, 1962; ibid. *Aspects of political development,* Boston, Little, Brown and Co., 1966; ALMOND, Gabriel A. & POWELL, G. Bingham, Jr., *Comparative politics: a developmental approach,* Boston, Little, Brown and Co., 1966; ALMOND, G. A. & COLEMAN, James S., eds., *The politics of developing areas,* Princeton, N.J., Princeton University Press, 1961; e MARSHALL, Thomas H., *Class, citizenship and social development,* Garden City, N. Y., Doubleday Books, 1963.
45. A respeito de mobilização e participação, ver INKELES, Alex, "Participan cittizenship in six developing countries", *American Political Science review* 63, nº 4, Dec. 1966; e DEUTSCH, Karl, "Social mobilization and political development", *American Political Science review* 55, nº 3, Sept. 1961, p. 493-505. A idéia básica de Deutsch é que a mobilização social é conseqüência e também causa de modernização. Envolve uma fase de desenraizamento e uma fase de introdução em novos padrões que expande o tamanho das camadas politicamente relevantes da população, multiplica a demanda pelos serviços do governo, estimulando, dessa maneira, um aumento na capacidade do mesmo, assim como uma ampliação das elites, um desenvolvimento na participação política, e uma transferência da atenção do nível local para o nacional.
46. BLACK; Cyril E., *The dynamics of modernization,* New York, Harper and Row, 1966.
47. ROSTOW, W. W., *The stages of economic growth,* Cambridge, University Press, 1963.

48. Com referência a fatalismo, ver KLUCKHOHN et al., *Variations in value orientations*, Evanston, Ill. Row, Peterson and Co., 1961; WARD, Barbara, *The rich nations and the poor nations, New York, W. W. Norton and Co., 1962; REDFIELD, Robert, The primitive world and its transformations,* Ithaca, N. Y. Great Seals Books, 1953; e ROSTOW, *Stages of economic growth.* Tanto Redfield como MILIKAN & BLACKMER, *Emerging nations,* dedicam seções à dimensão sagrado-secular.
49. REDFIELD. *Primitive world and its transformations.*
50. Para uma abordagem adicional deste tópico, ver INKELES, Alex, "The modernization of man", in: *Modernization: the dynamics of growth,* Myron Weiner ed., New York, Basic Books, Inc., 1966; MILLIKAN & BLACKMER, *Emerging nations;* WARD, *Rich nations and poor nations;* e outros.
51. ROKEACH, Milton, *The open and closed mind,* New York, Basic Books, Inc. 1960; e LERNER, Daniel, *The passing of traditional society,* New York, The Free Press, 1958.
52. LERNER, op. cit.
53. HAGEN, Everett E., *On the theory of social change,* Homewood, Ill, Dorsey Press, 1962. Também MILLIKAN & BLACKMER, *Emerging nations,* aborda a importância do prestígio para o trabalho manual.
54. MCCLELLAND, David Clarence, The achievement motive, New York, Appleton-Century-Crofts, 1953.
55. Entre os que aprofundaram o debate sobre este tema encontram-se ROSTOW, *Stages of economic growth,* MILLIKAN & BLACKMER, *Emerging nations,* KLUCKHOHN et al., *Variations in value orientations,* e PARSONS, Talcott, *The social system,* Glencoe, Ill., The Free Press, 1951.
56. INKELES, Alex, "The modernization of man", in: *Modernization; the dynamics of growth,* Myron Weiner ed., New York, Basic Books, 1966.
57. Ver trabalho anterior de LEWIS, Oscar, "Urbanization without break-down", *Scientific monthly* 75, 1952, p. 31-41. Neste artigo, Lewis ataca o *continuum* popular-urbano de Redfield, bem como certos estereótipos comuns sobre dissolução familiar, secularização e desorganização social na cidade.
58. Muitos críticos de Lewis, entre os quais Valentine e Leeds, fazem objeção a esta assertiva e sustentaram que a cultura da pobreza *não* corresponde a nenhuma das correntes definições de cultura. Ver VALENTINE, Charles A., *Culture and poverty: critique and counter-proposals,* Chicago and London, University of Chicago Press, 1968; e LEEDS, Anthony, "The concept of the 'culture of poverty': conceptual, logical, and empirical problems, with perspectives from Brazil and Peru", in: *The culture of poverty,* Eleanor Burke Leacock, ed.
59. LEWIS, Oscar. *Five families,* New York, Random House, 1958, p. 2.
60. LEWIS, Oscar. *La vida: studies in the culture of poverty in San Juan and New York, New York,* Random House, 1969, p. xiv-xvii.
61. Ibid.
62. Valentine parafraseia FRAZIER, E. Franklin, *The Negro family in the United States,* in VALENTINE, Charles A., *Culture and poverty,* Chicago, University of Chicago Press, 1968, p. 20.
63. LEACOCK, ed., *The culture of poverty,* p. 9.
64. BARTKY, John, *Social issues in public education,* Boston, Houghton Mifflin, 1963, p. 135-141.
65. RYAN, William. *Blaming the victim,* New York, Pantheon Books, 1971.
66. LEWIS, *La vida,* p. xiv.
67. Jerome Kagen, por exemplo, ressalta que em nossa sociedade muitas características se desenvolvem nas crianças entre as idades de 6 e 10 anos; entre elas, a formação

de atitudes nas relações com os semelhantes, o domínio intelectual e a racionalidade, identificação sexual, e o comportamento conforme o papel sexual. O trabalho de Kagen é abordado em LEACOCK, *Culture of poverty*, p. 13.

68. LEWIS, *La vida*, p. lii.

69. LEWIS, "The culture of poverty", *Scientific American*, 1966, p. 21.

70. Ibid.

71. LEWIS, *La vida*, p. xlix.

72. Ibid. p. li.

73. Ibid., p. lii.

74. VEKEMANS, Roger & SILVA F., I., *Marginalidad en América Latina: un ensayo diagnóstico*, Barcelona, Herder, 1969, p. 44, citado in: STAVENHAGEN, R., "Marginality, participation and agrarian structure in Latin America", *Bulletin*, IILS, vol. 7, June 1970, p. 70.

75. VEKEMANS, Roger, "Una estrategia para la miseria", Santiago, Centro para el Desarrollo Económico y Social de América Latina, 1967, p. 7.

76. VEKEMANS, Roger & SILVA, F., I., *Marginalidad, promoción popular e integración latinoamericana*, Buenos Aires, Ediciones Troquel, 1970.

77. GIUSTI, J. "El programa de promoción popular en Chile. Un entento de organización política de los sectores populares", *Revista latinoamericana de Ciencias Sociales*, Abr. 1972.

78. KUZNETZOFF, Fernando, "Housing policies or housing politics: an evaluation of the Chilean experience", Berkeley, University of California, Department of City and Regional Planning, 1974, minuta.

79. VEKEMANS, Roger, "Marginalidad, incorporación y integración", *Boletín* nº 37, Santiago, DESAL, May 1967, p. 8.

80. WARD, Barbara, "The uses of prosperity", *Saturday review*, August 29, 1964. Lucian W. Pye, na mesma linha, fala de "populações agitadas... tão altamente politizadas que, de certa maneira, são como revólveres carregados apontados para os governos responsáveis, prontos para disparar à menor provocação". Ver PYE, "The political implications of urbanization and the development process", in: *The city in newly developing countries: readings on urbanism and urbanization*, Gerald Breese, ed., Englewood Cliffs, N. J., Prentice-Hall, Inc., 1969, p. 87.

81. MILLER, Neal & DOLLARD, John, *Social learning and imitation*, New Haven, Yale University Press, 1941.

82. SOARES, Glaucio, "The politics of uneven development: the case of Brazil", in: *Party systems and voter alignments: cross-national perspectives*, Seymour M. Lipset & Stein Rokkan, eds., New York, The Free Press of Glencoe, 1967, p. 470.

83. Karl Deutsch define "mobilização" de maneira mais completa em "Social mobilization and political development", *American political review* 55, nº 3, Sept. 1961., p. 403-505, e em "The growth of nations: some recurrent patterns of political and social integration", *World politics*, Jan. 1953. O conceito de "homem da massa" deve-se a KORNHAUSER, William, *The politics of mass society*, New York, The Free Press, 1959.

84. GERMANI, Gino, "Sobre alguns aspectos teóricos de la marginalidad", Harvard University, Center for Population Studies, Nov. 1970, trabalho inédito.

85. MARX, Karl, *The eighteenth Brumaire of Louis Bonaparte*, 4. impressão, New York, International Publishers, 1968.

86. FANON, Franz, *The wretched of the Earth*, London, MacGildon and Kee, 1965, p. 104.

87. HUNTINGTON, Samuel P., *Political order in changing societies*, New Haven, Yale University Press, 1968, p. 282.

88. TILLY, Charles, "Race and migration to the American city", in: *Metropolitan enigma,* ed. James Q. Wilson, Cambridge, Mass., Harvard University Press, 1968; WEINER, Myron, "Urbanization and political extremism: an hypothesis tested", Massachusetts Institute of Technology, s.d., mimeografado; ibid. "Violence and politics in Calcutta", *Journal of Asian studies* 20, nº 3, 1961, p. 277; e SOARES, Glaucio, "The political sociology of uneven development in Brazil", in: *Revolution in Brazil,* ed. Irving Louis Horowitz, New York, Dutton, 1964, p. 192, 195.
89. HOBSBAWM, E. J., "Peasants and rural migrants in politics", in: *The politics of conformity in Latin America,* ed. Claudio Veliz, New York, Oxford University Press, 1967, p. 60.
90. HALPERIN, Ernst, "The decline of comunism in Latin America", *Atlantic monthly* 215, May 1965, p. 65.
91. MANGIN, William P. "Latin American squatter settlements; a problem and a solution", *Latin American research review* 2, nº 3, Summer 1967, p. 83.
92. BONILLA, Frank & MICHELENA, José Silva, eds. *Studying the Venezuelan polity: explorations in analysis and synthesis,* Cambridge, Mass., M.I.T. Press, 1966, p. 87.
93. BONILLA, Frank, "Rio's favelas: the rural slum within the city", American *Universities Field Staff Report, East Coast South America Series, vol. 8, nº 3 (Bra*zil, Aug. 1961), p. 11.
94. HOBSBAWM, "Peasants and rural migrants", p. 60-1.
95. LEEDS, Anthony & Elizabeth, "Brazil and the myth of urban rurality: urban experience, work, and values in 'squatments' of Rio de Janeiro and Lima") Trabalho *apresentado à Conference on Urbanization and Work in Modernizing Coun*tries, St. Thomas, Nov. 1967, p. 34.
97. GERMANI, "Aspectos teóricos de la marginalidad" aborda este ponto com muita propriedade.

Capítulo 5

1. HUNTINGTON, Samuel P., *Political order in changing societies,* New Haven, Yale University Press, 1968, p. 280.
2. Lamb comprovou que apenas 21 por cento dos 4.000 moradores disseram ter alguma relação com qualquer organização vicinal ou comunitária. Ver LAMB, Curt, "The new group life of the poor", Yale University, s.d., p. 21, mimeografado.
3. A pergunta discriminava 13 grupos possíveis diferentes, inclusive sindicatos e organizações religiosas, mas exclusive de filiação religiosa. Ver ALMOND, Gabriel A. & VERBA, Sidney, *The civic culture,* Boston, Little, Brown and Co., 1963, p. 247.
4. BOSCHI, Renato Raul & GOLDSCHMIDT, Rose Ingrid, "Populações faveladas do Estado da Guanabara", Rio de Janeiro, Edições Dados, 1970, p. 109.
5. Bonilla encontrou níveis semelhantes de confiança em seu estudo do Rio feito em *1961. Quando à questão sobre a unidade (Tabela 18) verificou que 72 por cento res*ponderam "muito unidos" ou "mais ou menos unidos". Ver BONILLA, Frank, "Rio's favelas: the rural slum within the city", American Universities Field Staff Report, East Coast South America Series, vol. 8, nº 3, Aug. 1961, p. 13.
6. Redes de ajuda mútua foram observadas em bairros de classes pobres nos Estados Unidos. Ver, por exemplo, FRIED, Marc, "Grieving for a lost home", in: *The urban condition: people and policy in the metropolis,* ed. Leonard J. Duhl, New York: Basic Books, 1963; e GANS, Herbert, *The urban villagers,* New York, The Free Press, 1962.

7. TIME, Sept. 23, 1957, p. 38.
8. Alejandro Portes, citado em HURTADO, María Elena, "Marginalidad sorpresa", *Revista del domingo*, oct. 5, 1968, p. 8.
9. Estas observações e a referência ao estudo dos planejadores foram retiradas de PEATTIE, Lisa R., "The concept of 'marginality' as applied to squatter settlements", Department of Urban Studies, Massachusetts Institute of Technology, s.d., p. 5-7, mimeografado.
10. JESUS, Carolina Maria de, *Child of the dark*, New York, Signet Books, 1962, p. 42-3. (*Quarto de despejo*, 5. ed., Livraria Francisco Alves, 1960, p. 42-3).
11. Para debates adicionais sobre esta questão, ver LEEDS, Anthony, "The concept of the 'culture of poverty': conceptual, logical, and empirical problems, with perspectives from Brazil and Peru", in: *The culture of poverty*, ed. Eleanor Burke Leacock, New York, Simon and Schuster, 1971, p. 250.
12. GERMANI, Gino, "Sobre alguns aspectos teóricos de la marginalidad", Center for Population Studies, Harvard University, Nov. 1970, p. 5. BONILLA, "Rio's favelas", p. 12, chegou a uma conclusão semelhante, isto é, que o favelado faz parte de uma comunidade coesa, mas se sente rejeitado, esquecido e excluído, em relação com o mundo exterior.
13. BOSCHI & GOLDSCHMIDT, "Populações faveladas", p. 109.
14. SMITH, David & INKELES, Alex, "The OM scale: a comparative sociopsychological measure of individual modernity", *Sociometry* 29, nº 4, Dec. 1966.
15. ROGERS, Everett M., *Diffusion of innovations*, New York, Free Press of Glencoe, 1962.
16. PERLMAN, Janice E., "Dimensões de modernidade numa cidade em franco desenvolvimento: estudo do caso de Belo Horizonte", *Revista brasileira de estudos políticos*, nº 30, 1971, p. 158.
17. LERNER, Daniel, *The passing of traditional society*, New York, The Free Press, 1964, p. 24.
18. Para uma excelente crítica da cultura da pobreza, e alguns bons exemplos extraídos das favelas cariocas, ver LEEDS, "Concept of the 'Culture of poverty'", p. 8-9.
20. KAHL, Joseph A., *The measurement of modernism: a study of values in Brazil and Mexico*, Austin, University of Texas Press, 1968, p. 96.
21. Ibid., p. 126. Ainda que Kahl tenha adotado muitas das medidas empregadas neste trabalho, raramente ele aborda o marginal com referência a questões individuais. Não são viáveis comparações com as suas estatísticas.
22. PORTES, Alejandro, "Los grupos urbanos marginados", June, 1969, p. 11, mimeografado.
23. LEEDS, "Concept of the 'culture of poverty'", p. 256, confirma este tópico, e oferece dois excelentes exemplos.
24. Ver LINS, Juan J. "An authoritarian regime: Spain", in: Cleavages, ideologies, and party systems, eds. Allardt and Littunen, Helsinki, Transactions of the Westermark Society, 1964, p. 291-341; e, POMPERMAYER. Malori, "Authoritarianism in Brasil", trabalho apresentado no Workshop Conference on Brasil Since 1969: Political and Economic Theories Re-examined, patrocinada pelo Latin American Studies Center, Yale University, New Haven, Apr. 1971.
25. Ver DOUGHTY, Paul, "The interrelationship of power, respect, affection, and rectitude in Vicos", *American behavioral scientist* 8, n. 7, Mar., 1965; HOLMBERG, Allan, "The changing values and institutions of Vicos in the context of national development", in: ibid.; e DOBYNS, Henry F., "The strategic importance of enlightenment and skill for power", in: ibid.

26. A propósito, Lisa Peattie, em Puerto Rico, ao conversar com um grupo de pessoas a respeito da doença do Papa Doc (que se revelaria fatal mais tarde, mas na ocasião ainda era inconclusiva), ouviu uma mulher murmurar "Espero que ele não morra, do contrário *nunca* mais arranjarei boas empregadas". Comunicação pessoal, julho 1970.
27. Citado em PEATTIE, "Concept of 'marginality'", p. 3.
28. HOENACK, Judith & LEEDS, Anthony, "Marketing supply and social ties in Rio Favelas", 1966, mimeografado; e LEEDS, "Future orientation: the investment climate in Rio favelas", s.d., p. 3, mimeografado.
29. PEATTIE, "Concept of 'marginality'", p. 3.
30. LEEDS, Anthony & Elizabeth, "Brazil and the myth of urban rurality".
31. MANGIN, "Latin American squatter settlements", p. 84. PEATTIE, "Concept of marginality", p. 4, escreve que seus vizinhos lhe disseram que "a indústria é o futuro do trabalhador".
32. Definições mais detalhadas do conceito de força de reserva, especialmente no que se aplica ao contexto latino-americano, podem ser encontradas em NUN, José, "La marginalidad en América Latina" e "Superpoblación relativa, ejército industrial de reserva, y masa marginal", Santiago, DESAL, s.d., mimeografados. A respeito da preferência pelo setor informal, ver PEATTIE, Lisa R., "'Tercialization', 'marginality', and urban poverty in Latin America", MIT (1974) minuta, e ibid., "The informal sector: a few facts from Bogotá, some comments and a list of issues", MIT (1974) minuta.
33. Prosseguem os trabalhos sobre esta questão. Ver SCHLICHTMANN, Laura & PERLMAN, Janice E., "Labor force participation among lower-class women in Brazil", Berkeley, University of California, 1974, minuta.
34. Continuam os trabalhos sobre a mobilidade ocupacional, empregando-se a análise regressiva para explorar com maior profundidade os determinantes de diferentes padrões de mobilidade. Ver CUNHA, Paulo Vieira da, & PERLMAN, Janice E., "An empirical verification of occupational mobility of low income workers in Rio de Janeiro", Berkeley, University of California, 1974, minuta.
35. As porcentagens de incremento na população e no emprego no Brasil no período 1940-1960 são as seguintes:

Aumento na População e no Emprego no Brasil

	População Total	População Urbana	Empregos na Indústria	Empregos no Setor Secundário
1940-1956	26%	39%	41%	49%
1950-1960	37%.	54%	29%	28%

Paralelamente ao declínio nos empregos no setor secundário, como se vê nesta tabela, a proporção da força de trabalho empregada no setor terciário aumentou lentamente para absorver o "excesso". Segundo Singer, os empregos no setor terciário aumentaram de 21 por cento de todos os empregos em 1950 a 38 por cento em 1969. Ver SINGER, Paulo, "Força de trabalho e emprego no Brasil: 1920-1969", Santiago, 1970, p. 16, mimeografado. Essas forças econômico-políticas, mais do que quaisquer outras, determinam a situação econômica do favelado. Um boletim da CEPAL resumiu assim a questão: "Para o país como um todo, o aumento foi pequeno ou nulo no emprego industrial em 1965-66. Quase todos os aumentos na força de trabalho urbana – que em dois anos teria alcançado o total de 1,5 – 2 milhões de pessoas – foram forçados na direção dos setores de serviços urbanos que se caracterizam pela baixa produtividade e renda, e pelos altos níveis de desemprego ou subemprego disfarçado". Ver, COMISSÃO ECONÔMICA PARA A AMÉRICA LATINA (CEPAL), *Statistical bulletin on Latin America* (1967), p. 20.

Capítulo 6

1. Ver MAROCCO, David, "Carnival groups: maintainers and intensifiers of the favela phenomenon in Rio de Janeiro", Austin, University of Texas, Department of Anthropology, s.d., mimeografado.
2. Ver PORTES, Alejandro, "Urbanization and politics in Latin America", *Social Science quarterly*, Dec. 1971, p. 697-720.
3. PEARSE, Andrew "Some characteristics of urbanization in the city of Rio", in: *Urbanization in Latin America*, ed. Phillip M. Hauser, New York, Columbia University Press, 1961.
4. Para maiores detalhes sobre estilos de liderança política local e *caciquismo*, ver RAY, Talon, *The politics of the barrios of Venezuela*, Berkeley, University of California Press, 1969; FRIEDRICH, Paul, "The legitimacy of the 'cacique'", in: *Local-level politics: social and cultural perspectives*, ed. Marc Swartz, Chicago, Aldine, 1968, p. 243-269; WOLF, Eric R. & HANSEN, Edward, "Caudillo politics: a structural analysis", *Comparative studies in society and History* 9, 1967, p. 168-179; CORNELIUS, WAYNE A., Jr., "Local-level political leadership in Latin American urban environments: a structural analysis of urban 'caciquismo' in México", trabalho preparado para o Annual Meeting of the American Political Science Association, Chicago, 1971; ADAMS, Richard N., *The second sowing: power and secondary development in Latin America*, San Francisco, Chandler, 1967.
5. Ver WOLF & HANSEN, "Caudillo politics", p. 9.
6. PEATTIE, Lisa, *View from the barrio*, Ann Arbor, University of Michigan Press, 1968, p. 88-89.
7. ADAMS, "Second sowing", p. 250 ss; VAUGH, "Links between lower income residential areas and political parties"; TONESS, "Power relations"; e RAY, *Politics of the barrios.*
8. CORNELIUS, "Local-level political leadership", p. 12. Ver também, MACHADO L. A., da, "A política na favela", *Cadernos brasileiros* 3, p. 35-47.
9. MACHADO, ibid. p. 41.
10. BONILLA, Frank, "Rio's favelas: the rural slum within the city", American Universities Field Staff Report, East Coast South America Series, vol. 8, nº 3, Brazil, Aug. 1961, p. 12.
11. MACHADO, "A política na favela", p. 41, confirma minhas próprias observações sobre esta questão.
12. SCHMITTER, Philippe C., *Interest conflict and political change in Brazil*, Stanford, Calif., Stanford University Press, 1971, p. 47-78.
13. Em entrevista ao *Correio da Manhã*, Rio de Janeiro, 28 jan. 1971, Geraldo Targino, do CENPHA, traçou este quadro exagerado: "O favelado é um elemento politizado. Não tem consciência do fenômeno político global. Pouco lhe interessa o regime político do País, a não ser na medida em que ele se relacione com a sua sobrevivência... Está sempre informado de todo o tipo de atuação governamental relacionado à sua vida ou à da comunidade em que vive. Sabe os mecanismos legais relativos à

propriedade de terreno, por exemplo, e quando o governo do Estado intervém diretamente, e lhe anuncia a remoção, ele demonstra já estar informado." Verificamos que apenas 21 por cento dos favelados em geral sabia quem era o proprietário do terreno onde morava, e apenas 3 por cento conhecia qual órgão responsável pela remoção.

14. O cálculo foi ajustado, levando em conta os que não podem votar por serem analfabetos (30 por cento), não terem idade suficiente (15 por cento), ou por outras razões: moléstia crônica, antecedentes policiais, ou residência (5-10 por cento). Nas eleições nacionais de 1970, 70 por cento dos aptos votaram. Ver "Too large a victory", *The nation* 211, Dec. 14, 1970, p. 613.

15. Ibid.
16. MEDINA, Carlos Alberto de. *A favela e o demagogo*, São Paulo, Imprensa Livre, 1964, p. 97-98.
17. Ver LAMB, Curt, *Politicial power in poor neighborhoods*, Cambridge, Mass., Schenkman Publishers, 1975.
18. MACHADO, "A política na favela", p. 45.
19. LAMB, "Political power in poor neighborhoods.
20. PERLMAN, Janice E. "Dimensões de modernidade numa cidade em franco desenvolvimento", *Revista brasileira de estudos políticos*, n. 30, 1971.
21. LAMB, "Political power in poor neighborhoods".
22. HOBSBAWM, E. J., "Peassants and rural migrants in politics", in: *The politics of conformity in Latin America*, ed. Claudio Veliz, New York, Oxford University Press, 1967, p. 60.
23. Ver SOARES, Gláucio, "The politics of uneven development: the casa of Brazil", in: *Party systems and voter alignments: cross national perspectives*, eds. Stein Rokkan and Seymour M. Lipset, New York, The Free Press, 1967, p. 491.
24. MARX, Karl, *The eighteenth Brumaire of Louis Bonaparte*, New York, International publishers, 1963.
25. ALINSKY, Saul David, *Reveille for radicals*, Chicago, University of Chicago Press, 1946; e ibid., *Rules for radicals: a practical primer for realistic radicals*, New York, Random House, 1971.
26. Citado em SCHMITTER, *Interest conflict and political change*, p. 72.
27. MACHADO, "A política na favela", p. 39-42. Ver também CORNELIUS, "Local-level leadership in Latin American urban environments".
28. Eckestein fez a mesma observação com referência às elites locais mexicanas: "As elites locais tendem a não desafiar publicamente o *status quo*, pois dependem de autoridades de posição superior, para a manutenção da própria posição, e futuras promoções". Ver ECKSTEIN, Susan, "Theory and methods in the study of poverty and politics and poverty: the substitution of a social-economic structural approach for an individualistic cultural approach", trabalho preparado para a reunião anual da American Political Science Association, Chicago, 1971.
29. FRANK, André Gunder, "The development of underdevelopment in Brazil", in: *Capitalism and underdevelopment in Latin America*, New York Monthly Review Press, 1967, p. 50-62. Frank considera que as "áreas mais periféricas" têm maior percepção da realidade, são desenvolvidas "com maior autonomia". Ele comprovou que, num país, as áreas com menor contato com os setores modernos, as aparentemente menos "integradas", encontravam-se, de fato, menos sujeitas a essa forma de integração mais exploradora; tais áreas tinham maior capacidade de alcançar um desenvolvimento autônomo. Este autor aplica amplamente a análise econômica a fim de fundamentar sua teoria, tanto no que se refere a países periféricos em relação aos países centrais (a América Latina *vis-à-vis* os Estados Unidos) como a regiões perifé-

ricas de um país *vis-à-vis* outras mais perfeitamente integradas no mercado capitalista mundial.

30. Ver MACHADO, "A política na favela", p. 39.

31. CARDOSO, Fernando Henrique & MARTINS, Carlos Estevan, "La favela: estratificación interna y participación política", trabalho apresentado à conferência sobre La Marginalidad en América Latina, Santiago, Nov. 1970.

32. Ibid., p. 29, 32, 34, 37, 39, 41.

33. KAHL, Joseph A., *The measurement of modernism: a study of values in Brazil and Mexico,* Austin, University of Texas Press, 1968, p. 38

34. ALMOND, Gabriel A., & VERBA, Sidney, *The civic culture*, Boston Little, Brown and Coi, 1965.

35. SCHMITTER; "Political enculturation", *Interest conflict and political chance.*

Capítulo 7

1. Nos últimos 10 anos um número crescente de obras ressaltam a racionalidade da vida em favelas para os setores mais pobres da sociedade urbana, em países em desenvolvimento. Ver, por exemplo: ABRAMS, Charles, *Man's struggle for shelter in an urbanizing world*, Cambridge, Mass., MIT Press, 1965; ibid. *Squatter settlements: the problem and the opportunity*, Ideas and Exchange nº 63, Washington, D. C., Department of Housing and Urban Development, April 1966, e os trabalhos de John C. Turner.

2. Aplicando-se um índice de qualidade de moradia (o número de peças, a qualidade do material de construção, o número de andares, e o padrão de serviços de água, esgotos, eletricidade e encanamentos), comprovou-se que a porcentagem de casas de "alta" qualidade era de 13 por cento, 42 por cento, e 23 por cento, na Catacumba, em Nova Brasília e Caxias, respectivamente, e que a de "média" qualidade era de 23 por cento, 21 por cento, e 30 por cento. Portanto, a porcentagem de casas de qualidade "baixa" ou "muito baixa" era de 64 por cento na Catacumba, 37 por cento em Nova Brasília, e 47 por cento em Caxias.

3. NEW York Times, Aug. 12, 1966, p. 12.

4. Turner aborda longamente o deslocamento de prioridades entre os urbanistas. Ver TURNER, John C., "Barriers and channels for housing development in modernizing countries", *Journal of the American Institute of Planners* 33, nº 3, May 1967, 167-181.

5. A exposição que se segue baseia-se em grande parte em LEEDS, Anthony & Elizabeth "Brazil in the 1960's: favela and policy, the continuity of the structure of social control", in: *Brazil in the sixties*, ed. Riordan Roett, Nashville, Tenn., Vanderbilt University Press, 1972.

6. Retraduzido da tradução de *O Globo*, Rio de janeiro, feita por LEEDS & LEEDS, *Brazil in the sixties*. p. 12.

7. Banco Nacional de Habitação, *National Housing Bank – A Brazilian solution to Brazilian problems*, s. d.

8. Ibid., *Economic development and urban growth in Brazil,* Rio de Janeiro, 1972, p. 39.

9. Ibid., *Orçamento plurianual: 1974-1976,* Rio de Janeiro, 1974, p.33-4. Para dados mais antigos ver SALMEN, Lawrence, "Urbanization and development", in *Contemporary Brazil: issues in economic and political development,* eds. H. Rosenbaum and W. Tyler, New York, Praeger, 1972, p. 428.

10. Banco Nacional de Habitação, *A Brazilian solution*, p. 14-5.

11. CHISAM: *Coordenação de Habitação de Interesse Social da Área Metropolitana do Grande Rio*, Rio de Janeiro, Ministério do Interior, 1971, p. 78. A CHISAM foi criada em parte porque um relatório da AID em 1966 encarecera a necessidade de uma agência coordenadora para tratar das favelas. Ver WAGNER, Bernard, MCVOY, David & EDWARDS, Gordon, *Guanabara housing and urban development program*, AID Housing and Urban Development Team, July 18, 1966, mimeografado. A recomendação da AID visava a uma agência coordenadora que promovesse a melhoria das favelas, mas a CHISAM, ao contrário, dedicou-se quase exclusivamente à erradicação.

12. Ibid., p. 103.

13. CHISAM, p. 78.

14. Ibid., p. 79.

15. Ibid., p. 79.

16. UNITED Nations Committee on Housing, Building, and Planning, *World housing survey*, Jan. 31, 1974. p. 186.

17. REYNOLDS, Clark W. & CARPENTER, Robert T., "Housing finance in Brazil: towards a new distribution of wealth", Palo Alto, Calif., Stanford Food Research Institute, 1974, p. 30.

18. CARPENTER, Robert T. "Brazil's housing finance system: social inequity in a dynamic mechanism of savings mobilization", Palo Alto, Calif. Stanford University Food Research Institute, 1974. Carpenter conclui que o Sistema de Financiamento Habitacional brasileiro considera os grupos de baixa renda "um lugar excelente para buscar recursos, mas não um lugar particularmente indicado para aplicá-los", p. 22.

19. LEEDS & LEEDS, *Brazil in the sixties*, p. 48.

20. Os dados sobre a FAFEG foram extraídos de ibid., p. 48-49, e de uma entrevista pessoal com o Sr. Souza, presidente dessa Federação, em 10 e 17 de agosto de 1973.

21. LEEDS & LEEDS, *Brazil in the sixties*, p. 49.

22. JORNAL do Brasil, Rio de Janeiro, 26 de maio 1966.

23. Citado em LEEDS & LEEDS, *Brazil in the sixties*, p. 49, de FAFEG, "Relatório final do 11º Congresso Estadual das Associações de Moradores das Favelas e Morros do Estado da Guanabara", Rio de Janeiro, mimeografado.

24. JORNAL do Brasil, 14 mar. 1969.

25. CHISAM, p. 85ss.

26. Ibid., p. 95.

27. Para estudar os efeitos da realojamento no Brasil, ver: CENTRO Nacional de Pesquisas Habitacionais (CENPHA), 1. "Condições de vida em conjuntos habitacionais de interesse social. Cidade de Deus e Cidade Alta", Rio de Janeiro, Banco Nacional de Habitação, 1970. 2. FORTUNA, Afonso de Aragão Peixoto, et al., "Habitação popular: o caso da Cidade Alta", Rio de Janeiro, mar. 1973. 3. RUSH, Barney S., "From favela to conjunto: the experience of squatters removed to low-cost housing in Rio de Janeiro, Brazil (tese apresentada ao Committee in Degress in Social Studies, Harvard College, Mar. 1974). 4. SALMEN, Lawrence F., "A perspective in the resettlement of squatters in Brazil", *América Latina*, ano 12, nº 1, Jan.-Mar. 1969.

Para estudar os efeitos do realojamento em outros países do Terceiro Mundo, ver. 1. BRYCE–LAPORT, Roy Simon, "Urban relocation and family adaptation in Puerto Rico: a case study in urban ethnography", in: *Peasants in cities*, ed. William P. Mangin, Boston, Houghton and Mifflin, 1970, p. 85-97. 2. HOLLNSTEINER, Mary R., "The people versus urbano planner y administrador", in *Development in the 70's*, 5th Annual Seminar for Student Leaders, Mar. 19-24, 1973, The Philippines. 3. Ibid. "Urban Planning: a curbside view", trabalho preparado para o SEDAG Urban Development Panel on "Urban and Regional Planning: Southeast Asian Experience", Bali, Indonesia, Apr. 15-18, 1974. 4. HOPKINS, Keith "Housing the poor", in: *Hong Kong: the industrial colony*, ed. Hopkins, London; Oxford University Press, 1971, p. 271-335. 5. LEWIS, Oscar, "Cruz moves to a housing project", *La vida*, New York, Vintage Books, 1968, p. 661-669. 6. PORTES, Alejandro, "The urban slum in Chile: tupes and correlates", *Ekistics* 202, Sept. 1972; p. 175-180. 7. SAFA, Helen Icken, "Puerto Rican adaptation in the urban milieu", in: *Race, change, and society*,eds. P. Orleans e W. R. Ellis, Jr., Beverly Hills, Calif., Sage Publications, 1971, p. 153-190. 8. WORTH, Robert M., "Urbanization and squatter resettlement as related to child health in Hong Kong", *American journal of Hygiene* 78, 1963, p. 338-348. 9. YEH, Stephen H. K., *Homes for the people*, Singapore, Statistics and Research Department, Housing and Development Board, 1972.

28. Turner desenvolve a teoria de que pessoas de níveis de renda diferentes, ou em diferentes estágios do ciclo vital, têm preferências diferentes no que se refere às três seguintes características habitacionais: 1. proximidade do trabalho e de facilidades urbanas; 2. segurança de posse da terra onde está construída a casa; 3. confortos modernos como água corrente fria e quente. Ver TURNER, John. F. C., "Housing as a Verb", in: *Freedom to build*, eds. Turner e Robert Fichter, New York, The Macmillan Company, 1972, p. 148-175.

29. VETTER, David, "Low income housing policy as part of an urban development strategy: alternatives for Brazil", Los Angeles, Calif. University of Califórnia at Los Angeles, Jan. 1975, mimeografado.

30. SALMENT, "Resettlement os squatters in Brazil", p. 86.

31. CENPHA, "Condições de vida", p. 33, 38.

32. RUSH, "From favela to conjunto", p. 44-8. Além do texto expositivo, Rush também fornece informações sobre os 45 antigos moradores da Catacumba e 99 da Zona Sul, incluídos em sua amostra de 300. A maior parte das informações que se seguem baseiam-se nesses dados. A pesquisa de Rush foi feita conjuntamente com Antônio Carlos dos Santos.

33. Ibid., p. 53.

34. JORNAL do Brasil, 20 jan. 1974.

35. SALMEN, "Resettlement of squatters in Brazil", p. 82-3.

36. RUSH, "From favela to conjunto", p. 48-50.

37. Ibid., p. 52.

38. CHISAM, p. 95.

39. SALMEN, "Resettlement of squatters in Brazil", p. 79.

40. CENPHA, "Condições de vida", p. 78.

41. Ibid. p. 76, 78.

42. RUSH, "From favela to conjunto", p. 60-63.

43. LANGSTEN, Ray, "Remoção: a study of rehousing of urban squatters in Rio de Janeiro", June, 1973, versão preliminar.

44. Salmen informa que mesmo depois de três anos a Vila Kennedy ainda não tinha iluminação pública, e eu comprovei o mesmo em Quitungo, em agosto de 1973, Ver SALMEN, "Resettlement of squatters in Brazil", p. 82.

45. No *Jornal do Brasil* de 16 de dezembro de 1973 lê-se que "A Cruzada São Sebastião é responsável por 70 por cento dos crimes na Zona Sul".

46. Rush verificou que 43 por cento dos favelados achavam que a saúde de seus filhos tinha melhorado, 43 por cento achavam que ficara igual, e 14 por cento, que piorara. Ver RUSH, "From favela to conjunto", p. 68. Worth, em seu estudo com-

parativo sobre as condições de saúde numa favela de Hong Kong e num conjunto de realojamento, verificou que, apesar da diminuição nas taxas de doenças parasitárias nas novas moradias higiênicas, as moléstias respiratórias tinham aumentado, possivelmente devido à grande acumulação de moradores nos novos apartamentos. Ver WORTH, "Urbanization and squatter resettlement as related to child health".

47. Noticiou o *Jornal do Brasil* de 1º de Janeiro de 1974: "O Conjunto de Realengo está sem água há cinco meses, e tem os encanamentos entupidos".

48. SALMEN, "Resettlement of squatters in Brazil", p. 74-82.

49. RUSH, "From favela to conjunto", p. 84.

50. CHISAM, p. 86, 87, 93, 94.

51. HOLLNSTEINER, "People versus urbano planner" e "Urban Planning", enfatiza um aspecto do conflito entre as escolhas feitas pelas pessoas e as escolhas feitas para as pessoas: os profissionais, pertencentes à classe média, e os pobres vêem as coisas de maneiras diferentes. HOPKINS, "Housing the poor", escreve que em Hong Kong um levantamento revelou que havia uma discrepância entre as necessidades dos favelados transferidos, e o tamanho das moradias que lhes tinham sido atribuídas pelo departamento encarregado da remoção, o qual se tinha baseado tão-somente num índice de super-aglomeração. Hopkins ressalta a necessidade de se atribuir às pessoas uma liberdade maior de escolha do lugar onde vão morar, p. 304-314.

52. CENPHA, "Condições de vida", p. 66

53. RUSH, "From favela to conjunto", p. 60. YEH, *Homes for the people*, p. 195, apresenta dados semelhantes colhidos em Cingapura. O dobro das pessoas que viviam em conjuntos que não tinham escolhido desejavam-se mudar-se, em comparação a outras que haviam escolhido a própria moradia.

54. Freqüentemente o *Jornal do Brasil* traz histórias sobre apartamentos abandonados, o suborno do síndico por pessoas de classe média desejosas de "invadí-los", os parentes dos moradores que se mudam para o apartamento abandonado, e os leilões a que poucos comparecem, quando a COHAB põe à venda apartamentos vazios. Ver, por exemplo, *Jornal do Brasil*, 19 set. 1973, 12 dez. 1973, 15 fev. 1974, e 13 abr. 1974.

55. JORNAL do Brasil, nov.-dez. 1974, jan. 1975.

56. Ibid., set.-dez.: 1969.

57. SELZNICK, Phillip, *TVA and the grass roots: a study in the sociology of formal organizations*, Berkeley, University of California Press, 1949, p. 259-260. Selznick prossegue: "Para que se instaure o necessário sentido da legitimidade, talvez não seja necessário compartilhar realmente do poder; basta, talvez, a criação de uma *frente* ou a incorporação irrestrita de elementos aceitos pela estrutura da organização... Dessa maneira, uma aura de respeitabilidade gradualmente irá transferindo-se dos elementos co-optados para toda a organização, enquanto um veículo de acesso administrativo pode estabelecer-se".

58. SCHMITTER, Phillipe C., *Interest conflict and political change in Brazil*, Stanford, Calif., Stanford University Press, 1971, p. 815.

59. JORNAL do Brasil, 3 maio, 1969.

60. CHISAM, p. 44.

61. Os dados foram extraídos de "Favelas removidas e respectivos conjuntos", Rio de Janeiro, Secretaria de Planejamento e Coordenação Geral do Estado da Guanabara, 1973, mimeografado.

62. CORREIO da Manhã, Rio de Janeiro, 21 jan. 1971.

63. SALEM, "Resettlement of the squatters in Brazil", p. 78.

64. JORNAL do Brasil, 20 Jan. 1974.

65. A entrevista com Félix foi feita por Barney Rush em 1973.
66. "Programa desenvolvido pela CHISAM"; Rio de Janeiro, Secretaria de Planejamento e Coordenação Geral do Estado da Guanabara, 1972, p. 5.
67. CHISAM, p. 96
68. Cf. VETTER, David, "Low income housing policy".
69. Isto vem confirmar estudos feitos em favelas no mundo inteiro, que comprovaram que a segurança de posse liberta energias individuais e coletivas no sentido de investimentos na melhoria da favela. Abrams afirma: "Se os favelados, ao ocuparem um lote, sabem que outros grupos de favelados na mesma cidade receberam água corrente ou eletricidade, ou puderam conservar a posse da moradia sem ameaças sérias, eles tendem a, desde o início, construir casas mais duráveis, e, comumente, assim que as circunstâncias o permitem, melhoram suas estruturas provisórias". ABRAMS, Charles, "Squatter settlements: the problem and the opportunity", *Ideas and methods exchange*, Washington, D. C., Department of HUD, nº 63, Apr. 1966, p. 21. Também as Nações Unidas recomendaram recentemente que "seja feito o possível para reduzir ou eliminar o custo dos terrenos urbanos para os pobres nos países em desenvolvimento", reconhecendo que "ao se assegurar a posse da terra, abre-se o caminho para o desenvolvimento da infra-estrutura e da habitação por um processo de ação comunitária", *Improvement of slums and uncontrolled settlements*, New York, UN, 1971.
70. O que se expõe em seguida a respeito da CODESCO baseia-se em minhas próprias observações, num artigo de José Arthur Rios intitulado "Social Transformation and urbanization - the case of Rio de Janeiro", Rio de Janeiro, Universidade Católica, 1970, mimeografado, e em LEEDS & LEEDS, *Brazil in the sixties*, particularmente p. 38-42.
71. LEEDS & LEEDS, *Brazil in the sixties*, p. 40.
72. Ver NELSON, Carlos, "The Brás de Pina experience", Cambridge, Mass., MIT, Dec. 1971, mimeografado. Esse relatório também aponta alguns dos problemas da urbanização, tais como o demorado processo da reconstrução, a necessidade de muita supervisão profissional, e o fato de que cerca de 20 por cento das famílias venderam seus direitos de participação na urbanização a fim de utilizar o dinheiro para atender a prioridade mais imediatas.
73. Ver JORNAL do Brasil, 23 dez. 1973. "Plano elimina em 10 anos as favelas da Guanabara".

Capítulo 8

1. JESUS, Carolina Maria de *Child of the dark*, New York, Signet Books, 1962, p. 42-43. (*Quarto de despejo*, 5. ed. Livraria Francisco Alves, 1960, p. 42-43.)
2. Ver Bibliografia para as citações completas.
3. Para uma boa exposição da diferença entre modelos de conflito e integração, ver DAHRENDORF, Ralf, *Class and class conflict in industrial society*, Stanford, Calif. Stanford University Press, 1959.
4. RIOS, José Arthur, "Aspectos sociais dos grupamentos subnormais", Rio de Janeiro, CENPHA, maio 1967.
5. MANNHEIM, Karl, *Ideology and utopia*, New York, Harcourt, Brace and World, Inc., 1936.
6. Para uma abordagem epistemológica precisa da natureza das relações especulares, ver CASTELLS, Manuel & IPOLA, Emílio de, "Pratique epistemologique et Sciences Sociales ou comment developper la lutte de classes sur le pla theorique sans sombrer dans le metaphysique", Paris, 1967.

7. Para um aprofundamento desses fatores, ver KOWARICK, "Capitalismo, dependência, e marginalidade urbana na América Latina: uma contribuição teórica", *Estudos Cebrap*, nº 8, abr.-jun. 1974, p. 79-96.

8. ECONOMIC Commission for Latin America (ECLA), "Structural changes in employment within the context of Latin America's economic development", *Economic Bulletin for Latin America* 10, nº 2, Oct. 1965, p. 163-187.

9. Ver MURMIS, M., "Tipos de marginalidad y posición en el proceso productivo" *Revista Latino-americana de Sociologia* 5, nº 2, jul. 1969, e MACHADO L. A., "Labor markets and political propensities of marginal groups: a tentative theory of marginality theory", Nov. 1971, manuscrito inédito.

10. QUIJANO, Anibal, "La formación de un universo marginal en las ciudades de América Latina", in: *Imperialismo y urbanización en América Latina*, ed. M. Castells. Barcelona, Gustavo Gili, 1973, p. 141.

11. Ibid., p. 142.

12. QUIJANO, Anibal, "Notas sobre el concepto de marginalidad social", Santiago, CEPAL, División de Asuntos Sociales, oct. 1966.

13. SANTOS, Theotonio dos, "The structure of dependence", In: *Readings in U. S. Imperialism*, eds. K. T. Fann e D. C. Hodges, Boston, Porter Sarges Publications, 1971, p. 233.

14. BODENHEIMER, S., "Dependency and imperialism: the roots of Latin American Underdevelopment", in: *Readings in U. S. imperialism*, eds. Fann and Hodges, p. 158.

15. CARDOSO, F. H. & FALETTO, E., *Dependencia y desarrollo en América Latina*, México, Siglo XXI, 1969, p. 24, 28.

16. Ver CASTELLS, Manuel, "La nueva estructura de la dependencia y los procesos políticos de cambio social en América Latina". Trabalho apresentado ao X Congresso Interamericano de Planificación, Panamá, sept. 1974; e CARDOSO, F. H., "Participación social y desarrollo: la clase obrera y los 'grupos marginales' ", *Boletin ELAS* 4, nº 6, dic. 1970, p. 52-61.

17. Ver CASTELLS, *Imperialismo y urbanización en América Latina*, Barcelona Gustavo Gili, 1973, p. 17.

18. Ibid., p. 16, 17, 21.

19. Para um aprofundamento destes temas, ver CASTELLS, "La nueva estructura de la dependencia".

20. QUIJANO, "Formación de un universo marginal", p. 143.

21. NUN, José, "Superpoblación relativa, ejército industrial de reserva y masa marginal", *Revista latinoamericana de Sociología* 69, nº 2, p. 202.

22. Deve-se ressaltar, todavia, que a veracidade factual deste modelo tem sido contestada várias vezes. Por exemplo, ver KOWARICK, "Capitalismo, dependência e marginalidade urbana", p. 88-90.

23. CARDOSO, Fernando H., "Comentário sobre os conceitos de superpopulação e marginalidade", trabalho apresentado ao II Seminário Latinoamericano para el Desarrollo, Santiago, 1970.

24. CASTELLS, Manuel, "Clase, estado, y marginalidad urbana", *Estructura de clase y política urbana en América Latina*, Buenos Aires, Ediciones SIAP, 1974.

25. Para uma exposição ampla das funções da pobreza urbana, ver WACHTEL, Howard M., "Looking at poverty from a radical perspective", *Review of radical political economics* 3, nº 3, Summer 1971, p. 1-19; e GANS, Herbert J., "The positive functions of poverty and inequality", *More equality*, New York, Pantheon Books, 1973.

26. MARTINS, Carlos Estavan & CARDOSO, Fernando H., "La favela: estratifi-

cación interna y participación política", Santiago, nov. 1970, p. 14, 16, mimeografado.

27. LEEDS; Anthony & Elizabeth, "Brazil in the 1960", in: *Brazil in the sixties,* ed. Riordan Roett, Nashville, Tenn., Vanderbilt University Press, 1972.

28. WEFFORT, Francisco, "State and mass in Brazil", in: *Masses in Latin America,* ed. Irving Louis Horowitz, New York, Oxford University Press, 1970, p. 403.

29. IANNI, Octavio, "O colapso do populismo no Brasil", *Estado e capitalismo,* Rio de Janeiro, Editora Civilização Brasileira, 1965, p. 219.

30. LOPEZ, Juarez R. B., "Some basic developments in Brazilian politics and society", in: *New perspectives of Brazil,* ed. Eric Baklanoff, Nashville, Tenn., Vanderbilt University Press, 1966, p. 59.

31. POMPERMAYER, Malori J., "Authoritarianism in Brasil", trabalho preparado para o Brazil Workshop, Yale Univesity, Apr. 1971, p. 4.

32. Conforme ressalta Leeds, "Todas as tentativas feitas nos últimos 30 anos no sentido de atribuir certo grau de liberdade e responsabilidade aos moradores da favela defrontaram com simples descaso, falta de continuidade ou oposição aberta sob a forma de iniciativas e diretrizes contrárias". Ver LEEDS & LEEDS, "Brazil in the 1960s", p. 51.

33. MARTINS & CARDOSO, "La favela".

BIBLIOGRAFIA

AARON, H. J. & FURSTENBERG; G. M. Van. "The inefficiency of transfers in kind: the case of housing assistance". Western economic journal, junho 1971, p. 184-190.

ABRAMS, Charles. *The city is the frontier.* New York, Harper, Colophon Books, 1965.

__________*Man's struggle for shelte in an urbanizing world.* Cambridge, Mass., MIT Press, 1964.

__________*Squatter settlements: the problem and the opportunity.* Ideas and exchange, nº 63. Washington, D. C., Department of Housing and urban Development, 1966.

ACKERMAN, Frank. "Industry and imperialism in Brazil", Aug. 1969, mimeografado.

ALBANO, Josephina R. *El factor humano en los programas de rehabilitación de tugurios.* Bogotá, Centro Interamericano de Vivienda, 1955.

ALINSKY, Saul David. *Reveille for radicals.* Chicago, University of Chicago Press, 1946.

__________*Rules for radicals: a practical primer for realistic radicals.* New York, Random House, 1971.

__________"The war on poverty – political pornography". *Social issues* 21, nº 1, 1965.

ALMONDZ, Gabriel A., & COLEMAN, James S., eds. *The politics of developing areas.* Princeton, N. J., Princeton University Press, 1961.

ALMOND, Gabriel A. & POWELL, G. Bingham, Jr. *Comparative politics: a developmental approach.* Boston, Little, Brown and Co., 1966.

ALMOND, Gabriel A. & VERBA, Sidney. *The civic culture.* Boston, Little, Brown and Company, 1965.

ALONSO, William. "Theory of the urban land market", in: *Readings in urban economics,* ed. M. Edel e J. Rothenberg, New York, Macmillan, 1972, p. 16-36.

ANDERSON, Nels, ed. *Urbanism and urbanization.* The Netherlands, E. J. Brill, 1964.

ANTONOVSKY, Aaron. "Toward a refinement of the 'marginal man' concept". *Social forces* 35, nº 1, 1956. p. 57-62.

ARAUD, G.; BOON, G.; URQUIDI, V.; STRASMAN, P. *Studies on employment in the Mexican housing industry.* Paris, OECD, 1973.

ARNOLD, David O. "Subcultural marginality". In: *The sociology of subculture,* ed. David O. Arnold. Berkeley, The Grendessary Press, 1970.

ARRIAGA, E. "Components of city growth in selected Latin American countrie *Milbank Memorial Fund Quarterly* 46, nº 2, 1968.

BAER, Werner. "A recente experiência brasileira de desenvolvimento: uma interpretação", *Pesquisa e planejamento econômico* 3, nº 2, 1973. p. 265-302.

__________"Regional inequality and economic growth in Brazil". *Economic development and cultural change* 12, nº 3, 1964.

BAER, Werner & HERVÉ; MICHAEL E. A. "Employment and industrialization in developing countries". *Quarterly journal of economics* 80, nº 1, 1966.
BAKLANOFF, Eric N., ed. *New perspectives of Brazil.* Nashville, Tenn., Vanderbilt University Press, 1966.
BALAN, Jorge. "Are farmers' sons handicapped in the city?", *Rural sociology* 33, nº 2, 1968.
________"Migrant-native socioeconomic differences in Latin American cities: a structural analysis". *Latin American research review* 4, nº 1, 1969.
________"Un siglo de corrientes migratorias en el Brasil: ensayo de interpretación histórico-comparativa". Departamento de Ciência Política, Universidade Federal de Minas Gerais, 1973. Mimeografado.
BALAN, Jorge; BROWNING L.; JELIN; Elizabeth; LITZLER, Lee. "A computerized approach to the processing and analysis of life stories obtained in pample surveys". *Behavioral science,* 14, nº 2, 1969. p. 105-120.
BANCO Nacional de Habitação. *CHISAM: metas alcançadas e novos objetivos do programa.* Rio de Janeiro, Guavira Publicidade, s. d.
________Economic development and urban growth in Brazil. Rio de Janeiro., 1972.
________*National Housing Bank: a Brazilian solution to Brazilian problems.* Rio de Janeiro, s. d.
________*Plano Nacional de Habitação Popular.* Rio de Janeiro, 1973.
BARTKY, John. *Social issues in public education. Boston, Houghton Mifflin, 1963. BAZZANELLA, Waldemiro. "Industrialização e urbanização no Brasil". America Latina* 6, nº 1, 1963.
BEALS, Ralph L. "Urbanism, urbanization, and acculturation". *American anthropologist* 52, 1951.
BENDER, Richard. "Incremental infrastructure". Berkeley, Department of Architecture, University of California, 1974. Minuta de trabalho.
BERLINCK, Manuel T. "Algumas definições populares de marginalidade". São Paulo, Escola de Administração de Empresas de São Paulo, Fundação Getúlio Vargas, 1972.
________"Relações de classe numa sociedade neocapitalista dependente: marginalidade e poder em São Paulo ". São Paulo, s. d. Mimeografado.
BERLINCK, Manuel T. & COHEN, Youssef. "Desenvolvimento econômico, crescimento econômico e modernização na cidade de São Paulo". *Revista de administração de empresas* 10, Rio de Janeiro, nº 1, 1970.
BERLINCK, Manuel T. & HOGAN, Daniel J. "Associações voluntárias, canais de comunicação de massa, informação e adaptação urbana entre classes populares na cidade de São Paulo". São Paulo, s. d. Mimeografado.
________"O desenvolvimento econômico do Brasil e as migrações internas para São Paulo: uma análise histórica". São Paulo, 1972.
BEYER, Glenn H., ed. *The urban explosion in Latin America: a continent in process of modernization.* Ithaca, N. Y., Cornell University Press, 1967.
BLACK, Cyril E., *The dynamics of modernization.* New York, Harper and Row, 1966.
BODENHEIMER, S. "Dependency and imperialism: the roots of Latin American underdevelopment". In: *Readings in U. S. imperialism,* ed. K. T. Fann e D. C. Hodges, Boston, Porter Sarges Publications, 1971.
BOLAFFI, Gabriel. "Aspectos sócio-econômicos do Plano Nacional de Habitação". Universidade de São Paulo, 1972. Tese de Doutorado.

__________. "As classes sociais e a crise política da América Latina". Instituto de Investigaciones Sociales, Universidade do México, s.d.

__________. "Comentário sobre os conceitos de superpopulação relativa e marginalidade". Trabalho apresentado ao II Seminário Latinoamericano para el Desarrollo, Santiago, nov. 1970. Mimeografado.

BONILLA, Frank. "A national ideology for development: Brazil". In: *Expectant peoples*, ed. K. H. Silvert. New York, Random House, 1963.

__________"Rio's favelas: the rural slum within the city". American Universities Field Staff Report. East Coast South America Series 8, nº 3, Rio de Janeiro, Aug. 1961.

__________"The urban worker". In: *Continuity and change in Latin America*, ed. John J. Johnson. Stanford, Calif., Stanford University Press, 1964.

BONILLA, Frank & MICHELENA, José Silva, eds. *Studying the Venezuelan polity: explorations in analysis and synthesis.* Cambridge, Mass., MIT Press, 1966.

BOSCHI, Renato & GOLDSCHMIDT. *Populações faveladas do Estado da Guanabara.* Rio de Janeiro, Instituto Universitário de Pesquisas do Rio de Janeiro, 1970.

BREESE. Gerald. *Urbanization in newly developing countries.* Englewood Cliffs, N. J., Prentice-Hall, 1966. Modernization of Traditional Societies Series.

BRIGG, Pamela. "Migration to urban areas", Washington, D. C., International Bank for Reconstruction and Development, June 1971. Bank Staff Working Paper nº 151.

BRODY, Eugene B. *The lost ones: social forces and mental illness in Rio de Janeiro.* New York, International Universities Press, 1973.

BROWN, Diana. "Macumba and Umbanda in Brazil". Columbia University, 1972. Tese de Doutorado.

BROWNING, Harley L. "Recent trends in Latin American urbanization". *Annals of the American Academy of Political and Social Science 316, 1958.*

BROWNING, Harley L. & FEINDT, Waltrauz. "Selectivity of migrants to a metropolis in a developing country: a Mexican case study". Demography 6, nº 4, 1969.

BRYCE-LAPORT, Roy Simon. "Urban relocation and family adaptation in Puerto Rico: a case study in urban ethnography". In: *Peasants in cities,* ed. William P. Mangin, Boston, Houghton Mifflin, 1970. p. 85-97.

BURGESS, M. Elaine. "Poverty and dependency: some selected characteristics". *Journal of social issues* 21, nº 1, 1965.

BURNS, E. B. ed. *A documentary History of Brazil.* New York, Knopf, 1966.

BURNS, L. S. & MITTELBACH, F. G. "A house is a house is a house", *Industrial relations* 11, nº 3, 1972.

BUTTEWORTH, Douglas B. "A study of the urbanization process among Mixtec migrants from Tilantongo in Mexico City". In: *Peasants in cities,* ed. William P. Mangin, Boston, Houghton Mifflin, 1970. p. 98-113.

CAMARGO, Cândido P. F. "Objetivos de pesquisas de fertilidade". *Estudos Cebrap* 3, jan. 1973.

CAMARGO, José Francisco. *Êxodo rural no Brasil.* Boletim nº 1, São Paulo, Faculdade de Economia e Administração, Universidade de São Paulo, 1957.

CARDONA, R. "Los asentamientos espontaneos de vivienda". In: *Las migraciones internas,* ed. R. Cardona. Bogotá, ACOFAME, 1973.

CARDOSO, Fernando Henrique. "Althusserianismo ou marxismo? A propósito do conceito de classes em Poulantzas: comentários". *Estudos Cebrap* 3, jan. 1973.

__________"The Brazilian political model". Trabalho preparado para o Workshop on Brazilian development, Yale University, Apr. 1971.

————. "As classes sociais e a crise política da América Latina". Instituto de Investigaciones Sociales, Universidade do México, s. d.

————. "Comentário sobre os conceitos de superpopulação relativa e marginalidade". Trabalho apresentado ao II Seminario Latinoamericano para el Desarrollo, Santiago, nov. 1970. Mimeografado.

————. "Participación social y desarrollo: la clase obrera y los 'grupos marginales'. *Boletín ELAS*, ano 4, nº 6, 1970. p. 52-61.

————. *Sociologie du developpment en Amerique Latine.* Paris, Editions Anthropos, 1969.

————. *Bibliografia inédita sobre a marginalidade.* São Paulo, Centro Brasileiro de Análise e Planejamento (CEBRAP), s. d.

CARDOSO, Fernando Henqique & FALLETO, Enzo. *Dependência e desenvolvimento na América Latina: ensaio de interpretação sociológica.* 2. ed. Rio de Janeiro, Zahar, 1973.

————. *Dependencia y desarrollo en América Latina.* México, D. F., Siglo XXI, 1969.

CARDOSO, Fernando Henrique & MARTIN, Carlos Estevan. "La favela: estratificación interna y participación política". Trabalho apresentado à conferência sobre La Marginalidad en América Latina, Santiago, nov. 1970.

CARPENTER, Robert T. *Brazil's housing finance system: social inequity in a dynamic mechanism of savings mobilization.* Stanford University Food Research Institute, 1974. Documento de trabalho.

————. "The National Housing Bank: an oblique approach to low-cost housing in Brazil". Stanford University, Latin American Studies Program, June 1973.

CASANOVA, Pablo Gonzales. *Democracy in Mexico.* New York, Oxford University Press, 1970.

CASASCO, Juan A. "The social function of the slum in Latin America: some positive aspects". *América Latina* 12, nº 3, 1969.

CASTELLS, Manuel "Immigrant workers and class struggles in advanced capitalism: the Western European experience". Centre d'Etudes des Mouvements Sociaux, Ecole Pratique des Hautes Etudes, Paris, 1974. Mimeografado.

————. ed. *Imperialismo y urbanización en América Latina.* Barcelona, Gustavo Gili, 1973.

————. "La nueva estructura de la dependencia y los procesos políticos de cambio social en América Latina". Trabalho apresentado ao X Congreso Interamericano de Planificación, Panamá, sept. 1974.

————. "A teoria marxista das classes sociais e a luta de classes na América Latina". *Estudos Cebrap* 3, jan. 1973.

————. "Urban struggles and political power". Trad. ing. B. Lynne Lord. Paris, Cahiers Libres, 1973. Mimeografado.

CASTELLS, Manuel & IPOLA, Emilio de. "Pratique epistemologique et Sciences Sociales, ou comment developper la lutte de classes sur le plan theorique sans sombrer dans la metaphysique". Paris, Ecole Pratique des Hautes Etudes, 1972. Mimeografado.

CENTRO Nacional de Pesquisas Habitacionais (CENPHA). "Condições de vida em conjuntos habitacionais de interesse social. Cidade de Deus e Cidade Alta". Rio de Janeiro, Banco Nacional de Habitação, 1970.

————. *Pesquisa piloto: estudo de viabilidade para recuperação de áreas urbanas: modelo demonstração Vila Valqueire.* Vol. I e II. Rio de Janeiro, CENPHA, 1972.

CHILCOTE, Ronald H. & EDELSTEIN, Joel C., eds. *Latin America: the struggle with dependency and beyond.* New York, Schenkman Publishing Company, Inc., 1974.

CHILD, Irvin L. *Italian or American? The second generation in conflict.* New Haven, Yale University Press, 1943.

CHISAN. *CHISAM: Coordenação de Habitação de Interesse Social da Área Metropolitana do Grande Rio.* Rio de Janeiro, Ministério do Interior, 1971.

CIDU, Equipo de Estudios Poblacionales del. *Reindicación urbana y lucha política: los campamentos de pobladores in Santiago de Chile,* EURE 2, nº 6, nov. 1972. p. 55-81.

CLOWARD, Richard A. & PIVEN, Frances Fox. *The politics of turmoil: Essays on poverty, race, and the ruban crisis.* New York, Pantheon Books, 1974.

__________. *Regulating the poor: the functions of public welfare.* New York, Pantheon Books, 1971.

COHEN, Ben & LEFF, Nat. "Comment", *Quarterly journal of Economics,* Feb. 1967.

COHEN, Michael. "Urban policy an the decline of the machine: cross ethinic politics in the Ivory Coast". Trabalho apresentado ao Annual Meeting of the African Studies Association, Denver, Colorado, 1971.

COLE, H. J. "National urban development policies: Brazilian case study". Trabalho apresentado ao Seminar on Social Sciences Urban Development in Latin America, Jahuell, Chile, abr. 1968.

COMPANHIA de Desenvolvimento de Comunidades (CODESCO). "Critérios de intervenção: anexo I", s. d. Mimeografado.

__________. *Estudo sobre Parque União.* Rio de Janeiro, s. d.

__________. *Levantamento sócio-econômico da comunidade de Mata-Machado.* Rio de Janeiro, 1971/1972.

__________. *Plano setorial do Serviço Social.* Elaborado por Maria Lucia de Paulo Petiz. Rio de Janeiro, s. d.

CORNELIUS, Wayne A., Jr. "Local-level political leadership in Latin American urban environments: a structural analysis of urban *caciquismo* in México". Trabalho apresentado à American Political Science Association Meeting, Chicago, Sept. 1971.

__________. "The political sociology of cityward migration in Latin America: toward empirical theory". Ed. Francine F. Rabinovitz e Felicity M. Trueblood. Beverly Hills, Calif. Sage Publications. Preparado para *Latin American urban annual,* Vol. I, no prelo. Mimeografado.

COSTA, Manuel Augusto. "Migrações internas no Brasil". Rio de Janeiro, Instituto de Planejamento Econômico e Social (IPEA), Instituto de Pesquisas (INPES). 1971. Monografia nº 5.

COSTA, Manuel Augusto; GRAHAM, Douglas H.; MADEIRA, João Lira; PASTORE, José; MORAES, Nelson L. Araújo; GEIGER, Pedro Pinchas. "Migrações internas no Brasil". Rio de Janeiro, IPEA, INPES, 1971. Mimeografado.

COSTA, Rubens Vaz da. "Apontamentos para a avaliação da política de desenvolvimento regional do Brasil". Rio de Janeiro, Banco Nacional de Habitação, 1973.

__________. *Crescimento urbano acelerado: desafio da década de 1970.* 3. ed. Rio de Janeiro, BNH, 1972.

__________. "Crescimento urbano do Brasil: desafio e oportunidades". Rio de Janeiro, BNH, 1972.

__________. *Economic development and urban growth in Brazil"* Rio de Janeiro, National Housing Bank, 1972.

__________. *Fast urban growth: the challenge of the '70s*. 4. ed. Rio de Janeiro, National Housing Bank, 1972.

__________. "Novas atitudes e nova mentalidade para enfrentar os desafios do crescimento urbano". Rio de Janeiro, BNH, 1972.

__________. "Urban development strategy and programs: the Brazilian case". Trabalho apresentado ao 24º Congresso da Câmara de Comércio Internacional. Rio de Janeiro, BNH, maio 1973.

__________. "Urban growth: the foundation of economic development". Rio de Janeiro, BNH, 1973.

COSTA-PINTO, L. A., & BAZZANELLA, Waldemiro. "Economic development, social change, and population problens in Brazil". *Annals of the American Academy of Political and Social Sciences* 316, 1958.

COTLER, Julio. "The mechanics of internal domination and social change in Peru". In: *Masses in Latin America*, ed. Irving Louis Horowitz. New York, Oxford University Press, 1970.

CUBER, John F. "Marginal curch participants". *Sociology and social research* 9, 1940.

CUNHA, Paulo Vieira da & PERLMAN, Janice. "An empirical verification of occupational mobility of low income workers in Rio de Janeiro". Berkeley, University of California, 1974. Minuta.

DAHRENDORF, Ralf. *Class and class conflict in industrial society*. Stanford, Stanford University Press, 1959.

DAVIS, Kingsley. "The origin and growth of urbanization in the world". *American journal of Sociology* 60, Mar. 1955.

__________. "The urbanization of the human population". *Scientific American*, Sept. 1965.

DAVIS, Kingsley & CASIS, Ana. "Urbanization in Latin America". *Milbank Memorial Fund quarterly* 24, Apr.-June 1946.

DAVIS, Kingsley & GOLDEN, H. H. "Urbanization and the development of preindustrial areas". *Economic development and cultural change* 3, nº 1, 1954.

DAVIS, O. A. & WHINSTON, A. B. "The economics of urban renewal". In: *Urban renewal: the record and the controversy*, ed. James Q. Wilson. Cambridge, Mass., MIT Press, 1966.

DALAND, Robert T. "Urbanization and political development in Latin America". Trabalho apresentado ao Seminar on Social Science and Urban Development, Jahuel, Chile, abr. 1968.

DEUTSCH, Karl, "The growth of nations: some recurrent patterns of political and social integration". *World politics*, Jan. 1953.

__________. "Social mobilization and potitical development". *American Political Science review* 55, nº 3, 1961.

DICKIE-CLARK, H. F. "The theory of the marginal man and its critics".In: The marginal situation, ed. H. F. Dickie - Clark. London, Routledge and Kegan Paul, 1966.

DOBYNS, Henry F. "The strategic importance of enlightenment and skill for power". *American behavioral scientist* 8, nº 7, 1965.

DOOB, Leonard. *Becoming more civilized*. New Haven, Yale University Press, 1960.

DOUGHTY, Paul L. "The interrelationship of power, respect, affection, and rectitude in Vicos". *American behavioral scientist* 8, nº 7, 1965.

DOUTCHY, Paul L. "Behind the back of the city: 'provincial' life in Lima, Peru". In: *Peasants in cities*, ed. Willian P. Mangin. Boston, Houghton Mifflin Co., 1970. p. 30-46.

DOWNS, A. "Uncompensated nonconstruction cost which urban highways and urban renewal impose upon residential households". In: *The analysis of public output*, ed. Julius Margolis. New York, Columbia University Press, 1970. p. 69-113.

DOXIADES Associates. *Guanabara: A plan for urban development*. Athens, 1965. Documento Dox-BRA-A6.

DUNN, Edgar S. *Economic and social development: a process of social learning*. Baltimore, Johns Hopkins Press, 1971.

DURAND, J. D. & PELÁEZ, C. A. "Patterns of urbanization in Latin America". *Milbank Memorial Fund quarterley* 43, nº 4, 2. parte, 1965.

DURKHEIM, Emile. *The division of labor in society*. Glencoe, Ill, The Free Press, 1947.

ECKSTEIN, Susan. "Theory and methods in the study of poverty and the politics of propest: the substitution of a social-economic structural approach for an individualistic cultural approach". Trabalho preparado para a Annual Meeting of the American Political Science Association, 1971, Chicago, Sept. 1971.

ECONOMIC Comission for Latin America. *El desarrollo social de América Latina en la postguerra*. Buenos Aires, Solar Barra Hachette, 1963.

_________. "The growth and decline of import substitution in Brazil". *Economic bulletin for Latin America* 9, nº 1, New York and Santiago, Mar. 1964.

_________. "Structural changes in emploiment within the context of Latin America's economic development". *Economic bulletin for Latin America* 10, nº 2, 1965, p. 163-187.

EISENBERG, Paul "Favela Roquete Pinto and Favela Rute Ferreira: study and observations". 1965, mimeografado.

EISENSTAD, S. N. *The Absorption of immigrants*. London, Routledg and Kegan Paul, 1954.

ELIZAGA, Juan C. "Internal migrations in Latin America". *Milbank Memorial Fund quarterley* 43, nº 4, 2. parte, 1965.

ELLIS, Herbert C. & NEWMAN, Stanley M. "'Gowster', 'Ivy-Leaguer', 'hustler', 'conservative', 'mackman' and 'continental': a functional analysis of six ghetto roles". In: *The culture of poverty*, ed. Eleanor Burke Leacock. New York, Simon and Schuster, 1971.

EPSTEIN, Al. L. "Urbanization and social change in Africa". *Current Anthropology*, Oct. 1967, p. 275-298.

ESTADO de São Paulo. "Aspectos humanos da favela carioca". São Paulo, 1960.

FANON, Franz. *The wretched of the Earth*. London, MacGibbon and Kee, 1965.

FAVA, Sylvia Fleis, ed. *Urbanism in world perspective: a reader*. New York, Thomas Y. Crowell Companu, 1968.

FEDERAÇÃO das Associações de Favelas do Estado da Guanabara (FAFEG). *Relatório do II Congresso Estadual das Associações de Moradores em Favelas*. Rio de Janeiro, 1972.

FERNANDES, F. *Sociedade de classe e subdesenvolvimento*. Rio de Janeiro, Zahar, 1968.

FIELD, A. J. ed. *City and country in the Third World*. Cambridge, Mass., Schenkman Publishers, 1970.

FILHO, Ariovaldo Franco. "Política e estratégia social para o desenvolvimento urbano". Trabalho apresentado à 13th International Conference of Social Work, Washington D. C., 1966.

FONSECA, Geraldo Targino & VIEIRA, José Gouveia. "Radiografia da favela". *Síntese social*, nº 21, jan.-mar. 1964.

FORTUNA, Affonso de Aragão Peixoto et. al. "Habitação popular: o caso da Cidade Alta". Rio de Janeiro, mar. 1973.

FRANK, André Gunder, ed. *Capitalism and underdevelopment in Latin America.* New York, Monthly Review Press, 1969.

__________. *Latin America, underdevelopment or revolution.* New York, Monthly Review Press, 1969.

__________. *Lumpen-Bourgeosie: Lumpendevelopment.* Trad. Ing. Marion Davis Berdecio. New York, London, Monthly Review Press, 1972.

__________. "Urban poverty in Latin America". *Studies in comparative international development* 2, nº 5, 1966.

FRANKENHOFF, Charles. "Elements of an economic model for sluns in a developing country". *Economic development and cultural change* 16, 1967. p. 27-37.

FRIED, Mar. "Grieving for a lost home". In: *The urban condition*, ed. Leonard J. Duhl. New York, Basic Books, 1963.

__________. "Deprivation and migration: dilemmas od causal interpretation". In: *On understanding poverty: perspectives from the Social Sciences*, ed. Daniel P. Moynihan. New York, Basic Books, 1969.

__________. *World of the urban working class.* Cambridge, Mass., Harvard University Press, 1973.

FRIED, Marc; FERGUSON, L.; GLEICHER, P.; HAVENS, J.;. "Patterns of migration and adjustment: the Boston Negro population". Institute of Human Sciences, Boston College, Nov. 1969. Mimeografado.

FRIED, Marc & GLEICHER, Peggy. "Some sources ofResidential satisfaction in an urban slum". *Journal of the American Institute of Planners* 27, nº 9, Nov. 1961.

FRIEDLAND, Willian H. "A sociological approach to modernization". Cornell University, 1965. Mimeografado.

FRIEDMAN, Herbert. "Squatter assimilation in Buenos Aires". Massachusetts Institute of Technology, 1967. Tese de Doutorado.

FRIEDMAN, John. "Notes on urbanization in Latin America". The Ford Foundation, Urban and Regional Advisory Progran in Chile, 1964. Mimeografado.

__________. "The phenomenon of urbanization in Latim America" (1965) Mimeografado.

__________. *Retracking America: a theory of transactive planning.* Garden City, N. Y., Doubleday, 1973.

__________. *Urbanization, planning, and national development.* Beverly Hills, London, Sage Publications, 1973.

__________. "The role of cities in national development". The Ford Foundation, Urban and Regional Advisory Progran in Chile, Feb. 1968. Mimeografado.

__________. "The strategy of deliberate urbanization". The Ford Foundation, Urban and Regional Adivisory Progran in Chile, Dec. 1967. Mimeografado.

__________. "Two concepts of urbanization: a comment". *Urban affairs quarterly* 1, nº 4, 1966.

FRIEDMAN, John & LACKINGTON, Thomas. "Hyperurbanization and national development in Chile: some hypotheses". Urban affairs quarterly 2, n. 4, 1967.

FRIEDRICH, Paul. "The legitimacy of the 'cacique'". In: *Local-level politics: social and cultural perspectives*, ed. Marc Swarts. Chicago, Aldine, 1968. p. 243-269.

FUNDAÇÃO Leão XIII. "Favelas of Guanabara". Rio de Janeiro, 1968. Mimeografado.

__________. 1967 Report on favelas of Guanabara. Rio de Janeiro, Divisão de Serviços Sociais e Estatística.

FURTADO, Celso. *Análise do 'modelo' brasileiro*. Rio de Janeiro, Civilização Brasileira, 1973.

__________. Development and underdevelopment. Berkeley, University of California Press, 1964.

__________. Diagnosis of Brazilian crisis. Berkeley, University of California Pressa, 1965.

__________. *Dialética do desenvolvimento*. São Paulo, Fundo de Cultura, 1964.

__________. *A formação econômica do Brasil*. Rio de Janeiro, Fundo de Cultura. 1959.

__________. "Political obstacles to the economic development of Brazil", In: *Obstacles to change in Latin America*, ed. Claudio Veliz. New York, Oxford University Press, 1965.

GANS, Herbert. J. "The effect of a community upon its residents: some considerations for sociological theory and planning practice". Trabalho para o Urban Sociology Colloquium, Rutgers University, May 1961.

__________. *Popular culture and high culture*. New York, Basic Books, 1974.

__________. *More equality*. New York, Pantheon Books, 1968.

__________. *The urban villagers: group and class in the life of Italian-Americans*. Glencoe, Ill., The Free Press, 1962.

GARDNER, James. "Urbanization in Brazil". International Urbanization Study, Ford Foundation, 1973.

GERMANI, Gino. "Aspectos teóricos de la marginalidad". *Revista paraguaya de Sociología* 9, nº 30, 1972.

__________. "Sobre algunos aspectos teóricos de la marginalidad". Harvard University, Center for Population Studies, Nov. 1970. Trabalho inédito.

__________. "Asimilación de immigrantes en el medio urbano: notas metodológicas". *Revista latinoamericana de Sociología* 1, n. 2, Buenos Aires, 1965.

__________. "The city as an integratin mechanism: the concept of social integration". In: *The urban explosion in Latin America*, ed. Glenn H. Beyer, Ithaca, N.Y., Cornell University Press, 1967.

__________. "Emigración del campo a la ciudad y sus causas". In: *Sociedad, economía y reforma agraria*, ed. Horatio Gilberti et al. Buenos Aires, 1965.

__________. "Inquiry into the social effects of urbanization in a working class sector Greater Buenos Aires". In: *Urbanization in Latin America* ed. by Phillip M. Hauser. New York, Columbia University Press, 1961.

__________. ed.. *Modernization, urbanization, and the urban crisis*. Boston, Little, Brown and Company, 1973.

__________. "Social and political consequences of mobility". In: *Social Structure and mobility in economic development*, ed. Neil J. Smelser and Seymour Martin Lipset. Chicago, University of Chicago Press, 1966.

GIUSTI, J. "El programa de promoción popular en Chile. Un entento de organización política de los sectores populares". *Revista latinoamericana de Ciencias Sociales*, abr. 1972.

GOLDBERG, Milton M. "A qualification of the marginal man theory". *American sociological review* 6, n. 1, 1941. p. 52-58.

GOLDRICH, Daniel. "Partnership in Santiago an Lima". Aug. 1967. Mimeografado.

__________. "Past demand-makers and their prospects for future demand-making" Feb. 1967. Mimeografado.

__________. "Politics and the poblador". S. d. Mimeografado.

__________. "Toward the comparative study of politicization in Latin America". In: *Contemporary cultures and societies in Latin America,* ed. by D. B. Heath and R.N. Adams. New York, Random House, 1965.

GOLDRICH, Daniel; PRATT, Raymond; SCHULLER, C. R. "The political integration of lower class urban settlements in Chile and Peu". *Studies in comparative international development* 3, n. 1, 1967-1968. St. Louis, Social Science Institute, Washington University.

GOLOVENSKI, David I. "The marginal man concept: an analysis and critique". *Social forces* 30, n. 2, 1952. p. 333-339.

GORDON, Milton Myron. *Assimilation in American life: the role of race, religion, and national origins.* New York, Oxford University Press, 1964.

GRABOIS, Giselia Potengy. "Considerações sobre o processo de inserção do migrante e sociedade urbano-industrial: um estudo de caso na periferia da região metropolitana do Rio de Janeiro". Trabalho apresentado em O Encontro Brasileiro de Estudos Populacionais, Rio de Janeiro, 1974.

__________. "Em busca da integração: a política de remoção de favelas no Rio de Janeiro". Trabalho apresentado ao Departamento de Antropologia Social, Universidade Federal do Rio de Janeiro, fev. 1973.

GRAHAN; Douglas. "Divergent and convergent regional economic growth and internal migration in Brazil: 1940:1960". *Economic development and cultural change* 18, n. 3, 1970.

__________. "Migration, regional and urban growth and development in Brazil: a selective analysis of the historical record, 1872-1970". Instituto de Pesquisas Econômicas, Universidade de São Paulo, 1971.

GRAHAN, Douglas, H. & HOLLANDA, Sergio Buarque, Filho. "Interregional and urban migration and economic growth in Brazil". S.d. Mimeografado.

GREEN, A.W. "A re-examination of the marginal man concept". In: *The marginal situation,* ed. H. F. Dickie-Clark. London, Routledge and Kegan Paul, 1966.

GUANABARA. *Área prioritária I: projeto habitacional.* Rio de Janeiro, Secretaria de Planejamento e Coordenação Geral, abr. 1973.

__________. *Documento de prioridades: programa desenvolvido pela CHISAM.* Rio de Janeiro, Secretaria de Planejamento e Coordenação Geral, 1972.

__________. *Estudos cariocas.* Rio de Janeiro, 1965.

__________. "Favelas removidas e respectivos conjuntos". Rio de Janeiro, Secretaria de Planejamento e Coordenação Geral, 1973.

__________. "Plano de melhoria dos conjuntos habitacionais". Rio de Janeiro, Secretaria de Planejamento e Coordenação Geral, 1973.

__________. "Subsídios para a política habitacional de interesse social e para a erradicação de favelas na Guanabara". Rio de Janeiro, Secretaria de Planejamento e Coordenação Geral, 1972.

GUGLAR, Josef. "Migrating into unemployment in Western África". Trabalho apresentado no llth International African Seminar, Dakar, 1972.

GUTIERREZ DE PINEDA, Virgia. *Tradicionalismo y família. Rasfondo familiar del menor.* Bogotá, Ascofame, nov. 1973.

HAGEN, Everett E. *On the theory of social change.* Homewood, Ill., Dorsey Press, 1962.

HALPERIN, Ernst. "Possibilities for the export of revolution in Latin America". Center for International Studies, M.I.T, 1970. Mimeografafo.

HANDLIN, Oscar. *The newcomers: negroes and Puerto Ricans in a changing metropolis.* Garden City, N.Y., Anchor Books, 1959.

_________. *The uprooted.* New York, Grosset and Dunlap, 1951.
HANSEN, P. M., ed. *Urbanization in Latin America.* New York. Columbia University Press, 1961.
HARRIS, Marvin. *Town and country in Brazil.* New York, Columbia University Press, 1957.
HAUSER, Phillip M. "On the impact of urbanism on social organization, human nature, and the political order". *Confluence* 7, n. 1, 1958.
_________. "The social, economic, and technological problems of rapid urbanization". In: *Industrialization and society,* ed. Bert F. Hoselitz e W. Moore. The Haque, Mouton for UNESCO, 1963.
_________. *Urbanization in Latin America.* New York, International Document Service, 1961.
HAUSER, Phillip M. & SCHNORE, Leo F. *The study of urbanization,* New York. John Wiley and Sons, Inc., 1966.
HEATH, Dwight & ADAMS, Richard, eds. *Contemporary cultures and societies of Latin America.* New York, Random House, 1965.
HERRICK, Bruce. "Urbanization and urban migration in Latin America: an economist's view". In: *Latin American urban research,* ed. F. Rabinovitz e F. Truebood. Beverly Hills., Calif., Sage Publications, 1971. p. 71-82.
HIGGINS, Benjamin. "The scope and objetives of planning for underdeveloped regions". Documentación del I Seminário sobre Regionalizatión. Rio de Janeiro, Instituto Panamericano de Geografía y História, Comisión de Geografía, 1969.
HIRSCHMAN, Albert O. "Brazil's Northeast". In: *Journeys toward progress. Garden City, N. Y., Doubleday, 1965.*
_________. *Journeys toward progress.* New York, Twentieth Century Fund, 1963.
_________. *A strategy for economic development.* New Haven, Conn., Yale University Press, 1961.
HOBSBAWN, E. J. "La marginalidad social en la historia de la industrialización europea". *Revista latinoamericana de Sociologia* 5, n. 2, 1969.
_________. "Peasants and rural migrants in politics". In: *The politics of conformity in Latin America,* ed. Claudio Veliz. New York, Oxford University Press, 1967.
HOENACK, Judith & LEEDS, Anthony. "Marketing supply and social ties in Rio favelas". 1966. Mimeografado.
HOLLINGSHEAD, August. "Those on the bottom". In: *Man alone,* ed. R. e M. Josephson, New York, Dell Publishing Co., 1962.
HOLLNSTEINER, Mary R. "The people versus urbano planner y administrador". In: *Development in the '70s.* 5th Annual Seminar for Student Leaders, The Philippines, Mar. 1973.
_________. "Urban planning: a curbside view". Trabalho preparado para o SEADAG Urban Development Panel on "Urban and Regional Planning: Southeast Asian Experience", Bali, Indonesia, Apr. 15-18, 1974.
HOLMBERG, Allan. "The changing values and institutions of Vicos in the context of national development". *American behavioral scientist* 8, n. 7. 1965.
HOPKINGS, Keith. "Housing the poor". In: *Hong Kong: the industrial colony,* ed. K. Hopkins. London, Oxford University Press, 1971.
HOROWITZ, Irving Louis. "Electoral politics, urbanization, and social development in Latin America",. *Urban affairs quarterly* 2, n. 3, 1967.
_________. *Masses in Latin America.* New York, Oxford University Press, 1970.
_________. *Revolution in Brazil.* New York, E. P. Dutton, 1964.
_________. "Urban politics in Latin America", Ithaca, N. Y., Cornell Center for Housing and Environmental Studies.

HOSELITZ, B. F. "The rose of urbanization in economic development". In: *India's urban future*, ed. R. Turner, Berkeley, University of California Press, 1962.
_________. "The city, the factory, and economic growth". *American economic review* 45, n. 2, 1955.
HUGHES, Everett Cherington & HUGHES, Helen MacGill. *Where people meet: racial and ethnic frontiers*. Glencoe, Ill., The Free Press, 1952.
HUNTINGTON, Samuel. "Political development and political decay". *World politics* 17, n. 3, 1965.
_________. *Political order in changing societies*. New Haven, Conn., Yale University Press, 1968.
HURTADO, María Elena. "Marginalidad sorpresa". *Revista del domingo*, Santiago, 5, oct. 1968.
HUTCHINSON, Bertran. "The migrant population of urban Brazil". *América Latina* 6, n. 2, 1963.
_________. "Urban social mobility rates in Brazil related to migration and changing occupational structure". *América Latina* 6, n. 3, 1963.
IANNI, Octavio. *Crisis in Brazil*. New York, Columbia University Press, 1970.
_________. *Estado e capitalismo*. Rio de Janeiro, Editora Civilização Brasileira, 1965.
_________. *Industrialização e desenvolvimento social no Brasil*. Rio de Janeiro, Editora Civilização Brasileira, 1963.
INKELES, Alex. "Making men modern: on the causes and consequences of individual change in six developing countries". *The American journal of Sociology* 75, n. 2, 1969.
_________. "The modernization of man". In: *Modernization: the dynamics of growth*, ed. Myron Weiner. New York, Basic Books, 1966.
_________. "Participant citizenship in six developing countries". *The American political science review* 63, n. 4, 1969.
INSTITUTO Brasileiro de Geografia e Estatística. *Censo demográfico: Guanabara*. VIII Recenseamento Geral, Série Regional, Vol. I, Tomo XVII,. 1970.
_________ Censo demográfico: Rio de Janeiro. VIII Recenseamento Geral, Série Regional, Vol. I, Tomo XVI. 1970.
INSTITUTO de Desenvolvimento da Guanabara (IDEG). *A interpretação das áreas faveladas e das áreas industriais no Estado da Guanabara*. Rio de Janeiro, 1968.
ISLAM, Nurual. "Concepts and measurements of unemployment and underemployment in developing economies". *International labor review* 80, n. 3, 1964. p. 204-256.
JAFFE, A. J. & FROOMKIN, J. N. "Economic development and jobs: a comparison of Japan and Parana, 1950-1960". *Estatística* 24, n. 92, 1966. p. 577-592.
JAGUARIBE, Hélio. "Dependência e autonomia na América Latina". Trabalho apresentado à Conference on Latin American Social Sciences, Lima, 1968.
JESUS, Carolina Maria de. *Child of the dark*. New York, Signet Books, 1962. (*Quarto de despejo; diário de uma favelada*. 5. ed. São Paulo, Livraria Francisco Alves, 1960.)
KAHL, Joseph A. *The measurement of modernism: a study of values in Brazil and México*. Austin, University of Texas Press, 1968.
KAIN, J. F. "Journey to work as a determinant of residential location". *Papers and proceedings of the Regional Science Association* 9. 1962. p. 137-143.
KERCKHOFF, A. C. "An investigation of factors operative in the development of the personality characteristics of marginality". University of Wisconsin, 1953. Tese de Doutorado.

KERCKHOFF, Alan C. & McCORMICK, Thomas C. "Marginal status and the marginal personality". *Social forces* 34, n. 1, 1955. p. 48-55.
KLASSEN, Leo H. & BURNS, L. S. "The position of housing in national economic and social policy". In: *Capital formation in Latin America.* Washington, D. C., Pan American Union, 1973.
KLUCHOHN, Florence & STRODTBECK, Fred L. *Variations in value orientations.* Evanston, Ill., Row, Peterson and Co., 1961.

KOENIGSBERGER, Otto. "Apresentação": V Ciclo Sobre Planejamento Urbano, Ministério do Interior, SERFHAU, Rio de Janeiro, 1969.
KOTH, Marcia; SILVA, Julio; DIETZ, Albert. *Housing in Latin America.* Cambridge, Mass., MIT Press, 1964.
KOWARICK, Lucio. "Capitalismo, Dependência e marginalidade urbana na América Latina: uma contribuição teórica". *Estudos Cebrap,* n. 8, abr.,-jun. 1974. p. 79-96.
__________. "Marginalidade urbana e desenvolvimento: aspectos teóricos do fenômeno da América Latina". Universidade de São Paulo, 1972. Tese de Doutorado.

KUZNETZOFF, Fernando. "Housing policies or housing politics: an evaluation of the Chilean experience. Berkeley, University of California, Department of City and Regional Panning, 1974. Minuta.
LAMB, Curt. "The new group life of the poor". Yale University, s. d. Mimeografado.
__________. *Political power in poor neighborhoods.* Cambridge, Mass., Schenkman Publishers, 1975.
LAMBERT, Denis & MATTELHART, Aemand. "L'urbanisation accelerée de l'Amérique et la formation d'un secteur tertiare refuge". *Civilisation* 15, 1965.
LANGONI, C. G. *Distribuição da renda e desenvolvimento econômico do Brasil.* Rio de Janeiro, Editora Expressão e Cultura, 1973.

LANGSTEN, Ray. "Remoção: a study of the rehousing of urban squatters in Rio de Janeiro". June 1973. Minuta.
LATHROPE, D. E. "Some notes on the culture of poverty". Institute on Poverty and Social Problems, Sept. 21, 1964.
LEACOCK, Eleanor Burke, ed. *The culture of poverty.* New York, Simon and Schuster, 1971.
LEAL, Victor Nunes. *Coronelismo, enxada e voto.* Rio de Janeiro, Livraria Forense, 1949.
LEEDS, Anthony. "Brazilian careers and social structures: an evolutionary model and case history". Institute of Latin American Studies Offprint Series, n. 15. Austin, The University of Texas, s. d.

__________. "The concept of the 'culture of poverty': conceptual, logical, and empirical problems, with perspectives from Brazil and Peu". In: *The culture of poverty,* ed. Eleanor Burke Leacock. New York, Simon and Schuster, 1971.
__________. "Electricity and power structure in Rio favelas". S. d. Mimeografado.
__________. "Future orientation: the investment climate in Rio favelas". S. d. Mimeografado.
__________. "Locality power in relation to supra-local power institutions". In: *Urban Anthopology,* ed. Aiden Southall e Edward Bruner. Oxford, Oxford University Press, 1973.
__________. "Significant variables determining the character of squatter settlements". *América Latina* 12, n. 3, 1969.

LEEDS, Anthony & LEEDS, Elizabeth. "Brazil and the myth of urban rurality: urban experience, work, and values in 'squatments' of Rio de Janeiro and Lima". Trabalho apresentado na St. Thomas Conference, Nov. 1967. Mimeografado.

_________ "Brazil in the 1960s: favela and polity, the continuity of the structure of social control". In: *Brazil in the sixties,* ed. Riordan Roett. Nashville, Tenn., Vanderbilt University Press, 1972.

LEEDS, Elizabeth Rachel. "Forms of 'squatment' political organization: the politics of control in Brazil". University of Texas, 1972. Dissertação de Mestrado.

LEEDS, Anthony & MAROCCO, David. "Carnival groups: maintainers and intensifiers of the favela phenomenon in Rio de Janeiro". 1966. Mimeografado.

LEIGHTON, Alexander H. "Poverty and social change". *scientific American* 212, n. 5, 1965.

LERNER, Daniel. *The passing of traditional society.* Glencoe, Ill., The Free Press, 1964.

_________. "Toward a communication theory of modernization". In: *Communications and political development,* ed. Lucian W. Pye. Princeton, N. J., Princeton University Press, 1963.

LEWIS, Oscar. *The children of Sanchez: autobiography of a Mexican family.* New York, Vintage Books, 1963.

_________. "Cruz moves to a housing project". In: *La vida.* New York, Vintage Books, 1968.

_________. "The culture of poverty". *Scientific American* 215, n. 4, 1966. p. 19-25.

_________. *Five families.* New York, Random House, 1958.

_________. *Life in a Mexican village: Tepztlan restudied.* Urbana, I11., University of Illinois Press, 1951.

_________. "Urbanization without breakdown". *Scientific monthly* 75, 1952.

_________. *La Vida: A Puerto Rican family in the culture of poverty – San Juan and New York.* New York, Random House, 1965.

LEYS, Colin. "Politics in Kenya: the development of peasant society". 3 Nairobi, Kenya, University of Mairobi, Dec. 1970. Documento de trabalho n. 10. Mimeografado.

LINZ, Juan J. "An authoritarian regime: Spain". In: *Cleavages, ideologies, and party systems,* ed. E. Allardt e Y. Littunen. Helsinki, Transactions of the Westermark Society, 1964.

LITTLE, Kenneth. *West African urbanization.* Cambridge, Cambridge University Press, 1970.

LOPEZ, Juarez Brandão. "Aspects of the adjustment of rural migrants to urban industrial conditions in São Paulo, Brazil". In. *Urbanization in Latin America,* ed. Phillip M. Hauser. New York, Columbia University Press, 1961. p. 234-248.

_________. *Desenvolvimento e mudança social. Formação da sociedade urbano-industrial no Brasil.* V. 1, 2, 3. São Paulo.

_________. "Some basic developments in Brazilian politics and society". In: *New pespectives of Brazil,* ed. Eric N. Baklanoff. Nashville, Vanderbilt University Press, 1968.

LUTZ, Thomaz McKinley. "Selfhelp neighborhood organizations, political socialization, and the developing political orientations of urban squatters in Latin America: contrasting patterns from case studies in Panama City, Guayaquil, and Lima". Georgetown University, 1970. Tese de Doutorado.

MACHADO, Luiz Antonio. "Labor markets and political propensities of marginal groups: a tentative theory of marginality theory". Nov. 1971. Manuscrito inédito.

_________. "A política na favela", *Cadernos brasileiros* 9, n. 3, 1967.
MANGIN, William P. "Latin American squatter settlements: a problem and a solution". *Latin American research review* 2, nº 3, 1967.

_________. "Tales from the barriadas". In *Peasants in cities*, ed. W. P. Mangin, Boston, Houghton Mifflin Co., 1970. p. 55-61.

_________. "The role of regional associations in the adaptation of rural migrants to cities in Peru". *Sociologus* n. 9, 1959.

MANNHEIM, Karl. *Ideology and utopia*. Trad. ing. Luis Wirth e Edward Shils. Primeira edição em 1936. New York, Harcourt, Brace and World.

MANN, J. W. "The problem of the marginal personality". University of Natal, 1957. Tese de Doutorado.

MANNONI. Dominique. *Prospero and Caliban: the psychology of colonization*. New York, Praeger, 1956.

MAR, José Matos. "Migration and urbanization – the barriadas of Lima: an example of integration into urban life". In: *Urbanization in Latin America*, ed. Phillip M. Hauser. New York, Columbia University Press, 1961. p. 170-190.

_________. "Urbanización y barriadas en América del Sur". Lima, Instituto de Estudios Peruanos, 1968.

MARCA, Edmo Lima de. "Base de incidência do percentual do FGTS". Rio de Janeiro, Banco Nacional de Habitação, 1973.

MARCULIS, Mario. *Migración y marginalidad en la sociedad argentina*. Buenos Aires, Paidos, 1968. Série SIAP, v. 10.

MARSHALL, Thomas H. *Class, citizenship, and social development*. Garden City, Ne. Y., Doubleday Books, 1963.

MARTINI, George. "Internal migration and its consequences: the case of Guanabara State". Brown University, 1969. Tese de Doutorado.

MARTINS, Carlos Estevan & CARDOSO, Fernando Henrique. "La favela: estratificación interna y participación política". Trabalho apresentado à Conferencia sobre La Marginalidad en América Latina, Santiago, nov. 1970.

MARTINS, Luciano. "The 'manu-militari' self-sustained growth in Brazil". Worshop on Brazilian Development, Yale University, Apr. 1971. Documento de trabalho.

MARX, Karl. Capital, Parte 7, cap. 23.

MATA, Milton da. "Migrações internas no Brasil: aspectos econômicos e demográficos". Rio de Janeiro, IPEA, 1973. Relatório de Pesquisa n. 19.

MATTELART, Armand & GARRETON, Manuel A. *Integración nacional y marginalidad: ensayo de regionalización social de Chile*. Santiago, 1965.

MATZA, David. "The disreputable poor". In: *Social structure and mobility in economic development, ed. Neil J. Smelser e Seymour Martin Lipset. Chicago, Aldine, 1966.*

MCCLELLAND, David Clarence. *The achievement motive*. New York, Appleton-Century-Crofts, 1953.

MEARES, Mable Sellars. "Rural investment and its effect on rural-urban migration in Latin America". George Washington University, 1971. Dissertação de Mestrado.

MEDINA, Carlos Alberto de. "A favela como uma estrutura atomística: elementos descritivos e constitutivos". *América Latina* 12, n. 3, 1969.

_________. *A favela e o demagogo*. São Paulo, Imprensa Livre. 1964.

MELLO, Diogo Lordello & LOYOLA, Cleuler de Barros. "Alguns aspectos institucionais de marginalidade". Trabalho apresentado à Conferencia sobre La Marginalidad en América Latina, Santiago, nov. 1970.

MERRICK, Thomas William. "Labor absorption and the traditional urban sector". S.d. Mimeografado.
MERRILL, Robert N. "Toward a structural housing policy: an analysis of Chile's low income housing program". Cornell University, 1971, Tese de Doutorado.
MERTON, Robert, ed. *Social theory and social structure.* New York, The Free Press, 1957.
MICHELENA, José Silva. "Conflict and consensus in Venezuela". Massachusetts Institute of Technology, 1968. Tese de Doutorado.
MILLER, Neal & DOLLARD, John. *Social learning and imitation.* New Haven, Yale University Press, 1941.
MILLIKAN, Max F. & BLACKMER, Donald L. M. *The emerging nations.* Boston, Little, Brown and Co., 1961.
MINER, Horace. "The Folk-urban continuum". *American sociological review* 17, Oct. 1952.
MITCHELL, J. Clyde. *The Kalela dance.* The Rhode Livington Papers n. 27. Manchester, Manchester University Press, 1956.
MODESTO, Hélio. "Planejamento governamental e urbanização". *Revista de Administração municipal* 7, n. 38, Rio de Janeiro, 1966.
MOOG, Vianna. *Bandeirantes and Pioneers.* Trad. ing. L. Barett. New York, George Brazilier, 1964.
MORSE, Richard. *From community to metropolis: a biography of São Paulo.* Gainesville, Fla., University of Florida Press, 1958.
__________. "Internal migrants and the urban ethos in Latin America". Trabalho apresentado ao Seventh World Congress of Sociology, Varna, Bulgaria, Sept. 1970. Mimeografado.
__________. "The Lima of Joaquin Capelo: a Latin American archetype". *Journal of contemporary History* 4. n. 3, 1969.
__________. "Recent research on Latin American urbanization: a selective survey with commentary". *Latin American research review* 1, n. 1, 1965.
__________. "Trendes and issues in Latin American urban research, 1965-1970". *Latin American research review* 6, n. 1, 1971.
__________. "Urbanization in Latin America". *Latin American research* review 1, n. 1, 1965.
MUIRA, Yuki. "A comparative analysis of operational definitions of the economically active population in African and Asian statistics". U. N. population conference, v. 4. Belgrade, 1965.
MUNOZ GARCÍA, Humberto; OLIVEIRA, Orlando de; STEIN, Claudio. "Categorias de migrantes y nativos y algunas de sus características socio-económicas". México D.F., Universidad Nacional, feb. 1971. Mimeografado.
__________. "Migración, y marginalidad occupacional en la Ciudad de México". S. d. Mimeografado.
MURMIS, M. "Tipos de marginalidade y posición en el proceso productivo". *Revista latinoamericana de Sociología* 5, n. 2, 1969.
MUTH, R. "Urban residential land and housing markets", In: *Issues in urban economics,* ed. H. S. Perloff e L. Wingo. Baltimore, Johns Hopkins Press, 1968. p. 286-333.
NATION The, "Too large a victory". 211, Dec. 14, 1970.
NELSON, Carlos. "The Brás de Pina experience". Massachusetts Institute of technology, 1971. Mimeografado.
__________. "The possibilities of developing policies supporting autonomous housing action in underdeveloping countries: the Brás de Pina redevelopment project". Massachusetts Institute of Technology, 1971. Mimeografado.

NELSON, Joan. *Migrants, urban poverty, and instability in developing nations.* Cambridge, Mass., Harvard University, Center for International Affairs, Occasional Papers in International Affairs n. 22, 1969.

__________. "Urban growth and politics in developing nations: prospects for the 1970s". Pearson Conference Document n. 3., 1970.

NUN, José. "La marginalidad en América Latina". S.d. Mimeografado.

__________. "Superpoblación relativa, ejército industrial de reserva y masa marginal". *Revista latinoamericana de Sociología* 69, n. 2.

NUN, José; MURMIS, Miguel; MARIN, Juan Carlos. "La marginalidade en América Latina: informe preliminar". Instituto Torcuato di Tella, Buenos Aires, 1968. Documento de trabalho.

OLIVEIRA, F. "A economia brasileira: crítica à razão dualista". *Estudos CEBRAP, n. 2, out. 1972. p. 82.*

O'NEIL, Charles. "Some problems of urbanization and removal of Rio favelas". 1966. Mimeografado.

OZIURELLI, Oya. "Dynamics of urban family and rural kin relations in a transitional setting: a study of two Turkish communities". May 1973. Mimeografado.

PARISSE, Lucien. Favelas de l'agglomeration de Rio de Janeiro. Strasbourg, Université de Strasbourg, Centre de Géographie Appliquée, 1970.

__________. *Favelas do Rio de Janeiro: evolução-sentido.* Rio de Janeiro, CENPHA, 1969.

__________. "Las favelas en la expansión urbana de Rio de Janeiro". *America Latina* 12, n. 3, 1969.

PARK, Robert E. "Human migration and the marginal man". *American journal of Sociology* 33, n. 6, 1928. p. 881-893.

PARSONS, Talcott. *The social system.* Glencoe, Ill, The Free Press, 1951.

PARSONS, Talcott. & SHILS, Edward A. *Toward a general theory of action.* Cambridge, Mass., Harvard University Press, 1954.

PASTOREZ, José. "Satisfaction among migrants to Brasília, Brazil: a sociological interpretation". Madison, University of Wisconsin, 1968. Tese de Doutorado.

PATCH, Richard. "Life in a callejon: a study of urban disorganization". New York American Universities Field Staffs, West Coast South America Series, vol. 8, n. 6, 1961.

PEARSE, Andrew. "Some characteristics of urbanization in the city of Rio de Janeiro". In: *Urbanization in Latin America,* ed. Phillip M. Hauser, New York, Columbia University Press, 1961. p. 191-205.

PEATTIE, Lisa R. "The concept of 'marginality' as applied to squatter settlements". Massachusetts Institute of Technology, Department of Urban Studies and Planning, s. d. Mimeografado.

__________. "The ethnography of economic development". University of Chicago, 1968. Tese de Doutorado.

__________. "The informal sector: a few facts from Bogota, some comments, and a list of issues". Massachusetts Institute of Technology (1974) Minuta.

__________. "Social issues in housing". Massachusetts Institute of Technology, Joint Center for Urban Studies, 1966. Mimeografado.

__________. "Some notes on the problems of urbanization". Massachusetts Institute of Technology, Department of Urban Studies and Planning, (1967) Mimeografado.

__________. "The estructural parameters of emerging life styles in Venezuela". In: *The culture of poverty,* ed. Eleanor Burke Leacock. New York, Simon and Schuster, 1971.

_________. " 'Tercialization', 'marginality', and urban poverty in Latin America". Massachusetts Institute of Technology (1974) Minuta.

_________. *View from the barrio.* Ann Arbor, University of Michigan Press, 1968.

PERLMAN, Janice E. "Dimensões de modernidade numa cidade em franco desenvolvimento, estudo do caso de Belo Horizonte". *Revista brasileira de estudos políticos,* n. 30, 1971.

_________. "The fate of migrants in Rio's favelas: the myth of marginality". Massachusetts Institute of Technology, 1971. Tese de Doutorado.

_________. "Methodological notes on complex survey research involving life history data". Berkeley, University of California, Institute of Urban and Regional Development, 1974. Monografia n. 18.

_________. "Poverty, personality, and political power". Massachusetts Institute of Technology, Jan. 1966.

_________. "Psycho-cultural dimensions of modernization". Cornell University, Department of Anthropology, 1965. *Honors Thesis.*

_________. "Rio's favelados and the myths of marginality". Berkeley, University of California, Institute of Urban and Regional Development, 1973. Documento de Trabalho n. 223.

PERLMAN, Janice E. & RAUP, Philip. "Style of evaluation of the Venezuelan middle and upper classes". Massachusetts Institute of Technology, 1966. Mimeografado.

PERLMAN, Janice E.; LEEDS, Anthony; TURNER, John. "Housing priorities, settlement patterns, and urban development in modernizing countries. *Journal of the American Institute of Planners* 34, n. 6, 1968.

PETIZ, Maria Lucia de Paula. "A utilização do método de D.O.C. num programa de melhoramentos físicos na favela de Catacumba". Rio de Janeiro, Pontifícia Universidade Católica, Instituto Social, nov. 1963.

PETRAS, James & ZEITLIN, Maurice, ed. *Latin America: reform or revollution?* New York, Fawcett World Library, 1968.

POMPERMAYER, Malori J. "Authoritarianism in Brazil". Yale University, Latin American Studies Center. Trabalho apresentado à Workshop Conference on Brazil since 1969: Political and Economic Development Theories Re-examined, Apr. 1971.

PONTIFÍCIA Universidade Católica do Rio de Janeiro. "Três favelas cariocas: Mata Machado, Morro Univão, Brás de Pina – Levantamento Sócio-econômico". Rio de Janeiro, 1967.

PONTUAL, Ricardo. "Racionalidad formal versus racionalidad stustantiva en el proceso de planificación del desarrollo urbano". Trabalho apresentado à Regional Conference on the Politics of Urban Development, México D. F., July 1972.

PORTES, Alejandro. "Los grupos urbanos marginados". Santiago, jun. 1969. Mimeografado.

_________. "Leftist radicalism in Chile: a test of three hypotheses". *Comparative politics* 2, Jan. 1970.

_________. "The urban slum in Chile: types and correlates". *Ekistics* 202, Sept. 1972. p. 175-180.

_________ "Urbanization and politics in Latin America". *Social Science quarterly,* Dec. 1971. p. 697-720.

POULANTZAS, Nicos. "As classes sociais". *Estudos Cebrap* 3, jan. 1973.

PRADO, Caio, Jr. *História econômica do Brasil* 7. ed. São Paulo, Editora Brasiliense, 1962.

PROYECTO de Evaluación de los Superbloques. Caracas, Banco Obrero, (1962).
PYE, Lucian W. *Aspects of political development*. Boston, Little, Brown and Co., 1966.
_________ "The political implications of urbanization and the development process". In: *The city in newly developing countries: readings on urbanism and urbanization*, ed. Gerald Breese. Englewood Cliffs, N. J., Prentice-Hall, Inc., 1969.
_________ *Politics, personality, and nation building: Burma's search for identity*. New Haven, Yale University Press, 1962.
QUIJANO, Anibal. "Dependencia, cambio social y urbanización en Latinoamerica". Economic Commission for Latin America, Social Affairs Division, 1967.
_________ "La formación de un universo marginal en las ciudades de América Latina". In: *Imperialismo y urbanización en América Latina*, ed. M. Castells. Barcelona, Gustavo Gili, 1973.
_________ "Notas sobre el concepto da marginalidad social". Santiago, CEPAL, Divisiôn de Asuntos Sociales, Oct. 1966.
RABINOVITZ, Francine. "Urban development and political development in Latin America". In: *Comparative urban research: the administration and politics of cities*, ed. Robert T. Daland. Beverly Hills, Calif., Sage Publications, 1971.
RABINOVITZ, Francine & TRUEBLOOD, Felicity M. eds. *Latin American urban research*. Beverly Hills, Calif., Sage Publications, 1971.
RAINWATER, Lee. "Fear of the house-as-haven in the lower class". *Journal of the American Institute of Planners*, Jan. 1966.
RATH, João. "Cidade de Deus". *Última hora*, Rio de Janeiro, 18 out. 1969.
RAY, Talton F. *The politics of the barrios of Venezuela*. Berkerly and Los Angeles, University of California Press, 1969.
REALITIES. "Northeast Brazil". Nº 161, Apr. 1964. p. 60-67.
REDFIELD, Robert. *The folk culture of Yucatan*. Chicago, University of Chicago Press, 1959.
_________ "The folk society", *American journal of Sociology* 52, 1947.
_________ *The little community and peasant society and culture*. Chicago, The University of Chicago Press, 1963.
_________ *The primitive world and its transformations*. Ithaca, N. Y., Great Seal Books, 1953.
REDWOOD, John III. "Internal migration, urbanization, and frontier region development in Brazil since 1940". Harvard University, 1968. *Honors Thesis*.
REMPEL, Henry. "The determinants of rural-to-urban labor migration in Kenya". University of Manitoba, Dept. of Economics, Feb. 11. 1971. Minuta.
REPÚBLICA Federativa do Brasil. *Projeto do II Plano Nacional de Desenvolvimento (PND): 1975-1979*. Brasília, 1974.
REYNOLDS, Clark W. & CARPENTER, Robert T. "Housing finance in Brazil towards a new distribution of wealth". Stanford Food Research Institute, 1974. Mimeografado.
RIOS, José Artur. "Aspectos sociais dos grupamentos subnormais". Rio de Janeiro, CENPHA, maio 1967. p. 10.
_________ El pueblo y el político". *Política*, Caracas, nº 6, 1960.
_________ "Social transformation and urbanization: the case of Rio de Janeiro". Rio de Janeiro, Universidade Católica, 1970. Mimeografado.
RIOS, José Arthur; LEBRET, L. J.; MEDINA, Carlos Alberto; MODESTO, Hélio. "Aspectos humanos das favelas cariocas". *O Estado de S. Paulo*, 13. abr. 1960.

ROBERTO, Mauricio. *Plano de desenvolvimento local integrado*. Município de Duque de Caxias, Estudo Preliminar.
ROBERTS, Brian. *Organizing strangers*. Austin, Texas, University of Texas Press, 1973.
ROCKEFELLER, Margaret Dulany. "Voluntary associations and social evolution: a case study of Brazilian favela associations". Radcliff College, Departament of Social Studies, Mar. 1969. Mimeografado.
ROETT, Riordan, ed. *Brazil in the sixties*. Nashville, Tenn., Vanderbilt University Press, 1972.
ROGERS, Everett M. *Diffusion in innovations*. New York, Free Press of Glencoe, 1962.
_________ *Modernization among peasants: the impact of communication*. New York, Holt, Rinehart and Winston, 1969 .
_________ "Motivations, values, and attitudes of subsistance farmers". Trabalho apresentado à Agricultural Development Council Conference, Mar. 1965.
ROKEACH, Milton. *The open and the closed mind*. New York, Basic Books, I Inc., 1960.
ROSEN, Bernard C. "Socialization and achievement motivation in Brazil". *American sociological review* 27, nº 5, 1962.
_________ "The achievement syndrome and economic growth in Brazil". *Social forces* 42, Mar. 1964.
ROSS, Marc Howard. "Conflict resolution among urban squatters". Bryn Mawr College, Departament of Political Science, s. d. Mimeografado.
ROSTOW, W. W. *The stages of economic growth*. Cambridge, Harvard University Press, 1963.
RUSH, Barney S. "From favela to conjunto: the experience of squatters removed to low-cost housing in Rio de Janeiro, Brazil". Harvard College, Mar. 1974. *Honors Thesis*.
RYAN, Edward J. "Personal identity in a lower class slum". In: *The urban condition*, ed. Leonard Duhl. New York, Simon and Schuster, 1963.
RYAN, William. *Blaming the victim*. New York, Pantheon Books, 1971.
SÁ, Francisco, Jr. "O desenvolvimento da agricultura nordestina e a função das atividades de subsistência". *Estudos Cebrap* 3, Jan. 1973.
SAFA, Helen Icken. "From shanty town to public housing: a comparison of family structure in two urban neighborhoods in Puerto Rico". *Caribbean studies* 4, nº 1, 1964.
_________ "Puerto Rican adaptation to the urban milieu". In: *Race, change, and urban society*, ed. P. Orleans e W. R. Ellis, Jr. Beverly Hills, Calif., Sage Publications, 1971.
SAHATC, Gian S. "An economic analysis of migration in Brazil". *Journal of political economy* 76, nº 2, 1968.
SALMEN, Lawrence F. "Housing alternatives for the carioca working class: a comparison between favelas and casas de comodos". *América Latina* (1970).
_________ "Urbanization and development". In: *Contemporary Brazil: issues in economic and political development*, ed. H. Rosenbaum e W. Tyler. New York, Praeger, 1972.
SANTOS, Theotonio dos. "Brazil, the origins of a crisis". In: *Latin America: the struggle with dependency and beyond*, ed. Ronald Chilcote e Joel Edelstein. New York, Schenkman Publishing Co., 1974.
_________ "The structure of dependence". In: *Readings in U. S. imperialism*, ed. K. T. Fann e D. C. Hodges. Boston, Porter Sarges Publications, 1971.

SCHLICHTMANN, Laura & PERLMAN, Janice E. "Labor force participation among lower-class women in Brazil". Berkeley, University of California, 1974. Minuta.

SCHMITTER, Phillippe C. *Interest conflict and political change in Brazil.* Stanford University Press, 1971.

_________ "New strategies for the comparative analysis of Latin American Politics". Trabalho para a Latin American Studies Association, New York, Nov. 1968.

_________ "The Portugalization of Brazil". Trabalho preparado para o Workshop on Brazilian Development. Yale University, Apr. 1971.

SCHNORE, Leo F. "The statistical measurement of urbanization and economic development". *Land economics*, nº 3, 1961.

SCHORE, Leo F. & FAGIN, Henry. *Urban research and policy planning.* Beverly Hills, Calif., Sage Publications, Inc., 1967. Vol. 1.

SCHUH, G. Edward & WHITAKER, Morris. "Migration, mobility, and some problems of the labor market in Brazil". Latin American Seminar on Development in Agriculture, Bogota, nov. 1968. Mimeografado.

SCHWARZ, Roberto. "As idéias fora do lugar". *Estudos Cebrap* 3, jan. 1973.

SEELEY, John R. "The slum". In: *Urban renewal: people, politics, and planning,* ed. Jewell Bellush e Murray Hausknecht. Garden City, N. Y., Doubleday Anchor Books, 1967.

_________ "The slum: its nature, use, and users". *Journal of the American Institute of Planners* 25, nº 1, 1959.

SELZNICK, Phillip. *TVA and the grass roots: a case study in the sociology of formal organizations.* Berkeley, University of California Press, 1949.

SEWELL, Granville Hardwick. "Squatter settlements in Turkey: analysis of a social, political, and economic problem". Massachusetts Institute of Technology, 1964. Tese de Doutorado.

SILBERSTEIN, Paul. "Favela living: personal solution to larger problems". *América Latina* 12, nº 3, 1969.

SILVA, Luiz Antonio Machado da. *As linhas de análise das favelas.* Rio de Janeiro, CODESCO, 1967.

_________ "O significado do botequim". *América Latina* 12, nº 3, 1969.

SILVA-MICHELENA, José A. "Conflict and consensus in Venezuela". Massachusetts Institute of Technology, 1968. Tese de Doutorado.

SILVEIRA, Carlos E. "A 'Análise do modelo brasileiro' de Celso Furtado". *Estudos Cebrap* 3, jan. 1973.

SIMMEL, George. "The stranger". In: *The Sociology of George Simmel,* ed. Kurt Wolff. New York, The Free Press, 1950.

SINGER, Paulo I. "Força de trabalho e emprego no Brasil: 1920-1969". *Cadernos Cebrap,* nº 3, São Paulo, CEBRAP, 1971.

_________ "Migrações internas: considerações teóricas sobre o seu estudo". Mimeografado. S. d.

_________ "O milagre brasileiro: causas e conseqüências". *Caderno* nº 6. São Paulo, CEBRAP, 1972.

_________ "Urbanización, dependencia y marginalidad en América Latina". In: *Imperialismo y urbanización en América Latina,* ed. M. Castells. Barcelona, Gustavo Gili, 1973.

SJOBERG, Gideon. "Cities in developing and industrial societies: a cross-cultural analysis". In: *The study of urbanization,* ed. Hauser e Schnore. New York, John Wiley and Sons, 1966.

_________ "The origin and evolution of cities". *Scientific American* 213, nº 3, 1965.
_________ "The rural-urban dimension in preindustrial, transitional, and industrial societies". In: *Handbook of modern sociology,* ed. Robert Faris. Chicago, Rand McNally and Co., 1964.
_________ "Rural-urban balance and models of economic development". In: *Social structure and mobility in economic development*, ed. Neil J. Smelser e Seymour Martin Lipset. Chicago, University of Chicago Press, 1966.
SKIDMORE, Thomas E. *Politics in Brazil, 1930-1964: an experiment in democracy*. New York, Oxford University Press, 1967.
SLOTKIN, J. S. "The status of the marginal man". *Sociology and social research* 28, nº 1, 1943. p. 47-54.
SMITH, David Horton & INKELES, Alex. "The OM scale: a comparative socio-psychological measure of individual modernization". *Sociometry* 29, nº 4, 1966.
SMITH, T. Lynn. "Urbanization in Latin America". In: *Urbanism and urbanization*, ed. Nels Anderson. Netherlands, E. J. Brill, 1964.
SOARES, Glaucio. "The new industrialism and the Brazilian political system". In: *Latin America: reform or revolution?* ed. James Petras e Maurice Zeitlin. New York, Fawcett Publications, 1968.
_________ "The politics of uneven development: the case of Brazil". In: *Party systems and voter alignments: cross-national perspectives*, ed. Seymour M. Lipset and Stein Rokkan. New York, The Free Press of Glencoe, 1967.
SOARES, Glaucio & HAMBLIN, R. L. "Socio-economic variables and voting for radical left: Chile 1952". *American Political Science review* 61, Dec. 1967.
SOLOW, A. & VERA, L. *Panorama del problema de la vivienda en América Latina*. Washington, D. C., Pan American Union, 1952.
SOVANI, N. V. "The analysis of 'over-urbanization' ". *Economic development and cultural change* 12, nº 2, 1964.
STAVENHAGEN, Rudolfo. "Marginality, participation, and agrarian structure in Latin America". *Bulletin* 7, Jun. 1970.
_________ "Seven fallacies about Latin America". In: *Latin America: reform or revolution?* ed. James Petras e Maurice Zeitlin. Greenwich, Conn., Fawcett Publications, 1968.
STEPAN, A. ed. *Authoritarian Brazil: origins, policies, and future*. New Haven, Yale University Press, 1973.
STOKES, Charles. "A theory of slums". *Land economics* 38, nº 23, 1962.
STONEQUIST, Everett V. "The problem of the marginal man". *American journal of Sociology*" 41, nº 1, 1935. p. 1-12.
STORH, W. & PEDERSON, Paul. "Urbanization, regional development, and South American integration". The Ford Foundation, Urban and Regional Development Advisory Program in Chile, Apr. 1968. Mimeografado.
STRASSMAN, Paul W. "Innovation and employment in building: the experience of Peru". Oxford economic papers 22, July 1970.
SUNKEL, Osvaldo. "Subdesarrollo, dependencia y marginalización: proposiciones para un enfoque integrador". Santiago, nov. 1970. Mimeografado.
TAVARES, M. C. *Da substituição de importações ao capitalismo-financeiro*. Rio de Janeiro, Zahar, 1973.
TAVARES, M. C. & SERRA, J. "Una discusión sobre el estilo del desarrollo reciente de Brasil". *El trimestre económico*, nº 152, nov.-dic. 1971.
TILLY, Charles. "Race and migration to the American city". In: *The metropolitan enigman*, ed. James Q. Wilson. Cambridge, Mass., Harvard University Press, 1968.

_________ "A travers le chaos des vivantes cités". Versão revisada de trabalho apresentado ao Sixth World Congress of Sociology, Evianles-Bains, sept. 1966.
TOLOSA, Hamilton. "Macro-economia da urbanização brasileira". *Pesquisa e planejamento econômico* 3, nº 3, 1973. p. 585-644.

_________ "Política nacional de desenvolvimento urbano: uma visão econômica". *Pesquisa e planejamento econômico* 2, nº 1, 1972. p. 143-156.
TOMASEK, Robert D., ed. *Latin American politics: studies of the contemporary scene*. 2 ed. Garden City, N. Y., Anchor Books, 1970.
TONESS, Odin A., Jr. "Power relations of a Central American slum". University of Texas, 1967. Dissertação de Mestrado.
TORO, Alvaro Lopez. "Notas sobre los fenómenos migratorios del Valle del Cauca". In: *Las migraciones internas*, ed. Cardona G. Ramiro, Editorial Andes, 1970. p. 103-116.
TRINDADE, Mário. *Habitação e desenvolvimento*. Rio de Janeiro, Vozes, 1971.
TURNER, John C. "Barriers and channels for housing development in modernizing countries". *Journal of the American Institute of Planners* 33, nº 3, 1967.
_________ "Four autonomous settlements in Lima, Peru". Trabalho apresentado ao Latin American Colloquium, Brandeis University, Department of Sociology, May 1967.
_________ *Uncontrolled urban settlement: problems and policies*. Pittsburgh, University of Pittsburgh Press, 1966.
TURNER, John C. & FICHTER, Robert, eds. *Freedom to build*. New York, The Macmillan Company, 1972.
TURNER, John & GOETZ, Rolf, "Environmental security and housing input". *Carnegie review*, Oct. 1966.
UNITED Nations. *Improvement of slums and uncontrolled settlements*. New York, 1971.
UNITED Nations Committee on Housing, Building, and Planning. *World housing survey*. Jan. 31, 1974.
UNIVERSIDAD Católica de Chile. Comité Interdisciplinario de Desarrollo Urbano. "La docencia y la investigación en el campo de la urbanización: la experiencia del CIDU". Trabalho apresentado ao Seminar on Social Sciences and Urban Development in Latin America, Jahuel, Chile, abr. 1968.
_________ Comité Interdisciplinario de Desarrollo Urbano. "Notas bibliográficas sobre el proceso de urbanización en America Latina a partir de 1965". Compiladas por Carmen Barros, s. d.
VALENTINE, Charles A. *Culture and poverty: critique and counter-proposals*. Chicago and London, University of Chicago Press, 1968.

_________. "The 'culture of poverty': its scientific significance and its implications for action". In: *The culture of poverty*, ed. Eleanor Burke Leacock. New York, Simon and Schuster, 1971.

VARGAS, Fundação Getúlio. "Mão-de-obra e construção de edifícios no Estado da Guanabara". Rio de Janeiro, Centro de Estudos e Treinamento em Recursos Humanos, 1972.
VEKEMANS, Roger. "Una estrategia para la miseria". Santiago, DESAL, 1967.
_________ "Marginalidad, incorporación e integración". Santiago, DESAL, *Boletín* nº 37, mayo 1967.

VEKEMANS, Roger & SILVA F., I. *Marginalidad en América Latina: un ensayo diagnóstico*. Barcelona: Herder, 1969.

———— *Marginalidad promoción e integración latinoamericana*. Buenos Aires, Ediciones Troquel, 1970.
VELIZ, Claudio, ed. *The politics of conformity in Latin America*. New York, Oxford University Press, 1967.
VERNEZ, Georges. "Bogota's pirate settlements: an opportunity for metropolitan development". Berkeley, University of California, 1973. Tese de Doutorado.
———— "El proceso de urbanización en Colombia". *Revista de la Sociedad Interamericana de Planificación* 5, sept. 1971.
VIANNA, Oliveira. *Populações meridionais do Brasil* 5. ed. Rio de Janeiro, José Olympio, 1952. 2. v.
WACHTEL, Howard M. "Looking at poverty from a radical perspective". *Review of radical political economics* 3, nº 3, 1971.
WAGNER, Bernard; MCVOY, David; EDWARDS, Gordon. "Guanabara housing and urban development program". AID Housing and Urban Development Team, Jul. 1966. Relatório e Recomendações. Mimeografado.
WARD, Barbara. "The city may be as lethal as the bomb". *New York Times magazine*, Apr. 19, 1964.
———— *The rich nations and the poor nations*. New York, W. W. Norton and Co., 1962.
———— "The uses of prosperity". *Saturday review*, Aug. 29, 1964.
WEBER, Max. *The city*. Glencoe, Ill., The Free Press, 1958.
———— *The Protestant ethic and the spirit of capitalism*. 1904-1905. New York, Charles Scribner's Sons. Edição de 1958.
WEFFORT, Francisco C. "State and mass in Brazil". In: *Masses in Latih America*, ed. Irving Louis Horowitz. p. 385-406.
WEINER, Myron. "Urbanization and political extremism: an hypothesis tested". Massachusetts Institute of Technology, s. d. Mimeografado.
———— "Urbanization and political protest", *Civilizations* 27, nº 2, 1964.
———— "Violence in politics in Calcutta". *Journal of Asian studies* 20, nº 3, 1961.
WELLS, John. "Distribution of earnings, growth, and structure of demand in Brazil, 1959-1971". University of Cambridge, Centre of Latin American Studies, s. d. Documento de trabalho.
WHITE, Morton & WHITE, Lucia. *The intellectual versus the city*. Cambridge, Mass., Mentor Books, 1964.
WHYTE, William Foote. *Street corner society: the social structure of an Italian slum*. Chicago, University of Chicago Press, 1965.
WILKENING, Eugene & PINTO, João Bosco. "Migration and adaptation in new settlement areas". Madison, University of Wisconsin, Land Tenure Center nº 25, 1968.
———— "The role of the extended family in migration and adaptation in Brazil". Trabalho apresentado à Annual Meeting of the Rural Sociological Society, San Francisco, Aug. 1967.
WINGO, Lowdon, Jr. "Recent patterns of urbanization among Latin American Countries". *Urban affairs quarterly* 2, nº 3, 1967.
WINNICK, L. "Economic questions in urban redevelopment". *American economic review* 51, May 1961.
WIRTH, Louis. "Urbanism as a way of life". *American journal of sociology* 44, Jul. 1938.
WOLFE, Eric R. & HANSEN, Edward. "Caudillo politics: a structural analysis". *Comparative studies in society and History* 9, 1967.

WOLFE, Marshall. "Recent changes in urban and rural settlement patterns in Latin America: implications for social organization and development". Pittsburgh Conference, Nov. 1966. Mimeografado.

_________ "Some implications of recent changes in urban and rural settlement patterns in Latin America: summary". Mimeografado, s. d.

WORTH, Robert M. "Urbanization and squatter resettlement as related to child health in Hong Kong". *American journal of hygiene* 78, 1963. p. 338-348.

WRIGHT, Rolland H. "The stranger mentality and the culture of poverty". In: *The culture of poverty*, ed. Elanor Burke Leacock, New York, Simon and Schuster, 1971.

YAP, Lorene. "Rural-urban migration and economic development in Brazil". 1970. Mimeografado.

YEH, Stephen H. K. *Homes for the people*. Singapore, Statistics and Research Departament, Housing and Development Board, 1972.

ZACHARIAH, K. C. "Bombay migration study: a pilot analysis of migration to an Asian metropolis". *Demography* 3, nº 2, 1966. p. 378-393.

ZEITLIN, Maurice. "Political generations in the Cuban working class". In: *Latin America: reform or revolution*? ed. James Petras e Maurice Zeitlin. New York, Fawcett Publications, 1968.

IMPRESSÃO E ACABAMENTO:
YANGRAF Fone/Fax:
6198.1788